星河奥秘
（第一季）
智慧密码

铉锋 著

Dixie W Publishing Corporation U.S.A.
美国南方出版社

星河奥秘第一季：智慧密码

责任编辑：向　珲
版面设计：张昽道

Copyright © 2023 by Jingye Liang

Published by
Dixie W Publishing Corporation
Montgomery, Alabama, U.S.A.
http://www.dixiewpublishing.com

All rights reserved.
No part of this book may be reproduced in any form or by any electronic or mechanical means including information storage and retrieval systems, without permission in writing from the publisher. The only exception is by a reviewer, who may quote short excerpts in a review.

本书由美国南方出版社出版
▪版权所有　侵权必究▪
2023 年 5 月 DWPC 第一版

开本：244mm x 170mm
字数：327 千字

Library of Congress Control Number:　2023935205
美国国会图书馆编目号码：　2023935205

ISBN-13: 978-1-68372-529-9

作者简介

梁兢业，笔名铉锋、王行，常用网络名字野草、野有蔓草，祖籍广东清远人。现居香港。海外文轩作家协会终身会员。著有长篇历史武侠小说《天子游侠传》由美国南方出版社出版。及长篇历史武侠小说《御寇群英录》(未出版)。著有科幻小说《智慧密码》，已在著名中文网站起点连载完毕。

内容简介

考古学高材生姬鸣谦毕业后被招入神秘的国家地质考古第六研究所工作，在首次参加绝密考古发掘工作时，被外星飞船掳至太空，却意外地被顾肓族外星人所救。顾肓人用高超的医术使得他可以不需呼吸而在太空中生活，并告知他的智力被神秘力量所禁制。为寻找打开禁制的密码，姬鸣谦在太空中历尽艰险，在畏兀等五位外星人的帮助下，终于找到了密码，不仅解开了自己智力的禁制，还因此揭开了尘封了千万年前宇宙神秘族灭事件，从而使得人类的起源大白于天下。

目　录

第一章　引子 ... 1
第二章　海底小院 ... 5
第三章　第六研究所 ... 17
第四章　紧急出发 ... 28
第五章　金属球 ... 39
第六章　救星 ... 50
第七章　改造 ... 61
第八章　输入 ... 73
第九章　初次出手 ... 85
第十章　微乍星 ... 96
第十一章　首龟渠族 ... 108
第十二章　突如其来的战争 ... 119
第十三章　有家不能回 ... 130
第十四章　彝奭渫隶神 ... 141
第十五章　二探微乍星 ... 152
第十六章　同胞相遇 ... 163
第十七章　太空不寂寞 ... 175
第十八章　还原 ... 188
第十九章　生物学家韧仲 ... 200
第二十章　秘密收藏的标本 ... 211
第二十一章　咒语 ... 222

第二十二章	坠机	234
第二十三章	海盗	246
第二十四章	探险号	258
第二十五章	七神星	269
第二十六章	不想谈成功的合作	280
第二十七章	不甘胁迫	290
第二十八章	初次交锋	302
第二十九章	大难不死	313
第三十章	密码	323
第三十一章	再闯絜遏星	334
第三十二章	真相	346

第一章　引子

昆仑山，又称昆仑虚，有中国第一神山、万祖之山之称；其山脉起于帕米尔高原东部，横贯新疆、西藏，伸延至青海境内，全长二千五百公里，平均海拔五千五百至六千六百米。传说昆仑山上居住着一位神仙"西王母"，人首豹身，青鸟侍奉，掌管不死之药，主宰阴气、修仙女神，乃女仙之首，道教大神！

昆仑山上最为神秘的地方，叫作死亡谷，号称昆仑山的"地狱之门"，谷内到处布满野兽的皮毛、骸骨。

据记载，曾有马群因贪吃谷内肥草而误入死亡谷，一位牧民进入谷中寻马，几天过去后，人没有出来，而马群却出现了。后来那牧民的尸体在一座小山上被发现，身上没有发现任何伤痕或被袭击的痕迹，只见他衣服破碎、光着双脚，怒目圆睁，嘴巴大张，手中紧握着猎枪。

五月的一天，正午，死亡谷口出现了一小队人马，一式迷彩军服，全副武装；十二人十二匹马，驰至谷口，为首一人，把手一举，道："下马！"

众人翻身下马，空中一架重型直升机接踵飞至，放下四具全地形智能机械麒麟三号山地兽；众人将山地兽收了，为首那人一声口令，十一个军人立即列成队列，细看军服上的军衔，原来这队士兵竟然非同一般，军衔最低的，都是少校，再看为首的那人军衔，竟然是上校。

上校姓姬，大名天弢，隶属国防部。

只听姬天弢道："全体都有！"

十一个军官齐刷刷地立正。姬天弢道："你们是从全军各个部门精挑细选出来的精兵，来执行这次任务，你们有信心吗？"

十一个人大声齐道："坚决完成任务！"

"好！"姬天弢道："检查装备，五分钟后行动！"

众人一齐动作，将装备检查一遍，姬天弢看看大伙都检查完毕，便道："02、03、04，你三人为第一组，前面搜索前进。"

02、03、04三人答道："是！"

"05、06、07，你三人为第二组，负责掩护。"姬天弢接着分派任务。

05、06、07三人也答了一声是。

姬天弢又道："08、09、10你三人为第三组，负责前后支援。"

"是！"三人大声答应。

姬天弢道："11、12，你二人负责后卫。"

两人大声答道："是！"

姬天弢道："行动！"

02、03、04三人率先向死亡谷走去，每组配备一具麒麟三号山地兽，驮着食物、清水、帐篷和各种装备，拉开十米距离，相跟着进入了死亡谷，才走了二十多米，只见谷中一片青绿，掩隐着一些枯枝朽骨；众人小心翼翼地一步一步向前走着，走了一个小时，才走了两、三公里。

放眼望去，前面景物又有不同：一片乱石，藤蔓交错；忽然一阵风吹来，侵得人身体生寒。姬天弢鼻中闻得一股腥气，谨慎地命令道："停止前进！"快步来到第一组队中，道："搜索！"

02等三人拿出红外搜索仪凑到眼前，向四周扫描，突然，03惊道："队长，快看！哪是什么？"

姬天弢顺着03手指方向一看，三十米远近，一条黄绿相间的巨蟒，正盘在一块岩石之上；那蟒蛇足有人身粗细，不知有几丈长短，眼如铜铃，张着血盆大口，吐着长长的舌信，正向姬天弢这边看来。

姬天弢浑身寒毛倒竖，出了一身冷汗。02紧张地用激光长枪对准巨蟒，道："队长，干掉它吧！"

姬天弢想了想道："不，用雄黄弹！"

04一听，从身上取下一枚圆筒形的物件，装到一支奇形的枪械上，指向巨蟒，眼睛却望着姬天弢。姬天弢点点头，04一扣扳机，一声轻响，巨蟒跟前一米之处冒出一股黄色烟雾，巨蟒被烟雾一熏，掉头就走。待得烟雾散尽，巨蟒已不知去向。

姬天弢以手语示意，众人又向前行动。

黄昏时分，姬天弢一行十二人已进入死亡谷十多公里，通话机中传来02的声音："01，前面有一处开宽地，适合宿营。"

姬天弢道"02，搜索周边环境，准备宿营。"

不久，02回报："01，安全，可以宿营。"

姬天弢对着通话机下令道："全体都有，准备宿营。"

众人支起四顶帐篷，围在一起吃过干粮，姬天弢安排了岗哨，在营地四周设置了激光警报器，便命令大伙休息。大伙行军半日，疲劳不堪，倒头便睡。

不知过了多久，突然一声炸雷在耳旁响起，姬天弢一翻身滚下行军床，又一声炸雷响过，就像在身旁炸响的一般，一道闪电闪进帐篷里，雷声才过，耳听得一阵风声，呼啸而来，那风吹得帐篷啪啪作响，似乎要把帐篷撕裂。

通话机传来一个声音道："09呼叫01，我们帐篷被吹跑了。"

姬天弢挣扎着出了帐篷，狂风扑面而来，飞沙走石，脸上被石子打中，火辣辣的痛。姬天弢连忙伏在地上，对着通话机大声地道："赶快卧倒！"

又不知过了多久，风停了，天上又再露出一天星光。

姬天弢站起身来，四下一望，四个帐篷全都不见了踪影，幸好队员全都没事，四具山地兽也安然无恙，重要装备都完好无损。

队员围拢过来，07打趣道："队长，这下可好，彻底露营了。"

姬天弢道："先找个岩洞又或土沟之类可以挡风的地方，对付一晚再说。"

不久，找到一块巨岩，众人在岩石下倚岩而坐，很快就进入了梦乡。

次日一早，太阳还未升起，姬天弢将队员都叫醒了，吃过自热式行军口粮，又再出发。

姬天弢领着队员在死亡谷中穿行了四、五天，算来已深入昆仑山腹地百多公里了。这日，姬天弢领着队员登上一个高坡，拿起望远镜四处察看，又用北斗定位仪测定了方位，招呼队员围坐坡上，对队员们道："伙计们，这次行动，想必大伙心中都很想知道是为什么吧。"

11道："是呀，我们被召到京城，直到现在，都不知道执行什么任务哩。"

姬天弢道："这是一个绝密的任务。"扫视了大伙一遍，接着道："一周前，太空站观察到一个不明飞行物进入地球轨道，不久像是失去控制，坠落在我国西部昆仑山地区。因此国防部紧急组成了我们这个搜索小队，前往搜寻这个物件。不管搜索结果如何，全程任何细节都不得对任何人说起。明白吗？"

队员们齐声道："明白！"

"好！"姬天弢道："根据太空站提供的数据，飞行物就在这附近坠落，大伙仔细搜索，不要放过任何细节。"

队员们又齐声道："是！"

姬天弢道："以这里为中心点，每两人一组，分四个方向搜索前进，每两公里报告一次所在的位置；以十公里为限，超过十公里，就要返回这里。08、09、10你三人留守此处，负责通讯支援。"

众人应了一声，分头去了。

姬天弢留在原地，命令打开各种仪器，与太空站数据连接。

突然通话机中传来声音："01、01，我是06，发现目标！发现目标！"

姬天弢一阵兴奋，立即就道："06、06，报告方位！不要接近，原地观察，原地观察！"

"06明白！"

姬天弢又向全体队员发出命令："全体都有，向06靠拢，向06靠拢！"说完，命令08等人迅速收拾好仪器，都放到山地兽上。姬天弢领着三人及四具山地兽，走了七、八公里的山路，来到06身旁，顺着06手指方向一看，七、八百米开外的一片树林边，一个黑色的碟状物体，一半插入岩石泥土之中，一半斜斜地翘起向天；目测直径达四十多米，最厚处约十五、六米。

姬天弢用望远镜观察良久，待到其余队员都到齐了，这才下令朝那个不明物体慢慢靠近。离不明物体还有二百米远近，姬天弢下令："11、12两人警戒，10开始全程拍摄录像；05开启生命探测器。全体戴上防护装备！"

十二个人成扇形慢慢地靠近碟状物体，碟状物体腹下开了一道门，那门已然扭曲变形；姬天弢当先走进那道门，进入碟状物体里面一看，里面四周布满了各种按键，红的、白的、绿的光不停地在各个按钮中闪动；有些仪器还不停地发出嘀嘀嘟嘟的声响；一个象控制台的前面，瘫着三具象生物的东西，其中两具已是难辨形状，浑身都是灰白色的液体；另一具生物，看来象是没了一半的身体，有一个脑袋一样的东西，还有两个象手一样的肢体。姬天弢从来没有见过这样的生物，一股难闻的气味从那个生物身上散发出来，中人欲呕。

姬天弢忍了恶心的感觉，细看那个生物，它的头部有两个像眼的器官，却是没有眼睑，灰白的眼球像死鱼眼珠一样；手一样的肢体里夹着一根略呈弧形的看起来象是金属的棒子，棒子上刻着好几个符号。

姬天弢心中一动，忖道：这个生物至死都还紧抓着这东西不放，必是重要的物件。想罢，伸手将棒子抽出，看了一看，将它放入背囊中。

10 突然惊叫了一声："队长，快看！"

姬天弢急忙回头一看，那个生物动了一下，双眼转动，停在姬天弢身上。姬天弢立即就感到浑身难受，心中感应到那个生物对自己极度的鄙夷。

那个生物抬起右肢，在自己左肢一块仪表似的东西上点了七、八下，姬天弢随即感应到那个生物绝望的情感。

姬天弢愣了一愣，不知道为何能感到不明生物的情感思维；忽然，姬天弢心生警觉，大叫："不好！危险，快撤！"一转身，当先就向外冲！

队员们听得队长高呼，也纷纷往碟状物体外狂奔，才跑出不到三十米远近，一声巨响从身后传来，02 与 10 距离姬天弢最近，飞身一扑，把姬天弢扑倒在地，用身体紧紧地将他压住。

姬天弢听得一声强烈的爆炸声，强光耀眼，炽热的气浪扑来，眼前一黑，便即失去了知觉。

第二章　海底小院

　　一列真空管道悬浮高速列车正以时速一千公里的速度，从北京驶往福州。姬鸣谦坐在列车里，宽阔柔软的座位十分舒服。

　　姬鸣谦的心情有点兴奋，毕竟今天是毕业回家的日子，他有半年没回家。姬鸣谦从怀里摸出一块巴掌大的薄薄的、透明的像玻璃一样的东西，轻轻点了一下屏面，薄片上立即就现出一个图案，原来这是东方大学考古及古文字专业的硕士学位证书。

　　姬鸣谦看了一阵子，小心地将它放回贴身的内衣口袋里，嘴角泛起一抹微笑，脑海中浮现出妈妈慈爱的面容，心中想：妈妈一定很高兴，一定会做自己最爱吃的菜肴来迎接自己回家。

　　姬鸣谦想了一阵子母亲，又想到了父亲，不知道父亲身体怎么样了，自己拿个考古硕士回来，也不知道他高兴不高兴，因为自己要读考古专业，父亲是剧烈反对的。

　　正想着，列车广播响了起来：福州车站到了。

　　姬鸣谦连忙站起来，从行李架上取下行李。列车终于停稳了，车门打开，姬鸣谦下了车，往车站出口走去。刚一出闸口，就听到一个声音高叫道："鸣谦……鸣谦……"

　　姬鸣谦循声望去，一个年约三十多岁的男子，一身便装，在向他挥手。姬鸣谦高兴地道："卞叔叔！"小跑着向男子迎去。

　　卞叔叔名叫卞鼎丰，是姬鸣谦父亲的秘书。

　　卞鼎丰接过姬鸣谦的行李，拍拍他的肩膀，笑道："鸣谦，又长高了。走，你妈妈也来接你了。"

　　"妈妈也来了？在哪？"

　　"在车子那边呢。"卞鼎丰带着姬鸣谦，走到车站广场，远远就看到一辆黑色天马牌便捷小飞车前，站着一个中年妇女，只见她乌黑的短发，瓜子脸、新月眉，一双杏眼不停地在广场的行人中搜寻着。

　　姬鸣谦一见到她就叫道："妈妈……"

　　中年妇女正是姬鸣谦的母亲姜秀坤，听到儿子的叫声，连忙循声看过来，看见儿子正朝自己跑来，姜秀坤脸上笑容立即就绽开了，叫道："谦儿，妈妈在这呢。"

　　姬鸣谦跑过来，亲热地拥抱了一下姜秀坤，说道："妈妈，这大老远的，你怎么也来接我了。"

　　姜秀坤道："我的儿子毕业回家，我这做妈的当然得来了。快！卞秘书，把行李放车上。咱们回家！"

　　卞鼎丰把行李放好，打开后座车门，让姬鸣谦母子坐进车里，然后在驾驶座上坐好，说道:"都坐好了,我们走了。"

车子在广场缓缓地滑行,转上一道宽阔的路面,卞鼎丰按了一个按钮,说道:"要起飞了。"

车顶上伸出一双翅膀,卞鼎丰加大油门,车子向前一冲,腾空而起。姬鸣谦望着车外,兴奋地说:"妈妈,回家要吃藕丁,还有烧黄鱼。"

"都有都有,都给你准备好了。"

"妈妈,快看我的毕业证书,各门功课都是优秀哩。"姬鸣谦从怀里掏出那片透明的薄片,塞到姜秀坤的手里。

姜秀坤接过来,点了一下屏面,仔细地看着,面上露出赞许的笑容,道:"等回到家,让你爸好好看看你的成绩单。"

"妈妈,爸爸怎么还不换新车子?你看人家都是新款的,我们这车子都快老掉牙了。"姬鸣谦指着车窗外来来往往的飞车说道。

"不是不想换,是你爸爸说用惯了这辆,有感情了。"卞鼎丰答道:"你爸爸还说,今年经费紧张,要省着点用。"

"卞叔叔,说实在的,我爸爸到底研究的是啥?"

卞鼎丰笑了笑,却是不答。姬鸣谦从小到大,不知问过多少次,每次都得不到答案。

"你爸爸的事,你就别问了。"姜秀坤道。

"嗯。问了等于没问。"姬鸣谦道。

小飞车飞了约二十多分钟,卞鼎丰按下几个按钮,道:"姜大姐、鸣谦,坐好了,我们要下去了。"说着把飞车徐徐降下,将机翼收起,驶上一条笔直的大道。

"卞叔叔,这条路我怎么没走过?"

"哦,这是新开通的,直接就通到我们海峡市,比以前的路近了一半路程哩。"正说着话,车子已到了一个巨大的隧道口,隧道上方大幅横额写着:欢迎光临海峡市,下面一行小一号的字体写着:限速 300 公里/小时。

车子驶进隧道,纵横交错的巨大透明交通管道四通八达;楼宇栉比鳞次,深达海床。这是一个建造在海底的城市,面积比福州市还大。

卞鼎丰在交通管道中熟练地驾驶着,不久,驶进了一条往东北方的管道中,驶到管道的尽头,是一栋类似箱子一样的建筑,建筑物前竟然有身穿军装的士兵守卫。看到卞鼎丰的车子驶近,卫兵并不阻拦,箱子似的建筑物缓缓地向上开了一道门,卞鼎丰将车子开进去,门便在身后关上,车的前方又再开了一道门,门后是一个像房子一样的空间,四周都封得严严实实的。卞鼎丰依前开进去,身后的门依旧缓缓关闭;卞鼎丰按下几个按钮,将飞车调校为潜航模式;接着就有海水涌进来,不一会儿就漫过了车顶。待得海水充满了房子后,车的前方又开了一道门,卞鼎丰启动推进器,向前驶去。

出了门后,便是深暗的大海。卞鼎丰开了车灯,向前行驶。姬鸣谦看着熟悉的景象,不觉想起儿时在海中玩耍的片段。

看到车外有七、八个身穿潜水服的人在海田中劳作,姬鸣谦问道:"妈妈,咱们家附近那个农场还好吧？"

"挺好的呀。"姜秀坤答道。

"他们种的海带和海草要来包饺子最好吃。还有他们养的鲍鱼、青口什么的，打火锅最棒！"

"等你回来一天一个花样，让你吃个够！"姜秀坤慈爱地笑着道。

"到了。"卞鼎丰突然道。

车的前方出现了一栋独门独户的小楼，静静地耸立在深暗的海水中。楼前是一个覆盖着巨大的透明玻璃穹顶的院子；楼后背靠着巨大的礁石。院子的一侧，有一栋高大的建筑物，高不见顶，那是直通海面的电梯。

卞鼎丰将车驶进一个跟刚才的房子一样的空间，海水慢慢地被挤了出去，然后，车的前方又打开了门，卞鼎丰把车子开出去，门外就是院子。卞鼎丰将车子开到院子停好，道："鸣谦，到家了。"

姬鸣谦下车走进大厅，抬头一看，就看见一个军人，年约四十多岁，头发已经花白，身穿少将军服，坐在一把轮椅上。将军目光炯炯有神，脸容略带严肃，看到姬鸣谦进来，脸上浮起了笑容。

姬鸣谦快步走上前去，叫道："爸爸，我回来了。"

将军正是姬鸣谦的父亲姬天弢，在姬鸣谦的印象中，似乎父亲从来就没有离开过这把轮椅。姬天弢"嗯"了一声，算是回应了儿子，道："来，到书房来。"

"是！"姬鸣谦走到父亲身后，推动轮椅，往书房里去。走过一条甬道，尽头是一道门，姬天弢在轮椅扶手上按了一下，门就开了。姬鸣谦推着父亲进了房间；令姬鸣谦惊喜的是，书房中坐着两个人，其中一个一身道服打扮，脸容瘦削，长须飘然，一头雪白的头发，挽了一个道髻；另一个则是僧人打扮，圆脸无须，满面红光。

姬鸣谦高兴地叫道："圆慧师父、大衍师父，你们也来了？"把父亲撇下，飞奔过去，拉着两人的手，开心地叫着。

圆慧禅师是世界佛教协会首席顾问禅师，佛学高深；大衍真人是全国道教协会名誉会长，熟稔道家各流派及典藏。不知什么时候开始，姬鸣谦就天天看到这两位方外高人在自己家中出入。小时候他出于好奇，时常缠着两人讲故事，一来二去，圆慧禅师就给他说些佛学哲理，而大衍真人则教他易学玄理，以及上乘的太上心经功法，因而小小年纪对考古、历史产生浓厚的兴趣。

大衍真人道："咱们小鸣谦学成回家，我这做师父的当然要来祝贺一番了。"

圆慧禅师也说道："除了祝贺一番，还要考考你，这些日子有没有把我们教的东西丢下了。"

姬鸣谦道："哪能丢下了？从小就学的东西，不信现在就考考？"

"考就一定要考的，不过不是现在。"姬天弢开口道："谦儿，把你的毕业证给两位师父看看。"

"是。"姬鸣谦立即就从怀里摸出那片透明的薄片，双手递给了圆慧禅师。圆慧禅师接过来，点了一下屏面，略略看了一会儿，道："不错各科都很优秀。"边说边将它递给大衍真人。

大衍真人接过来，也是略略看了几眼，点点头道："鸣谦，看来你这个硕士头衔货真价实，不错，不错。快让你爸爸看看，也高兴高兴。"说着就让姬鸣谦将证书拿给姬天弢。

姬天弢接过薄片，仔细地看了一会儿，道："嗯，还不错，几门外语都很好。宗教科目也不错；不枉你两位师父教导你一场。"姬天弢少有地赞许了儿子几句，脸上却不露半点神色，续道："你妈妈看过了吗？"

"在回来的路上就看过了。"姬鸣谦答道。

大衍真人道："鸣谦，来来，这是师父给你的贺礼。"说着拿出一个用黄布包着的东西，递给姬鸣谦。

姬鸣谦双手接过，道："大衍师父，这是什么宝贝？该不是那本线装纸质《连山》吧？"

大衍真人笑而不语，姬鸣谦打开布包一看，惊呼道："真是《连山》！"只见一本发黄的纸质线装古籍，呈现在眼前。

这部《连山》与《归藏》、《周易》合称为三易；后世流传的只有《周易》；《连山》与《归藏》已是失传，直到二十二世纪，河南一个战国时期的墓葬群遗址的考古现场，偶然发现了《连山》的竹简，这部远古巨著才得以再与世人相见。后来经国家批准，将之付梓，仅仅印了十本，以供研究，因此，这部纸质的《连山》虽非价值连城，却是极其罕有之物。

姬鸣谦爱不释手地看看，大衍真人道："鸣谦，别光顾着看这个了，你圆慧师父也有贺礼给你哩。"

姬鸣谦抬起头来望着圆慧禅师道："圆慧师父又有什么惊喜给我？"

圆慧禅师递给他一个精致的檀木盒子，道："你自己看看。"

姬鸣谦轻轻打开盒盖，一股淡淡的香味飘了出来。盒中放着一叠贝叶，上面用蝇头小字写满了密密麻麻的经文，仔细一看，那是用梵文写成的《华严经》。

那些贝叶是用菩提树的叶子，用特殊药物浸泡后，留下脉络，透明、纤薄，再在上面抄写经文，确是珍贵无比。

姬鸣谦轻轻地翻开贝叶，入眼所见的是入法界品第三十九中的一段：佛坐一国土，充满十方界，无量菩萨云，咸来集其所。亿刹微尘数，菩萨功德海，俱从会中起，遍满十方界。悉住普贤行，皆游法界海，普现一切刹，等入诸佛会。安坐一切刹，听闻一切法……

姬鸣谦从小受教于圆慧禅师，学会了上乘的梵文，因此，这经上的梵文，根本就难不倒他。

姬鸣谦正饶有兴味地看着贝叶经书，姜秀坤道："谦儿，吃了饭再聊吧。"姜秀坤不知什么时候进来，招呼大伙去吃饭。

姬天弢道："谦儿，还不快请两位师父入席？"

姬鸣谦道："是！"仔细收好两部经书，对着圆慧禅师、大衍真人道："两位师父，请移玉步！"然后走到父亲的身后，推动轮椅，出了书房，往饭厅走去。

吃罢晚饭，姬天弢、姜秀坤、姬鸣谦、圆慧禅师、大衍真人坐在客厅里聊天。姬天弢道："谦儿，毕业后有什么打算？"

姬鸣谦道："爸爸，我已计划好了，先去野外考古队实习一两年再说。我已写了自荐信去国家地质考古研究院，希望能到那里工作。"

姬天弢不置可否地嗯了一声，眼光却是望着圆慧禅师、大衍真人两人。

大衍真人道："也好，先从实物入手，增长点实际经验。"

圆慧禅师只是笑了笑，没说什么。

五人又闲聊了几句，姬天弢道："谦儿，你去休息吧，我还要和你两位师父再谈点事。"

姬鸣谦知道父亲跟两位师父又要谈论工作上的事，道："是。"与母亲姜秀坤一起退出了客厅。

姜秀坤道："谦儿，你先去休息吧，我还要准备一下，等会儿给你爸爸做身体检查和保健。"

姬鸣谦知道，母亲这十多年来，每天都不间断地给父亲做保健，只是他实在不知道父亲的身体到底有什么毛病。姬鸣谦顺从地道："好的，妈妈你也早点休息。"

姬鸣谦回到自己房间。房间早已被母亲收拾得干干净净的。姬鸣谦打开行李，将衣物及各种物品一一放到衣柜和应该放的地方，干净、整洁，这是他从小就养成的好习惯。

房间不大，只有一铺床，一张书桌连着一个不大不小的书柜，书柜里是一排排透明的薄片；还有一个衣橱靠在一面墙上；此外，房间便没有多余的装饰物品。

姬鸣谦在一面墙上摸了一下，一道门无声地打开，原来是连着房间的卫生间；他走进去，里面不算宽敞，却很干净整洁，四周墙壁发出柔和的光。姬鸣谦脱去上衣，露出一身结实的肌肉。

姬鸣谦中等身材，肤色红润，脸型比较像父亲，但又带有母亲的秀气，剑眉星目，长得很是英俊。他走到淋浴间，在墙上的一块小小的感应键上轻轻触摸了一下，天花板上就缓缓地降下一块一尺见方的金属板，随后，金属板上出现了密密的小孔，从小孔中喷洒出细细的水柱，就像下雨一样。

姬鸣谦美美地洗了个冷水澡，换上一套睡衣，舒服地躺在床上，随手从书柜上抽了一片透明的薄片，点了一下，屏面上现出一行英文字：世界考古之谜，原来是一本书。姬鸣谦翻看了数页，脑中却在想：不知道自己的自荐信是否已寄达，能否如愿以偿地到地质考古研究院工作。想着想着，迷迷糊糊地睡着了。

一阵悦耳的铃声将姬鸣谦叫醒，他睁开双眼，知道这是早上五点钟。姬鸣谦一跃而起，伸手关了闹钟，换上一套运动衣裤，穿上运动鞋，打开房门，轻手轻脚地走到院子那部电梯前，打开电梯门，走了进去。

电梯高速地上升，不到一分钟，电梯停了下来，门自动打开，姬鸣谦走了出去，却是一个大堂，大堂里竟然有士兵在站岗；看见他出来，微微地对他点点头；姬鸣谦也微笑地点头回应。

走出大堂大门，外面仍是黑沉沉的，天还未亮。姬鸣谦在门外不远处的一块空地上，伸展了一下身体，做了一套活动关节的体操，又打了一套大衍师父教的太极拳，这才沿着石子铺成的路跑起步来。

这是他从小就养成的习惯，十多年来从没间断。姬鸣谦一圈一圈地跑着；天边露出一抹彩霞，渐渐地，天亮了，可以看到，姬鸣谦所在的地方，是一个海岛，约有三、四个足球场大小；北面有一栋三层楼高的楼房；西面有一座巨大的平房，像是仓库；东面是一栋三层高像是办公楼一样的建筑，中间是一栋圆柱形的四层高的楼房，就是姬鸣谦刚才乘电梯出来的地方，楼顶布满了天线一类的设备，还设了岗哨。

除了沿路跑步，姬鸣谦被父亲严厉禁止靠近任何建筑物，更不要说进入了。因此，姬鸣谦虽然从小在这里长大，却也不知道这些地方是作什么用途的。

跑了一个多小时，算来也已跑了十公里了，这是每天必须完成的运动量。姬鸣谦从南面的一条小路跑下海滩，跳上一块大礁石上，面向南方，盘膝坐好，闭目静坐，修习起大衍真人教给他的太上心经功法。

太阳升起的时候，姬鸣谦已经坐在海底小院的餐桌旁，一边吃着母亲为他准备好的早餐，一边看着天花板上一个装置投下的全息新闻节目：我国月球科研站首次在月壤中栽培乔木幼苗成功；我国第六代天宫太空空间站更换及升级核心舱取得圆满成功；西安某地发现大型远古遗迹，考古学家正在评估发掘的可能性……

姬鸣谦正看得入神，卞鼎丰走了进来，道："鸣谦，要不要去深海农场玩玩？"

姬鸣谦一听，高兴地道："好呀！很久没去那里玩了。什么时候去？"

"现在。"卞鼎丰道："要去采购些海参、海带、海草什么的。"

"太好了！走！"姬鸣谦站起来道。

两人出了大门，径直走进车库里，上了车，卞鼎丰将车开出小院，驶进海中；在黑沉沉的海里行驶着。

卞鼎丰打开定位潜航系统，让车子自动驾驶着，对姬鸣谦道："鸣谦，有多久没潜水了？"

姬鸣谦道："卞叔叔，我在学校可是天天都游泳的呢，不过游泳池里不能算是潜水吧？毕业前还参加了学校的潜泳比赛，拿了个冠军！这多亏了卞叔叔教我的潜水技术，学校里没人比得上我哩。"

卞鼎丰道："是吗？那你这个冠军可是有卞叔叔的一份啰。"

"这当然了！对了，你什么时候教我水下射击？"姬鸣谦一脸热切地问。

卞鼎丰一口就回绝道："这个可不行，你不是军人，不可以玩这个。"

姬鸣谦失望地道："唉……真没劲！"

卞鼎丰道："鸣谦，你看，到了！"

姬鸣谦往车前一看，果然，在车灯的照射下，前面一望无际都是十米见方的一个个巨大的网状格子，里面养殖着各种各样的海产。

卞鼎丰将车停在一栋建筑物前，打开通话器，屏幕上出现一个人像，卞鼎丰道："晏场长，请开门。"

屏幕上那个人笑眯眯地回应道："好的，就等您来了。"

车前方一个管状的物体开了一个门，卞鼎丰将车驶了进去，待海水退去，前面又开了一道门，车子就驶进了建筑物的院子里；晏场长已在那里等候了。

晏场长一见姬鸣谦，高兴地道："鸣谦，你可是许久没来晏叔叔这里玩了。"

姬鸣谦叫了一声："晏叔叔好！"接着道："是呀，这不刚回家就来您这里了。"

晏场长道："卞秘书，你要的东西都准备好了，这就给你搬到车上去吧。"

卞鼎丰道："好的，谢谢您了。不过，我想带鸣谦到外面看看，可以吧？"

"当然可以！要不要我陪你们去？"

"就不劳您大驾了，我们自己去就可以了。"卞鼎丰说道。

"那好。"晏场长一边说一边带着姬鸣谦两人进了一个房间。房间里放满了各种各样的潜水用品。

晏场长拿出两套潜水服，一边帮着姬鸣谦穿戴，一边道："这可是最新型号的产品，咱场里也才到货不久哩。"

潜水服有一个全透明的圆形头盔，顶上装着一个小巧的圆形的灯，可以三百六十度旋转。姬鸣谦和卞鼎丰两人听晏场长介绍道：潜水服的里层是保暖层，可以调节保持人体正常体温；第二层是减压层，可以承受深海五百米的压力；再一层是保护层，可抵挡普通的枪弹，就是一般的鲨鱼，也很难将它咬破；最外面一层是布满纳米级微细褶皱的仿鱼鳃结构，可以从海水中过滤氧气，供人呼吸。潜水服层数虽多，只是比平常的衣服厚一点儿，并不显得臃肿；潜水服全身黑色，胸前一个橙色长方格子上是一个控制面板，左小臂上另有一个明黄色显示屏，用于视像通话。

卞鼎丰在姬鸣谦腰间插了一把潜水匕首，自己拿了一把潜水叉，然后调校好通话频道，对晏场长示意都准备好了。

晏场长推开一道门，带两人进去，然后打开一个密封舱门，让两人进去后，将舱门关上。走到一个控制台前，按动按钮，将出口打开。

卞鼎丰带着姬鸣谦出了舱口，向前游去；那些养殖海产的巨大网格在身下缓缓地向后退去。

潜游了二十多分钟，卞鼎丰用手势向姬鸣谦示意下潜，姬鸣谦跟着卞鼎丰，下潜到一个网格上，用头盔上的灯向下一照，网格里养着数十只巨大的龙虾，姬鸣谦道："卞叔叔，咱们要买龙虾吗？"

卞鼎丰说："不买，只是带你来看看。咱们要去远点的地方采一种海草，给你爸爸配药。"

"那就不看了，赶快去采海草吧。"

"好！你紧跟着我，不要离得太远。"卞鼎丰叮嘱道。

姬鸣谦应道:"知道了,我就跟在你身后。"

两人不再说话,一前一后地往远处游去。不久,游到一片珊瑚礁中,礁上生长着艳丽的珊瑚,各种美丽的鱼儿在其中游动。

卞鼎丰在礁石间隙中仔细地搜寻着,忽然停了下来,向姬鸣谦招手示意;姬鸣谦顺着他手指的地方,用灯一照,礁石下方,一丛紫褐色的海草在水中摇曳;问道:"卞叔叔,找到了?"

卞鼎丰道:"嗯,就是它了。"

姬鸣谦上前,拔出潜水刀,一边挖掘着一边问道:"卞叔叔,这草叫什么名字?"

卞鼎丰道:"这叫紫衣仙子,是你妈妈起的名字。"

"啊!妈妈起的名字真好听。"姬鸣谦掘了一大把紫衣仙子,卞鼎丰从身上取出一个网袋打开,姬鸣谦就把紫衣仙子放到网袋里。

"爸爸身体到底有什么毛病?"姬鸣谦忍不住又问道,虽然他知道卞鼎丰是不会回答他的,因为从小到大,这个问题他不知问过多少次了,妈妈、圆慧禅师、大衍真人、卞叔叔,他们全都出奇的一致,就是从不回答这个问题。

果然,卞鼎丰没有回答他,却道:"鸣谦,不用挖了。"

"够了吗?"姬鸣谦问道。

"够了,够用一个星期了。"

"卞叔叔,快看!"姬鸣谦道,顺手一指。

卞鼎丰顺着姬鸣谦手指处一看,一只大章鱼躲在一个珊瑚礁下的洞穴里,向外探头张望,卞鼎丰二话不说,手中潜水叉照着章鱼一叉过去,叉个正着,一拉,就把那只章鱼拉了出来。

姬鸣谦开心地道:"卞叔叔,今晚我们有烤章鱼吃了。"

卞鼎丰笑道:"好!也让你爸爸尝尝鲜。"顺手就将章鱼放进网袋里,道:"鸣谦,回去吧。"

姬鸣谦道:"好!"

两人依旧一前一后往回游着,姬鸣谦突然感到心里一阵悸动,浑身生出一股危险的感觉。

"卞叔叔……"姬鸣谦声音有点颤抖地叫道。

卞鼎丰听出他声音中透出的惊恐,急问道:"怎么了?鸣谦。"

"卞叔叔,你有没有感觉到什么?"

"没有呀。你发现了什么?"

"我觉着好像有什么物体向我们迫近……"

"嗯?我什么也没发现。"

"真的!我感到它越来越近了。"姬鸣谦闭上双眼,运用大衍真人教授的方法,用意念去细心地感知周围的动静。过了一会儿,姬鸣谦睁开双眼,目露惊惶,道:"卞叔叔,那个物体十分庞大,不知是什么东西。"

"是不是鲸鱼、鲨鱼什么的？"

"都不是！咱们快走！"

卞鼎丰相信姬鸣谦的感觉，因为圆慧禅师、大衍真人两位国师级别的高人教出来的学生一定有常人没有的特殊能力。道："好！咱们尽量贴着海底潜游，利用地形作掩护。"

姬鸣谦跟着卞鼎丰，迅速下潜，贴着海底，快速游动着。突然，卞鼎丰心中也生出一股危险的感觉，不禁抬头向上一看，这一看不打紧，把卞鼎丰吓出了一身冷汗：距头顶十数米处，一个巨大的黑影，无声无息地在上方跟着自己缓缓地行进，那物体黑黝黝的，在黑暗的海水中，一点亮光也没有，分不清什么形状，到底有多大。

卞鼎丰心中一寒，将姬鸣谦一拉，躲到一堆礁石中，将头盔上的灯熄了，打开通话器，低声呼叫道："晏场长、晏场长！"

通话器中传来晏场长爽朗的声音："卞秘书，你回来了？"

卞鼎丰急促地道："晏场长，快打开声呐！方位120、26，快！"

"什么事这么急？遇上鲨鱼了吗？你身上的装备有一个标着鲨鱼的按钮，单击就可以释放防鲨剂。"

"快！不是鲨鱼！是不明物体！"

晏场长心中好笑，道："什么不明物体？看花眼了吧？"口中虽然这样说，但还是打开了声呐进行扫描，屏幕上什么也没有。晏场长道："卞秘书，声呐显示，本场二十公里范围内没有任何可疑的人造物体。"

"怎么可能？这个物体就在我头顶上！"

"真的没有任何东西显示。"晏场长再次看了看屏幕，肯定地说。

"那你赶紧替我联系姬将军！"

"怎么联系？"晏场长问。

"我给你一个电话号码……"卞鼎丰话还没说完，突然头顶上发出一片白光，照得海底如同白昼一般，炫目的强光使得卞鼎丰两人连眼都睁不开；通话器中一阵沙沙声，通讯突然就中断了。

强光持续了不足十秒，就突然熄灭了，卞鼎丰和姬鸣谦两人睁开眼时，看到那个物体以令人难以置信的速度，向他们身后的东北方向飞速离去，一眨眼间就消失得无影无踪。

两人看得目瞪口呆，通话器又恢复了正常，传来了晏场长焦急的呼叫声："卞秘书！卞秘书！鸣谦，鸣谦！听到请回答！听到请回答！"

卞鼎丰、姬鸣谦两人回过神来，赶紧回答道："晏场长，我们都安全，现在正在返回的路上。"

晏场长长舒了一口气，让身旁的职员将全场的灯都打开，将水底照得一片光亮。然后走到减压舱口，等候卞鼎丰和姬鸣谦回来。

当惊魂未定、脸色苍白的姬鸣谦、卞鼎丰两人坐在晏场长的办公室里，喝着热开水时，晏场长终于明白，他们两人一定是遇到了不可思议的事情。晏场长静静地看着两人，不知说什么来安慰他们。

过了好一阵子，卞鼎丰突然想起了什么，道："晏场长，借用一下你的有线电话。"

晏场长指了一下桌面上一台像是老式台历一样的电话，道："请便。"

卞鼎丰拿起电话，迟疑了一会儿，道："不好意思，晏场长，请你陪鸣谦到外面走走好吗？"

晏场长知道卞鼎丰是军方背景，估计他要向有关部门报告刚才的事情，说道："鸣谦，走，晏叔叔陪你到走廊走走。"

姬鸣谦顺从地跟着晏场长出了办公室；晏场长小心地把办公室的门关好，这才带着姬鸣谦往走廊走去。

走廊的一面是一个长长的水族玻璃箱，里面各色各样的海鱼自由地游动着。晏场长没有发问，姬鸣谦也没有吭声，两人就这样默不作声地在走廊里来回地走动着。

不知过了多久，卞鼎丰出来招呼两人回办公室，姬鸣谦看他神色，已然恢复平静，道："卞叔叔，我们回家吧。"

卞鼎丰努力地挤出笑容来，说道："不急，你爸爸派人来接我们，等一会儿就到了。晏场长，待会儿麻烦你去接一下。"

晏场长道："这个自然了。"

大约过了一个小时，晏场长办公桌上的屏幕上出现一个佩戴中校军衔的军官，对晏场长说："晏场长，请开门，我是来接卞上校的。"

晏场长望了一眼卞鼎丰，见他点了点头，道："请稍等，请从三号门进入。"说着打开了三号门的指示灯。

不久，中校军官来到办公室，向卞鼎丰行了个军礼，说道："报告首长，中校柯胜松奉命前来报到。"

卞鼎丰回了一个礼，道："柯中校，上级有什么指示吗？"

柯胜松从上衣口袋里拿出一张纸质的文件，双手递给卞鼎丰，卞鼎丰接过来一看，转头向晏场长道："晏场长，刚才发生的事，比较敏感，本市驻防军司令部有文件指示，请你和我一道向上级汇报一下经过，这里暂时由柯中校接管。"说着将那纸命令书递给晏场长。

晏场长接过看了看，道："是，我一定全力协助。"说完将文件还回卞鼎丰，然后叫来助手，将场内事务都交代了。

柯中校请晏场长打开三个入口，让跟随的军人进入，然后指着一个少校军官道："首长，这位是陆少校，由他护送你们回去。"

卞鼎丰道："好的，辛苦了。"

陆少校向卞鼎丰敬了个礼，道："请首长随我来。"

卞鼎丰点点头，招呼了姬鸣谦和晏场长，跟着陆少校，上了自己开来的车，由柯少校驾驶，经过减压舱，驶出了大门。门外停着一艘很大的样子很怪的潜航艇，艇的尾部开着一道门，陆少校直接就将车开了进去，门就在后面关上了。

回到家里，姬鸣谦和卞鼎丰立即就被带到了一间精致的治疗室里，姜秀坤亲自为两人作了一次全面的检查，证实身体一切正常，这才让两人和晏场长到休息室休息。

过了一会儿，一个穿着军装的士兵进来，向卞鼎丰敬了个礼，说道："首长请三位去谈话。"

卞鼎丰站起身来，对姬鸣谦和晏场长道："走吧，不用紧张，这是例行程序。"

姬鸣谦和晏场长跟着卞鼎丰，由士兵带路，来到一间房子里，房子里一张长桌后坐着三个人，左边一把轮椅上，坐着姬鸣谦的父亲姬天弢；正中坐着一个佩少将军衔的军官，年纪与姬天弢相约；右边稍远一点的地方，坐着一个三十岁不到的军官，佩戴上校军衔。长桌前面摆着三张椅子，显然是给姬鸣谦三人准备的。

卞鼎丰上前立正敬礼道："报告！上校卞鼎丰奉命前来，请首长指示！"

姬天弢摆摆手，道："鼎丰，你们三人先坐下。"待到三人落座，才道："这位是本市驻军司令部的杜军长，那位是杨参谋。"顿了一下又道："司令部对这次事件非常重视，请你们来，是想了解更多更详细的情况。鼎丰，你就先说说吧。"

卞鼎丰应了一声，从头慢慢叙述起来，杜军长、杨参谋和姬天弢听得极为仔细，没有打断过卞鼎丰的叙述，杨参谋更是一边听一边在一台小巧的电脑上飞速地记录着。

卞鼎丰断断续续地说了十多分钟才把经过说完，姬天弢与杜军长对视一眼，道："刚才你说，是鸣谦最先感觉到危险的？"

"是的。"卞鼎丰道。

"鸣谦，你说说你是怎样感到不对劲的？"姬天弢问。

"不知道怎么回事，当时就是感到心中一阵悸动，觉得好像有危险的东西迫近。反正说不上来。"姬鸣谦道。

"嗯！"姬天弢没有再问话。

"卞上校，刚才你说，你曾通过通话器与晏场长通话，要求他用声呐扫描一下你所在的位置？"杜军长问。

"是的，当时我将方位向晏场长说了，晏场长也收到我的要求了。"

"晏场长，请你说说情况。"杜军长道。

"当时突然接到卞上校的通话，我还以为他回来了。但从他的声音里我听得出他很是焦急。他要求我打开声呐扫描，我按他的要求开机，但什么也没发现。过了一会儿，我又将声呐调校了一下，将农场范围方圆二十公里的地方都扫了一遍，还是什么也没发现。"

杜军长嗯了一声，向着杨参谋道："杨参谋，那段时间司令部有接到什么情况吗？"

杨参谋道："报告，卞上校遭遇不明物体的时间，驻军值班声呐和电磁探测器都没有任何发现。"

"好！情况就暂时了解到这里，你们都回去休息吧。这件事情比较敏感，从现在起，你们不要向任何人透露这件事情，晏场长，你也可以回去了。"

卞鼎丰带头站起来，敬了个礼，带着姬鸣谦和晏场长出了房间。当即就有士兵护送晏场长走了。

姬鸣谦回到自家客厅，一屁股坐在沙发上，低了头将十指插进头发里，努力让自己不去想刚才的遭遇。

"鸣谦,感觉好些吗?"姜秀坤急急走进客厅,坐在儿子身边,将手放在儿子肩上,关切地问。

"妈妈,我没事!"

"没事就好!别想了,今天就洗个热水澡,好好睡一觉,明天就好了。"

"妈妈,我真的没事。"

姜秀坤站起来,倒了一杯热开水,又滴了几滴药水进去,拿起来,递给儿子,道:"喝吧,妈妈给你滴了点安神镇静的药,睡一觉就好。"

姬鸣谦接过杯子,慢慢地把水喝了,然后向姜秀坤道了晚安,就回自己房里去了。

姬鸣谦没有听妈妈的话用热水洗澡,依然洗了个冷水澡,然后躺在床上,怔怔地发着呆,那药物果然很有效,不一会儿,姬鸣谦就合上了双眼,沉沉地睡去。梦里,姬鸣谦梦见自己驾驶着一架奇怪的飞行物,在深邃的星空中高速飞行着……

第三章　第六研究所

姬鸣谦被闹钟叫醒时，脑中还萦绕着梦中的情景，他晃了一下脑袋，似乎是要驱走梦中的景象。之后，他迅速爬起床，穿好衣服，开始了十数年如一日的晨起运动。

当太阳初升之时，姬鸣谦已盘膝坐在那块大礁石上，闭目冥想；他努力将脑中杂念排除，不去想昨天的事情。

一连过了十多日，父亲没有再找他谈话，也没有人向他提及那天发生的事，就连卞鼎丰也没见怎么现身，偶尔看到他，也只是打个招呼就走了，似乎很忙的样子。

事情渐渐就淡忘下来。

这天，早餐才吃完，卞鼎丰来找他，说道："鸣谦，你爸爸叫你呢，快去吧。"

姬鸣谦道："卞叔叔，就来。"

姬鸣谦跟着卞鼎丰，来到父亲的书房，看到母亲也在。卞鼎丰让姬鸣谦进了房间，就退了出去，顺手把门也关上。

姬天弢道："谦儿，来，坐下。"

姬鸣谦走到靠近母亲的一张椅子上坐下，道："爸爸、妈妈，有什么事吗？"

姬天弢拿出一封纸质的信件，递给他，道："你的聘用信。"

"真的！太好了！"姬鸣谦打开信封，抽出信纸一看，上面写着：姬鸣谦先生，经本院调查核实，你各学科优秀，符合本院录用条件，现本院决定聘请你为本院工作。落款是：国家地质考古研究院第六研究所，还盖上了一个红红的大印，地址竟然就在福州。

姬鸣谦开心地道："妈妈、爸爸，我有工作了！"

姜秀坤满眼都是笑意，道："看把你乐的。"

姬天弢道："嗯，就要工作了，要服从分配，不要骄傲自满。"

"爸爸，我一定会好好工作的。"

"你打算什么时候去报到？"

"后天吧，明天收拾一下行李，后天就出发。"

"也好！这次你自己去，不要让人送了。"

姜秀坤道："天弢，谦儿第一次去报到，还是送一送吧。"

姬天弢道："孩子都这么大了，该自立了。都不要送。"

"妈妈，爸爸说得对，再说也不远，就在福州。"

"那好吧！明天妈妈给你做一桌好菜，庆祝庆祝，也算是送行了。"

"妈妈最好了！"

姬鸣谦按着聘用信提供的地址，找到地质考古研究院第六研究所，原来就在福州市一个偏远的角落里；一栋八层高的主楼，后面有两栋同样高八层的副楼；外面是两人高的围墙围着，地面是一个很大的院子，停放着各种车辆。

大门旁边有一间房子，里面有一个像是门卫的年轻人，看年纪，跟姬鸣谦差不多大；一身笔挺的西服，很是精明干练的样子。

姬鸣谦将聘用信递给他，道："您好！我是来报到的。"

小伙子拿过信件看了一眼，说道："您好！请你进了大堂后，乘电梯直上八楼，上面只有一个门，所长就在里面，你敲门进去就行。"

"谢谢！"姬鸣谦收回信件，放入内衣口袋，拿了行李，按门卫小伙子的指点，上到八楼。

一出电梯，果然整个楼层就只有一个门，门外静悄悄的，一个人也没有。姬鸣谦迟疑了一会儿，伸手去按了一下门铃，接着听到门锁响了一下，门边的通话器里传出一个声音道："请进！"

姬鸣谦推开门进去，里面非常宽敞，最里面靠窗的一面，一张巨大的办公桌后，坐着一个四十多岁的男人；男人身着一件白色的衬衫，没有打领带；一头短发，圆脸细眼。办公桌的左边是一个高大的书架，右边是一圈沙发。

看到姬鸣谦进来，男人站起来，上前迎接道："是姬鸣谦先生吧？来来！请这边坐。"说着请姬鸣谦到沙发上坐了。

姬鸣谦微微鞠了个躬，坐下，把聘用信拿出来，双手递过去，道："您好！我是来报到的。"

男人并不接信件，说道："不用看了，这封聘用信就是我发出的。"顿了一下，又道："来，先认识一下，我叫滕文博，是本研究所的所长。"说着伸出手来，与姬鸣谦握了一握，然后道："欢迎你到本所工作。"

姬鸣谦道："谢谢您给我这个工作的机会，我一定会努力工作的。"

"小伙子，嗯，以后我就叫你鸣谦吧。"

"好的，所长。"

"哈哈，鸣谦，你以后不必叫我所长，叫我博士或滕先生都可以。"

"是博士！"

"给你介绍一下情况。我们所里每个同事都有自己分管的工作，平时不大碰面。"

"哦。"

"你的工作，主要是做我的助手；来，带你到你的办公室去看看。"说着站起来，打开门，领着他下到七楼，打开一道门，道："这是你的办公室。"

姬鸣谦跟在滕文博身后，向里一看，房间里面很宽大，有两个巨大的书柜，还有很多大型的文件柜，各种办公设施一应俱全。

滕文博说道："之前的同事上月调到五所去了，所以我就缺了个助手。"

"我需要干些什么工作？"

"不急,慢慢你就知道了。"滕文博带着姬鸣谦回到自己办公室,在沙发上坐了,说道:"鸣谦,你每天的工作都会很多,首先你要负责帮我安排工作日程,其次,帮我将文件归类整理然后归档;再就是完成每天我交给你的任务。"

"是!"

"最重要的一点,本所所有的文件、电话都是保密的,任何文件、资料都不可以带出去。在外面更不可以谈论本所的工作。"

"是!"姬鸣谦听着,心里有点犯疑:不就是考古吗?有必要这么保密吗?

"这是所里专用的电话,里面已经有各同事的联系号码以及需要的紧急联系电话号码,除此之外,不可以再添加任何人。"滕文博将一个巴掌大小,三毫米厚的,象水晶一样透明的无线电话交给姬鸣谦。

姬鸣谦接过电话,望着滕文博,正想说话,滕文博笑了笑,道:"哦,电话现在我设定的密码是初始密码,是八个零,你稍后自己再设定密码。"停了一下,又道:"办公室大门以及各个文件柜等等的密码,我稍后都会通过电话给你发送,你记好之后就删除,不可以让任何人知道。"

"是。"

"后面两栋副楼是员工宿舍,所里安排你住西七楼108室,密码现在的设置也是初始状态,你可以重设你自己喜欢的数字密码。"

"是。"

"对了,本所是个保密部门,门口有警卫,他们不是本所职员,直属国家有关安全部门,所以你出入本所,必须使用你的指纹认证,等会儿你就到门卫那里做个指纹采样,以后你出入就方便了。"

"是。"

"好了,今天就先说这么多了,你先去采样,然后就到宿舍安顿好,明天开始上班。上班时间是早上九点整。"

"是!"

"有什么不明白的地方,随时问我。生活上有什么需要,也可随时向我提出。"

"谢谢!"姬鸣谦向滕文博告辞了,乘电梯下到大堂,往后面的西副楼去,找到七楼108室,输入密码后,门自动开了。姬鸣谦一进门,门就自动在身后关上,随即一个甜美的声音响了起来:"亲爱的主人,我是你的管家采苹,请您重新设置你的大门密码,又或者告诉我,你需要设置的八位数密码,由我为您代劳。"

姬鸣谦嘴角泛起一道微笑,心道:"所长还真是个雅人。"开口道:"于以采苹,南涧之滨。"《诗经》里面,召南中的采苹一篇,他还是能背得出的。

采苹甜美的声音道:"主人,您真是博学多才,我这个名字正是起自这首诗里的句子。"采苹赞扬了一句,又再提醒道:"请重设密码。"

"19838332。"姬鸣谦念了一串数字。

"主人,密码已重新设定完毕。你有什么需要可随时吩咐。"

"暂时没有了，谢谢。"姬鸣谦道了谢，开始细心打量起房间来。

这是一个一房一厅连带卫生间和一个精巧的厨房的套间；客厅和卧室都有一个很大的窗子，光线充足；窗外不远处就是一个公园，姬鸣谦心中盘算，这个公园正好可以晨起去运动。室内生活设施齐全，有兴趣的话，也可以自己做饭吃。

客厅挺大，有沙发，有餐桌，一面墙上嵌着一个薄薄的显示屏，姬鸣谦道："采苹，打开电视，调到本地的新闻节目吧。"话音才落，电视已经打开，里面播放的正是他要的节目。

姬鸣谦说了声："谢谢！"又开始打量起房间，最后，他拿起行李，走进卧室。卧室也很大，靠窗一面有一张书桌，上面有一台多功能电脑。姬鸣谦一边将衣服放进衣柜，一边道："采苹，请把床铺打开。"

随着语音指令，一面墙上突然开了个门，一铺床便缓缓地摆放下来；姬鸣谦用手按了一下床的四周，觉得挺满意的，又道："请收起来吧。"

姬鸣谦摆放好行李物品，就按滕文博所说，到门卫处做了指纹采样，然后出了大门，往后面的公园去。

进了公园，姬鸣谦逛了一圈，公园很大，他盘算着跑步的路线，以便日后早上来这里晨运。出了公园，看看天色尚早，姬鸣谦干脆坐上悬浮公共交通，往市中心去，顺便熟悉一下这个城市。

姬鸣谦所在的海峡市虽然与福州相邻，但却很少来这里，记得还是读中学时，跟着妈妈来过一次。

姬鸣谦在市中心逛了许久，买了些生活用品，看看天色入黑了，随便找了个餐馆，将肚子填饱，这才回到研究所的宿舍里。

第二天一早，姬鸣谦提早半个小时到了办公室，先是整理了一下桌面，然后熟悉一下各个文件柜的编码序号，最后坐到办公桌前，打开电脑，输入滕文博在无线保密电话里给他的密码；正准备浏览一下电脑里的资料，桌面上的通话器响了一下，传来滕文博的声音："早上好！鸣谦，请你上来一下。"

"早上好！博士！我马上来。"姬鸣谦站起来，出了门，乘电梯上到八楼，来到滕文博的办公室里，道："早！博士。"

"来，鸣谦，请坐！"滕文博指着办公桌前的一张椅子道。

姬鸣谦依言坐下，道："请安排工作吧。"

"鸣谦，开始工作之前，还有些事情要交代一下。昨天只是一般性的工作介绍。"

"请博士指示！"

"首先说一说我们这个研究所。"

"咱们不是做考古研究吗？"

"嗯，其实本所与考古研究没有太大的关系，说实际的，反而与考古刚好相反，本所是研究未来的，或者说是研究未知事物的。"

"啊？"

"本所是直属国家安全部门的机构，真正的名称是：不明现象研究所。"

姬鸣谦心中有点震惊，道："那我的专业……"

"你不要担心，你的专业对本所的研究工作很有帮助。"

"但是，怎么就看中了我，聘请我来这里工作？"

"鸣谦，你要知道，本所是个保密单位，到本所工作，除了学业要优秀之外，还要背景清白，这些条件，你都具备。是众多人选中最理想的。"

姬鸣谦心中想：这下算是白读了好几年书了，自己最喜欢的考古工作，就这样断送了。

滕文博看到他脸上露出的失望神态，笑了笑道："鸣谦，你觉得很失望？其实大可不必！本所虽然不是研究考古的，但是，有很多东西，还是用得上考古知识的。"

姬鸣谦有点不信地看着他，听他接着说道："简单举例说吧，我国境内有个白公山，山上发现了一些铁管残片，年代检测结果，是十数万年前的产物，那么，十数万年前又是谁制造了这些铁管？要知道，人类生产铁的历史充其量也才四千年。所以，这也属不明现象，但是否也与考古有关？"

姬鸣谦在大学时也看到过有关方面的介绍，但从来没有将不明物体与考古联系起来，听了滕文博的话，他的双眼放出光来。

滕文博看着他双眼，知道刚才一番话，已引起了这个年轻人的兴趣，又道："今天和明天，你用两天的时间，熟悉一下你办公室里那些文件柜里的文件，先有个印象。后天，你跟我去开个会。好了，开始工作吧！"

姬鸣谦站起身来，道："是。"

回到自己办公室，随意打开一个文件柜，里面的标签标示：目击报告。姬鸣谦信手翻阅，都是些某年某月某日，某时某分，某某在某地目击不明飞行物。姬鸣谦没有兴趣看下去。又打开一个柜子，上面标示：第三类接触。姬鸣谦翻阅了一会儿，里面都是些稀奇古怪的与外星人接触的报告；姬鸣谦心中想：这些东西也要保密和研究？

想着，他又打开一个柜子，上面标示：第四类接触。他从厚厚的资料中间抽出一份，却是纸质打印的，封面上写着：昆仑山近距离接触报告。当他看到报告人的名字时，心中震撼无比，只见那报告人下，赫然是自己父亲的名字——姬天弢！

一股强烈的好奇心驱使之下，他拿着那份报告，回到座位上，开始认真阅读起来。

《昆仑山近距离接触报告》，报告人：姬天弢；时间：2311年7月某日。

姬鸣谦暗中算了一下，这是自己两岁时的事了。打开第一页，上面写道：5月某日，我奉上级指示，组成特别搜索工作小队，乘搭军用专机，抵达指定地点，然后改乘马匹秘密前往昆仑山死亡谷执行任务。工作小队一共十二人，由军用直升机空运四具山地兽抵达死亡谷口……一行十二人在谷中穿行，第五日，发现目标……我们近前搜查、拍照。那是一个碟状物体，目测直径达四十多米，最厚处约十五、六米。碟状物体腹下有一道门，已扭曲变形……进入碟状物体内部，发现三具生物，其中两具已难辩形状，浑身都是灰白色的液体；另一具生物，看来像是没了一半的身体，有一个脑袋一样的东西，还有两个像手一样的肢体；生物的头部有两个像眼的器官，却是没有眼睑，灰白的眼球像死鱼眼珠一样；手一样的肢体里夹着一根略呈弧形的看似金属的棒子，棒子上刻着好些符号。我将那根棒子抽出细看，却不知是什么金属所制，上面的符号从来也没见过。这时一个队员叫我快看，我转头向那个生物一看，他动了一下，双眼转动像是看着我，我立刻就感觉到浑身难受，脑中生出被他鄙视的感觉；随后我感到他很绝望，看到他在自己胸前一块仪表板似的东西上点了七、八下，我心生不祥警觉，立即意识到他是要自我毁灭，来不及多想，我大声下令撤退，当先向碟状物外冲出，大概有六、七秒左右时间，我冲出三十多米远近，身后就响起了巨大的爆炸声，我向地上一扑，随后身上觉得被重物压着，接着就失去了知觉。

姬鸣谦一口气看完父亲当年的报告，心道：原来父亲当年遭遇过这样神秘的事情。再一翻，下面有两个附件。

附件一：……当听到爆炸声和巨大的火球升上天空，我们支援小组立即就乘坐直升机赶往现场……从空中看，爆炸将方圆三十公里范围夷为平地……我们赶到爆炸中心，土地焦黑一片，几乎什么也没留下，只捡到一些金属残片……在一个小土坑内，发现两具烧焦的尸体，尸体下方压着一个人，正是搜索队长姬天弢上校，尸体下还压着一个录像仪，虽有所损坏，但里面所录影像完好。姬上校还有生命迹象；随队军医进行了紧急抢救，并立即用直升机送往医院救治……我们随后在爆炸点搜索了三天，除上述三人外，再无发现其他人的尸体……报告人：李海。

附件二：某年某月某日，医院紧急送来一个伤员，到院时，生命体征微弱，全身不见有创伤及出血；经初步检查显示，伤者曾受到巨大的压力压迫，内脏受伤，故断定为内伤。经抢救后，伤者暂时脱离危险，但依然昏迷不醒。经送伤者来院的人员要求，做了放射性检测，发现伤者曾受到严重的辐射，辐射源不明，辐射物质不明。留院抢救十数日，发现伤者血液异常，红、白细胞都在缓慢地坏死，经全身换血之后，情况有所好转；接着伤者机体也出现衰败现象，特别是双腿，肌肉萎缩。上级指示必须不惜一切代价全力抢救伤者，务必将伤者救活。经专家治疗小组研究，采取了各种治疗措施，在大伙共同努力下，终于在一个月后，把伤者救活过来；伤者醒来后，神志清醒，脑力正常；只是双腿已失去行走功能；身体所受何种物质的辐射无法检测得知……报告人：501医院 利云帆、邓秋棠。

姬鸣谦一口气看完父亲的这份报告，心中的惊骇无法用言语形容；原来父亲的双腿是这样残废的，原来父亲是这样一个了不起的英雄！

此时姬鸣谦对父亲的崇敬之情油然而生。

姬鸣谦呆呆地坐在桌前望着那份报告，脑中不知在想着什么。突然，他想起报告中说到的录像资料，霍地站起身来，开始把办公室的柜子一个个都打开来，逐个逐个地翻看，费了九牛二虎之力，却是一无所获。

姬鸣谦很是失望，转而一想，或许这种影像资料保密级别更高，不会放在自己这个办公室里；想到这里，只好作罢。

一连两天，姬鸣谦都在自己办公室里阅读资料，滕文博没有找他。到下班时，姬鸣谦到滕文博办公室里，对他说："博士，明天几点去开会？要准备些什么吗？"

滕文博道："很好！你记性不错！明天早上九点半出发，不需要准备什么，也不用带什么，你带着耳朵去就可以了。"

"好的！那我就先下班了。"

"好好，明天见。"

"明天见！"

姬鸣谦向滕文博道了别，回到自己宿舍，满脑子都是这两天看到的资料上讲述的稀奇古怪的事件。

次日早晨，姬鸣谦一身西服，提早十分钟来到滕文博办公室等候。滕文博提了一个黑色的公文包，道："鸣谦，走吧。"

姬鸣谦应了一声，跟着他来到一楼大堂，一辆乳白色的腾云牌小飞车已在门前等候，驾驶座上已坐着一个人；姬鸣谦替滕文博开了后座车门，待他坐好后，把门关上，然后到副驾座位上坐好了。滕文博向姬鸣谦介绍道："介绍一下，这位是易维开，博士学位，是材料材质的专家。"又对易维开道："易博士，这位是姬鸣谦，考古专业硕士，我新来的助手。"

姬鸣谦率先伸出手去，道："易博士您好！"

易维开也伸出手来与他握了握，道："您好！欢迎加入我们团队。"

易维开年纪约莫三十多岁，皮肤白皙，样子很斯文；两人寒暄了几句，滕文博道："我们走吧。"

易维开将车子发动起来，缓缓地驶出了大门，不久就加速，飞到空中。

易维开道："所长，这次开会是什么内容？"

滕文博道："上级没有透露，估计是一件目击事件吧。"

"哦……"易维开没再问什么。

大约过了一个多小时，易维开将飞车降落下来，驶上一条高速公路，往昌北市中心开去，不久，抵达一个大院子，门口有几个官员模样的人在等候，看到滕文博等人，马上就迎上前来，握手问好。

当中一个，是昌北市的文化局长林秉汉，跟滕文博寒暄了几句，引着大伙进了院子，乘电梯上了六楼的接待室，大伙落座，有职员热情地端上热茶。林局长开口道："滕所长，路途劳顿，是不是稍事休息一下？"

滕文博道："谢谢！不需要了，我们还是尽快跟当事人见面吧。下午还有事要赶回去哩。"

林局长道："那我就不客气了。请跟我来。"站起身来，将滕文博三人引到一个小型会议室里，里面已经有两个人在等候着了。

林局长指着一个年青的女人道："这是我们局里的小何，"指着另一人道："这就是事件目击者莫家辉先生。"

滕文博与两人都打过招呼，坐定之后，道："林局长，那我们就开始吧。"

林局长道："好！"

滕文博看了一眼易维开，示意他开始询问。易维开道："莫先生，请你把你所见到的事件详细说一遍我们听听好吗？"

莫家辉道："好的！"清了清嗓子，开始叙述道："五天前，哦就是九月八号，大概是下午六点多的时候，我从包种的山林里准备回家，刚出林子，觉得今天的光线特别光亮，就抬头向天上看，立即就惊呆了，我看见头顶上有三个发着白光的扁圆的物体，悬停在我头顶两百米左右的空中，大小约有一个篮球场那么大，无声无息地旋转着。我当时十分害怕，双腿发软，赶紧伏下身子躲在一个土坎旁。大约过了一分多钟，三个物体突然发出耀眼的光芒，眨眼之间，就向东北方向飞去，不到十秒的功夫，就消失不见了。过了很久，我才发现自己双腿有些力了，就赶紧出了林子，发动了车子，直接就来市里报告了。事情就是这样。"

听完莫家辉的叙述，易维开道："何女士，请你也说说吧。"

小何道："好的。当天晚上八点左右，我因为要准备次日开会的资料，所以还在加班，听到大院里有人大声地与看门的吴大叔争吵，我就下楼到院子里看看。看到莫先生急速地说着要报告什么，非要闯进来不可，我看到莫先生当时很是惊惶的样子，就请他到门口值班室里坐下，并倒了一杯开水给他，请他镇静下来，莫先生当时的样子很是失魂落魄，衣服上都是泥土；然后莫先生就向我说了他的遭遇，我当时就用笔记录了下来。"说着将一叠纸张拿出来道："这是当时的原始记录。"然后将它交给了易维开。

易维开翻了一下那份原始记录，望了望滕文博，滕文博点点头，易维开说道："莫先生，您的目击报告我们都记录好了，对我们的研究工作有很大的帮助，谢谢您！我们希望这次目击事件，不会给您今后的生活造成任何不良后果，并祝您早日将这件不愉快的事情忘记，重新过回以往平静的日子。"

莫家辉道："谢谢你们信任我，谢谢你们！"站起来鞠了一躬。

易维开道："莫先生，您这就请回吧。以后再想起什么细节，可以随时联系我们。"

"一定！一定！"莫家辉一边说一边往门口走去。

莫家辉走后，林局长道："滕所长，怎么样？有价值吗？"

滕文博道："林局长，任何目击事件都有其价值，或许现在我们还不知道它的价值在哪里，但我相信，总有一天，它的价值会显露出来的。"

"滕所长言之有理，世界上许多事物都是这样，刚开始不认识它时，谁也不知道它的价值在什么地方，一旦人们认识了它，就会显露出无比的价值。"

滕文博道："林局长，我们这就告辞了。"

林局长道："滕所长，时间还早，不如吃过午饭再回去吧？"

"不了，下次吧！所里真的还有好多事情没办。"

"滕所长真是大忙人！那我就不客气了，下次一定要给我一个机会，请你吃顿便饭。"

"好的！好的！"滕文博三人辞了林局长，依然是易维开驾驶小飞车，往福州飞去。

姬鸣谦忍不住问道："博士，这种目击报告真的有价值吗？每天这样的报告多如牛毛，我们岂不是要疲于奔命？"

"鸣谦，不要小看了这些看似毫无价值的目击报告，其实它还是大有作用的。"

"什么作用？"姬鸣谦一脸疑惑地问。

"比如通过不同的报告比对，我们可以判断这些不明飞行物是不是同一种类，是不是同一文明的产物。"

"哦！"姬鸣谦有点恍然大悟地道："这么说，你们相信有外星人了？"

"你说呢？"滕文博不置可否地反问道。

姬鸣谦被反问得一脸茫然，不知道如何回答才好。

回到研究所，已经是下午一点多了，三人在食堂匆匆吃过午饭，各回自己办公室工作。姬鸣谦与滕文博一齐回到八楼，滕文博道："鸣谦，你将今天的报告整理好归档，这是小何的原始记录，不要弄丢了。"

"是！博士。"姬鸣谦接过原始记录，正准备转身，滕文博道："等一等，这里有一份目击报告，还没来得及整理，你也一并整理归档吧。"说着走到办公桌前，从抽屉里取出一个文件袋，交给了姬鸣谦。

姬鸣接过来，道："我会尽快整理好的。"说完就下楼回自己办公室去了。

姬鸣谦按照要求，给今天的目击报告编好文件序号，然后又将报告输入电脑，存进研究所的资料库里，最后将原始资料用专用的文件袋封好，放到文件柜里。

做完之后，姬鸣谦这才打开滕文博交给自己的文件袋，抽出一叠纸质文件，往文件上一看，上面写着：海底不明物体报告。报告人：卞鼎丰。

姬鸣谦吃了一惊，原来自己亲身经历的事情，也报告到研究所里了。姬鸣谦仔细地看完卞鼎丰的报告，里面所述，跟自己亲身所经历的完全一致，脑海中又浮现起当日遭遇不明物体的一幕。

姬鸣谦出了一会儿神，将卞鼎丰的报告整理好，放到文件柜里。

自此，姬鸣谦每天整理文件，阅读各种资料、报告。不知不觉就过了一个多月。这日，滕文博把他叫去，道："鸣谦，你来所里工作也有个多月了，你的工作我很满意。"

"谢谢博士鼓励！"

"想必这些日子你对文件档案都已熟悉了？"

"是的，办公室里的文件我基本上都看过一遍了。"

"很好！来！带你去一个地方看看。"

滕文博站起来，带着姬鸣谦乘电梯下到地下室，来到一个有门卫守着的铁门前，将手掌按在一个识别器上，那道铁门便打开了。姬鸣谦跟着滕文博往里走，一连过了三道铁门，来到一个地下仓库。仓库占地极大，里面放着一排排的两人高的铁架，铁架上放着各种物品，有木质的，有金属的，有岩石，有胶状物体，有不知什么材质的，甚至还有泥土。

滕文博没有说话，带着他径直来到一个精致的小木台前，木台上放着一个密封的玻璃器皿，器皿里放着一件两尺长短的不规则的物件，那物件黑黝黝的，不知是什么材质制成。

滕文博指着它，道："鸣谦，想必你已看过你父亲的那个报告了。"

"博士认识我父亲？"

滕文博笑了笑，道："这块物件就是你父亲那个事件中捡回来的东西，你父亲说，应该是飞碟机身的残片；易维开研究了这么多年，仍是一筹莫展，毫无所获，实在不知道这是什么材质制造的东西。"

"也许是我们未知的金属元素？"

"也许吧！"滕文博离开小木台，带着姬鸣谦又往仓库深处走，来到一个门前，从门口的柜子里取出两套防护服，两人穿好后，滕文博打开门，走了进去。

这是一间恒温的房子，里面空间颇大，架子上放着大大小小的玻璃容器，容器里面用马尔福林药水泡着各种稀奇古怪的生物，有些生物的样子令人作呕。

滕文博指着一个一人高的容器道："这是三十年前，被我空军战斗机用激光炮击落的一架小型飞碟里面的生物，俘获它的时候，它已负了伤，但还是活着的，后来经十多日的救治，还是死去了。这就是当年轰动全球的'七月流火事件'。"

姬鸣谦向容器里的生物望去，那生物眼睛很大，嘴巴极小，下巴尖尖的，两颊无肉，两条上肢手的部位已然断去；身躯干瘦，下肢细长。问道："可知这是来自哪里的生物？"

滕文博道："知道就好了。我们只知道它们的科技非常先进，不是我们现在的科技水平所能想象的。"稍停又道："以后这个仓库你要帮着我管理。这里除我之外，所里任何人进来都必须先向我报告，然后登记，才可以进入。"

"好的，一定做好管理工作。"

"你进来也一样要向我报告才可以进来。"

"是！知道了。"

滕文博带着姬鸣谦在仓库里转了一大圈，交代了不少管理要求和守则，让姬鸣谦一一记住，这才各回自己办公室。

直到下班，姬鸣谦脑中还萦绕着容器里那些怪异生物的样子，感觉很不好受。回到宿舍，刚一进门，管家采苹就道："欢迎您回家！"

姬鸣谦道："请给我来一杯热咖啡，不要甜的。"

"好的！请稍等！"不一会儿，茶水柜上就出现了一杯热气腾腾的咖啡，采苹道："请用咖啡。"

"谢谢！"姬鸣谦拿起杯子，呷了一口，说道。

突然电话铃声响起，姬鸣谦从裤兜里掏出私人电话，一看，是母亲的来电，赶忙接了，电话那头传来姜秀坤的声音："谦儿，你工作好吗？怎么这么久不打电话回家？"

"妈妈！工作很顺利，我也很好！这些天有点忙，刚接手一些工作，忙着整理资料，熟悉环境。所以一下子就忘了给家里打电话了。爸爸身体好吗？"

"好好！你爸爸身体一直就这样，也没什么好不好的。倒是你自己要注意饮食，要按时吃饭，不要有一顿没一顿的。"

"知道了。妈妈，我们食堂的大师傅做的菜可好吃了，来这么久，我都没到外面吃过饭哩。"

"真的吗？等有空我去看你，到时也尝尝你们大师傅的手艺。"

"真的吗？什么时候来？噢，我看您还是别来了，您照顾爸爸就够累的了。"

"没事，你爸爸的健康不是我一个人包了的，还有医务小组的专家哩。"

"嗯嗯，知道了，您还是不忙的时候再来吧。反正这里离家也不远，等我找个休息的日子就可以回家去看你们了。"

"好好！你千万注意身体啊。"

"好好，知道了。"

电话那头挂断了，姬鸣谦却开始想家了。

第四章　紧急出发

姬鸣谦在滕文博的细心指导下，工作很快就进入了状态，工作也顺利了很多，与研究所里的同事开始熟悉起来；算算日子，已经工作了差不多两个月了。

这段时间，他跟着所里的同事，到各地听取目击报告，又掌握了许多询证的技巧。

一天，吃过午饭后，姬鸣谦正在办公室里整理文件，通话器一响，滕文博道："鸣谦，你现在准备一下，跟易维开博士出个差，具体情况他会跟你说。"

姬鸣谦道："好！我这就跟他联系。"

跟滕文博通完话，姬鸣谦拿起保密无线电话正要联系易维开，恰好电话响了，正是易维开打来的。

易维开道："鸣谦，所长跟你说了吧，我们出个差。"

"说了，不过具体情况没说。"姬鸣谦。

"哦，这样吧，我们要出去两到三天，你先回宿舍收拾一下行李，我在大堂等你，具体情况我们碰头再说。"

姬鸣谦道声好，赶紧回宿舍收拾了一些换洗衣物和日用品，来到大堂。易维开已在大堂等着了。

易维开道："上车说吧。"

两人上了停在大门口的腾云牌小飞车，易维开亲自驾驶，出了大门，飞到空中。易维开这才道："鸣谦，我们这次去江西波阳，估计要在那里过一晚，所以叫你带上行李。"

"哦，是哪一类报告？"姬鸣谦问。

"是一起不明物体目击报告。"

"好的。我带了录影器材，到时你只管问就是了，记录的事都交给我好了。"

"啊不！这次由你做主询人，我来做记录。"

"这怎么可以？"

"怎么不可以？鸣谦，所里的每个人都要掌握这些业务，这是上级对我们的要求，所以，你也要尽快熟悉掌握。"

"嗯，我明白了。"

姬鸣谦和易维开抵达波阳时，已差不多是黄昏时分了，两人没有休息，在当地接待人员徐主任的带领下，直趋目击者田壮的家。

田壮的家在离鄱阳湖不远的一个村庄里，田壮是一个老实巴交的中年人。一进田壮的家，田壮很热情地招呼三人坐下，又递烟又递茶；徐主任简单介绍了易维开和姬鸣谦之后，姬鸣谦就开始询问道："田大叔，给我们说说你遇到的奇怪的事吧。"

田壮道:"好的。上星期一,也就是十一天前的事了,我半夜起来,要去湖里看看自己下的网,还没到湖边,猛然看到离地面大约二十米左右的半空中浮着两个异样的物体,一个超过两米直径的大圆团绕着自己的轴心旋转着前进;另一个物体由几个小圆团组成,它们都有家中用的盘子一样大小;中间三个小圆团组成圆心,外面有七个大小相同的小圆团绕着圆心转;再外面是更多的小圆团组成一个三层同心圆。这两个物体都发着日光灯一样的白光,自转着前进。一会儿小的出现,一会儿大的出现,一会儿它们又一起出现。奇怪的是,出现和消失全是突然的,没遮没挡的夜空竟然看不出它们消失和出现前的踪影。它们出现约半小时之后就消失无踪了。"

"那天天气怎么样?"姬鸣谦问道。

田壮道:"天气很好,是这几天以来少有的好天气。"

姬鸣谦又道:"你觉得有没有可能是别人放的孔明灯之类的东西?"

田壮道:"孔明灯我小时候也放过的,我看到的东西绝对不可能是孔明灯。"

姬鸣谦用同事们平时所教的询问技巧又问了好些问题,然后道:"田大叔,你报告的事件,我都记录好了,对我们很有参考价值,如果你想起什么细节,可以随时联系我们,好吗?"

田壮很开心,道:"谢谢你们没有怀疑我说假话。这些天,村里的人都在说我在骗人,我很恼火。"

姬鸣谦安慰道:"田大叔,不是所有人都能理解这些事的,所以,我建议你以后最好不要在村里说起这件事,因为你怎么说别人都是不理解的。"

田壮道:"好的,我听你的,只要你们信我就行。"

在回福州的路上,易维开道:"鸣谦,进步很大嘛,这次主持询证,完全合乎规则,技巧运用得也很高明。"

姬鸣谦道:"博士,真的有这么好吗?"

"嗯,真的。"

"那都是大伙教得好的结果。"

"教得好也要你自己学得好才行。"

"嗯,我明白。"

回到第六研究所,姬鸣谦一连数日都在埋头整理资料档案。日子忙碌而充实。这日下午,快下班的时候,姬鸣谦正在收拾文件,将各种报告归类存档,锁好文件柜,准备下班。

桌上的通话器突然急促地响了起来。姬鸣谦按了按通话开关,说道:"博士,有什么事吗?"

通话器那头滕文博急促地道:"鸣谦,紧急任务!你赶紧来我这里。"

姬鸣谦道:"马上就到!"关了通话器,急步往滕文博的办公室里去。一推开门,看见滕文博手上提着公文包,领带没打,看到姬鸣谦进来,便道:"快走!"一边说一边当先往门口走去。

姬鸣谦紧赶两步，跟在他身后，进了电梯。一到楼下大堂，易维开领着七、八个同事，正在等候。

滕文博道："快！都上车！"

门口早已停着四辆腾云牌小飞车，大伙上了车，车子马上就急驶出了大门，一会儿的工夫，都升空急飞起来。

姬鸣谦看到滕文博一脸严肃，紧绷着脸，不敢问他要去哪里，有什么任务；大伙都默不作声，气氛显得十分沉闷。

飞行五十多分钟，车子降落在一个机场上，姬鸣谦下车一看，发现这个机场是个军用机场。

一个少校军官上前与滕文博低声说了几句，滕文博招呼大家，跟着军官上了一辆老式的大车，向跑道急驰而去。

车子在一架巨大的军用运输机前停下，少校领着滕文博等人上了飞机。机舱里坐满了士兵，少校安排滕文博等人在一个地方坐好，说道："滕所长，想必你们都还没吃晚饭吧？稍后会有人给你们送晚餐的。"

滕文博道了谢，与易维开低声地说话；姬鸣谦这时才试着向滕文博发问："博士，这是要去哪里？怎么有这么多士兵？"

滕文博道："我们要去兰州，其他的就不要问了，到了就知道了。"

姬鸣谦知道这是保密原则，因此不再问话，双眼却看着那些士兵，也许是军人家庭出身，姬鸣谦对士兵有天然的亲切感。

不一会儿，机舱广播道："请扣好安全带，本机马上就要起飞了。"

姬鸣谦感到机身震动了一下，然后开始滑行，过了一会儿的，就腾空而起。不久，飞行平稳下来，有几个空勤人员推着食物车，给各人分派晚餐。

吃罢晚餐，同事们各自闭目养神，姬鸣谦却静不下来，低声地问易维开："易博士，以前也经常接到这样的任务吗？"

易维开摇摇头，低声地道："没有，从来没有接过这么突然和奇怪的任务。"

姬鸣谦目中闪着兴奋的光，道："那是不是意味着这一定是件大事？说不定是抓到了活着的不明生物？"

易维开笑了笑，道："小伙子想象力不错。不过还是别瞎猜了。还有三个多小时的路程，赶紧睡一睡，说不定一到地方就要干活，没时间让你休息呢。"

姬鸣谦道："我不困。"

易维开不再理他，自顾自地闭着眼，也不知道是不是睡着了。

姬鸣谦觉着无聊，只好闭了眼独自天马行空地猜想着……迷迷糊糊之中，一阵巨大的震动将他弄醒，原来是飞机着陆了。

舱门一开，一股凛冽的寒风吹了进来，姬鸣谦不禁打了个冷战，向外一望，机外已见白雪，原来这个时候，西北地区早已是冰雪覆盖了；而姬鸣谦他们在南方，还没进入严格意义上的冬季。

一辆大卡车驶到机旁，一队士兵从车上搬下一包一包的衣物，向每个走出机舱的人发放御寒用品及衣物。姬鸣谦穿上大衣，感觉暖和了许多。

　　随机同行的少校，招呼着滕文博等人上了一辆中型客车，往一栋建筑物前驶去。到了门前，有两个士兵在门口站岗，少校带着滕文博一行人走进去，姬鸣谦立即就看到一个人，一个令他惊愕不已的人，那人竟然是自己的父亲姬天弢！

　　姬天弢一身作战军服，佩着将星，坐在轮椅上，身后站着卞鼎丰，也是身着作战军服。姬天弢虽然也看见自己的儿子，却没有跟他打招呼。

　　少校快步上前，敬了个礼，道："报告，总部直属机动连全体已经抵达；滕所长一行九人也随机抵达；报告完毕！"

　　姬天弢道："好！辛苦了！你先让大伙休息一下，马上就准备转机！"

　　"是！"少校敬了礼，转身走了。

　　滕文博上前，与姬天弢握手，道："姬将军，怎么惊动你了？"

　　姬天弢道："博士，时间紧急，我们先抓紧时间开个情况简介会吧。"

　　"好的！"滕文博道。

　　"请吧！"姬天弢举手示意，卞鼎丰推动轮椅，带着大伙进了一间圆桌式会议室；待大伙都落座了，姬天弢道："各位，客套话就不说了。这次在西北发现了不明物体，国家十分重视，因此，组成一个特别调查队，由我全权负责。下面请卞秘书作简要介绍。"

　　卞鼎丰站起来，在桌上按了一下，桌子的中央就出现了一个全息图像，卞鼎丰道："这里叫白石山，四周是荒凉的戈壁沙漠和一些小块的草原。一个多月前，一个牧民寻找丢失的羊群，来到这里，偶然捡到一个金属物件，就把它带了回家，拿出来请邻居们辨认，看看有谁认得这个物件。其中有一位热心人将它拍了照，上报当地文物部门，文物部门认不出这个物件，通过有关部门转到了国家不明现象应急管理局，姬将军看过之后，认为这不是一般的物体，就接手调查，派出了工作队，前往该地区与牧民接触，并拿到了实物。经初步检测，这个物体是一件人工制作的，不知何种金属制成的，似乎是某种机器的构件。工作队在牧民的带领下，找到了发现物体的地点，随即展开了初步的搜寻和挖掘，竟然发现了一个类似航天员使用的先进装置，经探测仪定位，初步认定地下掩埋着一些未知的物体。姬将军听了汇报和看了全息影像后，认为这是一起不可多得的，有实物证据的不明现象案件，因此向上级作了详细的汇报；经上级决定，立即组成一个特别调查工作队，调查期间，全程保密。因此，各位在此期间不得向家人、外界透露任何信息。"

　　卞鼎丰一口气作了简介；姬天弢接口道："现在各位可以稍事休息，稍后就要转乘直升机前往现场，现在解散。"

　　等大伙都起身走出会议室，上洗手间或上吸烟室的时候，卞鼎丰道："鸣谦，你过来吧。"

　　姬鸣谦满腹疑惑地走了过去，叫了一声："爸爸！卞叔叔。"

　　姬天弢道："鸣谦，你一定有很多问题想问，对吧？

　　姬鸣谦点点头。

"问吧。"

"爸爸，您……"

姬天弢笑笑道："嗯，你是想问，爸爸的工作怎么是这个？"不等儿子回应，他就接着道："今天爸爸就跟你说说。那是二十一年前了，嗯，那时你才两岁。爸爸执行了一次绝密任务，亲眼见到了外星智慧生物，还从它们手中得到过一件物品。"说着，从公文包中取出了一根略呈弧形的看似金属的棒子，棒子上刻着好些符号。

姬天弢将棒子递给儿子，接着道："后来那个垂死的外星生物按下了自毁装置，整个飞碟瞬间化为乌有。爸爸被两名战友拼死护卫在身下，这才捡了性命回来。后来爸爸向上级建议，成立一个不明现象应急管理局，专门负责研究、调查有关的事件，爸爸就是这个局的创建者，又是这个局的负责人。你那个第六研究所，就是直属不明现象应急管理局管辖。你进研究所工作，不是爸爸插手招收你的。由于你给国家地质考古研究院寄去了自荐信，刚好滕博士他们向地质考古研究院商量，向他们商调一名考古专业人才给他们，国家地质考古研究院就将你推荐给了滕博士；滕博士当时并不知道你是我的儿子，拿着你的资料向我要求招你进研究所工作，我开始并不同意，最后被博士逼急了，我就只好将我们父子关系说了出来，博士听后，更加坚持要聘用你。所以……"

"爸爸，我并没有怪您！二十一年前的事，我已从所里的档案中看过了……"姬鸣谦说着眼中含着泪光。

姬天弢道："谦儿，你已长大了，记住，男子汉大丈夫，流血不流泪！不管遇到什么困难、什么挫折，都要勇敢地面对，克服它！征服它！"

"嗯！我记住了。"姬鸣谦猛地点着头。

这时卞鼎丰进来向姬天弢报告："机动连已经出发了，我们也走吧。"

姬天弢道："走！"

卞鼎丰推动轮椅，向门外走去；少校则招呼滕文博等人，上了一架巨大的运输直升机。

抵达白石山时，已是凌晨三点多了；旷野之中，先行抵达的机动连先头部队，早已搭好了几十顶帐篷，在不明物体出土的地方，也已围起了帏幕。

姬天弢让滕文博等人抓紧时间休息，自己则连夜安排警戒、后勤保障等等事宜。

天刚放亮，滕文博就催促大家起床，洗漱完毕，匆匆吃过早餐，滕文博就被叫去一顶大帐篷里开会，姬鸣谦跟着他，帮他记录整理会议内容。

开完会，滕文博立即就带着大伙走进现场，人手一把小巧的铁锹，开始发掘。滕文博道："鸣谦，你是考古专业硕士，你说一下，要注意什么？"

姬鸣谦道："先以发现点为中心，将方圆二十平方米的表面浮土铲走，动作要慢，不可使力。"

滕文博道："好！就按鸣谦说的做，大伙干活吧。"

费了整整一个上午，终于将二十平方米的表面浮土都清理了，吃过午饭后，又接着向下一寸一寸地挖。

一天就快过去，已经向下挖了有半米深浅，但是并没有任何发现，众人有点气馁。晚饭之后，滕文博建议继续工作，大伙都没有意见。

现场布置好照明后，滕文博带头，又埋头苦干起来。一连三、四天，大伙干着枯燥又费力的工作，毫无发现。姬鸣谦建议扩大挖掘范围，滕文博不同意，说根据探测器的探测，物件就在现在这个范围内。

这日，大伙正要停止工作去吃午饭，突然听得易维开大声地道："啊！这是什么！？"

姬鸣谦就在他不远的地方，闻言立即就凑了过去，只见泥土之中，露出一点儿灰白色的东西。姬鸣谦道："博士，等我来吧！"拿了一把中号毛扫，在那物体上轻轻地扫着，待将泥土扫干净了，仔细一看，似是骨头一类的物体。

滕文博等同事闻讯围拢过来，负责拍摄现场、录制资料的马新涛立即将镜头对准了姬鸣谦，大伙看着他小心翼翼地用小铁笔在那物体的旁边将泥土挖松，不久，一截像是人的手臂骨骼的物体就呈现在众人眼前。

姬鸣谦将一把尺子放在骨骼旁边作参照，让马新涛拍照，然后才将它全部挖出，放进专用的透明密封塑料袋里，交给滕文博。

滕文博拿来看了一会儿，交给身旁的天体学家郑卓然，让他赶快去取样检测年份。

姬鸣谦很是兴奋，还想再继续挖下去，滕文博道："鸣谦，先不要再挖了，大伙都先去吃饭；这事要跟姬将军汇报一下。"

姬鸣谦只好作罢。大伙都放下手中工具，往食堂吃饭。滕文博则亲自去向姬天弢汇报。

姬鸣谦抑制不住兴奋的心情，三扒两拨地把饭吃完，把餐具一扔，就匆匆地跑回发掘现场，拿起工具，准备继续挖掘，却见易维开急急地跑来，叫道："鸣谦，快来，所长召集开会呢！"

姬鸣谦应了一声，放下手中工具，跟着易维开来到一个帐篷里，看到父亲姬天弢、所长滕文博，还有卞鼎丰已坐在主持位置上，姬天弢身旁还坐了两个人，姬鸣谦却是不认识。

待大伙都坐好后，卞鼎丰道："都到齐了，现在开始开会。"然后向姬天弢点点头。

姬天弢环视了一下众人，开口道："各位，现在开一个简短的会，作一下情况通报。刚才出土的骨骼物件，经初步检测，有了新的发现。现在请国家科学院院士，生物学家车载言作情况介绍。"

姬天弢身旁一个中年人欠了欠身子，向众人点点头，一脸严肃地道："刚才送来检测的骨骼，初步鉴定为非人类遗骨，也非已知动物的遗骨，更令人惊奇的是，这块骨骼竟然不是碳基结构，至于是什么结构，目前尚须进一步研究。"

车载言短短几句话，引起会场一阵轰动，大伙不禁交头接耳地小声议论起来。过了一会儿，卞鼎丰道："请静一静！下面请国家考古研究院古逢甲博士谈谈。"

姬天弢身旁另一人举手向大伙示意，开口道："经本院所携先进检测仪器初步测定，刚出土的骨骼年代为距今五千至五千一百五十年之间，也就是传说中黄帝时期的生物。"说完这句话，向姬天弢点点头，不再说话。

姬天弢轻轻清清嗓子，道："各位，两位专家的介绍都听到了吧？这次出土的物件，很可能是一个震惊世界的重大发现，也许将刷新我们对世界的认知，更将对我们研究未知的不明事物产生深远的影响。因此我要求各位在接下来的发掘工作中，更加仔细、认真地工作，所有发掘过程，必须全程录像存档，具体工作由卞鼎丰安排实施。"

卞鼎丰站起来，向姬天弢道："是！"然后转向大伙，道："由即时起，实行三班工作制，人手方面，将会从地质考古研究院抽调一批专业人员前来，他们现在已在来这里的路上……"

开完会，姬鸣谦不等滕文博招呼，率先就往现场奔去，滕文博从后面叫住他，道："鸣谦，你是考古专业人才，你多照看着点，教教大伙一些基本的规则。"

姬鸣谦道："好的。"转身对同事们道："其实也没什么要求，大伙记住，就当是绣花一样就对了，动作不要大，力量也不要大。"

大伙哄然而笑。易维开道："走！绣花去！"

因为"绣花"的原因，挖掘进度慢了下来，整个下午都没有新的发现。晚饭后，地质考古研究院的大批人员已抵达，姬天弢又开了个简单的介绍会，强调了保密原则，然后，由卞鼎丰安排，将地质考古研究院的人和六所的人混合编成三队，立即就投入到挖掘工作中。

第二天，挖出了一块巴掌大的，黑色的像是金属的残片，这块残片竟然像纸片一样，柔软得可以搓成一团，一松手，立即就能恢复原样，就连所里的金属物料专家石重也看不出这是什么金属。

一连数日，不断有物品出土，全是不知什么物质制成的残缺不全的碎片；其中最引人注意的是一块残片上，竟然有一个文字符号。

姬天弢听闻有文字符号出土，立即就让人把那块残片送来，取出那根从外星生物手中得到的金属棒，将两者的文字符号细细地对比起来。只是对比了许久，也不得要领。卞鼎丰在旁提醒道："首长，文字学专家樊凡博士昨天已到了，你看要不要请他来看看？"

姬天弢抬起头，道："鼎丰，你不说我都没想起来，快快请他来这里。"

卞鼎丰应了一声，快步走了出去，不到五分钟，就领着一个瘦高的年约六十多岁的长者进来。姬天弢看到他进来，道："樊老，有失远迎，抱歉抱歉！"

樊凡笑道："姬将军不必客气，您请我来此，必有大事。"

姬天弢道："樊老一猜便中。我有几个文字要请教樊老。"

樊凡也不谦谢，道："既然这样，那就快点请出宝物，让我这老头一观可好？"

姬天弢一指桌上，道："樊老请看。"

樊凡往桌上一看，立即就被眼前的文字符号吸引住了，俯下身子，从衣兜里拿出一个放大镜，仔细地察看起来。他这看不打紧，竟然看了足足一个多小时没有挪动一下身体，也没说一句话。

卞鼎丰几次想上前问话，都被姬天弢举手示意制止了。

又过了半小时，樊凡终于抬起头，只说了一句话："棒上的字和残片上的字，是同属一种体系的文字。"

这天，姬鸣谦正值夜班，灯光下，他聚精会神地用小铁笔轻轻地将泥土划松散，再用手轻轻地拨拢成一小堆，用小铲子将泥土铲到身旁一个小竹筐里。突然，姬鸣谦感觉像是碰到了什么硬物，专业的敏感告诉他，一定又遇到什么对象了。他小心地将周边的泥土弄松，用毛扫把泥土扫开，眼前露出一个灰色的呈圆弧形的硬币大小的东西。姬鸣谦扬声道："快来看，我发现东西了。"

摄影马新涛闻言立即将镜头对准了他，当班队长老李立即走过来道："小谦，让我来吧。"

姬鸣谦把身子挪了挪，指着那物体道："李队长，这里。"

老李点点头，拿起工具开始熟练地作业起来，所有队员都停下手中的活，围在老李周围，静静地看着他一点一点慢慢地挖掘着。

过了半个多小时，一个完整的头骨呈现在众人眼前。这个头骨整体比人头骨略小，颅骨特别大，眼部的两个窟窿足有鸡蛋大小，鼻子和嘴巴的位置却是很小；与人的头骨相比较，差异很是明显。

老李熟练地清理泥土，量度尺寸；将它放进专用的透明塑料袋中密封好，又写好编号，交给一个队员，让他马上送去给车载言和古逢甲两位专家。

老李对大伙道："根据以往经验，头骨出土的周围一米之内，极有可能有其躯干部分的遗骸，因此，大伙先集中力量在这范围内重点挖掘。"

众人立即就在老李所说的范围内，相隔两尺，各使工具，埋头苦干起来。果然如老李判断的一样，天亮前，在大伙的努力下，发掘出一具缺了右肢的几乎完整的骨骼。老李说："也许最早由小谦发掘出的那段骨骼就是这缺失的右肢。"

此后数日，再没有更多的发现，也没有新的物件出土。姬天弢下令暂停挖掘工作，队员们全体休息。

过了几日，车载言来到姬天弢办公的帐篷里。姬天弢一看他的脸色，道："车院士，有什么重要发现吗？"

车载言道："将军，我正要向您汇报一下。"说完，不等姬天弢相请，径自隔着办公桌在姬天弢对面坐下，从公文包里取出一叠纸质文件，递给姬天弢，道："请您先看看这个。"

姬天弢接过来一看，是关于出土骨骼的检测报告，先是罗列了一大堆的数据，然后是各种论证，最后的结论是，骨骼的主人，不是碳基生物，而是钙基生物！

姬天弢看着"钙基生物"几个字，脸上并无任何惊奇的神态，因为自从亲眼看见过外星生命之后，他相信，这个世界任何可能都可能存在。

姬天弢放下报告，轻轻地说："钙基生物，他们有什么优点？又有什么弱点？"

车载言道："目前尚不知道，这需要时间去深入研究。"

"嗯，生物学这方面，您是专家，我想知道钙基生命有什么习性，他们以什么维系生命？吃什么食物？是否也有血液？是否需要呼吸？"

"将军，这也是我很想知道的问题。"

"好的！我看这里的工作已经不需要您坐镇了。您还是赶紧回京,作深入的研究吧。"

"将军,这也是我来找您的原因之一。"

"看来我们是心有灵犀呀。"

"将军,我可否将这具骨骼带回去？"

"车院士,这事我已向上级汇报了,并且申请让你带回去研究,现在正等待答复。"

"好！那我就再等多些时间吧。"

两人握了握手,车载言就告辞了。姬天弢回头道:"鼎丰,你去安排一下,加强这里的保卫,再向上级申请调一个连来,警戒线向外扩大到二十公里范围;另外,没有我的手令,任何人不得接近这些出土的物件。"

卞鼎丰立正道:"是！"

自从来到白石山,大伙就开始了紧张的工作,半个月来,每个人的神经都绷得紧紧的。姬天弢下令全体休息的第一天,所有人都不约而同地倒头大睡。

姬鸣谦年轻,足足睡了一个对时才起床,然后洗了个冷水澡,虽说现在是隆冬,但他还是坚持自己多年的习惯。

吃罢晚饭,姬鸣谦独自一人踏着雪,走出了营地,向野外走去。呼吸着寒冷的空气,姬鸣谦感觉神清气爽。他一边哼着歌儿,一边踢着脚下的雪,忽然想道:不知妈妈怎样了。因为父亲下过命令,不允许任何人与外界联系,所以,来到白石山后,他一直没有跟妈妈通过信息。

姬鸣谦抬头望向天空,雪晴的夜空云层还是很厚,但还是有几颗星星透过云层的间隙,稀疏地挂在天上,向他不停地闪耀,就像调皮的少女,朝他眨着眼睛。一颗橘红色的星星悬在正北的夜空中,显得特别的明亮。

姬鸣谦看着星空,心中道:这次任务完成后,一定回家好好陪妈妈几天！他抓起一大把雪,捏成数团,用力地向前方甩出去,玩了一阵子,没了什么兴趣,就返身走回营地。

回到自己的帐篷里,与他同住的郑卓然正斜躺在行军床上看书,听见有人进来,头也不抬地道:"这么冷的天,去什么地方了？"

郑卓然是天文学硕士,比姬鸣谦大了几岁,早了好几年进六所工作。

姬鸣谦笑道:"这地方自然没有什么地方好去,自从来到这里,还没出营地走过,所以就出去溜了一圈。"

"这里一片荒凉,营里营外都一个样,有什么可看的？"郑卓然不以为然地说。

"风景自然是没有的了,不过雪夜的星空还是很美的。"姬鸣谦道。

听到"星空"二字,可能刚好说到他的专业上,郑卓然抬起头来道:"云层这么厚,怎么看得到星星？"

"看得到。我还看到一颗很大很亮的星星哩。"姬鸣谦道。

郑卓然笑笑,一副专业的口吻道:"不可能,这个时候的星星,即使可以看到,能见度都是很低的。"

"不骗你的,明天和你一起去看！"姬鸣谦认真地说。

郑卓然道："好！明天一起去看看！"说完，侧了侧身子，继续看他的书。

姬鸣谦无事可做，随手拿了一本书，随便地翻看着，不久，郑卓然把被子一拉，蒙头睡去。

姬鸣谦看他睡了，把灯熄了，拉过被子，也准备睡觉；也许白天睡得太多，姬鸣谦竟然毫无睡意，干脆翻身坐起，在床上盘好腿，打起坐来。

姬鸣谦刚一入静，心中忽然一动，隐约有些莫名的感应，似有似无，他以为是自己思虑不纯所至，心中默念起大衍真人所授清心滤念的口诀，摒除杂念，不久便渐入忘我。

次日晚饭后，姬鸣谦与郑卓然相约着往营外散步观星。天气比昨天略微晴朗了一些，云层也没有那么厚，所以，星星也多了一些。

姬鸣谦指着那颗橘红色的星星道："然哥，你看，那颗星星是不是特别亮？"

郑卓然顺着姬鸣谦手指方向看去，果然看到一颗又大又亮的星星悬在夜空中。姬鸣谦又道："然哥，你是天文学家，这颗是什么星？"

郑卓然看了一阵子，迟疑地道："怎么会有这样一颗星？"

"怎么没有？它不就在那里吗？"姬鸣谦道。

郑卓然道："我是说，这个位置上，怎么会有这样一颗星星？按照星空图上的记载，这个位置不应有这样的星星。"

"不会吧？是不是你记错了？"

"怎么能记错？当初这可是考试必有的题。"郑卓然肯定地道。

"难道是一颗新星？"姬鸣谦小心地道。

"新星？"郑卓然心中一动，道："或者有这个可能。"

"那你赶紧记录下来，说不定真是一颗新星，到时就可以用你的名字命名这颗星星了。嗯，就叫卓然星，你看怎样？"姬鸣谦一半认真一半玩笑地道。

郑卓然脸上还是一片茫然的神色，道："不对，我看它离我们很近，不象是颗星星，亮度也很特别……"

"哦？"姬鸣谦突然觉得感应到一股莫名的东西，只一瞬间，那感觉就消失了。

正在这时，两人惊得张大了嘴巴，双眼紧盯着夜空，那颗橘红色的星星发出一道耀眼的白光，一眨眼的工夫就消失得无影无踪。

姬鸣谦、郑卓然两人几乎同时叫道："不明飞行物！"

两人对视了一眼，再也没有心情观星，返身往营地疾走。一回到营地，两人立即就找到滕文博，向他汇报了目击事件。

滕文博听完汇报，吩咐他两人写个目击事件报告，滕文博觉得这只是一次普通的目击事件，没有多大研究价值，毕竟现在的工作重点是现场的发掘工作，只作一般的不明飞行物目击事件向姬天弢简单地汇报了一下。

过了几天，那个不明飞行物再也没有出现过，姬鸣谦和郑卓然也就将此事丢淡了。

姬天弢没有命令，全体人员都闲着没事可做。姬鸣谦实在无聊之极，每天都到挖掘现场去转悠一圈。

这天，太阳出来了，天气也暖和了一些，就连泥土都像是没有那么硬了。姬鸣谦拿着一支小巧的铁笔，蹲在发掘现场里东一划西一划地鼓捣着。突然一股隐约的感觉涌上心头，让他觉得好像有什么东西在暗示着他。他极力想将这种感觉赶走，却是挥之不去，这令他有点烦躁。

姬鸣谦心烦地用力把铁笔随手向地下一插，一股反作用力从铁笔上传来，令到他的手一震，姬鸣谦一愣，随即明白过来：铁笔碰到什么坚硬的东西了。

姬鸣谦屏住呼吸，轻轻地将泥土挖松，用手一点一点地将挖松的泥土拨开，泥土中露出一块指甲大小的银白色的东西。

姬鸣谦抑制住兴奋的心情，用铁笔插在旁边，做好记认，飞快地跑回生活区，将易维开、郑卓然、马新涛、石重、老李等人都叫上，急急地奔回现场；马新涛立即开机，调试好镜头；老李亲自动手挖掘。

这时，发现新物体的消息已传遍了整个营地，大伙纷纷跑来围观。

老李小心地挖掘着，不一会儿，一个银白色的直径约五厘米的浑圆球体就呈现在众人眼前。

第五章　金属球

这是一个浑圆的球体！

马新涛将镜头对准它，拍了一个长长的特写镜头。

球体呈银白色，通体圆滑，没有一丝缝隙，就如浑然天成的一般，像是金属，却是极轻，也不反光。易维开拿着放大镜仔细地看了一遍，最后还是摇了摇头，什么也没说。

老李等他看完，熟练地将球体装进专用的透明塑料袋中，写上编号。姬鸣谦自告奋勇地道："我送去归档！"从老李手中接过球体，转身就走，一边走一边端详着球体。

看着看着，姬鸣谦感觉球体好像动了一下，接着里面有光弱弱地闪了一闪。姬鸣谦吃了一惊，停下脚步，聚精会神地盯着它看，看了半天，却再也没有任何动静。姬鸣谦自言自语地道："难道是我眼花了？"

姬鸣谦揉揉眼睛，继续往前走，来到一个四周有卫兵把守的帐篷前，帐篷里靠门边有一张桌子，桌后坐着一个佩着少尉军衔的档案管理员。姬鸣谦填写好表格，做好交接手续，将球体交给了管理员。

姬鸣谦回到挖掘现场，卞鼎丰正在那里向大伙说着什么，看到姬鸣谦走来，卞鼎丰道："大伙都回去吧，有什么新的指示，会立即通知大家。"

姬鸣谦问："卞叔叔，有什么事吗？"

卞鼎丰道："鸣谦，我正要找你，走吧，你爸爸叫你呢。"

"哦！"姬鸣谦也不问为什么，跟着卞鼎丰，走了一段路，道："卞叔叔，刚才你跟大伙说什么呢？"

卞鼎丰道："你爸爸让我通知大家，没有命令不要再进行挖掘工作。"

姬鸣谦道："卞叔叔，那这次我算不算擅自行动？"

卞鼎丰笑笑道："不算吧。之前也没有严格明确这一点。"

姬鸣谦不再说话，心中忐忑地默默跟着卞鼎丰进了一个帐篷里，父亲姬天弢坐在一张桌子后面，看到他进来，脸上神色仍旧像平时一样的冷静、严肃。

姬鸣谦早就习惯了父亲的神情模样，上前叫了声："爸爸。"

姬天弢道："谦儿，你今天怎么想到要去挖掘？又怎么发现那东西的？"

姬鸣谦道："爸爸，我没有想去挖什么，就是觉得无聊，想到那里转转，然后心里觉得烦躁，就随手将铁笔往地下一插，谁知就碰到东西了。"

"哦？这么巧！"姬天弢道。

"可不是，无巧不成书嘛。"卞鼎丰接口道。

"鼎丰，你让他说下去。"

"爸爸，真的，事情就是这样的。我真的没有乱挖。"

"嗯，那天你们目击了不明飞行物又是怎么回事？"姬天弢突然转换了话题。

"啊！这事已向博士汇报过了，目击报告也写了。"姬鸣谦道。

"你说说经过。"姬天弢道。

姬鸣谦只好又将经过说了一遍："事情就是这样了。"

"怎么这么巧？刚看到不明飞行物，不久你就发现了这个球体。"姬天弢像是问儿子，又像是问自己。

"对了，爸爸，这几天我好像隐隐约约有什么感应似的。"姬鸣谦道。

"感应？"姬天弢问道。

"是！"姬鸣谦点点头道。

姬天弢对"感应"的理解是深刻的。当年就因为他感应到了外星生物的死亡意念，才让他先一步奔出那个残骸，赢得了宝贵的数秒时间，在战友的拼死掩护下捡了一条性命。后来，他又请来了圆慧禅师和大衍真人两位玄学高人，对心灵感应进行深入的探讨，并支持两位大师对儿子进行训练，因此，他深信儿子的感应，不是虚无之事。

沉默了一阵子，姬天弢道："过几天你妈妈和你两位师父也要到这里来。"

"真的吗？"姬鸣谦高兴地道。

"你爸爸带来的药物就快用完了，再说这么久没做过身体检查，你妈妈不放心，就自己赶过来了。"卞鼎丰解释道。

"太好了！"姬鸣谦开心地道。

"嗯，没什么事，你就先回去吧。"姬天弢道。

"爸爸，我可以拿那个球体研究一下吗？"姬鸣谦忽然道。

"为什么？"姬天弢道。

"我觉得它好像是……"姬鸣谦犹豫地说

"好像什么？"姬天弢问。

"像是会动的……"姬鸣谦小声地道。

"会动？！"姬天弢和卞鼎丰同时问。

"嗯！只是觉得……"

姬天弢想了一下，望了卞鼎丰一眼，道："你先回去吧。"

"那我先回去了。爸爸，你再考虑一下，让我研究研究。"姬鸣谦不死心，临走时还不忘重提这个要求。

姬天弢挥挥手，让他出去。

姬鸣谦道："卞叔叔，我先走了。"说着，偷偷地向他眨眨眼。

卞鼎丰道："回去吧。"

姬鸣谦回到宿舍，斜靠在床上，想着那个球体，心中总是觉得球体里面有什么东西。

郑卓然回来看到他的模样，笑道："怎么？被训了？"

姬鸣谦看了他一眼，双眼望着帐篷顶，道："没有。"

郑卓然道:"我看你好像很不开心的样子。"

"没有。"姬鸣谦还是那两个字。

"没有是什么意思?"郑卓然问。

"没意思。"姬鸣谦懒懒地答。

"你觉得这泥土之下,还有东西挖出来吗?"郑卓然问不出什么,就转换了话题。

"这个天知道。"姬鸣谦还是没有谈兴。

郑卓然感觉到他没有兴趣聊天,就泡了一杯茶,靠在床上看起书来。

"你不觉得那个球很特别吗?"姬鸣谦突然道。

"有什么特别?"郑卓然呷了口茶,随口答道。

"我觉得它特别的圆。"

郑卓然差点把刚喝进嘴里的茶水喷出来,笑道:"球体本来就是圆的,还能有比圆更圆的?"

"我觉得球体里面有什么东西。"姬鸣谦道。

"那个球不像是空心的,而且连一丝缝隙都没有,怎么会有东西在里面?"郑卓然反问。

姬鸣谦没有回应。

郑卓然望了他一眼,道:"别闷着不开心了,咱们出去走走吧。"

"有什么好走的?除了雪还是雪。"姬鸣谦动都没动一下。

"不是还有星星吗?"郑卓然道。

"你别说星星了,刚才又被问起那个不明飞行物的事,我又啰啰嗦嗦地复述了一遍。"姬鸣谦抱怨道。

"这不正常吗?走吧,出去走走,说不定还能再看到那个假扮星星的不明飞行物。"郑卓然脑洞大开地道。

姬鸣谦被他央求不过,只得懒懒地站起来,说道:"好好好,就出去走走吧。"

两人相跟着出了营地,向着上次发现不明飞行物的地方走去,两人不约而同地一齐向正北天空望去,天空乌云密布,别说不明飞行物,就连一颗星星也看不到。

姬鸣谦道:"然哥,你还真以为不明飞行物是你们家的,想看见就看见。"

郑卓然笑道:"哈哈,不这样说,怎么请得动你陪我出来散步?"

其实姬鸣谦也知道他故意这么说的用心,是不想自己闷着,要自己出来透透气。嘴上却说:"原来然哥还会使诈!"俯身抄起一把雪,捏成一团,往郑卓然身上砸去。

郑卓然躲闪不及,被砸个正着,马上也抄起雪来,与姬鸣谦对打起来。

两人雪仗打得十分起劲,最后竟然扭在一起,摔在雪地里,互相往衣领脖子里大把大把地塞雪团。

两人玩累了,仰面躺在雪地上,大口大口地喘着气;郑卓然忽然咦了一声,道:"鸣谦快看!"把手直直地往天上一指。

姬鸣谦抬眼一看,就在自己头顶正上方,乌云密布的天空,孤零零地悬着一颗橘红色的星星。姬鸣谦一翻身爬了起来道:"然哥,这不是星星吧!"

郑卓然道:"当然不是!我看它就是上次看到的那个不明飞行物!"

两人定睛观察了一阵子,看到它一动不动地悬在天上,似乎并没有要走的意思。

姬鸣谦道:"然哥,你不是有天文望远镜吗?咱们赶快回去,拿上望远镜再来观察一下,不比肉眼看得更清吗?"

姬鸣谦一句话提醒了郑卓然,二话不说,拉着姬鸣谦往营地里就跑。两人冲进自己的帐篷里,郑卓然一把抄起放望远镜的背包,姬鸣谦则帮他拿着专门用于拍摄天文星象的照相机;两人返身又往外跑,一边跑一边抬头往天上望,这一望,两人却停下了脚步,原来,那颗橘红色的"星"早已不知去向。

两人发了一会儿呆,垂头丧气地一屁股坐在雪地上。郑卓然道:"又失去一次机会!早知道带上天文望远镜出去就好了!"

姬鸣谦道:"早知道?你早知道它会出现?"

"就是不知道,也可以常备无懈的。"

"然哥,别灰心,总有一次让我们抓拍到它!"

"鸣谦,你说这次目击事件,要不要向所长汇报一下?"

"先不要汇报吧?我们只不过看了几眼,什么动静也没有发现。"

"也是的,要汇报最多也就几句话。"

"等下次我们拍下它的真容,然后图文并茂地写上一篇文章,岂不是好?"

两人商量好,暂时不把这次目击事件汇报上去。

当天晚上,姬鸣谦辗转反侧难以入睡,不知为什么,脑海中总是浮现出那颗橘红色的"星星",迷糊之中,那颗"星星"越来越近,然后引导着他飘飞到星空之上;姬鸣谦大感新奇,在星空之中到处飘浮着,忽然遇见了好些不可言状的怪物,围绕着他乱舞;正当他惊慌失措的时候,又来了一个怪物,那个怪物把手一挥,所有围着他乱舞的怪物都不见了;怪物给了他一颗药丸,告诉他,吃了他的药丸就能长生不老。姬鸣谦吞下药丸,觉得自己的身体果然变轻了,就像神仙一样可以踏着云彩飞行。他正要向怪物道谢,回头不见了怪物的踪影;突然周围黑暗下来,黑得伸手不见五指;无边的黑暗使他恐惧不已,他感到十分的孤独,拼命地往前飞奔,跑着跑着,一片星空之下,出现了一个少女,他感觉到那个少女很美,可是没法看清她的面目;少女对他说,她是他的妻子,在这里等他很久了。姬鸣谦果然就觉得自己是跟她结过婚的。他正要跟她说话,少女忽然不见了。姬鸣谦到处寻找那少女,忽然眼前一亮,一个白发白须身着白袍的老者出现在他跟前,那老者额头上竟然还有一只眼睛;姬鸣谦被老者额上眼睛射出的光罩住,像是被施了定身法一样,任由老者在他头上安装了一只眼睛。安好眼睛之后,老者让他代替自己去办一件大事,姬鸣谦还没听清老者讲的是什么大事,就被老者一推,他毫无防备之下,从云端掉下来。姬鸣谦惊叫一声,出了一身冷汗,睁开眼看时,天早已亮了,原来是做了一个梦。

姬鸣谦呆呆地躺在床上,脑中不停地回想梦中的细节;郑卓然喊他,他也只是机械地应了一声,然后就木然地去刷牙、洗脸、吃早餐。

一连两、三天，姬鸣谦被那梦魇住了，显得呆呆傻傻的，郑卓然好几次问他，他都是木然地有一搭没一搭地回答。郑卓然以为他在想着那个不明飞行物的事，也就没太放在心上。

这天一早，接到通知，可以开展挖掘工作了。一有工作，姬鸣谦的注意力转移到工作上来，渐渐就把那梦境丢淡了。姬鸣谦这一队是早班，整个白天，没有发掘出任何东西。老李说，往往惊喜是在不经意之间出现的，现在越是无聊，惊喜来得就越大！

姬鸣谦半信半疑，只好耐着性子，慢慢地向下挖掘。

下班后，姬鸣谦偷偷地找卞鼎丰打听，父亲是否批准他研究那个球体。卞鼎丰没有给他任何肯定或否定的答复，只让他耐心等待。

回到自己的帐篷，看到郑卓然正在摆弄他那架天文望远镜，姬鸣谦问道："然哥，你这是要干什么？出去观星吗？"

郑卓然道："鸣谦，观星也不一定要出营外吧？咱们就在这里也可以观星呀！"

姬鸣谦一拍前额，道："哎呀！我们还真是笨！然哥，以后咱们就在家门口天天观察，岂不是方便很多？"

郑卓然道："对！我就是这么想的。"

"然哥，你说说，观星需要注意些什么？"

"鸣谦，观星当然要先了解星空的星星分布了。不过这些不是一下子就能掌握的，我先说一些基本的东西。"郑卓然从仰角、亮度等观星的要点说起，教他一些基础知识。

姬鸣谦聪敏过人，记性又好，很快就掌握了郑卓然教的这些知识；自此，两人一下班，就在自己的帐篷外观起星来。

一连两日，又向下挖了半米深，仍然没有任何物体出土；姬鸣谦和郑卓然下班后照旧在门前观星，虽然云层很厚，没有什么星可观，但两人醉翁之意不在酒。看看差不多到半夜了，两人正准备收拾好之后睡觉；忽然营地里骚动起来，有人大声道："有新物件出土了！"

姬鸣谦和郑卓然一听，顾不得收拾天文望远镜，就随着人们奔向挖掘现场。现场早已密密麻麻围满了人；两人挤到老李身边，问道："挖出什么东西了？"

老李道："是一根管子，你看，老施现在手上拿着的就是。"

姬鸣谦向老施望去，看到他手中拿着一根通体黑色的约有小指粗细的管子一样的东西，约有半米长短，两端平整，不像是从什么物件上拆断掉下来的，像是一根完整的物件。

老施举起管子，让摄影拍摄，然后装进透明塑料袋子，编好号，交给一个同事送去归档。

众人议论纷纷，不久就散了。

次日，召开了情况通报会，通报了那根管子的发现和挖掘过程；并通报了初步检测的数据：那根管子不是金属，是未知材质制造，坚硬异常，其硬度超过了人类已知的任何物体的硬度，而且极轻，整根管子的重量不超过两克。

出土了这么些东西，全都是人类科技无法理解和想象的，对此，姬鸣谦已不觉得有什么奇怪的了；他对这根管子不感兴趣，反而念念不忘那个金属球体；吃过午饭后，他又向卞鼎丰打听消息，卞鼎丰依然让他耐心等待。

这晚，雪晴了，天上现出稀疏的星星，姬鸣谦和郑卓然在门前观星，滕文博忽然来了。姬鸣谦和郑卓然连忙请他进帐篷里坐下，姬鸣谦问道："博士，这么晚了，找我们有什么事吗？"

滕文博道："鸣谦，你一直要求研究那个球体，你真的发现它有什么特别的地方吗？"

姬鸣谦道："博士，上次我已说过，它好像是会动的。"

"嗯，你说过，但你能不能说得详细些？"

"我好像看见它发出过光。"

"发光？"滕文博和郑卓然同时惊问。

"我不确定，所以没有说出来。"

"这很重要！"滕文博道："你说的这些，我会再向上级汇报；但你不可以再向任何人说起。"

"是！"姬鸣谦道。

滕文博道："姬将军判断，我们这次挖掘的，应该是一处远古时期，外星人坠机事件的遗址，所以我们要加强保密纪律。"

姬鸣谦和郑卓然道："是！"

姬鸣谦问道："博士，以前发现过类似的事件吗？"

滕文博想了一下，道："近似的就有。"

姬鸣谦道："博士，给我们说说？"

滕文博道："好！"

滕文博喝了一口郑卓然端来的茶水，开始叙说起来：

那是二十二世纪的事了，一名考古学博士带领他的学生，在南美洲亚马逊热带丛林里寻找古印第安人的遗迹。他们一行二十多人，带着很多考古器材、通讯设备、帐篷、食物，深入丛林之中；他们每天都艰难地行进在茂密的原始森林里；就这样，他们行走了快一个月了，还是一无所获。

这天，一阵大雨过后，本来就没有路的林中，十分湿滑难行；一个学生一不小心，掉进了一个七米多深的洞穴之中。那个洞穴又潮湿又黑暗，博士和学生们费了好大气力才下到洞穴中救人。博士发现这个洞穴不但宽大，而且深不可测。在确定掉下来的学生没有受伤之后，博士决定顺便探查一下这个洞穴。他们一个跟着一个，试着往洞穴里面走，不久，找到一个巨大的密室，里面放满了陶瓷器皿、珠宝首饰，更令人吃惊的是，他们发现了一些只有一点二米高的小人骷髅。

这些骷髅的头颅很大，双眼距离比一般人宽一些，每只手只有四根手指，脚上也只有三个脚趾。博士以为找到了一个古老的印第安人部落遗址，看到这些遗骨后，才知道不是。

博士等人再度深入洞穴考察，发现这个地下洞穴曾经是个地下城市，起码存在八千年之久了。

博士很是兴奋，决定就地展开考古工作。随着考古工作的开展，令他们惊讶的事情出现了，他们发现了一批仪器和疑似用于通讯的器材和工具，根据检测鉴定，这些物件的历史都在六千年以上。

博士将洞穴里发现的东西拍照、录像，然后发到知名的地理杂志社去，这些图片、影像一经发表，立即就轰动了世界。

博士和学生们大受鼓舞，干脆就在洞穴中扎下营来，以便更深入地探究洞中的秘密。

博士和众学生越往深处走，发现的东西就越不可思议。这天，他们继续往洞穴里面行进，走了约一个小时之后，他们发现洞穴里面竟然十分光亮，却不知道光源从哪里发出。众人正在惊愕之际，突然一阵怪声从洞中传出，令人毛骨悚然；随着那阵怪声越来越近，光线也越来越强；众人不敢再往前走，商议着要退回去；就在这时，一个巨大的物体发出刺眼的强光，朝他们扑来，博士和一众学生来不及有任何反应，那强光就消失了，洞中瞬间就陷入漆黑之中。一个叫艾力克的学生因为站在最后，巨大物体扑来的时候，他本能地躲在一块大岩石后，感到有一股强大的吸力将他向前拉扯，他拼命地抓紧岩石，待得吸力消失之后，他试着低声呼叫博士和同学，但没有任何回应；艾力克吓得不敢再停留，拼命地向洞口处狂奔，他逃出洞穴，在丛林中盲目地四处乱闯。

艾力克获救后，已经是事发后的第十日了。经过全力抢救，艾力克恢复了神智，把事情讲述出来，有关部门根据他的描述，前往事发地点，但是，再也找不到那个神秘的洞穴，而博士及一众学生，就此人间蒸发，再也找不到他们的踪迹。

再后来，艾力克受不了恐惧的折磨，终于疯了，在一个晚上，跳楼自杀了。事件从此再没有了目击证人，也就成了悬案。

滕文博说完，呷了一口茶。

姬鸣谦道："他们就没有将那些骸骨什么的，运一些出来？"

"没有。"滕文博道。

"那有没有检测出来，那些骸骨是什么生命基？"郑卓然问。

"也没有，因为二十二世纪的技术，还不能对生命基进行测定。"滕文博道。

"难怪爸爸说，我们这次出土的，有可能会刷新我们对世界的认知，更将对我们研究未知的不明事物产生深远的影响。"姬鸣谦道。

"你爸爸？"郑卓然并不知道姬鸣谦父亲就是姬天孥，问道："你爸爸也是个考古学家？"

"不是，他不过是个平凡的老头。"姬鸣谦随口应付道，为防他追问，立即又向滕文博问道："博士，再讲讲其他的事件好吗？"

滕文博道："有一个案件就比较离奇，亲历者接触的不是未知生物，而是我们人类。"

"这有什么离奇？"姬鸣谦忍不住问道。

"那是七十多年前的事了。"滕文博开始讲述：

七十多年前，一名南极探险队员维克多从基地前往观测点例行检查设备；他驾着一辆轻型冰上摩托雪橇车，在茫茫的雪地上飞驰着，一不小心就掉进了一个冰洞里。幸好冰洞不太深，他没有受伤。

维克多打量着冰洞，思考着怎样才能爬出冰洞。他看到冰洞里有一条仅容一人侧身通过的缝隙，不知通往何处；出于好奇，他竟然大着胆子钻进缝隙里，向里面爬行了五、六米，尽头处别有洞天，是一个方圆十多平方米的冰室；令他吃惊的是，冰室的正中有一个透明的箱子，里面躺着一个物体。

维克多毫不犹豫地走到箱子跟前，往里面一看，原来箱子里面躺着的是一个全身赤裸的男子，全身上下连着许多管线。那个男子的相貌象是欧洲人，肌肤丰润，看起来一点也不僵硬；维克多判断他应该还活着。

维克多试图打开箱子，将男子救出来，但是他将箱子上上下下摸了个遍，也找不到打开箱子的按钮机关；那个箱子就像浑然天成的一样。

维克多寻思，既然这个男子被安置在这里，就一定有出口通往外面。等出去之后，叫上同事们一起回到这里，再把这个人救出去。想到这里，维克多立即就开始寻找出口。他在冰室里仔细地观察着，但是整个冰室除了他刚才进来的那条缝隙之外，就再也找不到任何的出口的痕迹，就连一条裂缝也没有。而那个箱子就像是这个冰室里长出来的一样。

维克多大感疑惑，这个冰室看起来十分平整光滑，怎么也不像是天然形成的冰洞；而且，这个人是怎么进来的呢？他总不能挖个洞钻进来，然后把洞口封了，再把自己封在这个箱子里吧？

找不到出口，维克多只好再从来时的缝隙中爬回先前那个冰洞里，拆掉雪橇车上的雪橇，在冰墙上挖了好些洞，手脚并用地爬出了冰洞。他用定位仪测定了冰洞的位置，又将雪橇插在冰洞旁边作标记，这才返身往基地方向走。

雪地很滑，十分难行，他花了两个小时才回到基地，同事们正担心他是不是出事了。维克多简单扼要地说了自己出事的经过，然后说发现一个赤裸的男子，在一个冰室里面。同事们听后觉得他的发现不可思议，立即就倾巢出动，带上工具，驾着雪地汽车、起重车，在维克多的带领下，往那个冰洞所在的位置驶去。

当大伙抵达定位仪显示的地点时，却找不到维克多所说的冰洞，就连他插在冰洞旁的雪橇也不见了踪影；大伙找了又找，用定位仪核实再核实，地点是没错，但那个冰洞却像是凭空消失了一样，再也找不到了；至于那个透明的箱子和里面的男子更是无从说起。

回到基地，大伙议论纷纷，有人认为是维克多撒了谎，根本就不存在这么一个冰洞，更没有什么透明箱子和赤裸男子。而维克多坚称自己所说的全是事实。

后来维克多离开南极考察站回国，接受了心理学家的测谎检测，结果显示，维克多并没有撒谎。由于没有证人，又没有实物证据，有关部门要求他写一份目击报告，事件就这样不了了之。

滕文博刚一说完，郑卓然就道："所长，会不会在极度低温的情况下，维克多失温之后产生幻觉？"

滕文博道："不可能！以维克多能够自行脱困的情况来看，他并没有失温。"

姬鸣谦道："确实不可思议，那个男子在这么寒冷的冰洞中，全身赤裸而没有被冻僵，这是什么道理呢？"

郑卓然道："也许那个箱子是恒温的呢？"

"问题是，那个箱子要产生恒温，能源又从何而来？"姬鸣谦反问。

滕文博赞许道："好！鸣谦这个问题问得好！"

姬鸣谦道："假设维克多所见皆为真实的，那么，又是谁修建了那个冰洞？谁将男子放到箱子里？"

"呵呵呵，鸣谦这一连串的问题恐怕没有人可以回答你了。"滕文博道："好了，也不早了，你们也早些休息吧，我回去了。"

姬鸣谦和郑卓然站起来，将滕文博送出门口，互道晚安后就分手了。姬鸣谦和郑卓然回到帐篷里，仍然为刚才问题辩论不休。

第二天一早，姬鸣谦刚刚醒来，就听帐篷外有人叫道："鸣谦。"

姬鸣谦一听，认得是卞鼎丰的声音，心中一喜，从床上一跃而起，跑出帐外，叫道："卞叔叔，批准了？"

卞鼎丰点点头，道："就你机灵，一猜就中。"

"卞叔叔出马，没有不成功的道理。"姬鸣谦黠笑道。

卞鼎丰道："我哪有这么大的本事？这可是滕所长向你父亲请求，你父亲才批准的。"

"哦？难怪博士昨晚来找我问了几句。"姬鸣谦道。

"拿着！"卞鼎丰从公文包里抽出一张纸，正是姬天弢签发的手令，一边递给姬鸣谦，一边道："你只可以在档案室里研究，不可将那球体拿出外面来；还有，除了那个球，室内其它东西一律不许接触。"

"是！遵命！"姬鸣谦高兴地道。

"你慢慢研究吧，有什么发现立即告诉我。我先回去了。"

"卞叔叔慢走。"

姬鸣谦送走卞鼎丰，将手令贴身收好，然后哼着歌儿往档案室走去。到了门前，卫兵检查了手令，放他进去。看到管理员；姬鸣谦再次出示手令，管理员让他填了表格，签了名，然后把他带到一个架子前，指着一个木盒子道："在里面呢，你自己看。"

姬鸣谦道："谢谢！"

管理员点点头，转身回到自己的位置。

姬鸣谦打开盒子，拿起那个球，透过透明塑料袋，仔细端详起来。看了许久，球体毫无异样，姬鸣谦有点失望，只得将它放回盒子里，然后向管理员打了招呼，走出帐篷。

回到宿舍里，郑卓然不知去了哪里，姬鸣谦独自斜靠在床上，将双脚搁在床边的凳子上，呆呆地想着什么。

第二天下班后，姬鸣谦又到档案室里，取出球体来观察。这次，他带了个高倍放大镜，对球体反反复复地看了不知多少遍，依然没有任何发现。

一连数日，对球体的研究毫无进展，姬鸣谦觉得有点气馁。

这日晚饭后，姬鸣谦又到档案室，拿起球体观察起来，突然，他发现球面上有一点异样，拿放大镜一看，球面上隐约有些不起眼的痕迹，有点像是头尾相连的三只蝌蚪。姬鸣谦大感惊奇，忖道：怎么前些日子就没有发现这些痕迹？

姬鸣谦干脆从塑料袋中将球取出，托在掌中，用手指轻轻摸着那像蝌蚪的痕迹，摸着摸着，突然球内闪出光来，先是绿光一闪，然后是黄光，再是蓝光，绿黄蓝光闪过后，球内竟然发出几声短促的极细微的像是电波的声音。

姬鸣谦大吃一惊，接着便是兴奋莫名。正要再仔细地看看、听听，球体已然回归沉寂，就像刚才的一切从没发生一样。

姬鸣谦垂着头想了一阵子，又用手指去摸那几个蝌蚪，但这次无论怎么摸，球体再无反应。

姬鸣谦掏出一个很薄，只有巴掌大小的半透明的物体，这是研究所配备的微型掌上电脑，被所里的同事们戏称为"长老"，因为与"掌脑"同音——飞快地将过程记录下来。心中却是懊恼：刚才怎么就不知道把这过程录制下来？

记录完毕，姬鸣谦跑到门边，对管理员道："快！快请滕文博博士和卞鼎丰上校来这里。"

管理员立即通过便携式通话器向上级报告了姬鸣谦的请求，不大一会儿，滕文博和卞鼎丰几乎同时来到档案室，不约而同地问道："发现什么了吗？"

姬鸣谦将他们带到球体前，把放大镜递给滕文博，指着上面的蝌蚪痕迹，道："快看！"

滕文博和卞鼎丰轮流用放大镜看了一遍，道："这果然是出土时没有的痕迹！"

姬鸣谦接着把刚才的发现以及球体发光发声的异常情况说了一遍，卞鼎丰和滕文博听了，一脸惊愕的神色。

卞鼎丰掏出一个红色的通话器，那是他与姬天弢专用的保密通话器。卞鼎丰对着通话器道："将军，请你过来一下。"

约过了十分钟，姬天弢坐在轮椅上，由一个士兵推着，出现在门口，卫兵举手敬礼。卞鼎丰走了出去，替下士兵，将姬天弢推了进来，直到球体前停下。

姬天弢看着儿子，道："有发现吗？"

姬鸣谦将"长老"递给他，道："爸爸，你先看记录。"

姬天弢接过，迅速地看完，道："你说它能发光发声？"

"是！"

"你具体形容一下是怎样的声音？"

"像是无线电的滴嗒声，但又不太像是无线电的声音……"

"到底像还是不像？"

"不像！反正这种声音没听过。"

"声音有节奏吗？"

"听不出节奏，只是很短促地响了几下。"

姬天弢沉思了一会儿，道："鼎丰，你立即去安排一下，将这个球体单独保管，派专人二十四小时看管，随时向我汇报。"看了一眼儿子，又道："鸣谦可以随时观察研究，其余人等，不得靠近。"

"是！我立即安排。"

球体被重新安置到一顶较小的帐篷里，四个卫兵在外四面值守，帐篷里又有两名士兵值守，又安装了全息摄录仪，二十四小时盯着那个球体，随时记录球体的任何情况。

一连数日，球体没有任何异常情况。姬鸣谦除了睡觉、吃饭，几乎一刻也不离开那个球体。

这晚，姬鸣谦在帐篷里观察着那个球体，不知不觉趴在桌子上睡着了。待他从睡梦中醒来，一看时间，已是凌晨一点多了。他站起身来，伸了个懒腰，正想找点水喝，突然，心中一动，一个莫名的感觉涌起，耳中听得一串很有节奏的轻微嘀嗒声传来，他急急奔回球体跟前，看见球体内发出绿黄蓝的光，不停闪动，而那嘀嗒声就越来越清晰，节奏感越来越强。

姬鸣谦大喜，迅速掏出"长老"，对着球体摄录起来，过了五、六分钟，姬鸣谦想起必须立即通知父亲或卞鼎丰，从桌上抓起通话器，按下通话开关，奇怪的是，通话器竟然没有讯号。

姬鸣谦想请卫兵前去通知，抬眼一看，这才发现，整个帐篷光如白日。那光从帐篷顶上透入，整个帐篷像是透明的一般；更让姬鸣谦惊奇的是，帐内的两个士兵都倒在地上，不知是死是活。

正惊愕之间，一道炽烈的白光从空中照射下来，将他罩住，姬鸣谦双目一眩，便失去了知觉。

第六章　救星

　　旭日东升，阳光照在白雪覆盖的大地上，闪着瑰丽的光彩。

　　白石山营地里，此刻正笼罩在诡异的气氛中。

　　六名昏迷不醒的士兵正在医务室里抢救，而姬鸣谦与那个神秘的球体却不知所踪，地上遗留下他的"长老"微型电脑。

　　卞鼎丰派出两个排的士兵分四个方向在附近搜索了一整天，然而却一无所获。

　　会议室里，姬天弢、滕文博、卞鼎丰等人在反复地观看监视录像和姬鸣谦"长老"录下的影像，最后一个影像是姬鸣谦从桌上抓起通话器，按下通话开关的画面，之后就是白茫茫的一片，什么也看不到了。

　　次日，搜索队增至一个连的兵力，扩大到三十公里范围搜索，仍然是无功而返。

　　第三日，当地军区接到上级命令，派出直升机搜索中队协助姬天弢进行搜索，还是毫无发现。

　　至第四日，搜索范围扩大到方圆一百公里，当地军区已动用兵力达两万人，进行地毯式的搜索，然而，姬鸣谦就像凭空蒸发了一般，一点线索也没有。

　　姬天弢一边让滕文博和卞鼎丰撰写报告向上级汇报事件经过，一边继续进行搜索。

　　姬鸣谦失踪的第七日，圆慧禅师、大衍真人与姜秀坤来到了白石山，得知儿子失踪，姜秀坤一度情绪失控，昏厥过去。

　　圆慧禅师、大衍真人心中黯然，每天默默地跟随着搜索队外出搜索，不觉半个月过去了，姬鸣谦依然音讯全无。

　　联系到不明飞行物多次在营地附近出现，姬天弢心中明白，儿子恐怕是遭遇了罕见的超类接触，一定是被外星生物掳去了。在征得上级的同意之后，忍着悲痛的心情，下令停止搜索。

　　姜秀坤伤痛爱子，不知儿子死活，终日以泪洗面，水米不进；而圆慧禅师和大衍真人两人，则在白石山上寻了个僻静的地方，开始打坐闭关。

　　又过了十数日，两人下山回营，圆慧禅师对姬天弢和姜秀坤道："将军，姜大姐，我与大衍真人闭关十数日，静心细察，感觉到鸣谦身在遥远之处，应该还是活着的。"

　　大衍真人道："据我推演易数，鸣谦寿数极长，几乎可达千岁，简直没法以常人的认知来理解。"

　　姬天弢看着圆慧禅师，又望了望大衍真人，以为他俩人只是为了安慰自己，才这样说的，因而对二人所说并没放在心上，道："两位大师就不必安慰愚夫妇了，其实我也明白，谦儿应该是被外星生物掳去了，现在虽然活着，但毕竟再也难回来，因此……"

圆慧禅师、大衍真低头念佛，各自暗诵经文。

姬天弢颤巍巍地站了起来，姜秀坤搀扶着，一步一挪地走出门外，圆慧禅师、大衍真人在后跟着，四人仰头默然望着乌云密布的夜空，似要看透这深邃的宇宙……

姬鸣谦醒来时，发现自己全身赤裸，浑身上下连着像是电线一样的管线，躺在一个像水晶棺材一样的箱子里，整个箱子都是透明的。

他想动一下，发现自己像是被什么禁锢了，不能动弹半分，意识中一闪念："我这是在哪？"

才这么一想，面前立即出现了一张脸孔，那张脸怪异非常：一双大得吓人的眼睛，大大的脑袋，勉强可以称为鼻子的小鼻孔，以及小得可怜的嘴巴。身上看不出有任何衣物，一身灰白的皮肤，浑身没有毛发。

姬鸣谦吓了一跳，本能地想逃跑，奈何身体动弹不得，想大声叫喊，却又发不出声音。心中巨大的恐惧令他浑身微微发抖。

眼前的怪物叽叽咕咕地发出一串声音，很快，又有两个几乎一模一样的怪物出现在姬鸣谦跟前，都俯身来看着自己。姬鸣谦目光与它们一接触，心中立即生出一股莫名的惊悸。

姬鸣谦把双眼闭上，过了一会儿，姬鸣谦感觉到三个怪物都离开了，心中才觉得舒服了些。

怪物一离开，姬鸣谦立即就紧张地思考起来：这是什么地方？自己怎么会在这里？忽然觉得这个透明箱子好像在什么地方见过，但是又没有任何印象。

姬鸣谦努力回想醒来之前的事，然而，只想起那个球体以及一道耀眼的白光，之后就什么也记不起了。

姬鸣谦突然想起父亲曾描述过的外星生物的模样，对照刚才三个怪物的样子，心中一惊：难道眼前这三个怪物就是父亲曾遭遇过的那种外星生命？我被绑架了？一想到这里，不禁又恐慌起来。

这时一个怪物走了进来，姬鸣谦赶紧闭上眼睛，只眯着一条眼缝偷偷地看着，怪物在一个仪表板一样的东西上用四根干枯的手指中的一根点了几下，一个屏幕上就出现一串一串的古怪字符，怪物盯着屏幕看了一会儿，然后悄没声息地在一道门中消失了。

怪物一走，姬鸣谦所在的地方就暗了下来，只有各种仪表还在发出不同的光，姬鸣谦躺着的箱子，也发出蒙蒙的光来。

姬鸣谦遭逢大变，心中不知所措，慌乱之中想起大衍师父说过，人遇大事要有静气，故可处大变而不惊，这才能成就大事。

一想至此，马上暗暗深吸一口气，强行镇慑心神，眼观鼻、鼻观心，按大衍师父所教的太上心经功法，将意念集中于丹田，调匀呼吸，放松身体。这一静下来，全身气机流动，一股活泼泼的暖流起自丹田，在全身周游不停，感觉舒适之极。

姬鸣谦暗暗奇怪：怎么这种境界以前从未达到过？

因身处未知之境，姬鸣谦不敢任意入定，功行一周天之后就收了功。这一番功法练完，恐惧之心大减，人也已镇静下来。他开始分析自身处境：首先，这些怪物绝对不是地球上的生物，这一点可以肯定；其次，屏幕上的字符不属于人类所有的已知的语言文字；再次，这些怪物能够使用如此复杂的仪表，一定是比人类文明更高等级的智慧生物！

确定了自己在外星生物的掌控中，姬鸣谦立即又想：自己这是在外星人的飞行器上了，只是不知飞行器是在地球上空还是在外层空间？

姬鸣谦不知道，此时他所在的飞行器正在外层空间中飞行，离地球越来越远。

幽暗之中，姬鸣谦身不能动，意识却是异常活跃，他甚至能感应到那三个怪物所在的位置，感应到自己正在高速飞行之中。

不知过了多久，姬鸣谦感到飞行器慢了下来，似乎向一个更大的物体靠近。不久，飞行器轻微震动了一下，停了下来。三个怪物说着话，来到他跟前，将他连人带箱子推动着；姬鸣谦眯着眼，暗中观察着；三个怪物推着箱子，下了飞行器，经过一条走廊，来到一个宽大的房间里。里面另有四、五个怪物，一齐来看箱子里的姬鸣谦，那眼光就像是看着试验室里的小白鼠一样。

短暂交流之后，先前的三个怪物退了出去；姬鸣谦躺着的箱子，被固定在一个仪表板前，仪表板上有很多按键；一个怪物走过来，在仪表板上不停地点击着，似乎是对姬鸣谦作更全面的检查。

末了，姬鸣谦感应到怪物似乎对检查结果很满意；那怪物向另外的三、四个怪物说着什么，像是汇报检查的结果；另外的怪物似乎感到很惊诧，认为姬鸣谦这个"样品"的身上有不可思议的东西，需要使用更高级的仪器进行检测。

姬鸣谦忽然感到奇怪：我怎么能感应到它们的思维活动？想了许久，突然想到：难道大衍师父教的太上心经功法，有这种功用？姬鸣谦不敢确定，但不管如何，能感应到怪物的思想，对自己来说总是好事。

姬鸣谦正想着，怪物不知按了个什么按钮，他的意识就渐渐迷糊，不久就昏昏睡去。

姬鸣谦再次醒来时，发现一个怪物正在给他进行身体检查，并在一个屏幕上记录着什么；一番检测之后，又将他弄成睡眠状态；如此反反复复地检测着。

当姬鸣谦第七次醒来时，感觉到飞行器正以极快的速度飞行着，而且做着一些飞行动作；忽然一股巨大的震动传来，将站在透明箱子旁边的怪物震得倒在一边，接着就听到许多尖锐的怪叫声，伴随着像是武器发射的声音，然后是打斗声、爆炸声，物体倒地声，可以想象，飞行器内此刻必定是一片混乱。

怪物爬起来，极快地打开一个舱门，将姬鸣谦连人带箱子推了进去，姬鸣谦随即感到自己像是炮弹一样被发射了出去，然后脑中一昏，就失去了知觉。

昏迷之中，姬鸣谦看到卞鼎丰推着轮椅，轮椅上坐着父亲，妈妈在旁扶着轮椅，圆慧禅师和大衍真人两位师父在后跟着，向他走来；大地一片青绿，繁花似锦，树上有鸟儿鸣唱着。他开心地大叫着，向他们跑过去，跑着跑着，突然一脚踏空，身体急速地往下坠落，他往下一看，却是无边无际的黑暗；他感到不能呼吸，快要窒息了，拼尽全力大叫了一声，猛地一挺就醒了过来。

姬鸣谦大口大口地呼吸着，胸腹间急速起伏，过了一阵子，待得呼吸平顺了少许，这才发现自己已不在那个透明的箱子里，而是坐在一个平台上——想必刚才自己就是躺在这个平台上的。

姬鸣谦一时之间没有反应过来，摸摸身上，那些管线全都不在了，这才奇怪："咦？怎么回事？"游目四顾，发现自己在一间房子里，房内四面都是空的，除了自己所坐的平台，就什么也没有了，不禁自言自语道："这是什么地方？"

突然，他感觉到一面墙外有生物走近。

姬鸣谦望向那堵墙，墙面光滑异常，颜色与其余三面略有不同，心道：难道这是面可从外看到里面的墙？

姬鸣谦猜得没错，那堵墙突然就像帏幕一般，缓缓地打开，现在可以看到墙外面的东西了：一个怪物隔墙站着，头像章鱼的身子，额上左右各有一个约两厘米的突出的圆角，没有毛发；一块略为扁平的脸；没有鼻子，双眼又圆又大，没有眼睑；嘴的位置是一条缝，没有嘴唇；脖子极短，几乎可以忽略；身上穿着一件白色的像是衣服一样的东西；粗壮的四肢，有六根手指；皮肤上覆盖着细密的像蜥蜴一样的鳞甲，鳞甲下是略带浅蓝色的白色皮肤，用"白里透蓝"形容最恰当不过了；他个头不高，大约一米四、五的样子。

怪物手中拿着一个小巧的仪器，双眼直直地望着姬鸣谦，用一根手指在仪器上点了一下，姬鸣谦就听到室内响起了声音。那声音不停地变换着各种语调，姬鸣谦却是完全听不懂。

姬鸣谦正在猜测怪物的意图，很快就感应到怪物是在试图找出能与自己交流的语言。姬鸣谦随口用英语说了几句，怪物没有任何反应；姬鸣谦又连续用德语、法语、瑞典语、和俄语说了一通，对方仍没有反应。房间里仍然响着各种不同声调的声音。

姬鸣谦又用汉语、梵语说了几句，依然没有反应。他想了一想，用古埃及语说了一句："你好！"

话音才落，那声音立即就用古埃及语回应了一句："你好！"

姬鸣谦大喜，对着墙外怪物道："你好！怎样称呼你？"

怪物立即就通过传译器回答道："你好！我是纠库纠兰。旃蒙宇宙曋毋迪星团伊茪星系顾肓族神。"

"神？"姬鸣谦奇怪地问："怎么会有生物自称神？"

"是的，宇宙中，所有智慧生物通称为神，你是智慧生物，也是神。"

"哦。我是姬鸣谦，银河系太阳系地球汉族人，我们地球上智慧生物自称为人。"姬鸣谦学着纠库纠兰的模式，自我介绍道。

"人，银河系在哪个宇宙里？"

"宇宙有很多个吗？"

"是的！目前已知的宇宙有二十二个之多。"

姬鸣谦有点惊愕，道："我们也不知道自己是属于什么宇宙的。我们对宇宙的认知，还仅仅局限于银河系中很少一部分。"

"就我所有星际知识来说,不知道有这么一个叫银河系的星团,也不知道有叫地球的星球,更不知道这个星球上还有智慧生物。"

"也许你们对银河系和地球的称呼不一样吧?"

"也许吧。但是你怎么会在纳乌星团坚鲜族神的紧急逃生舱里呢?"

"纳乌星团坚鲜族神?"

"哦,就是那些灰皮肤的家伙们。"

"原来他们叫坚鲜族神!"姬鸣谦低声自语,接着道:"我也很想知道我是怎么跟他们在一起的。"

"这是怎么回事?"

"我正在工作着,突然一道炽烈的强光照在我身上,然后就什么也不知道了。醒来后,发现被他们关在一个透明的箱子里,后来又怎么到了你这里,就不得而知了。"

纠库纠兰道:"这是灰皮肤的家伙们惯用的伎俩。你是被他们绑架了。"

"我想也是这样。"姬鸣谦点点头。

"但是,你又怎么会说毋遏布炸语?是你跟他们学的吗?"纠库纠兰又问。

"毋遏布炸语?"

"嗯,就是现在你跟我交流使用的语言。"

"哦,这是我们人类远古时候的一种语言,我们称为古埃及语,现在已经失传了。由于我是一个考古学硕士,古埃及语是必修课程,所以我会说这种语言。"

"你们称这种语言为古埃及语,也就是说,你们远古时候跟毋遏布炸神有过密切的接触?"

"毋遏布炸神又是什么神族?"

"毋遏布炸神是坚鲜族的一个分支,他们使用的语言就是毋遏布炸语。"

"这个我就不知道了,我们只知道这种语言是古埃及语,至于它的起源,到现在都还没有弄清楚。"

"嗯嗯,看来坚鲜族神与你们的关系非同一般。"

"啊,我们与坚鲜族神没有任何关系。"

"但是……"

"纠库纠兰,我可以这样称呼您吗?"

"当然可以。"

"您能告诉我,我是怎样得救的吗?"

"嗯嗯,我们正在返回自己的宇宙途中,途经敦烊宇宙,突然接收到坚鲜神发出的求救信号,就立即赶往救援,不久,看到一个似是失去了动力的逃生舱,飘浮在太空中,我们将逃生舱打捞了回来,发现你还活着,这才把你救了。我们赶到坚鲜神的飞船上,船上所有坚鲜神都被杀死了,经查看飞船上的影像记录,我们确定,这是一股强盗袭击了坚鲜神,将飞船劫掠一空,然后弃船而去。"

"原来这样。"姬鸣谦道。

"只是灰皮肤的家伙们为什么单单只把你放在紧急逃生舱里发射出来呢？"

"这有什么问题吗？"姬鸣谦不明白他为什么有这样的疑问。

"不管怎样，人，你总算是捡了一条命回来。"纠库纠兰说。

"谢谢！请问我有受过伤吗？"姬鸣谦问。

"没有。我替你全面检查过，你全身完好，只是缺敏气而已。"纠库纠兰道。

"缺敏气？"姬鸣谦问。

"是的。那个箱子是一个维生装置，可以制造你呼吸需要的敏气，但由于失去动力，所以就没法制造敏气了。"纠库纠兰解释。

姬鸣谦经他这样解释，弄清楚了他所说的敏气就是氧气，表示明白地点点头道："您所说的敏气，我们人类称为氧气。"一低头，发现自己全身一丝不挂地赤裸站着，觉得甚为羞耻，立即就用双手捂住私处，问道："可以给我一件衣服吗？"

纠库纠兰疑惑地问："衣服？是什么东西？"

姬鸣谦道："就象您身上白色的用来遮蔽身体的东西。"

纠库纠兰明白过来，道："哦，我们这里没有衣服，我身上的叫做护体甲，不适合你。"想了一下，道："嗯，我可以送给你一套我们的太空护甲，可以用来抵挡宇宙中各种有害射线。嗯嗯，你的体质太过孱弱，也正需要这样的东西。"说完，径自转身走了。

不大一会儿，纠库纠兰回来了，手中多了一个包袱一样的东西；他在手上的仪器上轻点了一下，姬鸣谦所在的房间便开了一道门，纠库纠兰将包袱抛给姬鸣谦，门又无声无息地关闭了。

姬鸣谦接过包袱抖开一看，像是一件连身的衣服，下面连着两只"鞋子"一样的东西。用手一摸，质感极轻极柔，不知道是用什么材质制成的。

姬鸣谦将双脚伸进"鞋子"里，然后很快地把"衣服"穿上，只是那"衣服"极其宽大，一点也不合身。

纠库纠兰道："这是用特殊可记忆金属制成的护甲，可抵六级以下强度武器的攻击，几乎可以抵御宇宙中所有射线的穿透。现在我教你如何使用它。"话才说完，姬鸣谦面前出现一个图像，是一件与姬鸣谦身上的护甲一样的图形，纠库纠兰详细地向姬鸣介绍护甲的使用方法，然后道："现在你试一试吧。"

姬鸣谦依纠库纠兰所教，在左手臂的控制板上操作了一番，护甲果然如纠库纠兰所说，依照姬鸣谦的身材大小，自动收拢，紧贴着他的肌肤，形成完美的曲线。姬鸣谦感到很舒适，就像没有穿着衣物一般；甚至连"鞋子"都调校得非常的合脚。

有了护甲蔽体，姬鸣谦感觉好多了。由于纠库纠兰的态度极其和善友好，姬鸣谦的恐惧感渐渐消减。这时，肚子咕咕地叫了起来，一阵饥饿感涌来。

姬鸣谦道："请问有食物和水吗？"

纠库纠兰道："你是合基生物，啊，翻译成你们的文字就是碳基。你要的食物我们有一些，只是，水是什么东西？"

姬鸣谦道："水就是氢和氧结合的东西。"

纠库纠兰没有反应，姬鸣谦明白他没有弄清楚，又道："就是两个氢原子与一个氧原子结合而成的东西。"

纠库纠兰还是没听明白，姬鸣谦想了一下，道："哦，就是您说的敏气，与氢……氢……就是恒星上大量存在，不停燃烧的气体。"

"噢！"纠库纠兰明白过来，道："就是纯敏化合液体。这可不是什么好东西，你要来干什么？"紧接着道："对不起，我需要通过翻译器才能听明白毋遏布怍语，所以有些名词一时之间翻译得不是很准确。"

姬鸣谦心道：原来氢气他们称为纯气，说道："没关系，这很正常，不同的语言对同一种事物的称呼是不一样的。"

"你说得对。"

姬鸣谦接着道："我们人体的百分之七十是水分，所以要补充水，不然就会脱水而死亡。"

"什么？你要食用它？"纠库纠兰不可思议地望着他。

姬鸣谦微笑地点点头，纠库纠兰看到他认真的样子，默然地转身离去。

过了约大半个小时，纠库纠兰回来了，身后跟着一辆精致小巧的车子，车顶是一个小平台，上面放着一个密封的器皿，还有一个小盒子。纠库纠兰打开门，小车子就自动滑了进去。

纠库纠兰道："盒子里是一份适合大部分合……呃，碳基生物的食物，器皿里是一份你所说的水，这可花了我不少时间来制作它。"

姬鸣谦道了谢，拿起器皿打开封盖，喝了一大口水，纠库纠兰一直用奇怪的眼光看着他喝水，忍不住道："人，水在我们星系并不多，我们称为'拉吉'，它是一种中低度侵蚀性液体，能溶解很多物质……就我所知……好像没有什么碳基生命需要水……"

姬鸣谦奇道："是吗？不是所有生命都离不开水吗？在我们的星球上，所有生命都离不开水，水是生命之源。"

纠库纠兰摇摇头说："就我们英基生命来说，水是我们最忌讳的东西。"

"英基？"

"呃，对不起，就是硅，硅基。"

"什么！硅基？你说你是硅基生命？"姬鸣谦跳了起来，瞪大双眼望着纠库纠兰。

纠库纠兰道："是的，生命有多样性，除硅基生命外，常见的还有……等等，让我准确地翻译一下，呃，还有钠基、钙基、钾基、磷基、氯基、氦基……"

纠库纠兰为了表达准确，很慢很慢地一字一句地说了一串各种生命基，姬鸣谦听得张大了嘴合不拢。

纠库纠兰续道："但无论哪种生命，都不需要'拉吉'，像你这样需要大量'拉吉'的碳基生命体，我还是第一次遇到。"

纠库纠兰对姬鸣谦充满了好奇。而姬鸣谦听纠库纠兰说的各种生命体都不需要水，也是好奇之极。

姬鸣谦问道:"没有水,那生命怎样诞生?"

纠库纠兰道:"噢,生命的诞生是随机的,不是先有什么条件才诞生什么生命;当生命诞生后,遇到适合它生长的环境,它就繁殖生存下去,没有遇到适合的环境,它就在宇宙中湮灭。"

"您是说先有生命,然后才去寻找一个适合它生存的环境?"

"不是寻找,而是遇上。"

"怎么说?"

"生命与环境是同时存在的;一个生命的诞生,必定有一个适合它生存的环境,所以,要'遇上'。"

"这有点高深莫测,我还是不大明白。"

"打个不太合适的比喻:生命就像一颗种子,当它遇到合适的环境就生长壮大;遇不到的话,它就枯萎死亡了。"

姬鸣谦似乎有点明白了,点点头道:"您是说宇宙中随处都有生命的种子?"

纠库纠兰道:"嗯,可以这样认为。这些问题以后有空再向你解说吧。现在,你可以描述一下你的母星吗?"

姬鸣谦道:"哦,我的母星是太阳系里自内及外的第三颗行星,自西向东自转,有一个卫星;地球是个略为偏圆的行星,半径大约为六千三百七十多公里,表面积的百分之七十一是水,只有百分之二十九为陆地,还有大气层覆盖,主要是氮气、氧气还有少量的二氧化碳、氩气等。"

纠库纠兰听完姬鸣谦的介绍,说道:"真是难以想象,这样的星球居然能孕育生命,简直是奇迹!只是,你的母星在什么地方,就我所掌握的知识,真的不知道还有这样的星球存在。"

姬鸣谦听罢,默然沉思:原来人类如此渺小,而且在宇宙生命中是个异类!

纠库纠兰望着他,欲言又止,最后还是忍住了,说道:"你先休息一下吧,有什么需要,可以单击那个棱形的白色按键。"

姬鸣谦道:"谢谢!"

纠库纠兰一转身,那堵墙就恢复了原样。

纠库纠兰走出舱房,门外一个长得比纠库纠兰略高略瘦的顾肓神问道:"元老,有什么新发现吗?"

纠库纠兰道:"沃德密舒,这是一个神奇的生物,你无法想象他有多么的神奇,我对他极度感兴趣。"

沃德密舒道:"元老既然有兴趣,我们就拿他来研究好了。"

"嗯,这事我得向元老院汇报一下。"纠库纠兰道。

沃德密舒道:"不就是研究一个生物吗?不需要汇报了吧?"

"没这么简单。这个生物身上充满了谜一样的秘密,我不确定他是一种新的生命形式。"

"什么秘密？"

"比如，他会说毋遏布炸语，但却根本不知道有坚鲜族神这种生物的存在。"

"啊！这怎么可能？"

"还有，坚鲜神在最危急的时候不是想着自己逃命，而是把他放到逃生舱里让他逃生；那么，只有一种可能，就是他必定有比坚鲜神生命还要重要的秘密，不能落入外族之手。"

"有道理。但是他知道自己身上有什么秘密吗？"

"我跟他谈过话，他对宇宙知识一无所知，很显然，他本身根本不知道任何秘密。"

"元老，您这次回去就接任元老院首席元老的职位了，实际上，您现在已经是首席元老了；您有权决定一切……"

"沃德密舒，虽然我已获元老院推举继任首席元老，但是，接任仪式没有举行之前，都不能算是真正的首席元老，也不可以行使首席元老的权力。"

"只不过一个仪式而已……"

纠库纠兰举手制止了他再说下去，道："沃德密舒，你亲自监管，对这个舱室实行最高级别的守卫，没有我的命令，任何人不可以进入，包括你自己也不可以进入。"

"是！"沃德密舒大声应道。

姬鸣谦在舱室内无所事事，终日不是吃就是睡；而太空之中不知日月，又没有任何事情可以用来打发时间。姬鸣谦想：不知道自己在太空中过了多长时间了。他开始想念父母、家乡、地球，情绪越来越焦躁；纠库纠兰明白，这是他不适应太空生活所致，于是给他吃了一些药，但似乎并没有多大改善。

姬鸣谦实在忍不住思念的煎熬，向纠库纠兰请求道："您能尽快帮助我回到地球吗？"

纠库纠兰道："人，我很想帮助你，但是，我查遍了已知的所有星图，都找不到你所说的银河系在哪一个宇宙，看来这需要一些时间才行。"

姬鸣谦听后很是丧气，他知道，茫茫宇宙，没有方位坐标，要找到地球所在的位置，就如大海捞针一样的困难；没有坐标，想要回到地球，是没有可能的。姬鸣谦的天文知识实在少得可怜，根本就描述不出银河系的大概情形，因此，纠库纠兰实在是无从查起。

姬鸣谦有点绝望了，问道："纠库纠兰，如果我回不到地球，那是不是要跟着您到你们的星球上去？"

"嗯，实在没办法，也只能这样了。"

姬鸣谦默然。

"还有，以你现在的身体状况，就算是到了我们的母星，你也生存不了多久。"纠库纠兰道。

"为什么？"

"因为你的身体很脆弱，估计还没到达我们的母星，你已经承受不了漫长的宇宙航行带来的身心压力而死亡。"

姬鸣谦道:"这么说,我会死在这里?"

"是的!"纠库纠兰道。

姬鸣谦有点泄气,道:"死了也好!"

"除非……"纠库纠兰欲言又止。

"除非什么?"姬鸣谦听出他的弦外之音,似乎他找到了什么办法。

纠库纠兰很小心地斟词酌句地道:"除非,你同意我对你进行研究。"

姬鸣谦立即警觉地道:"研究?怎样研究?"脑海之中飞快地闪过在第六研究所里看到的有关外星人绑架人类进行实验的报告,什么植入芯片、仪器探入体内等等,浑身上下不禁起了一层鸡皮疙瘩。

纠库纠兰道:"人,你确实太神奇了,我作为一个医学家,不由得不引起我强烈的好奇。"

"您是医学家?"姬鸣谦问。

"是的。我们顾肓族是八级文明,本族天生是医学奇才,所以一直都是以医学独步太虚,也正因如此,本族在太虚中完全中立,可以自由穿梭于各个宇宙而受各级文明保护,就连强盗也不敢攻击我们的飞船。"

姬鸣谦问道:"太虚又是什么?"

纠库纠兰道:"哦,太虚就是各宇宙的总和。也就是说太虚囊括所有的宇宙。"

姬鸣谦道:"我明白了,宇宙之外是太虚。"

纠库纠兰道:"嗯嗯,可以这样说。"停了一下他又道:"我们的医学科技是顶级的,不会给你造成任何伤害。"

"您不会把我解剖来研究吧?"姬鸣谦惊恐地道。

"请你大可不必惊慌,我们早在六级文明阶段就已经不需要用解剖来进行研究了。"纠库纠兰发出两声嘎嘎声,大概是笑声吧。

"不需要解剖?那穿刺、切片、取样呢?"姬鸣谦把从母亲那里学来的几个医学术语拿来询问。

"这就更不需要了。"纠库纠兰又嘎嘎了两声。看到姬鸣谦还是沉默着,纠库纠兰又道:"我以顾肓族祖先边确达思的名誉起誓,绝对保证你的生命安全和身体完整。"

"不行!"姬鸣谦断然拒绝道:"人是有尊严的,我不能做你的实验品。"

"噢!我们保证不会做有损你的尊严的事。"纠库纠兰道:"所谓研究,不过是给你作一次全面的扫描,取得数据之后,就开展研究工作;遇到某个部分需要再弄清楚的时候,才会再局部扫描一次,仅此而已。"

"扫描?扫描就能得到我身体的所有数据?"姬鸣谦闻所未闻。

"是的。八级文明的医术,不是你初级文明智慧生物所能理解的。"

"是不是我同意之后,您就可以让我到你们的星球上?"

"是的。"

"是以研究品的身份吗?"

"噢，你多虑了。是以保护新智慧生命的名义。"

"你不是说，我现在的身体恐怕支撑不到抵达你们的星球吗？"

"啊，人，作为回报，我们将使用最先进的方法，使你的健康和寿命得到有力的保障。"

"听起来很有吸引力。但是，如果我不同意呢？"

"你不同意，我们也不会对你用强的。"纠库纠兰道。

"看来你们很君子。"姬鸣谦心里有点赞许。但接下来纠库纠兰说了一句令他意想不到的话。

纠库纠兰道："我们可以等到你死后再作研究。当然，有生命的生物与死亡了的生物，在研究价值上是有很大的差别的。"

姬鸣谦很生气，把头别过一边，不再理他。

纠库纠兰很识趣地道："你可以好好考虑一下我的建议。"

姬鸣谦待纠库纠兰走了之后，心中如大海一样，翻腾起来：纠库纠兰说的话虽然难听，但却是事实，他们完全可以等到自己死了之后才开展研究。自己死了，就什么尊严也不存在了。

八级文明的医术，果真这么神奇？只是扫描一下就可以得到我的身体的全部数据？如果他们把我弄昏了，然后在我身体上大动刀兵，那怎么办？

姬鸣谦左思右想，在舱室里烦躁地来回走动着。他第一次真正感受到孤独、无助的滋味。

姬鸣谦在舱中踱了很久的步，想起圆慧师父教导过，人在无助之时，必须要坚忍，忍受常人不能忍的一切，包括肉体的痛苦和心灵的痛苦，这样才能达到彼岸。

姬鸣谦开始冷静下，忖道：要想回到地球上，就必须要活着；只有活着，才能等到纠库纠兰找到地球的坐标，然后才有可能回到地球。要活着的话，现在唯一尚能依靠的就是纠库纠兰了。

姬鸣谦暗暗下定决心：我一定要回到地球！回到爸爸、妈妈身边！他发现，自己从来都没有像现在这样强烈地思念着父母亲。

思考再三，姬鸣谦终于下定了决心，伸手按了一下那个棱形的白色按键。

第七章　改造

纠库纠兰很快就出现在墙的那一面，问道："人，你有什么需要吗？"

姬鸣谦直截了当地问道："纠库纠兰，难道我这么特别？真的值得您研究吗？"

"是的，你很特别，你是我所见过的生命体中，最不可思议的，我想弄明白，在你的母星那样的条件下，生命是怎样孕育和生存下来的。"纠库纠兰道。

姬鸣谦心道：我也想知道人类是如何起源的。嘴上却说道："你所说的扫描，需要多长时间？"

"很快，最多就是你小睡一会儿的时间就完成了。"

"纠库纠兰，我同意了。但你必须将研究的结果毫无保留地告诉我。"

"太好了！谢谢！我一定会将所有研究成果都告诉你！"纠库纠兰兴奋莫名。

"什么时候开始？"

"如果你准备好了，我们随时都可以开始。"

"嗯，我没有什么好准备的。"

"那你需不需要吃点食物或者喝点水？"纠库纠兰殷勤地道。

"都不需要了，现在就开始吧。"

纠库纠兰道："谢谢！"话音才落，房子中央缓缓地升起一台仪器，就像一个浴室一般大小，一道小门缓缓打开，从里面滑出一张长方形的平台。

纠库纠兰道："人，请脱去护甲，躺到上面。"

姬鸣谦依言脱去护甲，赤裸着躺在平台上，那平台又慢慢地缩了回去。姬鸣谦游目四顾，"浴室"内部布满了从来也没见过的各种指示灯和仪器。

纠库纠兰道："准备好了吗？"

姬鸣谦道："好了。"话落，头上就有一个箍，将头箍住，略有点紧迫感，却并无不适。"浴室"顶上又降下两块软板，将前胸、小腹覆盖了，然后，四肢也各有仪器箍着固定。

姬鸣谦感觉到有轻微的电流从头顶进入体内，随后各种指示灯就开始闪烁，一道绿光从头顶开始，缓慢地向脚下移动，显然是作全身扫描。

不知过了多久，绿光消失了，各种灯也停止了闪烁，与身体接触的仪器也都撤去，身下平台滑动，姬鸣谦听到纠库纠兰道："好了，请起来吧。"

姬鸣谦从平台上坐起，下了平台，重新穿上护甲，那"浴室"就缓缓地沉了下去。

"好了吗？就这么简单？"姬鸣谦问。

"好了！谢谢！"纠库纠兰说："我需要一些时间来研究你的数据。你如有需要可以直接找我。那个按键你单击,我就会前来。"纠库纠兰指了指那个棱形的白色按键。

"好的,谢谢!"姬鸣谦道。

纠库纠兰转身走了,姬鸣谦席地而坐,呆呆地想起心事来。

姬鸣谦先是将醒来后所遇到的经历又捋了一遍,然后想到,自己现在不知在什么地方,按纠库纠兰所说,是途经敦垟宇宙回他们的母星途中,那么,敦垟宇宙离地球有多远呢……纠库纠兰说不知道地球在什么地方,那么怎样才能找到地球的方位……纠库纠兰说离开这个房间,就没有氧气,也就是等于说自己根本不能踏出去半步……

想到这里,姬鸣谦不禁大感丧气,一种笼中之鸟的感觉油然而生。姬鸣谦胡思乱想着,干脆在房间的地上躺下来;不知过了多久,迷糊之中,他梦到自己驾驶着一艘很漂亮的飞船,回到了地球,只是地球像是变了样,根本就找不到自己的家在哪里,姬鸣谦大急,高声呼唤着妈妈,忽然看见大衍真人和圆慧禅师两位师父走来,向前一指,姬鸣谦顺着所指之处一看,马上就看到父亲和母亲满头白发,向自己走来,姬鸣谦高兴地一步跨出去,不想却从飞船上掉了下来,掉进了无边的黑暗之中。

姬鸣谦吓得大叫一声,随即醒来,坐在房中,怔怔地发起呆来。

纠库纠兰坐在一张宽大的桌子前,面前虚浮着一个图像,正是姬鸣谦的身体图像;他不停地点击着图像的不同地方,对照着旁边显示的数据,很细心地记录着,看着看着,他的表情越来越凝重,越是深入研究,他越是感到震惊。

按地球的时间计算,纠库纠兰不停地研究了十数日,满腹疑团的他终于停了下来,决定找姬鸣谦谈谈。

宇宙深空中无日无夜,时间好像停滞了一样,姬鸣谦只记得被掳的那天是十一月二十八日,照自己的直觉,估计现在已过去了半年多了。姬鸣谦有点烦躁,想找纠库纠兰问问自己身体研究的事。

正要按动那个棱形的白色按键,纠库纠兰却出现在墙外,纠库纠兰望着他,问道:"人,这段时间好吗?"

姬鸣谦懒洋洋地道:"不怎样,心很烦。对了,你对我的研究有什么成果吗?"

"啊啊,我有很多疑问,正要找你谈谈。"纠库纠兰道。

"那请问吧,只要我知道的,都告诉您。"姬鸣谦还是懒懒地答道。

"你们的文明史有多久?"

"这个没有什么确切的说法,就现在的共识来说,我们人类共有四大文明古国,古巴化伦、古埃及、古印度以及华夏文明,最早可以追溯到七千多年前吧,也就是说,我们人类有文字记载的历史还不到一万年。"

"年?是多长的时间?"

"年是我们地球绕太阳一周的时间。"

"嗯嗯,能在这短短的七千年里就创造出初级文明,已经很了不起了。"纠库纠兰罕有地称赞道。

姬鸣谦受他称赞的鼓舞，接着说道："是的，我们自己也很为这些文明而自豪。在这七千年之中，人类创造了灿烂的文化，最为世人自豪的是古巴比伦的空中花园、古埃及的金字塔……"

"金字塔？"纠库纠兰打断道。

"哦，是一种等边四面体的锥形建筑物。"姬鸣谦一边说一边用手比划着金字塔的形状，道："这个建筑具有神奇的力量，到现在为止，我们都无法知晓它是如何建造的。"

纠库纠兰弄明白他所说的金字塔是什么后，道："嗯，后来呢？"心中却暗自忖道：这种能量聚合锥，即使是四级文明的神族也难建造，而初级文明的人类却可以建造出来，岂非怪事？

"后来，这些文明都湮灭在历史的长河之中，我们后人只能靠考古发掘来研究远古文明的成就了。"

"真可惜！"

"当然也有例外。"

"哦？"

"我们汉民族的华夏文明就是唯一一个一直延续至今，没有断层的文明。"

"啊，说说你们的华夏文明。"

"华夏文明出现得最晚，大约是五千多年前出现在黄河流域，传说最早的华夏族人是超过七千多年前的有巢氏，这时我们学会了建造房舍；然后是燧人氏，学会了使用火；然后是华胥氏，被称为我们的始祖母，她生下了伏羲和女娲；传说女娲制造出了我们人类，而伏羲则画八卦，开启了文字符号的历史。"

"传说？为什么是传说？"

"因为确实没有任何事实根据，完全是从古至今先民们口口相传的故事。"

"嗯，有时，传说也许就是真的。"

"您认为传说是真的？"姬鸣谦有点不能理解纠库纠兰的逻辑思维，以他考古专业的严谨性，是不可以把传说当成真实的。

"啊啊，我只是说说而已。那么你们什么时候的历史才算是真实的呢？"

"大概是四千多年前吧，我们出现了国家的社会形态，这时出现了较为成熟的文字，直到三千六百多年前，最终形成了成熟的文字甲骨文。从此，我们汉民族的历史就一直不间断地被记录了下来。"

"有没有记录你们最初的身体是怎样的？"

"记录身体？为什么记录身体？"

"我的意思是说，你们一生下来就是这样的吗？有没有经过改造？"纠库纠兰很小心地选择着措辞。

"改造？您是说进化吗？"姬鸣谦以为他表达错误，所以反问了一句。

"改造！不是进化。"纠库纠兰肯定地道。

姬鸣谦地道："人类到现在为止，还没弄清楚自己是怎么来的，起源于何处。就学术上来说，进化论是最具代表性的理论，根据进化论的理论，我们人类是从一种叫猿的生物进化演变而来的。"

"噢！这不可能！众所周知，所有生物是不可以跨物种进化的，而智慧生物就更不可能了。当然了，物种自身的进化是存在的，也是必然的。"

"不是进化？那就是说，我们从一开始就是人？"姬鸣谦闻所未闻。

"是的，生命的基因从一开始就已经确定了生物的形态和属性，呃，这要说清楚恐怕有点复杂，以你们现时的文明等级是无法理解的。"纠库纠兰道。

"那改造又是什么意思？"姬鸣谦撇开人类起源这个头疼的问题，先拿目前最感兴趣的"改造"问题提问。

"改造的意思，就是你们人类原本的生命形态不是现在这个样子的，是经过改造，才成为现在的样子。"纠库纠兰平静地解释。

"什么？"姬鸣谦跳了起来，盯着纠库纠兰道："您能说清楚一些吗？"

"嗯，说起来很复杂，我尽可能说简单一些。比如，你身上的一些器官的功能被改造成别的用途，基因序列被重新排序等等。"

姬鸣谦没有说话，等着纠库纠兰继续说下去。

纠库纠兰道："经我研究，发现你的基因被大幅修改过。"

姬鸣谦一惊，道："什么？难道那些灰皮肤的家伙在我身上做过什么？"

"不是的，你这些修改是很久远的事了，应该说，你这种修改是遗传的。"纠库纠兰道。

"修改也能遗传？"姬鸣谦惊奇不已，道："比如呢？"

"比如你的寿命基因有明显的缺失，导致你的寿命大幅缩短。另外还有多组基因被修改或删除，造成你的免疫力极度低下。"

"不明白。"

"这样说吧，经过修改，你原来可以活八百纪甚至更长时间的寿命，被大幅缩短到只有四十至七十纪之间。"

"八百纪？一纪有多长？"姬鸣谦对这个计量单位毫无概念。

"呃呃，纪是太虚中通用的计时单位。它以一个象子旋转三万六千次的时长为一象，然后三百六十象为一闪，三百六十闪为一息，三百六十息为一念，三百六十念为一期，一期又可分为六格；三百六十期为一纪。"纠库纠兰道。

姬鸣谦听他说了一长串的计时单位，还是没弄明白一纪到底是多长时间，想了想，用手指在台上敲了两下，问道："我刚才敲击的间隔是多少时长？"

"哦，那大概为一息吧。"纠夫鸠兰道。

姬鸣谦明白了，刚才的敲击间隔约为一秒，那一息就约等于一秒，一期就约等于地球上一天半，而一纪就约等于地球上的五百四十日，差不多一年半，八百纪岂不就是一千多年？他心中飞快地计算着，却惊骇于人的寿命竟然可以有如斯之长。

姬鸣谦道："我明白了。请继续说下去。"

纠库纠兰接道："最令我惊奇的是，你用于呼吸的器官，竟然是一个完全被改造过的器官。"

"呼吸器官？"姬鸣谦刚问出口，随即明白过来，道："啊，我们称为肺。"

"哦，肺，它被改造了。"

"怎么改造？"

"它原来是用来制造养分，供给血液维持鲜活的器官，现在却用来呼吸。"

"不呼吸怎么能生存？"姬鸣谦无法理解。

"我们就不需要呼吸，所以，我们不需要什么氧气或其他什么气体。因此，我们可以在太虚的任何地方行走而不受呼吸的限制。"

姬鸣谦盯着纠库纠兰，一副不可置信的样子。

"还有，你身上的一些器官被弃而不用，形同虚设。"

"哦，进化过程中，有些器官失去了作用，因此而退化，不是很合理的吗？"

"噢，人！每个生物身上的器官，尤其是智慧生物，必有其存在的作用，绝对不会是无用之物，更不会是你所谓的'退化'。"

"你说的似乎很有道理。"

"另外，你的头部有一个器官被隐藏了，至于是什么器官，我还不能完全确认。"

"器官也能隐藏？"

"是的。再有，令人难以相信的是，你的体内竟然有数以亿亿计的细菌、病毒与你共生，无时无刻地消耗你的能量和养分，随时都能令你生病、衰弱。"

"这对我们人类来说是很正常的事。"

"总之，这些改造十分高明，它可以通过默认程序，一代一代地将这些改造遗传下去。"

姬鸣谦震惊不已，然而更让他震惊的是，纠库纠兰接下来的说话："还有，你的大脑，像是被什么神秘的方法禁锢了，不能发挥最大的智慧能量。"

姬鸣谦张大了嘴，忘了问话。忽然想起以前看过的一篇文章，上面说，经研究表明，人的大脑只有百分之十被开发利用，其余部分，像是荒废了一般，完全没有作用。想到这里，心道：难道纠库纠兰说的是真的？人的智慧真的被禁锢了？基因修改、器官改造、遗传、智力禁锢……这些在地球上想都不敢想的事，在纠库纠兰口中说来，却像是非常平常的事，不由得姬鸣谦不信。

姬鸣谦道："您是说，我们人类的身体原本不是现在这个状态的，是被'改造'过之后，变得面目全非，成了现在这个样子？"

"是的，这就是我研究过之后初步得出的结论。"

"这些改造，你们能做到吗？"

"修改基因、改造器官这些方面，本族基本能够做到。"

"其他的呢？"

"诸如隐藏器官，特别是智力禁制这种超高难度的技术，很遗憾，我们到目前为止，尚无此能力。"

"那么谁有这种能力？"

"我想不出来，在医学上，如果连我们都无法做得到的事情，那么，我敢断言，目前太虚中任何文明都不具备这种能力。"

"会不会有您不知道的神族具备这种能力？"

"噢，人！这种能力，只有九级文明才能具备，而目前太虚中，最高等级也只是八级文明的高级阶段而已。"

"那么文明等级是怎样划分的呢？"

纠库纠兰道："文明等级的划分，主要是以对宇宙的探索能力以及制造星际飞船的能力来划分的。"

"为什么用制造飞船的能力来划分？"

"因为星际飞船技术代表了一个文明的最高科技，也代表了一个智慧族群的文明程度。"

"很有道理。"姬鸣谦赞同道。

"一级文明，仅能探索本星和卫星及邻近行星；二级文明，可载员探索邻近行星，三级文明，能制造光速飞船，可在本星系内进行探索；四级文明，可制造超光速飞船，能探索邻近的恒星星系；五级文明，能建造出坍速飞船，即四倍光速飞船，自由探访本星团及在本宇宙航行，还可探访相邻宇宙。六级文明，能建造二十倍光速即跃速飞船，自由往来各宇宙；七级文明，建造三倍跃速飞船，自由穿梭太虚之中；八级文明，可建造亚灵速的飞船，可往太虚中的任何地方；至于九级文明，能够制造灵速飞船，即达到瞬移的不可思议的速度。"

"如此看来，要进到九级文明确实是非常困难的事。"

"是的，每一级文明都是一次飞跃式的发展。"

姬鸣谦忽发奇想，道："那么，你们八级文明，可以复制一个生物吗？"

"复制？"纠库纠兰没听明白。

"比如，您现在掌握了我的全部数据，能不能完全再造一个一模一样的我出来？"

"啊啊，我们称这种技术为整体再造仿生工程。只要是六级以上文明的神族，就有此能力。"

"那么，我们人类会不会是这种技术的产物？"

"这是不可能的。因为这种技术被星际法律严格禁止使用在智能生物的身上；而且这种技术最明显的缺点就是不具备生育能力。"

"那……那……太虚中曾有过九级文明的神族吗？"

"嗯，问得好！"纠库纠兰望着姬鸣谦，道："人，你很像一个伟大的族神。"

"哦？是什么族？"姬鸣谦从纠库纠兰的语气中听出，他对这个神族充满了崇敬。

"很久很久以前，有一个称为蠃顼族的神族，他们生活在昭阳宇宙的颗蚋诤迄星团煜钦犇得星系的犇伐孜冉星上。他们是昭阳宇宙诞生后，最先出现的智慧生物，历经漫长的发展，他们创造了璀璨的文明，几乎就要进入太虚中最高级的文明了。"

"为什么是几乎？"

"当时婳顼族已进入八级文明的最高阶段，只要稍假时日，就可进至九级文明。而同时期的各宇宙中，也只有须委族才刚刚进入八级文明的初级阶段。其余的都只是七级以下文明。"

"你们呢？当时是几级？"

"我们当时也只不过是七级文明的最高阶段而已。"

"后来呢？"

"后来，他们突然消失了，一夜之间，消失得无影无踪，没有任何神知道他们去了哪里。"

"啊！发生了什么事？"

"不知道。到现在为止，这是太虚中最为神秘的谜团。"

"一个庞大的星系怎么会消失？又怎么会无神知道？"

"不是星系消失了，而是整个神族消失了。"

"噢！后来呢？"

"后来各级文明展开调查追踪，全都一无所获，婳顼族神就这样无声无息地消失在太虚之中，如何失踪的至今仍是个谜。"

姬鸣谦想起以前看过的科幻小说里面描写人类进入不同维度空间的情节，道："九级文明是不是与其它文明不同？"

"不同自然是明显的，但他们也必定会在太虚中活动呀。"

"我是说，九级文明会不会是另一种形态的文明？比如，灵魂文明，不需要躯壳，更不需要物质。"

纠库纠兰嘎嘎地笑了两声，道："你所说的灵魂文明，已经不能称为文明了；文明的定义，必须是有智慧实体承载的族群。"

"嗯嗯，那有没有可能他们进入了另一个维度空间？"

"维度是什么？"

姬鸣谦没有想到，八级文明的纠库纠兰居然不知道什么是维度，转念一想，也许他们对维度的称谓不一样，就道："维度是独立时空的坐标数，零维度是一个无限小的点；一维度是一条无限长的直线，二维度是一个平面；三维度是一个立方体；三维度加上时间就是四维……"

纠库纠兰这次很奇怪地看了看他，道："人，你怎么有这么些不着边际的奇怪的念头？"

"我们的科学家有一种理论，认为宇宙中存在着不同的维度空间，由零维度至十维度甚至十二维度，低维度的生物是看不见高维度的生物的。比如，一维度的看不见二维度的，二维度的看不见三维度的。"

"原来这样。那么人类自认为在什么维度？"

"我们是三维度的物体,但也有人认为我们是四维度的生物。"

纠库纠兰嘎嘎地笑了起来,姬鸣谦忙问:"怎么,有什么不对吗?"

纠库纠兰道:"你看见过一维或二维的生物吗?"

"没有。"

"物体呢?"

"有呀,一条直线和一个平面就是一维和二维了。"

"那一条直线和一个平面是真正意义上的直线和平面吗?难道它们不是附着在立体空间之中?"

"但是教学上只说直线和平面……"

"教学只是为了教学,有必要严格地把它们分离出来而已。"

姬鸣谦低头思索了一会儿,果然世间并无严格意义上的点线面,迷惑地道:"如果不存在什么一维二维,那么就不可能存在什么十维了?"

"嗯嗯,你终于明白了。你们初级文明在这个空间,而我们八级文明也同在这个空间。不知你们这个维度理论是怎么想出来的。"

"您的意思,婳顼族神不可能进入我们看不见的别的维度空间?"

"没错!你很聪慧!比我见过的许多初级文明的智慧生物都聪明得多。"

"谢谢!但是比起你们,我们就显得很无知了。"

"呃,人,无知与聪明是两回事。如果你的大脑能完全开发使用,我相信,你一定会像婳顼神一样的聪明。"

"啊,为什么一定要跟他们相比较呢?我真的跟他们很像?"

"是的。婳顼族神是碳基生命,有着强壮的身体和非凡的能力。"纠库纠兰停了一下,看到姬鸣谦没什么反应,继续道:"根据对你身体扫描的数据,我与各种已知智慧生物的数据做了对比,发现你与婳顼族神的数据吻合度高达百分之九十。"

"这能说明什么?"姬鸣谦问。

"我完全有理由怀疑你们人类就是消失了的婳顼族神的后裔。"纠库纠兰道。

"这绝不可能吧!?"姬鸣谦道:"根据我们的科学研究,真正意义上的智慧人类在二十多万年前,哦,是十三多万纪前才出现在地球上,而且,人类如此低级的文明,怎么可能与准九级文明的婳顼族扯到一起,混为一谈?"

"不是不可能,因为你不是原来的你。"纠库纠兰道。

"你不是你"这句话有点像佛家谈禅的味道,姬鸣谦似懂非懂;过了一会儿,道:

"好吧,就算我像您所说的婳顼族神,那也只是像而已,我并没有他们的智慧,更没有他们的超能力。"

"现在是没有,但是,如果把大脑的禁制解开,把你身体被修改的部分改回去,也许你就能拥有婳顼族神的非凡智慧和能力。"

"改回去?这还能改回去?"姬鸣谦像是听到神话故事一般。

"是的,改回去,准确地说,是还原。"

姬鸣谦惊惧地道："如果改不回去，我岂不成了怪物？"

纠库纠兰自信地道："如果以我们顾育族的医术都改不回去的话，那就没有任何神能做得到了。"

"我看就不要改了，不要说你所讲的是不是真的，万一……"姬鸣谦不敢说下去了。

"人，以你现在的状况，你根本没法回到你的星球上去，而且你的寿命太短了，离开了氧气你也活不成。"

姬鸣谦烦躁地打断他道："回不了地球，我活着还有什么意义？死了倒好！"

"每个神活着，是为了完成他的生命赋予他的使命，而这个使命是什么？要到你走完你的生命历程之后，才会揭晓。你现在就说意义，为时尚早呢。"

姬鸣谦被他说得无法辩驳，只好低了头，不再说话；纠库纠兰看见他这个样子，悄悄地走了。

刚一出舱门，沃德密舒迎上前道："元老，怎么样？"

纠库纠兰没有说话，示意他跟着自己，回到他自己的舱室里，道："沃德密舒，我决定帮助他。"

"帮助他？为什么？"

"因为他很可能是婳顼族神的后裔。"

"什么！婳顼族神后裔！"沃德密舒感到很震惊。

"是的。"

"您不是说他有可能是一个新的物种吗？"

"经过我的仔细对比，我敢肯定，他绝不是新的物种。"

"如果他是婳顼神的后代，那么他知道婳顼族为什么失踪吗？"

"噢！当然不知道了。因为他的大脑只有百分之十的利用率，其余全部被禁制闲置了。"

"什么？这怎么可能？谁有这么高明的医术？"

"嗯，你问得好！所以，帮助他，就有可能解开婳顼族失踪这个万古之谜！"

"我明白了。但是，这事您不需要跟元老院的元老们商量吗？"

"哦，我已详细与他们商量过了，我已获得全权处理这件事的授权。"

"接下来要做什么吗？"

"我想说服他，给他进行一些必要的改造。最起码能让他自由地在太空中行走生活，而不必受敏气的限制。"

"他同意了吗？"

"没有。不过我相信他会同意的。"

"如果他不同意呢？"

"没有如果。因为他要活下去的话，唯一的选项就是接受我的建议。我相信他会选择正确的选项的。"

"您需要我做些什么？"

"你去准备一间单独的手术舱室，随时候用。"

"是，我这就去办。"

姬鸣谦想着婳顼族神，想着基因改造，想着氧气等问题，不知过了多久，纠库纠兰给他送来食物和水，道："人，我们即将经过敦鉡宇宙的乌官幺金星团，这里有一个五级文明的镏支族神，我们将把你送到他们的星球上。"

"镏支族神跟我一样呼吸氧气吗？"

"不，他们是钠基生命，不需要呼吸，只不过他们星球上的氧气含量相对比较多，你或可在上面生存一段时间。"

"为什么是一段时间？"

"因为你的寿命本来就被修改得很短了，再加上你不停地呼吸氧气，更加加速了寿命的损耗。"

"您是说氧气会减损寿命？"姬鸣谦只知道，氧气是生命之根本，人类离开了氧气根本无法生存，何曾想过，它竟然在侵蚀寿命，是人类生命的慢性杀手，这种说法真是闻所未闻！

"嗯，是的。氧气是一种极度活泼，有极强侵蚀性的气体。你吸入大量的氧气，使得你体内的细胞受到饱和氧化，加速它们的死亡，所以，你的身体很快就会变得衰老。"

"太虚中就没有需要呼吸的智慧生物吗？"

"有的，但都不是呼吸氧气。"

姬鸣谦心头震骇，想起从小所受的教育，都说只有在氧气、水的环境之中才能产生生命。现在听了纠库纠兰的一番话，完全颠覆了固有的对生命的认知。一股强烈的求生欲望和求知欲望涌上心头，问道："纠库纠兰，是不是改造之后，我就不用呼吸了？可以自由在太空中行走？"

"是的。"

"改造之后，我的寿命也可以大幅延长？"

"是的。"

姬鸣谦心中升起了希望，道："我同意改造。"

"人，你同意了？"纠库纠兰身体一阵摇晃，也许是激动，又或是表示高兴吧。

姬鸣谦有点不放心地问道："改造之后，我的外貌会有变化吗？"

"没有变化，变化是内部的。"

"都有些什么变化呢？"

"首先最大的变化是你不需要呼吸氧气了；其次，你也不再需要饮用水；还有，你的寿命将会大幅延长；而且你的免疫力也会获得极大的提高。"

"这么说，我以后就不会生病了？"

"是的，基本不生病；因为我会将你的那组缺失的免疫基因补上，并且帮你清除掉你身上寄生的各种细菌。"

"嗯！您能告诉我，为什么这么竭力帮助我？"姬鸣谦沉默片刻，望着纠库纠兰，突然问道。

纠库纠兰抬起头来，望着上方，似乎在整理思绪，然后慢慢地道："嬥顼族神对本族有莫大的恩惠。我们医学理论得到过他们的指点和暗示；最重要的是，他们曾救过我们的祖先。他们仁慈、宽厚，不遗余力地保护弱小的文明。太虚在他们的主导下，没有发生过大规模的战争。很多星际法律和协定，都是由他们主导制定的，而且一直沿用至今。本族一向都追随他们，以他们为榜样。自从他们失踪之后，太虚就变得不太平静了，星际之间不时有战争爆发……所以，有关他们的一切，本族一直都很关切，从来没有放弃过寻找他们。你的出现，我虽然不能百分之百的确定你是嬥顼族神，但你一定与他们有着密切的关系。如果能从你身上解开嬥顼族神失踪的谜团，我相信，就算你遇到的不是我，太虚中景仰他们、受过他们恩惠的各级文明，也一定非常乐意出手相助的。"

"不管我与您所说的嬥顼族神有没有关系，您帮助我，我还是要表示感谢的。"

"嗯，这个过程没有痛苦，只是需要较长时间。你准备好了吗？"

"我不需要准备什么了。"

"很好！你先调节一下情绪心态，我去准备一下就来。"说完，纠库纠兰就转身离开了。

姬鸣谦深深地呼吸了一口气，稳定了一下情绪，一想到能够不受呼吸的限制，可以在太虚中自由行走，心中不由得升起了无数奇幻的想象。

过了大约五念时间，纠库纠兰回来了，将一个透明的像头盔一样的东西送进舱房，让姬鸣谦戴上，然后示意他走出舱房，道："跟我来吧！"伸手在墙上一按，墙上就现出一道门来。

姬鸣谦戴上头盔，呼吸无碍，原来是一个小型的供氧装置。

姬鸣谦跟着他穿过好几道门，来到一个舱室里，里面早就有六、七个与纠库纠兰一般打扮的顾胄神在等候；室内正中央有一个长方形的平台，平滑且透着柔和的淡黄之光。

纠库纠兰示意姬鸣谦脱去护甲，躺到平台上。

姬鸣谦看着那平台像个手术台，紧张地问："您要给我做手术？"

"手术？"纠库纠兰愣了一下，随即明白姬鸣谦的意思，道："我们的医术是顶级的，不需要打开你的身体。"

姬鸣谦闻言放心不少，依言脱去护甲，平躺在平台上。

纠库纠兰平静地对他说："我们开始了。"

姬鸣谦道："好！"

纠库纠兰做了个手势，那六、七个顾胄神立即就围拢过来；纠库纠兰很迅速地帮他摘下头盔，在他的口鼻上覆盖上一个小巧的连着一根管线的小罩子，就像是人类供氧用的那种呼吸装置一样；姬鸣谦感到呼吸畅顺，并无不适。纠库纠兰不知启动了什么按钮，平台四周突然伸出各种形状的器械，接触到姬鸣谦的身体，很快，姬鸣谦的身体就形成一个立体的图像，悬在纠库纠兰的面前。

突然舱室顶上垂下四个圆形的球体,射出四束紫色的光,直透进姬鸣谦的身体。姬鸣谦一点也不觉得疼痛,也无烧灼感。纠库纠兰在图像上不停地操作着。不久,姬鸣谦渐觉困倦,慢慢合上双眼睡去。

第八章　输入

　　姬鸣谦醒来时，发现自己躺在一张像床一样的东西上。说它像"床"，是因为它柔软舒服，不像之前躺的都是检测平台，而且床的四周没有任何仪器，更没有闪着灯的仪表。

　　姬鸣谦伸了个懒腰，正要从"床"上起来，发现自己身子是全裸着的，转头一看，纠库纠兰送给他的那件护甲就放在"床"边，一伸手将它取过，迅速地穿上，调整好大小及舒适度，然后四处打量了一下，发现这个舱房像是一个起居室，这才想起，自己一定是接受"改造"完毕了。

　　一想到这里，姬鸣谦发现自己果然不需要呼吸了，但一点也不觉得有什么不适。

　　姬鸣谦正想找纠库纠兰了解一下"改造"的情况，门就被推开了，纠库纠兰一步跨了进来，上下打量着他，然后道："看来你没有什么不适，嗯，改造很成功。"

　　"是的，我感觉很好。"

　　"巨绵全，"纠库纠兰第一次称呼姬鸣谦的名字，发音古怪得很。他高兴地道："这是我一生中最引以为傲的生物改造工程，噢！不！应说是还原才对。"

　　"还原？"

　　"对！还原。"纠库纠兰道："这次还原，我又有了重大的发现。"

　　"什么发现？"

　　"从你的体内，发现了经脉。"

　　"这有什么奇怪？我们本来就有经脉，只是人类医学浅薄，未能发现它在哪里。"

　　"你们发现不到它在哪里，又怎么知道有经脉？"

　　"远古时代，我们有一位祖先称作黄帝的，他留下一本医学著作，叫做《黄帝内经》，里面就有十二经脉以及奇经八脉的记载，后人根据书中所说，绘制出经脉的图谱；千百年来，我们依据经脉的理论，建立起一整套完整的医学理论体系，对病症进行诊治和调理；只是，我们的现代科学却无法找到它们的踪影，而它们又是客观存在于我们的身体之内；医学家们百思不得其解，远古时代的人们，是怎么知道经脉的存在呢？这是我们人体自身的谜团之一。"

　　纠库纠兰道："我对经脉的了解也不过略知一二而已。经脉不是神经，也不是像血管一样的有形通道，但它却布满全身，隐藏在躯体之中，似乎是用于传输能量的通道。"

　　姬鸣谦想起《黄帝内经》的灵枢·经脉篇上有一段话：经脉十二者，伏行分肉之间，深而不见；其常见者，足太阴过于外踝之上，无所隐故也。诸脉之浮而常见者，皆络脉也。看来，纠库纠兰的见解与黄帝内经上所说吻合，不禁称赞道："您的见解，与《黄帝内经》上所说的一样。"

纠库纠兰道："要完全弄懂经脉这个现象，恐怕要婳顼神才能解答。也许这就是婳顼神拥有一种超能力——念力的原因吧。"

"念力？"

"嗯，就是意念之力，也可以称为意识之力。"

"您的意思是，单凭意念之力就可以做一些平时我们需要用手做的事？"

"啊，你这样理解就肤浅了。"

"不对吗？"

"比如说，他们使用念力，可以托举起比他们自身重量大数十倍的物体。"

姬鸣谦有点咂舌地道："这可是名副其实的大力士了。"

"据说，他们还能用念力将自己托举到空中……"

"将自己托举到空中？这不就等于我们说的神仙吗？"

"不过我没有亲眼见过。我的前辈们在书中言之凿凿，大概不会有假。"

姬鸣谦想起大衍师父所讲的道家练气导引之术，其要旨就是要打通全身经脉，以意念控制身体，发挥最大潜能，做到力随念发；最后气清体轻，就可以平地霞举。如此看来，岂不是跟婳顼神这种念力的作用一样吗？假如真像纠库纠兰所说，我们人类是婳顼神的后代，那么，古人流传下来的这套导引练气之术，就不难理解了；但是，如果人类不是婳顼神的后裔，那么，又是谁教会了我们的祖先这种导引练气之术？

纠库纠兰看他走神的样子，以为他没有谈兴了，就想结束这次谈话，道："总之，经脉是很特别的一种生理现象，既不能称为器官，也不能称为管道，没有什么词组可以形容它；而且这是婳顼族神特有的生理特征，其它智慧生物都没有这种隐藏在身体里的生理现象。"

"怎么？你们颀育族没有的吗？"

"没有！"

"别的智慧生物呢？比如坚鲜神？"

"就目前已知的智慧生物来说，都没有这种生理现象。所以，巨绵全，现在我敢百分之百地肯定，你就是婳顼族神的后裔！"

"婳顼族……婳顼族！"姬鸣谦低声念着，抬起头来，望着纠库纠兰道："你能给我说一说他们吗？"

"嗯！婳顼族神拥有强大的大脑，他们的肉眼可以看到某些我们看不到的物质，他们掌握了微观世界各种粒子的秘密并能熟练地运用它们，他们有着用之不尽的能量，无坚不摧的力量，至于制造顶级的星际飞船，对他们来说，都是轻而易举之事。他们创造了无比辉煌灿烂的文明，在过去漫长的历史中，一直引领着太虚文明的发展，主导并维护着太虚秩序。"

姬鸣谦听着纠库纠兰的讲述，对婳顼族神肃然起敬，心道：难道我真的是他们的后裔？转念又想到，这怎么可能？一个几乎到达九级文明的族群？怎么会沦落到我们这种只有初级文明的地步？这不是开玩笑吗？

姬鸣谦没有将想法说出来，转而问道："纠库纠兰，暂且不要讨论我是不是姮顼神的后裔这个问题吧，请先说说我还原得怎么样？"

纠库纠兰道："你的基因、器官、血液都不同程度被修改过，我已将它们全都还原了；现在，你的寿命足可活到八百纪。"

"八百纪？！"姬鸣谦有点震惊。

"是的，虽然姮顼族神的寿命长达一千纪，甚至更长一些，但你被修改得太久了，我只能尽力做到这么多了。"

姬鸣谦道："我很满意了。刚才您说姮顼族神有超强的大脑，那么关于我的大脑，您帮助还原了吗？"

纠库纠兰闻言，眼中的神彩黯淡下来，低声说："对不起，你的大脑被很巧妙地封禁着，我没有办法解开这个禁制，所以……"

"哦？连您也打不开这个禁制？"

"是的，这象是一组复杂的生物密码禁制，以我们目前的技术，没办法解开。"

"那要怎样才能解开？"

"除非找到给它施行禁制的神，取得密码，才有可能解开。"

"如果找不到呢？"

"那就永远也不能解开。"

姬鸣谦默然不语，心道：人类大脑是被谁施行禁制的都不知道，又去哪里找寻密码？

纠库纠兰道："抱歉，对此我实在无能为力。不过，我还是尽我所能，让你的大脑利用率提高了一点点，你现在的大脑利用率应该达到了百分之十一左右。"

姬鸣谦道："谢谢！我能够自由行走，已经很不错了。"

纠库纠兰道："能够帮助你，是我的荣幸！对了，我建议你学习一下星际通用语言，这样，我就不需要用传译器来与你交谈了。而且，你以后在太虚中行走，也可以自由地与不同种族的神交流。"

姬鸣谦道："你这建议太好了，只是学习语言并非容易的事，不是短时间就能掌握的。"

纠库纠兰道："呃！巨绵全，对于五级以上文明的神来说，学习语言是很简单的事，比如我，就会说九百四十多种语言。"

"九百四十多种？"姬鸣谦惊奇地看着他，忖道：自己学会了七、八种语言，在地球上已是天才级的人了。而对方竟然可以学会九百四十多种，岂非要穷尽一生的精力才能做到？简直难以置信。

纠库纠兰似乎看出他心中所想，说道："请跟我来。"转身出了舱房。

姬鸣谦跟在他身后，来到一个舱室，里面非常的宽阔，周围排放着十数台一模一样的仪器。

纠库纠兰让姬鸣谦在一台仪器旁的座位上坐好，说道："这是灵子知识学习仪，你只要选择好你要学习的知识，戴上这个头箍，这台仪器就可以将知识输入你的大脑……"

"什么？！真有这么神奇的机器吗？"

"嗯嗯！巨绵全，这一点也不神奇。"

"能给我解释一下吗？"

"在微观粒子里，有一种粒子叫做灵子，灵子有纠缠现象，也就是说其中一个灵子有任何动作，另一个灵子立即就能感应并产生反应。我们掌握并利用它的特性，制造了这台仪器。"

"哦，我们称为量子，两百多纪前，我们人类就已观察到它了，只是我们对它的了解和掌握，还停留在很粗浅的阶段。"

"嗯嗯，生物细胞归根到底也是由灵子组成的，脑细胞亦然，所以，只要我们在一个灵子上输入信息，然后通过仪器，激活你大脑中的灵子与之相纠缠，这样，知识就输入到你大脑里，并且可以永远不会遗忘。"

"这么说，我很快就可以学会星际通用语言了？"姬鸣谦双眼放光。

"是的，星际通用语言有数十种，最为流行的是酵琰揾砉语、襄殷毋赅语、牍尚皋娄语，我建议你先学这三种吧。"

"一次就能学会这三种语言？"

"是的。"

姬鸣谦这时才知道，会说九百多种语言真的不是难事，道："我接受您的建议。"

纠库纠兰让姬鸣谦坐好，帮他戴上头箍，指着一个白色按钮道："如果你觉得头疼脑胀，就按下这个键，休息一段时间，再按这个橙色键就可以继续。"

"好的，请开始吧。"

纠库纠兰在一个屏幕上选取了三种星际通用语言，然后按下开始键，姬鸣谦马上觉得有一股轻微的颤流透入脑中，不一会儿就回复正常，然后脑海中就像放电影一样，不断有字符、声音在脑中播放着。

姬鸣谦从来没有体验过这么神奇的境况，干脆闭了眼，静静地"学习"起来，纠库纠兰所说的头疼、脑胀的症状并没有出现。

不知过了多久，耳边响起了酵琰揾砉语、襄殷毋赅语、牍尚皋娄语轮流发出的声音：恭喜你输入成功。

姬鸣谦睁开双眼，摘下头箍，在一个通话按钮上按了一下，用襄殷毋赅语道："纠库纠兰，可以过来一下吗？"

不一会儿工夫，纠库纠兰就来到姬鸣谦跟前，用酵琰揾砉语高兴地说："恭喜你成功输入。"

"感谢您，让我能够迅速掌握这三种交流的语言。"姬鸣谦转用牍尚皋娄语道。

"感觉怎样？"纠夫鸠兰也用牍尚皋娄语问道。

"感觉良好！我还想再输入一些语言。"

"呃！巨绵全，短时间内不可输入太多信息，这样你会受不了的，而且大脑也会受损害。"

"输入还有时间限制吗？"

"是的，大脑也有工作极限，何况你的大脑只有百分之十多一些的利用率；所以，你起码要休息半期时间才能再输入。"

"好吧，就按你说的，过半期时间再输入吧。"姬鸣谦想，半期也就大概十八个小时，在这漫长的星际航行中，并不算很长时间。

一连数期时间，姬鸣谦心无旁骛地专心"学习"，很快就掌握了七、八十种星际各种族的语言。姬鸣谦心想，语言可以这样"学习"不知其它知识是否也可以这样"学习"？

于是就问纠库纠兰，纠库纠兰道："是的，五级以上文明的神都是这样学习知识的。"

"那我也可以这样学习吗？"

"当然了。你想输入什么？"

"我们人类的知识太匮乏了，天文、物理、数学、生物、太虚历史、医学……我什么都想学。"

"很好！你很好学。"

"我们的文明太低级了，我对宇宙充满了好奇。"

"我这艘飞船上没有太多可供输入的知识，只有一些基础知识，不太全面。"

"我先从最基本的学习起来就可以了。"

"很好！"纠库纠兰不知按了什么键，门口出现了一个与他一样的顾胄族神，纠库纠兰道："这是我的助手沃德密舒，你的学习就由他协助吧。"

姬鸣谦向沃德密舒打了个招呼，道："我什么候开始学习？"

沃德密舒道："现在就可以开始。先从天文基础知识开始吧。"

纠库纠兰道："沃德密舒，可以将三级以下的医学课程给他输入。"

沃德密舒立即改用顾胄族语道："元老，这不合适吧？本族的法律，是不可以将医术传授给外族的。"

纠库纠兰也用顾胄族语道："请按我的意思去办吧。"

"是！"沃德密舒道。

"输入"是极其快速的学习方法，不到三、五期，姬鸣谦学会了许多基本的知识；飞船上储存的可供"输入"的知识基本上都让他"学习"了。姬鸣谦问沃德密舒："请问还有什么可以学习的吗？"

沃德密舒道："只剩下医学课程了。"

"啊！我喜欢医学，我母亲就是一名医生。"

"嗯嗯，在没开始输入之前，我先简单介绍一下与我们的医学有关的名称。"

"好的。"

"我们的医术设有九阶，每一阶都对应本族在每一级文明时期的医学成就；比如，一阶课程，对应的是本族一级文明时期的医学；二阶课程对应的是二级文明时期的，如此类推，直到八阶；但是九阶没有课程，只是预设的，因为本族还没进入到九级文明。"

"这是很聪明的设置。"

"然后就是医学名誉头衔的设置：获得一阶医学头衔的神称为医稚,佩用白色手术光刀；二阶称为医成,佩用黄光刀；三阶称为医秀,佩用红光刀；这三阶都是属于低级的头衔。四阶称为医者,佩用蓝光刀；五阶称为医丈,佩用橙光刀；这两阶是中级头衔。六阶称为医主；佩用绿光刀；七阶称为医士,佩用紫光刀。这两阶属于高级头衔。八阶以上的神,已经不需要亲自动手术了,所以就不再佩用光刀,只是象征性地授予相应的佩饰；八阶称为医令,授银刀佩饰；九阶称为医尊,授金刀佩饰。最高等级为特阶医圣,授玉刀佩饰。"

"原来如此！那么你现在为几阶？"

"我现是七阶医士。"

"纠库纠兰呢？"

"啊,元老是本族十位九阶医尊之一。"

"噢,医尊的医术都已经如此深不可测,那么医圣岂非是医术通神？"

"哈哈,也并非通神。医圣只是授予有特别成就的,或者在医学上有所创新的医尊的崇高荣誉称号。"

"那么,现在贵族有谁能得到这个称号吗？"

"没有,近五百纪以来,没有谁得到过这个称号。"

"为什么？"

"因为没有神有相符的成就。而且,近五百纪以来,本族的医学成就似乎已停滞不前。"

"这很正常呀,任何事物都有可能遇到这种情况。"

"嗯,你说得对。"

"我准备好了,我们可以开始'输入'了吗？"姬鸣谦道。

"好,可以开始了。"

"请问,可以一次性把三阶医学知识都给我'输入'吗？"

"这不可以贪多的。你可知道,每一阶医学知识有多少吗？起码需要一格多的时间来'输入'。"

"啊,对不起,是我心急了。"

星际航行不知时日,姬鸣谦专注于"学习",根本就不会感到无聊。大概过了十数期之后,沃德密舒前来找他,道："巨绵全,元老请你去他那里。"

"有什么事吗？"

"你跟我来！"

姬鸣谦跟着沃德密舒身后就走,这是他从来没有行走过的地方,这才发现,飞船空间极其广阔,构造很复杂；两神乘搭一台升降机上到顶端,走出升降机,进了一道舱门,纠库纠兰坐在里面一张像桌子一样的平台后面,桌子的前方是一排舷窗,舷窗下是一个弧形的长条屏幕，屏上显示着各种图像和数据。姬鸣谦往窗外看去，却是漆黑一片，什么也看不到，就连星星也看不到一颗。

纠库纠兰站起身，示意他跟着自己站到一个舷窗前面，对他说："巨绵全，我们现在已抵达乌官幺金星团，愿意到我之前提到的镏支族神那里吗？"

姬鸣谦想了想，道："不，我想去找寻能解开大脑禁制的密码。"

"呃！巨绵全，这可是宇宙捞针，你不知道这是谁干的，而且时隔久远，根本没有任何线索。"

"我想线索还是有的。"

"你知道是谁干的？"

"坚鲜族神！"

"啊！这不可能！"纠库纠兰摇了摇头，道："这种智力禁制技术，就连我们顾肓神都做不到，更何况只有六级文明的坚鲜族神？"

"就算他们没有这个能力，但他们一定知道是谁干的，因为他们知道银河系及我母星的位置。"姬鸣谦道。

"嗯，你说的似乎有点道理。"纠库纠兰道。

"你的思维很缜密。"沃德密舒插话道。

"可以把我送到他们的星球上吗？"姬鸣谦道。

"呃！他们是最不友好的族群，跟宇宙中所有族群都难于相处。"沃德密舒道。

"也有例外，须委族神和跬垒神就跟他们关系十分密切。"纠库纠兰道。

"我觉得坚鲜神在须委神面前就像奴仆一样。"沃德密舒道。

"我还是想到坚鲜神那里，就算找不到解开大脑禁制的密码，最起码也有可能找到回母星的线索。"姬鸣谦道。

"他们在作噩宇宙，跟我们航行的路线不是一个方向。"沃德密舒说。

"能送我去那里吗？"姬鸣谦又问。

"抱歉！我们还有非常重要的事要赶回母星去，不能送你去了。再说，你孤身前往，万一再次被坚鲜神抓住了，可就没有这么好运了。"纠库纠兰道。

"这……"姬鸣谦一时语塞。

"你还是先到镏支神那里吧。镏支族神与坚鲜族有些贸易来往，你可以想办法找机会乘搭镏支神的飞船前往坚鲜神那里。"沃德密舒建议道。

姬鸣谦想了想，道："这也不失是一种好办法。只是怎样才能找到他们的贸易飞船，又怎样才能让他们把我捎带上？"

沃德密舒很有信心地道："我可以介绍你到一艘飞船上工作。"

"真的？太好了！谢谢！"姬鸣谦道。

纠库纠兰看他坚持要去找坚鲜神，只好说道："你一定要去找坚鲜神，一定要有一个新身份。"。

"什么意思？"姬鸣谦疑惑地望着纠库纠兰。

"巨绵全,你来自一个无神知晓的星球及无神知晓的文明,你现在是一个无神知晓的智慧生物,因此,你在太虚中行走是很不方便甚至是危险的。"

"我会被当作怪物吃掉或杀掉吗?"

"虽然不至于被吃掉,但好奇之心还是有的,如果把你抓去当作新物种进行研究,还是有很大概率的。"

"那怎么办?"

"你的体貌比较像协洽宇宙的遫申族神,他们也是碳基生命,五级文明。你以后就用这个身份背景吧。"

"好的。但这就算是我的身份了吗?"

"当然没有这么简单。我这里有一位遫申族神伤者,因救治不及时,已经死去多时了,我还没有将他的死亡通告发出。所以你可以用他的身份。"

"元老,这……这可是违反了……"沃德密舒急道。

纠库纠兰打断他道:"以死救生,不违天道。沃德密舒,有关巨绵全的一切,我都已向元老院全面汇报过了,元老院已授权我处理一切有关他的事宜。"

"啊!元老,是我鲁莽了。"

"沃德密舒,你找一下遫申族的语言及有关方面的知识,让巨绵全输入;另外,三阶以下的医学知识都输入了吗?"

沃德密舒道:"都已输入了,吸收良好。"

"嗯,"纠库纠兰犹豫了一下,道:"将四至六阶的也给他吧。"

沃德密舒:"元老,这……"看到纠库纠兰没有什么回应,只好低声地道:"是!"

纠库纠兰道:"巨绵全,离镏支神的维卜竹犉星系还需要一些时间,你加紧再输入一些知识吧。"

"好的,谢谢!"

沃德密舒将姬鸣谦送回住处,又安排好输入的课程,让他自行输入,然后借口有事要办,离开了姬鸣谦,返身回到纠库纠兰的舱室。

纠库纠兰看见他进来,未等他开口,就道:"你是想说,我不应把本族四至六阶的医学知识传授给他,对吧?"

"是的。元老,就我所知,本族从来都不曾把医学知识传授给本族之外的任何神。"

"但是,你可知道,本族的医学技术得以屹立于太虚之中是什么原因吗?"

"当然知道,这是本族祖祖辈辈孜孜不倦的钻研以及别的族神不具备的医学天赋,使得本族创造了璀璨的医学奇迹。"

"嗯,你只知其一,不知其二。"

"哦?"

"我们还是六级文明的时候,医学的理论曾走向了歧途,婳顼族神给了我们极大的帮助,在理论上暗示了我们发展的方向,因此我们的医学技术才得以大幅度提高,并在以后的文明阶段大放异彩。因此……"

"元老，我明白了，你的意思是说，婳顼族神不算是外族！"

"你明白这一点我很欣慰。"

"但是，巨绵全真的是婳顼族的后裔吗？"

"沃德密舒，虽然现在对他的身份还有一些存疑，但是，他与婳顼神绝对有着密不可分的关系。"

"如果他独自前往徼乍星被坚鲜神再次抓获，岂不是死路一条？那他学这些医学知识还有什么用？"

"别担心，我看他极之聪慧机智，遇上危险就免不了的，但保命应该没问题。"

"我还是觉得没必要把高等级的医学知识传授给他。"

纠库纠兰没有理会他的意见，道："沃德密舒，在他离开之前，让他学会驾驶飞船；最后把第七阶医学课程也给他输入吧；另外给他一个相应的七阶医疗便携救伤囊，教会他怎样使用里面的器械和药物。"

沃德密舒惊道："这……元老，这可是进入最高级阶段的知识了。"

纠库纠兰道："或许他以后能凭这些医学知识保住自己的性命。"

沃德密舒不敢再提什么意见，只得答应了一声，问道："还有什么吩咐吗？"

"你先去办好这些事吧。"

"遵命！"沃德密舒躬身退了出去。然后找到负责物资管理的官员，吩咐他取一个七阶医囊来。不一会儿，医囊取来了，沃德密舒道了谢，拿着医囊来到姬鸣谦的住处，看到他正席地而坐，双眼闭着，姿势有点怪异。

沃德密舒轻轻敲了敲舱门，姬鸣谦却没有张开双眼，道："沃德密舒，请进来吧。"

沃德密舒一步跨了进去，道："巨绵全，你这是在干什么呢？"

姬鸣谦站了起来，张开双眼，道："啊，我这是在练吐纳导引功法。"

"什么是吐纳导引功法？"

"这是我们人类的一种用于强身健体，宁神滤念的办法。"

"哦，那你又怎么知道是我？"

"嗯嗯，这很简单，除了纠库纠兰，就是你跟我接触了。而纠库纠兰的脚步声跟你的不一样。"

"啊啊！这你都能分清？"

"这本来就是很简单的事情。"

"嗯，难怪元老说你聪敏机智。"

"纠库纠兰过誉了。对了，你找我是有什么新的东西要给我输入？"

"是的，元老说，要在你离开之前教会你驾驶飞船。"

"驾驶飞船？"姬鸣谦高兴得跳了起来，道："什么时候？现在吗？"

"嗯，先将驾驶飞船的基础课程给你输入，然后才是训练。"

"好！"

姬鸣谦在沃德密舒的安排下，"输入"了驾驶基础课程，然后一连数期时间，在机库里的一艘飞船上学习实际操作，最后试着飞到太空中进行实际飞行训练。简短训练之后，沃德密舒认为他已基本掌握了要领，就对他说道："巨绵全，要领你已基本掌握了，今后主要是飞行经验的积累了。而我们又没有更多的时间可以进行训练，所以，以后全靠你自己了。"

姬鸣谦道："谢谢！我明白的。"

沃德密舒道："巨绵全，元老吩咐，要将第七阶医学知识给你输入，以后，你就跟我一样，拥有七阶医士的头衔了。"

"真的吗？"

"真的。"

"这……这……让我不知怎么感谢你们才好。"

"你不必客气的，元老因为你要单独前往徼乍星，希望七阶医学知识能在你今后的时间里有所帮助。"

"谢谢！"

"请跟我来。"

姬鸣谦跟着沃德密舒，来到一个舱室里，里面有一台仪器，与之前他"输入"其它知识的仪器相似，又有些不同的地方。

沃德密舒道："七阶医学属高级阶段，因此是由专门的官员管理的。"

姬鸣谦道："原来这样。"

沃德密舒道："请坐好！"

姬鸣谦心怀崇敬，端正地坐好，沃德密舒帮他戴好头箍，道："准备开始了。"

姬鸣谦道："我准备好了！"

沃德密舒按下了开始键，一股轻微的颤流进入姬鸣谦的体内，他闭上双眼，脑中就像放电影一样，不停地闪动着各种图像、医学术语。七阶医学课程果然深奥异常，竟然用了差不多两格，也就是六分之二期的时间才全部输入完毕。

待姬鸣谦睁开双眼时，沃德密舒正站在他面前，道："恭喜你，医士！"

姬鸣谦站起来，满心的感激不知说什么好，只好说道："谢谢！"

"巨绵全，这里有一个与七阶医士相匹配的七阶医疗便携救伤囊，我们称为医囊，现在也一并送给你了。"

姬鸣谦接过医囊一看，外表是很好看的浅蓝色，整体不是很大，比起母亲常用的药箱还小一些；触手很是柔软，不知是什么材质制造的。姬鸣谦看了好一会儿，却不知如何打开它。

沃德密舒道："来，我来教你怎样使用它。"

沃德密舒指着一个深蓝色的拇指大小的点道："轻触这个蓝点，它就会自动打开。"说完轻轻按在蓝点上，医囊就缓缓地打了开来。姬鸣谦往里一看，里面整整齐齐地摆放着许多精巧的医疗器械。

沃德密舒拿起一柄约有小指长短、宽阔，半指厚薄的一端略尖的紫色薄片，柄身上有三点颜色稍浅的圆点,道:"这就是七阶医士佩用的手术光刀;按上面这个点,是启动光刀;第二个点是调校光刀的强弱;最后这个点则是关闭光刀的。"一边说一边启动光刀,光刀射出与刀身等长的一束紫光,明亮却不耀眼,果然是最适合做手术用的光刀。

沃德密舒一边收起紫光刀,一边又道:"小心别碰到刀光,它锋利异常,即使是骨头,也能轻而易举地切成薄片。"

姬鸣谦"嗯嗯"地应着,很用心地听他讲解和示范各种器械的使用方法。沃德密舒介绍完这些器械,然后按了一个键,医囊里面就现出了第二层,都是一些救伤用的包扎、止血的用品。沃德密舒依次介绍完后,又翻开一层,里面整齐排满了全是密封的一般高矮的四方瓶子。沃德密舒拿起一个最大的约有杯口粗细的瓶子,道:"这些药品的功用和使用方法,在七阶课程里都给你输入了,我就不再介绍了。现在重点是讲一讲我手上这个瓶子里的药膏,全称是活性肌体构造再生膏。"

"这就是再生膏?"姬鸣谦在七阶课程的输入里已经知道有这么一种神奇的药膏,直到现在,才第一次见到实物。

"是的。这是本族最伟大的发明之一。"沃德密舒轻按瓶子的顶部,瓶盖自动弹开,他从瓶子一侧内壁抽出一片薄如纸片的柔软而有韧性的银色薄片出来,按动上面的一个圆点,薄片便可自动伸缩;然后打开瓶子的内盖,让姬鸣谦看了看;那药膏呈半透明状,发出珍珠一般的亮泽色彩。

沃德密舒道:"用这片抹片沾上少许再生膏,均匀涂抹在伤口上即可。"

"需要注意些什么吗?"

"嗯,再生膏顾名思义,就是能够让受伤残缺的部位再生长出来。需要注意的是,伤口必须处理平整,才能发挥最佳的功效。"

"平整是什么意思?"

"比如你的手断了,而一般断折处都是参差不齐的。那么,你只要用光刀将断口处切平整了,然后涂抹再生膏上去,视断折部位的长短,一般来说最少要九分之一期的时间,就可重新生长出一只手出来,一期时间之后,新的手就完全稳固定形,又可以放心使用你的新手了。"

"嗯,我都记住了。"

介绍完医囊里的物品,沃德密舒将医囊盖好锁上,在一侧的一个蓝点上一按,医囊的一侧就弹出一条带子来。沃德密舒道:"医囊是用特殊材质制造的,可以抵抗八级以下强度的武器的攻击,或相等于这个级别强度的撞击,所以你不必担心它会撕裂。它的夹层里有一种叫做响应式缓冲层,一旦受到撞击,立即就会触发它的反应,消除外来的冲击,从而保护医囊里面的物品不受损伤。这条带子的一端可以插入医囊的不同接口,可以背在背上或胸前,又可以围在腰间,方便行走时携带。"一边说一边示范着。

教学完毕,沃德密舒便告辞走了,姬鸣谦则自行熟习医囊的使用方法。过了半期时间,沃德密舒又再前来,道:"巨绵全,元老请你到他那里,请跟我来吧。"

姬鸣谦应了,跟着沃德密舒来到纠库纠兰的指挥舱,看到纠库纠兰站在弦窗前,姬鸣谦道:"纠库纠兰,您还有什么要吩咐的吗?"

纠库纠兰没有转过身来,继续望着舷窗外,道:"巨绵全,你看,这就是乌官幺金星团了。"

姬鸣谦往舷窗外一看,外面一片星光灿烂,原来飞船已降至亚光速飞行,所以可以看到外面的星光了。

第九章　初次出手

　　飞船在壮丽的乌官幺金星团中以亚光速航行，不久，纠库纠兰再次下令降低航速，然后打开星图，指着一个星系道："巨绵全，你看，这就是维卜竹帱星系了。"

　　姬鸣谦定睛一看，星图上浮现出整个星系的立体图像，一旁的数据显示，维卜竹帱星系是一个单恒星星系，主星维卜竹帱有五个太阳一般大，有六个行星围绕着它公转。

　　纠库纠兰指着一个淡黄色的行星，道："这是镏支族文明的发源地，叫做卜铭冼星，镏支族神大部分都居住在这个星球上。"

　　姬鸣谦看着卜铭冼星，星图上的数据显示，它比地球大四倍多些，拥有三个卫星。

　　沃德密舒道："镏支神是钠基生物，在这三个卫星上盛产锗矿石，而坚鲜神正是最缺这种矿产。所以，镏支神就和坚鲜神做起了这种矿产的贸易。"

　　沃德密舒正在介绍镏支神的情况，一个顽肓神进来道："元老，登陆艇已经准备好了，还有一念时间就抵达维卜竹帱星系边缘了。"

　　纠库纠兰拍拍姬鸣谦的肩膀，道："巨绵全，去吧！祝你好运！"说着将一个鸭蛋大小象是水晶体的紫色圆球交到他的手上，道："你会用得着它的。"

　　"这是什么？"姬鸣谦问。

　　"时间不多了，赶紧走吧，让沃德密舒告诉你吧。"纠库纠兰道。

　　姬鸣谦向纠库纠兰道别，跟着沃德密舒登上一艘小型登陆艇，外形就像一个茶壶盖子差不多。沃德密舒驾着登陆艇离开了母舰，对姬鸣谦道："元老给你的紫晶球是一个超密灵子感应通讯器，我们称它为灵通球，只要你打开它，另一个在元老手中的灵通球就会收到你的信息。"一边说一边将紫晶球的使用方法一一告诉姬鸣谦。

　　姬鸣谦突然恍然大悟，原来那个出土的白色金属球体一定就是类似于灵通球一样的通讯装置；由于深埋地下，所以它接收不到信息同时也发不出信息，因而就自动关闭了；一旦出土，就自动开机，发出信号，引来了坚鲜神，自己也因此而被掳上了太空。

　　姬鸣谦回过神来，问道："这个感应通讯器，远隔几个宇宙也能收到？"

　　沃德密舒道："你忘记了灵子的特性吗？"

　　"没有。"姬鸣谦答道。

　　"放心，一定能收到的。"沃德密舒道："对了，给你输入的飞行器驾驶课程都是基础的东西，要多驾驶才能熟习。你现在就看我怎样操控，再熟记一下。"

　　"嗯，我们需要多久才能到达地面？"

　　"最多两念时间就足够了。"

　　"那你在旁边看着，让我来驾驶好吗？"

沃德密舒望了望他，然后就将主驾位置让了出来。姬鸣谦坐到主驾位置上，戴上操控头箍，调出虚拟驾驶仪表板，将手指凌空滑动，飞船如一道光，朝卜铭冼星飞去。

浩瀚的宇宙无边无际，万千星光飞速往身后掠去，姬鸣谦不禁想起了一首歌，居然低声哼唱起来：

乘光而去，飞越万千星河，追寻你的芳踪，化作一道闪电，穿过仙女座，你就在柔柔的星辉之中，等我。

乘光而去，渡过百亿年岁，追寻你的芳踪，驾着一支金梭，射向天鹅座，你就在柔柔的星辉之中，等我。

揽一把天琴，奏一曲天籁之音，挥动神笔，画一幅绝世倩影，倾倒万千星座……

不久，飞船进入卜铭冼星轨道，姬鸣谦将速度稍降，调整好方向，准备着陆。这时屏幕上显示卜铭冼发来的信息，要求确认身份。沃德密舒输入一串符号，不一会儿，收到卜铭冼的确认，允许降落。

姬鸣谦根据镏支神发来的坐标信息，将飞船悬停在一座巨大的建筑物顶上。看清地面的指示后，这才缓缓地降落下来。

沃德密舒领着姬鸣谦走下飞船，姬鸣谦立即就感到脚下沉重，迈步困难，姬鸣谦想起在母舰上看到的卜铭冼星的资料显示，这个星球的重力比地球大很多，因此他感到迈步困难就不奇怪了。沃德密舒看到他的样子，教他在护甲仪表板上调节靴子的重力比，调整好后，姬鸣谦感到轻松了很多，行走也不费劲了。

两神走了数步，迎面走来一位镏支神，只见他身高约一米左右，头顶上长着一丛像珊瑚虫一样的软软触须，头像个倒三角形，左右两个角像是耳朵，苍白的脸上只有一个很大的眼睛，没有鼻子，嘴就长在下巴上，脖子很长，看上去比人的脖子长了不少；肩上长着一双短手臂，手上有四根手指，而腋下又长着一双粗壮的手臂，手上只有三根手指；身上套着两片衣服一样的东西，只在腰间用带子扎着。

沃德密舒用镏支语打了个招呼，那个镏支神举着四只手，像是向沃德密舒行礼，然后就带着两神上了停在一旁的一艘小飞艇，那艘飞艇像个箱子一样呈四方形，沃德密舒告诉姬鸣谦，这叫陆上飞舟。

不一会儿，来到一栋三角形的大楼前，飞舟直接就飞进了大楼的中部。飞舟停好后，镏支神请他们下来，又领着来到一道门前，伸手打开门，示意他们自行进去，然后替他们关上门后就走了。

沃德密舒似乎对这里颇为熟悉，带头转了两个弯，来到一扇大门前，在门上的通话器上说了句镏支语，门就打开了。

里面站着一个与刚才的镏支神一样的生物，只不过个子稍为高一些，而身上的"衣服"看起来也华贵一些。

沃德密舒用醅琰媼耆语道："亲爱的布可斯伊长老，看到你真高兴！"

布可斯伊咧着嘴道："噢！沃德密舒！好久不见了。"一边说一边迎了上来。

沃德密舒指着姬鸣谦道："这位是丘甄项·泰孔督荥·督旻鼎偊，遴申族神。"

姬鸣谦上前一步，与布可斯伊互相打招呼问候。沃德密舒为免引起怀疑，介绍道："他是我们医学院的访问学者，要到坚鲜神的徽乍星去，可否请你方便一下？"

"啊，这个容易，小事而已。大概三期之后，就有一支货运舰队，要出发到徽乍星去，正好可以让他跟去。"布可斯伊很爽快地答应道。

"太好了！谢谢你！"沃德密舒道。

"沃德密舒，我们正在建一个大型的着陆场，下次你们的医护船也可以到新的着陆场着陆了。"布可斯伊道。

"啊！这真是太好了！我们元老院听到这个消息一定很高兴！"沃德密舒道。

"一起去看看吗？"布可斯伊向沃德密舒发出邀请。

"抱歉，纠库纠兰元老还等着我回母舰上去呢。"沃德密舒委婉拒绝道。

"哦？纠库纠兰元老也来了？"布可斯伊惊喜地道。

"就在外层空间的母舰上。"沃德密舒道。

"怎么也不下来见一见？"布可斯伊有点失望。

"他很忙，正在与母星的元老们用灵子信息虚拟通讯器开会哩。"

"原来这样。"布可斯伊总算明白，这次是见不到纠库纠兰了。

沃德密舒将姬鸣谦托付给布可斯伊，又交代了姬鸣谦几句，自己驾着登陆艇走了。

待沃德密舒一走，布可斯伊道："丘甄项医……对了，您的医学头衔是……？"

"啊啊，在我们邃申族，都称呼为医师。"

"嗯嗯，医师，到了本星，就算到家了，请不要见外，有什么需要您只管开口就行。来！先给您安排好住处再说。"

姬鸣谦道："长老，您刚才说的着陆场，我倒是很想去看看，参观一下贵族的伟大建筑。"

布可斯伊一听姬鸣谦对新着陆场有兴趣，非常高兴，就像一个孩子急着要向小伙伴炫耀一下自己新得到的玩具一样，一脸骄傲地道："这是本族最宏伟的着陆场，或许是本星团最宏伟的着陆场。"

布可斯伊一边介绍着，一边就带姬鸣谦上了一艘陆上飞舟，眨眼的工夫，飞舟就已窜上了半空，布可斯伊心情很好，驾着飞舟在空中耍了几个花式，这才往远处飞去。

飞舟飞到一片广袤的平原上，从空中往下看，方圆数百公里范围内，成几何图案地建着一些锥形的建筑物，地面上刻划着巨大的图案，细细一看，那些锥形建筑物竟然是金字塔！

姬鸣谦内心一阵激动，考古学上一直成谜的埃及金字塔建筑之谜，或可在这里得到答案？想罢，对布可斯伊道："我们可以下去看看吗？"

布可斯伊道："当然可以！"将飞舟一盘一旋，一停一悬，然后就降落在一座兴建中的金字塔前，道："这是本着陆场的中心航标，还在建造中。"

姬鸣谦听纠库纠兰说过，金字塔叫做能量聚合锥，在宇宙中用途广泛，最常见的就是用作船坞航标，指示飞船降落。他打量着那座金字塔，只建到一半多些，目测其规模，起码比地球上最大的胡夫金字塔还大一倍。成千上万的镏支族神在工地上劳作，运输石块的机器把巨大的石块运到塔上放下，再由镏支神将它砌上。令姬鸣谦目瞪口呆的是，那些重达数十吨的巨石，仅需五、六个镏支神，就能轻松地把它抬起，然后轻松地一块一块地砌在塔上。

姬鸣谦不禁赞道："你们镏支神真是天生神力，这么重的岩石也能这么轻松地搬到上面去。"

布可斯伊嘎嘎笑道："医师，估计您的精力全花在医学上了；您竟然对建筑学一窍不通。宇宙中没有什么天生神力的智慧生物；这是我们在能量聚合锥的四周安装了一些反重力机器，形成一个局部反重力场，这样就能轻而易举地将这些石块搬到上面去了。"

"这么简单？那么反重力场又是怎样形成的呢？"姬鸣谦追问。

布可斯伊奇怪地看着他，道："反重力您也不了解？看来您真的要回去重温一下物理初级入门课程了。"

姬鸣谦闻言，自知失言，为免暴露了身份，不敢再问，心中忖道："难道埃及的金字塔也是这样建造起来的吗？"

布可斯伊并没有注意到姬鸣谦的神情变化，续道："医师，按照这样的进度，再有半纪时间，就可以完工了。"

姬鸣谦唯唯诺诺，说了些恭维的话，不过这些恭维的话语倒是出自真心的。

三期之后，镏支神的货运舰队果然准时出发。姬鸣谦坐在舰队指挥舰的指挥室里，看着庞大的货运船队，心中感慨不已。

舰队指挥官夫则恩坐在指挥位置上，自豪地对他说："这是本族最庞大的贸易船队。"

"是的，很壮观！"姬鸣谦由衷地赞叹道："指挥官阁下，能不能介绍一下你们的贸易伙伴的情况？"

"噢！您不了解他们？那您去那里干什么呢？"夫则恩奇道。

"是的，正因为不了解，才需要去那里考察一下，也好增长见识，丰富一下我的医学知识。"姬鸣谦小心地编着谎话。

"嗯！很好！"夫则恩赞同道："坚鲜族神在作噩宇宙，纳乌星团舞褶星系，那是个双恒星系，有十七个行星；坚鲜族是六级文明，钙基生物，文明的发源地是一个叫徽乍星的行星，它有四个卫星。因为他们的十七个行星及众多的卫星上有着丰富的矿藏，因此，他们是很富有的神族。"停了一下，夫则恩又道："不过，他们矿产虽然丰富，却唯独缺少镥矿，而这个镥矿却是我们最富有的矿藏。"

"你们是怎样进行贸易的呢？比如，如何进行结算？"姬鸣谦问。

"用我们的矿产换回我们需要的各种物品。"夫则恩答。

"那么又如何进行等价交换呢？比如货币？"姬鸣谦又忍不住好奇地问。

"噢！医师，星际贸易向来不用货币，那是很原始的支付方式。"夫则恩道。

姬鸣谦立即就后悔自己问出这么一个愚蠢的问题，赶紧转换话题道："指挥官阁下，我们需要多久才能到达徽乍星？"

"以我们的速度，需要五分三纪还要多一点的时间。"夫则恩道。

"啊！这时间也算很久了。"姬鸣谦随口应道。

"是的，我们的能源磁化四级推进器，已是五级文明里最先进的推进器了，最大可以四倍光速飞行。"夫则恩介绍道。

"四倍光速，已经很快了。"姬鸣谦道。

夫则恩说："是的。我们还不算快了。听说九级文明的飞船，可以灵速飞行！"

"灵速？"姬鸣谦故作不懂。

"就是灵子移动的速度，我也不懂。"夫则恩表示自己也不太明白。

姬鸣谦道："灵速，那岂不等于瞬移了？"

"对，只是如何能做到，就不是我们五级文明能够理解的了。"夫则恩道。

姬鸣谦心中暗忖：地球文明到现在都还没能达到光速飞行，相对论说，光速不变，物体是不可能以光速或超光速飞行的。难道是错误的？之前一直没有机会问纠库纠兰，现在碰巧谈到这个话题，于是张口就想问：超光速飞行，物体不是要变得无限大吗？

话到嘴边，立即就觉得不妥，硬生生地把话吞回肚里。

看到姬鸣谦没有再问，夫则恩反而问道："医师，你们遂申族也有这么大的货运舰队吗？"

"啊，我们的舰队恐怕要比贵族的小很多，主要也是用于贸易。等我学习完医学，回去也向长老院建议，跟你们进行贸易。"姬鸣谦信口开河地道。

夫则恩道："噢，医师，其实你们与我们一直都有贸易来往，只是贸易量很少。"

"这个我知道，我是说要进行大规模的贸易。"姬鸣谦顺着话题往下编。

这时指挥室通讯器响起：舰队已全部驶离本星系，可以进入光速飞行。

姬鸣谦往舷窗外看去，指着远处的一个星团道："哗！真壮观！"

"那是我们的邻居，香里相钦星团。"夫则恩介绍道，接着就下达命令："全体进入光速！"

说话间，舰队已经进入光速飞行，无数星光在眼前闪掠而过，接着就进入了一片漆黑之中，不久，舰队进入坍速飞行，隐入了茫茫的宇宙深空。

漫长的太空航行，姬鸣谦与夫则恩建立起不错的私交，镏支神憨厚善良，非常友好；夫则恩甚至教会了姬鸣谦如何驾驶他们的飞船。姬鸣谦在舰队中很受欢迎，他利用从纠库纠兰处"学"来的医术，给他们做护理、治病。他也因此对镏支神的身体构造有了进一步的了解。他发现，镏支族神没有胃，心脏很大，血液是乳白色胶状的。

舰队航行了一百多期时间，进入了阆茂宇宙，姬鸣谦正在指挥舱与夫则恩闲聊，通讯器里传来报告道："前方发现飞行物！"

夫则恩问："可以确定是什么物体吗？"

舰员回复道："一艘小型飞船，看它的运动轨迹，似乎已失去动力，处于漂浮状态。"

夫则恩道："拉近看看。"

屏上立即就出现一个放大了的图像,那艘飞船约有一个足球场一般大小,时左时右,上下翻滚着。

夫则恩道:"开启生命探测器。"

过了一会儿,舰员回报道:"上面有生存者!"

夫则恩命令道:"派出打捞船和救生队!"

立即就有一艘打捞船飞出了母舰,靠近那艘飞船后,伸出机械臂,将小型飞船钳住、固定,然后带回母舰。

稍后,救生队报告,飞船上有四个鬃翊族神,其中三位已然死亡,剩下的一位还有生命体征。

"快送去医疗舱!"夫则恩道。

"我去看看!"姬鸣谦道。

"好的。"夫则恩回应,又向下属下达命令道:"准备抢救!"

姬鸣谦极快地来到医疗舱,不久,一个生物被送了进来,只见它一颗椭圆形光光的脑袋,长着三只眼睛,其中一只眼睛长在额上;两个鼻孔裸露在脸上,上嘴唇像鲤鱼的嘴,没有耳廓,脖子上长着一圈像狮子一样的褐色鬃毛,一双手各有五根指头,手臂短而粗壮;身上穿着一件铁灰色的护甲,头上戴着防护头盔。

姬鸣谦迅速地替他检查了一遍:右手骨折,双腿各有一处撕裂,掉了一大块肌肉;一个内脏严重震裂,正在出血。

姬鸣谦从纠库纠兰所赠的医囊里取出一根棒状的器械,抵在伤者心脏部位,按下一个按钮,那棒一阵颤动,不久,伤者额上的眼睛缓缓睁开,有了知觉。姬鸣谦大喜,立即让医官从平台旁扯出数根用于维持生命的管线连接到他身上,然后取出紫光刀,按了一下,紫光刀射出一束紫色的光来。

姬鸣谦示意一旁的医官帮忙,将伤者的腹腔打开,先将里面流出的蓝色血液用仪器吸净、止血。又从医囊中取出一个密封的只有拇指大小的金属瓶子,打开盖子,抽出一支扁平的柔软小棒,挑了一些快速愈合生长液,涂抹在受伤的内脏上,一会儿的工夫,就看到裂伤的内脏停止流血,开始愈合。

姬鸣谦这才让医官帮忙,将伤者的腹腔用定形包扎布固定好,在创口上涂上少许快速愈合生长液,手术创口很快就愈合了。

处理完内伤,姬鸣谦开始处理外伤。大腿上的伤他交给镏支神的医官处理,他则处理伤者右手的伤;姬鸣谦让医官扫描骨折之处,取出接骨器,小心地将断骨接好,从医囊中取出一块像软布一样的东西将断手包好,按他手臂的形状在软布上调节好数据,一按按键,那块布就将断手固定好,又注入少许快速愈合生长液,不久,骨折的手也接好了。

过了数念时间,伤者完全清醒过来,姬鸣谦又再给他检查了一遍,确定身体已恢复无碍,这才让他坐起来。

伤者看着姬鸣谦也不感谢,却问道:"你是婤顼族神?"

"不,我是逊申族神。"姬鸣谦答道:"我叫丘甄项·泰孔督荥·督旻鼎偶,你也可以称我为医师；这位是指挥官夫则恩。"

"逖申族神？逖申族神怎么会有这么高明的医术？"伤者奇道。

"哦，我曾就学于颀育族神。"姬鸣谦答道。

"原来这样！但是……"伤者还是有些疑惑。

"你能介绍一下自己吗？"姬鸣谦道。

"我是畏兀·松庄卜区，是昭阳宇宙阵后星团青殊仅星系臻呈星的鬃翊族神，我们是硒基生物，六级文明。"

"畏兀，请问你们发生了什么事？"夫则恩问。

"啊！指挥官阁下，请先回答我，我的三名同伴呢？"畏兀反问。

"死了。"姬鸣谦道。

"死了？"畏兀沉默了许久，这才道："指挥官、医师，谢谢你们救了我。"站起身来，将两手掌重叠，掌心向下，平放在胸前，然后向下按在大腿上，像是行礼的样子。

姬鸣谦学着他的样子，回了一礼，夫则恩则是用镏支族的礼仪回了一礼，说道："你的同伴，我们已经按照星际惯例，举行了丧礼，把他们葬在太空里了。"

畏兀道："谢谢！"并再次行礼。

姬鸣谦道："畏兀，可以说说你的遭遇吗？"

畏兀道："我们追踪一个信号到阃茂宇宙的透厄伊穆呱星团，半途遭到不明飞船的袭击。他们的武器很先进，飞船的科技起码在七级文明以上，但是我们无法辨识他们是谁；我们武器不如他们，飞船的科技更不如他们，只有拼命地逃跑，后来，我们的飞船被击中，我们都受了伤，我们拼着飞船爆炸的危险，打开加力，全速逃离，后来我昏了过去，然后醒来就看见你们了。"

夫则恩道："你的飞船损毁很严重，恐怕是修不好了。"

"嗯，我可以去看看我的飞船吗？"畏兀道。

"先别急，你的伤口虽然愈合了，但还没有生长稳固，你需要休息一至两期时间。"姬鸣谦道。

畏兀道："我感觉很好，你的医术真高明！"

"你还是听医师的话，先休息吧。"夫则恩让一名舰员安排一个舱室给畏兀，姬鸣谦跟着送他前去。

进了舱室，畏兀很神秘地问道："医师，你真的是逖申族神？"

"是的。"姬鸣谦答道。

"不！就我所知，逖申族是五级文明，而颀育族神是不可能让外族学习他们的医术的。"

"啊，是这样的，我只是学习了基础的医学知识，高级的医术是不允许学习的。"姬鸣谦解释。

"哦，但是……"畏兀迟疑道。

"怎么？"姬鸣谦问。

"你听说过姮顼族神吗？"畏兀小声地问。

"我学习医术时，听顾肓神说起过。"姬鸣谦道。

"嗯。你真的很像他们。"畏兀道。

姬鸣谦道："顾肓神也这样说过。对了，你很了解姮顼神吗？"

畏兀三眼放光，一副景仰的神情，道："当然！他们是我们昭阳宇宙的骄傲，整个太虚最高级璀璨的文明！"

"嗯嗯。"姬鸣谦道："现在你需要休息，等你完全康复之后，再给我讲姮顼神的故事吧。"

畏兀三只眼睛闪出光芒，道："随时欢迎！"

姬鸣谦道："你先休息一下，过一期之后我再来看你。"

"好的，谢谢！"畏兀道。

姬鸣谦辞了畏兀，回到夫则恩身边，夫则恩问："鬃翊神怎么样？"

姬鸣谦答道："他很好！康复没有问题。"

"有你在，自然康复得快了。如果只是我们的医疗技术，救他一命可以，但要完全康复，恐怕就很难了。"夫则恩赞道。

"嗯，夫则恩，他的飞船真的修不好了吗？"姬鸣谦转移话题道。

夫则恩脸露难色，道："医师，他们的飞船技术比我们高明很多，就推进系统而言，我们都没法制造出来，就更不要说修理了。"

"让他指导你们进行修理呢？"姬鸣谦道。

"医师，你不是不知道吧？高等级文明是不能向低等级文明传授与文明等级不相符的科学技术的。就算他能够传授技术，以我们目前的能力，也是没法修复他的飞船的。"夫则恩道。

"那怎么办？让他跟着我们到坚鲜族神那里吗？"姬鸣谦道。

夫则恩道："看看吧，如果途中遇到其他舰队，或者可以让他改乘别的舰队回他自己的母星去。"

"嗯嗯，只是要遇到这样的舰队恐怕有点难。最好的办法就是帮他修好飞船。"姬鸣谦道。

"再说吧。"夫则恩用这句话终止了关于修理飞船的讨论。

过了一期时间，姬鸣谦来到畏兀休息的舱室，看到他正在舱中来回走动，问道："畏兀，现在感觉怎样？"

"啊，尊敬的医师，我已完全康复了，感觉好极了，你看，我现在全身上下都充满了力量，好像比没受伤前还好！"畏兀活动了一下四肢，表示身体完全恢复正常。

"很好！指挥官已批准你去检视你的飞船。现在就带你去看看，怎样？"姬鸣谦道。

"真的？太好了！那我们现在就走吧。"畏兀高兴地道。

"请跟我来！"姬鸣谦说完就出了舱门，带着畏兀来到机库里，里面停着大大小小形式各异的飞船。在机库一角，停着畏兀的那艘飞船，足有一个足球场大小，舰首呈半椭圆形，船身却像一个半月形。

畏兀看见自己的飞船，三步并作两步就跑了过去，在机身腹下按了一下，飞船腹中就开了一道门，伸出一架舷梯来。

畏兀请姬鸣谦进入飞船，船内空间颇大，驾驶室的前视窗视野极佳。视窗下方的仪表板有很多指示灯、按键，只是大多都已损毁；舱内显得十分凌乱。

看完驾驶室，畏兀又到各舱室查看，机身上破了两个大洞，显然是被武器击中所造成的。最后来到推进舱，一个巨大的圆柱体倾斜地倒在一个更巨大的圆形框里，框里是一个呈梯级式的扁圆形的装置。

"这是你们的推进系统吗？"姬鸣谦问。

"是的。你看，动力柱应该是悬浮着的，现在倒下了。"畏兀道。

"能修好吗？"姬鸣谦问。

"估计修不好了。"畏兀一脸沮丧地道："镏支族神只是五级文明，没有这种技术，更没有我们使用的动力能源。"

姬鸣谦道："那怎么办呢？"

畏兀无奈地道："现在唯一的办法就是到坚鲜族神那里，看看有没有到我们母星的顺风船可搭了。"

"坚鲜族也是六级文明，到那里找他们修理不行吗？"姬鸣谦建议。

"我宁愿把飞船丢到太空里也不会让他们碰我的飞船。"畏兀鄙夷地道。

姬鸣谦奇怪地问道："为什么？"

畏兀道："坚鲜神是个卑鄙的神族，千万别让他们接触到你的技术。"

姬鸣谦哦了一声，把话题一转，道："啊对了，你之前说我像婳顼族神，能跟我说说他们吗？"

"噢，当然！"畏兀道："婳顼族是我们昭阳宇宙形成之初最早诞生的碳基智慧生物，他们居住在颢蛳谆迄星团的煜钦帱得星系里的帱伐孜冉星上，煜钦帱得星系是一个五恒星星系，拥有六十四个行星，而帱伐孜冉星又拥有四个卫星。婳顼神的文明就诞生在这颗行星上。经历了漫长的发展，婳顼神创造了璀璨的文明，他们的寿命长达一千纪，每个神都拥有超凡的能力，据说他们只凭意念，就可以托举起比自身重量大好几十倍的东西，肉眼就可看见一些我们无法看到的物质，用心灵感应就可与数涯外的同伴进行交流而无需借助任何通讯手段。"

姬鸣谦在纠库纠兰飞船上输入的基础知识里学到，涯是星际通用长度单位；一轨约为十三、四厘米，十二轨为一探，十二探为一望，十二望为一遥，十二遥为一垠，十二垠为一涯；一涯大约等于人类的三十三公里多些。姬鸣谦心算了一下，暗暗心惊：一涯起码超过33公里，数涯的话，那就一定不少于一百公里了。

畏兀继续说道："婳顼神的文明在太虚中一直遥遥领先，因此，许多宇宙规则都是他们最先提出和制定的，比如：不得干涉任何智慧生物的文明进程。婳顼神睿智、善良、慈悲，秉持自然法则为太虚最高法则，因此在太虚中有着良好的声誉和众多的景仰追随者。

当然，我们鬏翊族也是他们的忠实追随者。

姮顼族文明发展到八级文明的最高阶段，就快要进入第九级文明了，这时他们已经完全掌握了与自然的完美融合、和谐相处的方法，他们没有高楼大厦，没有道路，每个神都在努力修为，以求整体进入九级文明。由于他们的寿命极长，整个姮顼族神不过数千万之众。他们没有严格意义上的政府，也没有星系概念了，每个神都具有超凡的智慧、无与伦比的能力，他们高度自律，自觉地为族群服务、工作，神与神之间都是平等的，每个神都享有高度的自由。他们推举五个神管理整个星系的事务，被称为星尊；这五个神又推举一个神出来，作为整个星系和族群的最高首领，称为天尊；另外有数百个神协助他们，做一些具体而细致的工作，这些神被称作尊使。

他们有强大的舰队，可以去他们想去的任何地方；能够制造出高度仿真的超智能机器神，代替他们从事各种工作，他们甚至可以从炽热的恒星中进出，并开采恒星溶浆来制作飞船的动力燃料；据说，他们已经接近可以创造生物的境界了。"

"啊！按你这么说，姮顼神岂不成了造物主了？"姬鸣谦震惊地道。

"是的，九级文明就是顶级文明，有权创造生物。"畏兀肯定地说。

姬鸣谦心中油然而生起一片景仰之情，望向畏兀，他同样也是一片景仰之色浮在脸上。

姬鸣谦道："畏兀，看来你是姮顼族的崇拜者。"

畏兀道："医师，你错了，不是我，而是我们整个鬏翊族。"

姬鸣谦有点意外地道："为什么？"

"因为伟大的姮顼神曾经将我们从一场浩劫中拯救出来，所以，我们终身都视他们为本族的守护者。"畏兀道。

"是什么大劫难？"姬鸣谦好奇地问。

"那是很久以前的事了。那时我们还只有四级文明，一个巨大的天体向我们的母星冲来，眼看就要与我们母星相撞，而我们当时束手无策，只能闭目待死。正在这时，姮顼族神及时出手，以极高明的手段将天体引离，并将它纳入了本恒星系的系统内，现在，这个天体成了我们恒星系内的一颗行星，我们把它称作外来者。"

姬鸣谦听得震惊不已，心想：这是要怎样的神力才能做得到如此之壮举？口中却道："所以贵族对姮顼神的感恩之情便世代流传，连绵不绝。畏兀，如果我没有猜错，你说你追踪的那个神秘信号，也必定是与姮顼神有关。"

畏兀三只眼睛盯着他，目中闪烁着光芒，道："医师，你果然与众不同，你的思维判断能力超出了我的想象。"

姬鸣谦轻描淡写地道："我只是随便猜猜而已。"

畏兀道："医师，我请求你保守秘密。"

姬鸣谦道："请放心，我对姮顼族景仰的很，一定帮你保守秘密！"

"那么，你除了是我的救命恩神，现在又是我的朋友了。"畏兀站起来，将两手掌重叠，掌心向下，按在大腿上，行了一礼。

姬鸣谦聪明之极，也学着他的样子，回了一礼道："朋友！"

畏兀很高兴，问道："医师，你怎么会在镏支神的飞船上呢？你的医术又是怎样从顾育神那里学来的？说实在的，顾育神向来不传授医术给外族神的。"

姬鸣谦从与畏兀的短暂接触和交谈中，感到他十分忠诚可靠，决定向他说出自己的秘密，道："畏兀，其实我的故事，你听起来一定觉得不可思议。"

"哦？说来听听。"畏兀有点不太相信。

"首先，你听说过银河系吗？"

"没有，这是哪一个宇宙的星系？"

"不知道。"

"不知道，那你怎么知道有这个星系？"

"我是这个星团里面一个叫太阳系星系里的智慧生物，我的母星叫地球。我们的文明程度很低级，仅可以登陆母星的卫星，再远一点的行星就只能发射探测器探测。因此我们从来不曾与本系之外的生物有过接触，所以也就根本不知道宇宙有多大，也不知道我们的宇宙外面还有这么多的宇宙，更不知道宇宙中，我们的星系叫什么名字。"

"什么？你是初级文明的生物？不对！以你的智慧程度来看，起码也跟我一样达到六级文明，最少也应在四级文明以上。"

"我真的是来自初级文明的地球。"姬鸣谦苦笑道。

"好吧，那你是怎样离开母星的呢？又怎样学会了医术？"

姬鸣谦向畏兀讲述了自己被坚鲜神绑架的经历，以及在顾育神的飞船上学习的经过，道："纠库纠兰认为我一定与嬎顼族有关，所以打破了不向外族传授医术的禁令，让我学会了他们超凡的医学技术，我现在拥有他们的七阶医士头衔。"

姬鸣谦讲完自己的经历，畏兀眼神中闪过惊奇的神色，最后，畏兀眼神坚定地望着他道："顾育神既然断定你与嬎顼神有关，那就一定大有道理，我相信他们的判定，更相信他们的医术。"

"我现在很苦恼，因为不知道我的母星在哪里，所以我无法回到自己的家。"

"别担心，朋友，我一定帮你回到你的母星去！"

"谢谢！"姬鸣谦自被掳以来，第一次听到安慰的话语，心中感到一阵温暖。

"我们是朋友，不是吗？"畏兀真诚地道。

"朋友！"姬鸣谦使劲点头。

畏兀道："你既然是坚鲜神掳走的，那么，你分析得对，他们一定知道你的母星所在的位置，到他们那里找寻线索是最正确的也是唯一的途径。我的飞船已经不能修好了，就陪你去一趟坚鲜神那里吧。"

姬鸣谦心中实在是感激无名，道："谢谢！"

畏兀道："别忘了，我们是朋友！"

第十章　徽乍星

姬鸣谦帮着畏兀从飞船上取了些物品，然后请夫则恩派舰员将飞船丢弃在太空中，不久，镏支神的舰队后方发出了一团火光，却是畏兀将自己的飞船自毁了。

姬鸣谦与畏兀每天形影不离地待在一起。姬鸣谦还请夫则恩批准，让畏兀搬到自己的贵宾舱中同住。

畏兀是鬃翊族星际舰队的上弁军官，有着丰富的星际航行经验，而且，对于姬鸣谦来说，他还是一个好老师。畏兀告诉姬鸣谦，星际通用的军衔是卫、弁、秩、签、戎，每级又分为上、下两阶，上弁属下级军官；姬鸣谦出身军人家庭，对于军衔是十分熟悉的，却没法将畏兀所说的军衔对应人类的军衔，大概畏兀这个上弁跟上尉或少校差不多吧。

经过十多期的密切接触，两神已成了无话不谈的至交好友。在畏兀面前，姬鸣谦无需隐瞒身份，所以就像一个没上过学的幼稚园里的孩子，有问不完的问题。而畏兀则不厌其烦地向他讲述诸多的太虚知识。比如太虚中必须遵循的最高法则为自然法则；又比如宇宙不变定律为旋转定律，因为宇宙在旋转，星系在旋转、星球在旋转，而且，就连微观世界的所有粒子都是旋转的。

经姬鸣谦的推荐，夫则恩允许畏兀到指挥舱里提供一些飞行建议，由于畏兀准确的判断和丰富的经验，好几次帮助舰队避过了危险的小行星带。当舰队抵达纳乌星团时，姬鸣谦、畏兀与夫则恩已成了很好的朋友。

夫则恩道："最多再有两期时间，我们就可以到达舞褳星系了。"

"舰队需要降落到徽乍星上吗？"姬鸣谦道。

夫则恩道："不需要的。只要到了徽乍星外层空间，坚鲜神的货运飞船就在那里等候卸货，我们就在太空中交接货物。这段时间，舰队所有成员都可以有一次机会到徽乍星上休假数期时间，到时我会安排交通艇送你们到徽乍星去。"

"谢谢！"姬鸣谦和畏兀同时道。

果然如夫则恩所料，两期之后，舰队抵达舞褳星系，不久，就到了徽乍星外层空间。夫则恩与坚鲜神办理好货物交接手续，等候在太空中的坚鲜神货船就像一群蜜蜂一样，不停地穿梭于空地之间，忙碌地搬运货物。

姬鸣谦和畏兀跟休假的镏支神舰员一起，乘坐登陆艇，降落到徽乍星上。

六级文明的徽乍星是个奇异的星球，比地球大十倍，高大的山脉连绵不绝，平原和盆地一望无际，裸露的岩石竟然有各种颜色，五彩缤纷，到处都是一些乳晶状的低矮的东西，畏兀说，那是钙基植物。

姬鸣谦和畏兀是随着镏支族神一起着陆的，负责入境的坚鲜族官员只是例行公事地询问了几句就放行了。

进入市区，到处都是高耸入云的巨大建筑，一片连着一片，各式各样的飞行器有条不紊地在建筑物间穿梭来往。姬鸣谦、畏兀与同行的镏支族舰员分了手，在公用停机坪上，挑了一架外形有点像鹰嘴的飞艇，畏兀用入境官员派发的一块白色芯片，插入一个卡口里，将飞艇发动起来。

离开了镏支神，畏兀改称姬鸣谦为医士，问道："医士，想好去什么地方了吗？"

姬鸣谦道："没有，我一点头绪也没有。"

畏兀道："不如先去找个旅馆住下再说。"

姬鸣谦道："你的建议很好，但我们并没有他们的钱。"

"钱？是什么东西？"畏兀问道。

"就是用于购买东西的货币。"姬鸣谦解释道。

"哦哦，医士，五级以上文明都已不使用货币了。"畏兀笑道："有这个芯片，我们在这里的一切消费都是免费的。"

"免费？"姬鸣谦有点不太相信。

"是的，其实也不是免费，而是镏支神已经帮我们支付了。"畏兀道。

"这是怎么回事？"姬鸣谦还是不明白。

"噢，医士，镏支神的舰员要到徽乍星上度假，所以，他们的费用是由那些货物中扣除的，明白？"畏兀道。

"原来这样。"姬鸣谦终于弄明白了，接着又问："但是，如果一个旅行者来到这里，也不需要使用货币吗？"

"啊啊！"畏兀道："医士，星际通用结算货币单位称为束，束的价值是恒定的。出发旅行时，在自己的母星，去负责星际贸易结算的部门，比如我们鬃翊族的叫做星际结算管理院，申领一个有支付限额的结算芯片，简称束芯片，这样，你就可以在大多数的星球上使用束来支付你的费用了。"

"哦，那么你也有这个束芯片吗？"

"有呀！只可惜我的飞船出事时，不知掉到哪里去了。"

"噢！这么说，其实我们两个是不名一文的穷光蛋了！"

畏兀笑道："正是！"在控制板上点了一下，道："请显示离我们最近的旅馆。"

屏幕上立即就显示了十多个白点，畏兀用手指点了一个白点，立即就显示出旅馆的名字以及距离。畏兀道："就去这里吧。"

姬鸣谦并无主意，去哪里都无所谓，因此没有出声。畏兀将目标锁定，飞艇自动调整好坐标航向，朝那个旅馆飞去。眨眼工夫，就已降落在一个很大的平台上。

一个坚鲜神迎上前来，道："欢迎光临卜赤白卜赤旅馆！希望你们有一个愉快的假期。"

畏兀道了谢，跟在他身后，朝一道门走去。进了门，是一个可容七、八个神的空间，姬鸣谦正在犯疑，突然觉得脚下一动，还没反应过来，门就开了，原来是一架高速升降机。

坚鲜神带着他们来到一个门前，用手在门上轻轻触碰了一下，门就开了，道："这是你们的房间，很荣幸能为你们服务！"说完将一块黄色芯片交给畏兀。

畏兀接过黄芯片，道了谢，那个坚鲜神就转身走了。

姬鸣谦道："这个坚鲜神还真有礼貌。"

畏兀道："这是个机器神。"

"啊！"姬鸣谦张大了嘴，因为他根本没看出这是一个机器神。

畏兀没有理会姬鸣谦的惊愕，径自走进房间，姬鸣谦跟在他身后也走了进去，房间很大，只是空空如也，仅在近门处有一个像是台的物件。

畏兀走到台边，将黄芯片插进一个插口里，台面亮了起来，畏兀用手不停地在台面上滑动，奇迹就发生了，只见各式各样的家具、物品或从地下、或从墙里冒了出来。

姬鸣谦看得惊奇不已。

畏兀在一张椅子上坐下，道："医士，你有什么计划吗？"

"还没有想好。"姬鸣谦也坐了下来，随口答道。

畏兀道："我想，知道你的母星的坚鲜神一定很少，普通的坚鲜民众一定不知道有你们这么一个星球的存在。"

"你说得对！估计要有一定级别的高级官员才会知晓。"姬鸣谦赞同畏兀的猜想。

畏兀道："嗯嗯，因此，我们得想办法到他们的长老院去才可能探查得到有关你们母星的资料。"

"长老院？哪能随便就进得去的？"姬鸣谦道。

"如果找到他们的中枢智脑终端，或可以进入他们的资料库查询。"畏兀道。

"对！"姬鸣谦眼前一亮，随即又道："要找到他们的智脑终端或许不难，难就难在怎么才能解锁密码；要知道，长老院的智脑资料库一定是最高密级的。"

"嗯嗯！如果我的同伴不死就好了，他是个智脑程序高手！"畏兀道。

"先不想这些，既然我们的消费是免费的，不如先去吃顿好的再说。"姬鸣谦提议。

畏兀道："好！我也是这么想的。"站起来走到门边的平台旁，开始查询本区域的餐馆，最后挑了一家最有名的星际餐馆，然后驾着飞艇就走。

不一会儿工夫，两神就来到了选好的餐馆，接待生将他们引到一个能看到外面风景的雅间，道："这里满意吗？"

畏兀道："不必了，我们就在这大厅中用餐，感受一下你们星球的风情。"

接待生将两神领到一个靠窗的座位上。两神坐好后，畏兀在浏览食谱，姬鸣谦则望着窗外飞来飞去的飞艇，不知在想着什么。

畏兀要了一份硒基食物，替姬鸣谦点了一份碳基食物，然后就和他闲聊起来。

突然，畏兀停了下来，似在用心倾听什么。姬鸣谦发现他有点异常，问道："怎么了？"

畏兀低声道："等等，别说话。"

畏兀听得身后隔几个桌子的座位上，两个坚鲜神在用坚鲜语低声说着话，一个道：

"没来由让我们来监视这个逖申神干什么？上头还真是大惊小怪。"

另一个道："就是！外星神在我们星球上行走不是平常得很吗？"

先前说话的那个神道："五级文明的逖申族神，有什么好监视的？"

接着两神就是一通牢骚；畏兀不再听下去，故意大声对姬鸣谦道："你这份食物怎样？还合你口味吗？"

姬鸣谦苦笑道："这也叫食物？不过是填饱肚子而已，我母亲做的食物，那才叫美味。只可惜你却是吃不了我们碳基生物的食物。"

一提起母亲，姬鸣谦心中涌起了无限的思念，不禁呆呆地怔在那里。

畏兀道："嗯，那就赶快吃吧，吃完就回去休息。"

姬鸣谦发了一会儿呆，道："吃好了，走吧。"

畏兀将白色芯片递给服务生，在一个机器上触碰了一下，然后就和姬鸣谦出了餐馆的门，回到飞艇上。

姬鸣谦道："你刚才听到了什么？"

畏兀道："我们好像被监视了。"

"啊？怎么会呢？"姬鸣谦奇道。

"我估计我们的房间里也有监视、窃听之类的东西。"畏兀道。

姬鸣谦道："我们也没有表现出什么不对的地方，怎么会引起他们的怀疑？"

"不知道。我听他们说，就是来监视你这个逖申神的。"畏兀答道。

"他们说了什么？"姬鸣谦问。

"说上头让他们监视一个逖申神，你现在的身份不就是逖申神吗？而且当时的餐馆里，只有你一个逖申神。"畏兀道。

"难道他们看出了我是冒充的逖申神？"姬鸣谦道。

"很有可能！在入境扫描登记时，可能你的特征与逖申神不太相符，所以他们有理由怀疑你的身份。"畏兀道。

"嗯，有可能！毕竟不同的种族，有不同的特征。肉眼可能分辨不出，但智脑就一定能判别其中差异。"姬鸣谦道。

"没错。"畏兀同意他的分析。

"现在怎么办？"姬鸣谦问。

畏兀道："我看我们还是装作什么事都没发生，然后去打听有没有到我们青殊仅星系的舰船吧。"

"你真要回你的母星去吗？我可不愿放弃在这里查找我的母星的线索。"姬鸣谦道。

畏兀道："一边打听舰船，一边查探，你以为去我母星的舰船随时都有？说不定要一纪半纪才有一次去我母星的舰船呢。"

"哦？这么少舰船去你们星球？"姬鸣谦道。

"我们回旅馆吧。记住，在房间里不要谈有关你的母星的事，更不要提查找什么线索。"畏兀吩咐道。

"好的，都听你的。"姬鸣谦应道。

两神回到旅馆，在房内仔细地查找了一遍，没有发现任何可疑的东西，只好作罢。虽然没找到可疑物品，但两神却不敢多聊什么，看了一会儿徽乍星的新闻，便各自休息。

姬鸣谦躺在床上，翻来覆去睡不着，脑中不断地盘算着怎样才能从坚鲜神这里查找到有关地球的坐标方位。

想了许久，什么办法也想不到，心中烦躁，索性坐了起来，将腿一盘，打起坐来，练起了太上心经功法。

自从身体被纠库纠兰"还原"之后，姬鸣谦感觉身体强壮了不少，不再需要呼吸，也没有任何不适。这一打坐，少了调匀呼吸这一过程，姬鸣谦很快就开始入静，丹田之中似乎有物成形，姬鸣谦心中暗喜：这是内丹将成之兆。于是聚精会神，澄心滤念，行起功来，意念所到之处，畅通无阻，就连传说中最难打通的任督二脉，似乎也是通的。

姬鸣谦不知道为什么会这样，也无暇去深究，只是加紧催动意念，引领丹田之气周游全身各大要穴。

功行三转，姬鸣谦将意念停在丹田上，感觉到舌底生津，就自然咽下。稍停，姬鸣谦将意念外移，四察身周环境，竟然可以感知房间里的物件；姬鸣谦将注意力停在桌上的一块五彩斑斓用于装饰的原石上，心中想到，这块石头却是有趣。那块石头竟然像是被什么魔法控制着一般，径直向姬鸣谦脑门飞来。

姬鸣谦不知道这是自己的意念引动石块向自己飞来，一时之间，不知所措；眼见石块就要迎面砸到自己脑袋上，他很自然地一抬手，朝它一掌拍过去，一股无形的劲力从掌心中吐出，击在石块上，发出一声大响，石块竟然被拍得粉碎，掉落地上。

畏兀被响声惊得跳了起来，打开灯一看，满地碎片，而姬鸣谦则是一脸的懵然，怔怔地望着自己的手掌。

畏兀道："医士，怎么回事？"

畏兀一连问了三次，姬鸣谦才回过神来，道："我也不知道发生了什么事，那块石头自己朝我飞来，急切之间，就用手去拍它，哪知道它就碎了。"

畏兀不敢相信自己的眼睛，道："这么坚硬的石块，用手掌怎么能拍碎？"

姬鸣谦自辩道："我也没有怎么用力呀，也许这石块本来就是用粉末做的。"

畏兀没好气地道："医士，你可看清楚了，这是一块坚硬的岩石。"

姬鸣谦望着畏兀，没有再分辩。

畏兀又问："你刚才在干什么？"

姬鸣谦道："哦，也没干什么，我在打坐。"

畏兀问："打坐是什么？"

"就是一种修炼心智的办法。这是我们祖先自古相传的很特别的一种方式。"姬鸣谦解释道。

"修炼时有什么感觉？或者说有什么特别的地方？"畏兀问。

"外表看不出任何变化和特征，只是自己会感到体内有股气流一样的东西在流动，意念所至，气流就会流向那个地方。"姬鸣谦道。

"对了！这就是念力，想不到你的念力这么强大。"畏兀道。

"这算是念力？"姬鸣谦有点不明白。

"是的，婳顼族神就拥有这样的念力。只不过他们的更强大。所以我更加深信，你必定与婳顼族有很深的渊源。"畏兀道。

"啊，畏兀，这不过是地球上，我们的祖先传下来的唯心之学，实际上从来不被主流科学所承认。"姬鸣谦道。

畏兀道："医士，这是很高级的科学！实际上，以我们六级文明的科技，都难以解释这种现象。"

姬鸣谦指着地上的碎片道："别管科不科学了，先清理一下，然后想想办法，怎样向旅馆解释吧。"

畏兀道："解释什么？这个房间里面的一切，我们那个白色芯片都可以支付的。"说完起身走到控制台前按了一下，不久，一个长着圆脑袋的白色机器神就推门进来，将地上的碎片清理干净，然后又悄没声息地走了。

两神重新躺下，姬鸣谦不敢再练心法，躺在床上暗自在想：自己在地球上练了十多年的功法，都没有什么大的进展，怎么现在稍稍一练，就有如此境界？这是为什么呢？难道是经过"还原"所致？又或是徽乍星上的环境所致？

想了很久，终是弄不明白，干脆一翻身，面朝里睡去。

一觉醒来，户外已是阳光普照，徽乍星上，昼长夜短，白天的温度很高，幸好纠库纠兰送给他的护甲，能够调节温度，因此姬鸣谦并没有感到什么不适。

姬鸣谦和畏兀在房中无所事事，姬鸣谦又想不出办法怎样去打探地球的坐标秘密。畏兀看着他在房中走来走去，道："医士，有什么主意了吗？"

姬鸣谦道："想不到什么办法。反正没事可干，不如出去走走？看看这个徽乍星的风光也好。"

畏兀去过的星球很多，对什么异星风光根本就没有兴趣，道："就一个岩石星球，有什么好看？"

姬鸣谦道："我没看过嘛，你就陪着我看好了。"

畏兀没有反对，两神出了旅馆，驾着飞艇，随便找个方向，一直飞到郊外。看着飞艇下面的山川，姬鸣谦问道："你的母星也是这样的吗？"

畏兀道："医士，这个丑陋的星球怎能跟我的母星相比？我的母星是一个超级漂亮的星球。"

姬鸣谦道："我想知道，这样的岩石星球，怎么会有生命诞生，而且还能产生六级智慧文明。"

畏兀道："医士，生命形式不同，所需要的条件也就不同，这没有什么好质疑的。"停了一会儿，又道："医士，请注意，我们左右两边都有坚鲜神在监视。"

姬鸣谦道："在哪？我怎么看不到？你哪只眼睛看到的？"

畏兀指着额上的眼睛道："这只！"

姬鸣谦往飞艇上的屏幕看去，果然左右各有一艘飞艇，在目力不及的远处不快不慢地跟在后面。

姬鸣谦道："奇怪，他们怎么知道我们在哪里？"

畏兀道："我们的任何行踪他们都会知道。"

"为什么？"姬鸣谦奇道。

畏兀指指插在卡口的白色芯片，道："因为它。"

姬鸣谦心中一动，道："畏兀，没有它，我们能开得动这艘飞艇吗？"

畏兀干笑一声道："要开动一艘这样简单配置的飞艇，起码有数十种办法。"

"很好！咱们先找个隐秘的地方降落。"姬鸣谦道。

畏兀依言找了个巨岩，贴着岩根降落下去。待飞艇停稳了，姬鸣谦将白色的芯片抽出，用力一甩，甩得远远的，然后道："现在，我们再开动飞艇，借助地形，看看能不能把他们甩掉？"

畏兀从身上取出一块黑色的不知什么金属打造的金属片，插到卡口里，然后在护甲的仪表板上一阵操作，不久，飞艇果然发动了起来。畏兀按姬鸣谦所说，借着地形，贴着地表飞出很远，来到一片碎石滩上，停在一块巨岩的阴影里。

畏兀道："医士，坚鲜神是甩掉了，但是我们在这个星球上，恐怕就要饿死了。"

姬鸣谦道："车到山前必有路。"

"什么意思？"畏兀完全听不懂。

"就是说，不用担心，等遇上了问题，自然就有解决的办法。"姬鸣谦道。

畏兀用手拍着头，表示无奈，道："我们总不能整天待在这里看石头吧？"

"你让我想想，"姬鸣谦仰头向天，道："假如我的母星的坐标这个秘密只有你们鬈翊神知道，那么，是否你们所有的族神都会知道呢？"

畏兀道："医士，既然是个秘密，那么就不可能所有神都知道。而且，要看这个秘密的级别是什么，如果是绝密级的秘密，那就只有很少神知道，有些甚至只有长老院的几个神才知道。"

姬鸣谦道："对！假设我母星座标的秘密是最高级别的秘密，那么，坚鲜神又会有谁知道？"

"目前看来，起码绑架你的星际舰队知道；当然，长老院也必定知道。"畏兀道。

姬鸣谦笑笑，望着畏兀，畏兀突然想到了什么，惊道："医士，你不是想打他们星际舰队的主意吧？"

"有何不可？这总比打他们长老院的主意来得容易吧？"姬鸣谦道。

"虽说比去长老院容易，但也是难之又难，你想想，你有什么办法靠近得了星际舰队而不被发现？"畏兀道。

"办法总会有的。"姬鸣谦道。

"你有办法了？"畏兀问。

"还没有，到时再想吧。"姬鸣谦道："我想问一下，星际舰队的舰载智脑是否与他们的星系的超级中枢主智脑相连？"

"这要看舰队的级别了，一般只有星际舰队的旗舰才会与主智脑相连。而且级别也不会高。"畏兀道。

"也就是说，只要能进入旗舰的智脑，就有机会侵入到他们的主智脑？"姬鸣谦问。

畏兀道："可以这样认为！但是，这是天方夜谭！星系中枢主智脑岂是这么容易入侵的？就算你是八级文明的智脑高手，想要侵入六级文明星系的中枢主智脑，也并没有多少成功的概率。何况我们两个外行的神？"

姬鸣谦慢慢地道："嗯嗯，难说，假如有那么一个神，他知道进入中枢主智脑的密码，我们不就能进去了吗？"

"谁？"畏兀奇道。

"比如旗舰的指挥官。"姬鸣谦轻轻地道。

"哦，那他一定掌握这个密码。"停了一下，畏兀似乎明白过来了，跳起来道："你疯了！你是想劫持一名坚鲜神的舰队指挥官？"

姬鸣谦道："对呀！"

畏兀道："这是不可能的。即使你能劫持到一名指挥官，他也不可能把密码告诉你，而且……"

姬鸣谦道："你都没试过，怎么知道不行？"

畏兀道："这还用试吗？只要用脑袋去想一下就知道不行。"

姬鸣谦坚毅地道："没办法，为了能回到我的母星，再难我都要试一试。"

畏兀望着他，中间的眼睛闪闪发光，道："医士，朋友，我愿意帮助你。"

姬鸣谦感动地道："谢谢！"

畏兀将飞艇发动起来，道："那我们得先回城里去。"

姬鸣谦道："好！"

畏兀将飞艇远远绕了个大圈，又冲上天空高高地飞了一回，然后飞了几个花式，这才降至正常高度，往城里飞去。从导航仪中找到一个商业区，选了一个楼顶停机坪，将飞艇降落，两神下了飞艇，乘升降机下至大楼里面，楼里十分繁华，坚鲜族神熙熙攘攘，神来神往，间或也有几个外星族神杂在神群中，格外的显眼。

两神来到一间用星际通用的醻琰搕耉语写着的"群星餐馆"字样的门前，畏兀问道："饿吗？"

姬鸣谦道："当然饿了。可是我们没有束芯片，怎么办？"

畏兀道："先吃了再说。"

姬鸣谦望望餐馆里面，形形色色的外星生物几乎坐满了整个餐厅，这才明白，原来这是专门向外星神提供食物的餐馆。

姬鸣谦亦步亦趋地跟在畏兀后面，就像个三岁小童第一次进城一样，看着各种形貌奇异的外星生物，就像是进了怪物展览馆一样。

畏兀随便找了一张桌子坐下，在桌面的餐牌上，极快地点了两份食物，不一会儿，机器服务生就送来两份食物，姬鸣谦与畏兀各取所需，一边慢慢地吃着，一边打量着其余的食客。

畏兀低声道："那边三位淡绿皮肤的是五级文明的函后族神，钾基生命；他们很是好客，看来我们这一顿饭有神请客了。"

"怎么说？"姬鸣谦不明白地问。

"看我的，等一下你就明白了。"畏兀说完，就走了过去，向那三个函后神打招呼。然后就聊了起来，聊了半天，这才把姬鸣谦叫过去。

姬鸣谦走过去，用襄殷毋赅语向三个函后神打了个招呼，坐了下来，抬头打量那三神，他们皮肤淡绿，头就像一只考古出土的圆锥形陶罐，长着像羽毛一样的蓝绿色毛发，圆圆的褐色双眼，鼻子就像是一颗绿色的樱桃一样，嘴巴略显得大些，嘴角像雏燕一样，带着淡淡的黄色，耳朵像是一片卷着的薄饼，很突兀地贴在脑袋的两边，双手各有四根手指。

畏兀道："这是丘甄项·泰孔督荥·督旻鼎偶医师。"

姬鸣谦道："你们好！"

畏兀指着三神道："这位是郝克莱；这位是希襄冯；这位是阶松蒂。"

姬鸣谦十分礼貌地一一致意。

郝克莱道："在异星他乡结识到新朋友，真是太高兴了。"

姬鸣谦道："能认识三位，是我的荣幸。"

阶松蒂将服务生招来，吩咐道："这两位的费用，都由我们付了。"

服务生点头应了一声，就退下去了。

畏兀道："初次相见，怎么能够让你们破费？"

希襄冯说："我们函后族一向好客，见面就是朋友，因此请不必客气。"

姬鸣谦、畏兀不再推辞，又再三道谢了。

郝克莱道："两位打听回青殊仅星系臻呈星的飞船，我们尽力帮忙吧。不过，据我所知，你们和坚鲜神的贸易太少，短时间内恐怕很难有飞船到臻呈星去。"

阶松蒂道："我倒有个主意。"

畏兀道："请说。"

阶松蒂道："不如随我们到我们母星去，我们与你们的贸易较多，更容易找到回你母星的飞船。"

畏兀道："只是这样走的话，路就远了许多，要的时间也多了。"

姬鸣谦道："这倒不失为一个好办法，我们在这里不知要等多久才有船往臻呈星，反正在这里也是等，不如到他们母星去，可能更快。"

又闲聊了一会儿，郝克莱将自己飞船停靠的位置坐标告诉了畏兀，结过账后，五神就分手了。

姬鸣谦和畏兀出了餐馆，不知去哪里好，这让姬鸣谦生出了无家可归的感觉，不禁就想起了父母、师父。这一刻，姬鸣谦感到前途渺茫，心中惶恐之极。

畏兀体会不到姬鸣谦的感受，道："医士，还是开上飞艇，到处看看，找个僻静的地方，睡上一觉再说。"

姬鸣谦回过神来，道："也只好这样了。"

两神回到飞艇旁，刚跨进驾驶室，突然四周出现了七、八架尖头的飞行器，将他们围住。

畏兀只看了一眼，就道："我们的麻烦来了。"话音才落，姬鸣谦就看到四、五个坚鲜神，手中拿着一把像扳手一样的东西，指着自己和畏兀。

畏兀立即就道："医士，千万别乱动，这是轻磁力武器，虽然不会要了你的命，但被击中之后，你会立即动弹不得，三、五期之内，你都会很难受。"

一个坚鲜神以命令的口吻说道："出来！不要意图抵抗！"

畏兀示意姬鸣谦下了飞艇，道："我们是外星访客，按照星际协定，我们有权自由行动。"

为首的坚鲜神道："是的！但是，这是一架失联的飞艇。我们有理由怀疑你们非法使用这艘飞艇。"

"长官！这艘飞艇是贵星配给我们合法使用的。"畏兀分辩道。

"配给？但是我们怎么追踪不到它的位置？"坚鲜神道。

"因为我们到郊外观光，不慎遗失了那块白色芯片。"畏兀道。

"遗失芯片？"坚鲜神有点疑惑，接着道："遗失芯片你又怎么开得动飞艇？分明是使用了不正当的手段，非法使用公物。"

"哎呀，长官，你总不能让我们在郊外饿肚子吧？所以只好想了别的方法，把它开回来了。"畏兀道。

"不管怎么说，这是不允许的。请跟我们走吧，我们会弄清楚的。"坚鲜神道。

畏兀做了个无奈的手势，不再分辩，在坚鲜神的押解下，两神上了其中一架尖头飞行器。不一会儿工夫，飞行器飞进了一栋大楼，坚鲜神押着畏兀、姬鸣谦进了一个宽大的升降机，姬鸣谦看了一眼显示屏，显示现在是在第九百五十层。升降机上行至一千零五十层就停了下来，门打开了，坚鲜神押着他们出了升降机，走过一条很长的走廊，来到一道门前。

为首坚鲜神推开门，押着他们进去。门内很是宽敞，有三个坚鲜神在里面，其中两个像是卫兵，身上佩着扳手形的轻磁力武器；另一个略为胖一点的，像是首领，没有佩武器。

押解的坚鲜神进门后，向首领说了几句，首领就挥了挥手，他就带着手下出去了。

胖首领慢慢地踱到姬鸣谦和畏兀跟前，这时姬鸣谦看得更为清楚，所谓胖一点，也只是看起来比其他坚鲜神显得没有那么干瘦而已。

首领道："两位尊敬的外星访客，我是这片区域的最高负责神，你们可以称我为长公，当然，你们也可以称呼我的名字，我叫庝谇·卜山布斯。"

"长公，请问把我们带到这里是何用意？"畏兀明知故问。

"哦，这位一定是畏兀上弁了。鬃翎族星际舰队上弁，入境填报的资料我们都核对过了，确实无误。"皮谇转向姬鸣谦道："只是这位自称是医师的先生，身份似乎有点不对。"

姬鸣谦故作镇定地道："怎么？我申报的资料错了吗？"

"资料应该是没错的，只是你入境时的身体扫描显示，你与逖申族神的差别很大，你不是逖申族神。"

姬鸣谦心中一阵紧张，但还是说："你们的仪器出错了吧？"

"与其说我们的仪器错了，倒不如说你的身体长错了。说吧，为什么冒充逖申族神？"皮谇讥笑道。

"长公，难道你们的仪器就不会出错？"姬鸣谦抗辩道。

"不会！"皮谇很肯定地说。

畏兀道："长公，你们一定误会了。"

皮谇阴恻恻地道："上弁，你们认识多久了？"

畏兀道："也不算太久。"

皮谇道："你了解这位医师吗？"

畏兀嗯了两声，算是作答。

"恐怕你还不清楚这位医师的逖申族身份是伪造的吧？"皮谇道。

"伪造？这只怕是你们不欢迎逖申神而捏造的借口吧？"畏兀道。

"哼哼！"皮谇并不辩驳，道："我们会弄清楚的，不过在弄清这位医师身份之前，我们不得不采用一些强制的措施来限制你们的自由。"

"为什么是我们？"畏兀道。

"因为你也有同谋的嫌疑。"皮谇道。

"我抗议！按星际协定，你们无权限制星际旅行者的自由。"畏兀大声道。

"抗议无效！"皮谇道："上弁，别忘了，对所有伪造身份的嫌疑神，任何星系都有权查证，并适度限制他们的自由。"

皮谇挥了挥手，那两名佩带武器的坚鲜神立即上前，一神一个，捉了姬鸣谦和畏兀的手臂，往门外就走。

皮谇在后面道："放心，用不了多长时间，就能查明医师的身份。"

姬鸣谦和畏兀被带到一间空房子里，房子十分狭窄，没有光、没有窗，黑漆漆的，里面空空如也，什么也没有。

姬鸣谦一屁股坐在地上，一面丧气地道："对不起，连累你了。"

畏兀道："医士，请不要这样说，我们是朋友。"

姬鸣谦道："一旦他们知道我不是逖申族神，那我们的命运就难以预料了。"

畏兀道："别灰心，就像你说的，什么到山前必有路。"

姬鸣谦苦笑道："但愿如你所说吧，不过，我怎么也看不出有什么路。"

畏兀道："有！逃！"

"逃？这里连个窗户都没有，怎么逃？"姬鸣谦说道，一边打量着房间周围。

畏兀低声耳语道:"等下我们引诱门外的看守进来,将他打倒,然后就逃出去了。"

"出去之后呢?"姬鸣谦觉得这办法可能有用。

"见一步走一步吧。先逃离这鬼地方再说。"

"嗯,也只好这样了。"姬鸣谦点头同意,然后就盘膝坐好,将意念集中,不一会儿,果然感知外面有一名看守,在门外不远处站着。

姬鸣谦道:"外面只有一个看守,打倒他并不难。"

两神低声商议停当,畏兀便捶打着门,大声道:"我要见你们长公,我有话要说!"捶打了好一阵子,门外守卫就像没听见一样,理也不理。

姬鸣谦道:"看来这办法不行!"

第十一章　首龟渠族

　　姬鸣谦和畏兀正感无奈的时候，门突然打开了，皮谇站在门外，身后跟着三个佩带武器的坚鲜神护卫。

　　皮谇皮笑肉不笑地道："上弁，你自由了，这事与你无关，不过根据星际协定，你已不适合在本星系逗留，因此，你将被礼送出本星系。"说完一挥手，两名坚鲜护卫走进房内，一左一右，抓住畏兀的手臂往外就拽。

　　畏兀道："抗议！抗议！"

　　皮谇待畏兀被拽走之后，就把姬鸣谦带回他的办公室里，这才阴沉地对姬鸣谦道："医师，你的身份我们已经弄清楚了。"

　　姬鸣谦故作镇定地道："啊，我就说你们一定是误会了。"

　　皮谇道："不是误会！你是一名囚犯！从我们手中逃跑的囚犯！"

　　姬鸣谦抗辩道："囚犯？我一直都是清白的，从来没有做过犯法的事。"

　　皮谇嘿嘿冷笑道："这与你做没做过犯法之事无关，因为你一生下来就是罪犯！"

　　"这是什么逻辑？"姬鸣谦愣住了。

　　"没有逻辑。我们说你是，你就是！"

　　"这不是强盗逻辑吗？"姬鸣谦愤然道。

　　皮谇奸笑两声，道："因为蓝囚星上所有的人类都是罪犯！"

　　"蓝囚星？"姬鸣谦没有反应过来。

　　"对！就是你们所说的地球。"皮谇道。

　　姬鸣谦一听皮谇说到地球，心中一阵激动，暗道：坚鲜神果然知道地球的位置。故意装作迷糊地道："你们又错了吧？我的母星不是什么蓝囚星！我的母星在银河系！"

　　"不会有错的，你们所说的银河系，叫做大荒星团，位于困敦宇宙，你们的太阳系，叫做卜茅支迪星系。"停了一下，皮谇鄙夷地道："你们人类，生而有罪，世世代代都是囚犯！"

　　姬鸣谦心中一震，觉得这句话怎么这么熟悉？未及让他多想，皮谇又道："你将受到最严厉的惩罚！"

　　姬鸣谦心念电转，思忖：看来这回落入他们手中，定是在劫难逃了，说不定就被他们像小白鼠一样拿来作各种试验，那时就生不如死了。不行，必须逃出去！心中一打定逃的主意，反而坦然，道："我想知道这惩罚有多严厉？"

　　皮谇一脸奸相地道："稍后你就知道了。"把手一挥，站在一旁的护卫手上拿着一个奇形的怪圈，走了过来，弯下腰，要给他的脚戴上，姬鸣谦立即就明白，这是一个镣铐。

就在护卫弯腰瞬间，姬鸣谦突然一掌拍出，拍在护卫的背上，这一掌力道极大，姬鸣谦似乎听到骨头碎裂的声音。

不等护卫倒地，姬鸣谦已一把抽出他身上的扳手形武器，指向皮谇。可是，他立即就发现，自己根本就不会使用这种武器。姬鸣谦无暇多想，将武器往背后腰带上一插，空着双手，扑向皮谇。皮谇见他来得凶猛，急忙向后退着，一边抬起左手，右手就往仪表板上点击。

姬鸣谦大急，挥手就向皮谇遥击过去，意念所至，一股大力从掌心涌出，击向皮谇；皮谇被这股无形的掌力一撞，扑地倒了。

就在皮谇倒地的一瞬间，门被撞开了，姬鸣谦回身欲扑，瞥眼之间，看见一个熟悉的身影如飞一般闯了进来，原来是畏兀。

畏兀闯进门来，一扫房内情形，立即就明白发生了什么事情，叫道："快跟我来！"

姬鸣谦不加思索，跟着畏兀就跑。

畏兀领着姬鸣谦一路躲躲闪闪，来到一个机库里，二话不说，窜上一架椭圆形的飞艇，将飞艇发动起来，如箭一般冲出机库，再一加力，就已窜上半空。

姬鸣谦大声道："你怎么回来了！"

畏兀道："我们鬃翊神从来都不会丢下朋友的！我把那两个护卫打倒了，急忙回来救你，没想到你自己就把皮谇放倒了。"

姬鸣谦道："我也不知道自己有这个能力。我们现在去哪？"

畏兀道："还记得餐馆里认识的函后神吗？"

"你是说郝克莱？"姬鸣谦问。

"对！现在只有去找他们，才有机会逃走；他们有飞船。"畏兀道。

"那也只好去找他们帮忙了。不过他们会帮我们吗？"姬鸣谦有点担心。

"顾不得这么多了，到了他们的飞船上再说。"畏兀道。

不到一念时间，两神已飞到郝克莱所说的飞船停靠的地方，一艘像三个圆筒成品字形拼在一起的飞船，差不多有十层楼高，整艘飞船约有一遥长，每个圆筒的直径起码有一望，最上面的圆筒稍长一些，向前突出一部分，显然是飞船的驾驶室。

畏兀直接将飞艇停在郝克莱飞船旁，郝克莱在飞船上看到畏兀和姬鸣谦跳下飞艇，向自己的飞船跑来，立即就打开舱门，让他们进入飞船。畏兀领着姬鸣谦冲到驾驶室，还没来得及打招呼，就听到阶松蒂的声音道："坚鲜神的战舰群正向我们飞来。"

郝克莱向船外一看，数不清的坚鲜士兵，乘搭着各种飞行器正向自己的飞船包抄过来。

郝克莱吃了一惊，问道："这是怎么回事？"

畏兀急道："快起飞！不然就来不及了！"

郝克莱不及思索，一边下令起飞一边叫道："噢！你们这是闯了什么大祸了？"

希襄冯和阶松蒂两神十六根手指飞快地拨动着各种按键，飞船开始悬空。这时，地面的坚鲜士兵已经开始向飞船射击了。

"快开启护盾！"郝克莱大声道。姬鸣谦、畏兀早已坐好扣上了安全护栅。郝克莱手指虚空一点，飞船腾空而起，无声无息地向天际疾飞，身后大批战舰紧跟着追击而来。

"护盾已开！"阶松蒂大声道。

"后炮准备！"郝克莱吼道。

"后炮已就位！"希襄冯道。

"还击！"郝克莱毫不犹豫地命令。

一阵密集的光波向后面的坚鲜战舰扫射过去，令到坚鲜战舰不得不做战术规避动作，只这么一缓，郝克莱驾着飞船突然一个急转，向着另一个方向飞去。

姬鸣谦道："好样的！郝克莱！不过前面一定会有坚鲜神的大型舰队拦截，还得不时变动方向。"

郝克莱道："医师，你所说的，深合作战之法。"

"前方发现战舰！"阶松蒂道。

"前炮准备！"郝克莱一边下令，一边将飞船来了个九十度急转，换了另一个方向急速飞行。这时后面的坚鲜战舰密集地开火射击，郝克莱一边做着规避动作，一边大叫道："光速准备！"

阶松蒂道："重力已关闭，光速一级已候备！"

突然飞船猛烈地抖动，希襄冯道："不好！我们被击中了！"

"报告损毁情况！"郝克莱道。

"左边两个、右边一个副推进器损毁，主推进器工作正常！"希襄冯道。

"都坐好了！"郝克莱正要加速，船身又猛烈摇晃起来。

"右边副推进器又损毁了两个！"希襄冯报告。

郝克莱脸上绿色变得发光，一咬牙，一指点在光速一级的键上，飞船一个急转弯，向着外层空间疾驰！不过十数息时间，郝克莱就已将飞船由光速一级升到三级，却因副推进器损毁了五个，无法达到极致速度。

畏兀道："郝克莱，关闭所有可以显示飞船位置的系统，导航系统也关闭了。"

"朋友，你疯了？没有导航很危险的！"郝克莱道。

"我们现在是在逃命，请照我的话做。只开着探测系统就可以了。"

郝克莱知道畏兀说的是对的，按他的意见关闭了所有可以被探测到的系统。

飞船极速飞行了约半念时间，姬鸣谦又建议郝克莱变换了几次飞行方向，估计坚鲜神再也摸不清自己的方位了，姬鸣谦道："郝克莱，谢谢！现在可以停一停，检修一下损毁的副推进器了。"

郝克莱将飞船停下，一齐到推进舱去察看损毁情况，万幸的是主推进器完好无损，五个损毁的副推进器毁坏严重，无法修复。

阶松蒂道："这下我们变成瘸腿的了。"

郝克莱道："上弁，到底怎么一回事？你们闯什么大祸了吗？"

畏兀道："坚鲜神怀疑医师的身份，认为他不是逖申族神，因此要逮捕我们，我们当然不能束手就擒，因此就打倒了他们的守卫，闯了出来，然后就找到你们，之后的事你们就都参与了。"

希襄冯道:"坚鲜神最喜欢的就是无事生非了!"

阶松蒂道:"哈哈,虽然是莫名其妙地与坚鲜神打了一架,但我一点也不觉得后悔,平时就看他们不顺眼的了。"

郝克莱道:"虽然我们对坚鲜神没有好感,但是这样交火,恐怕会引起我们星系的外交纷争。"

姬鸣谦道:"郝克莱,真是太对不起了。"

希襄冯道:"怕什么?"

畏兀道:"郝克莱,大可不必担心,若真有纷争,你可以说是被我们胁迫,把事情推到我们身上,不就什么事也没有了吗?"

阶松蒂道:"好办法!反正你们也不怕再担多一点责任。"

郝克莱道:"嗯,这些暂且不说了,现在飞船损毁,必须找个地方就近修理才行。"

畏兀道:"先打开导航系统,看看我们现在在什么位置再说吧。"

阶松蒂打开导航,看了一会儿,道:"我们现在还在作噩宇宙,纳乌星团的边缘地带。"

郝克莱看了看道:"现在离我们最近的是旬归道举星团的肖欣异亦星系,那里有个五级文明的硫基智慧生命首龟渠族,就在卜野式申菲星上。不如我们就去那里,修理我们的飞船,然后再决定下一步怎样吧。"

畏兀道:"我没意见。"

姬鸣谦道:"你是船长,自然由你决定。"

　　

肖欣异亦星系是一个单恒星星系,有十七个行星围绕着它,卜野式申菲星是星系中第五大行星,也是首龟渠族文明的发祥地。从卜野式申菲星同步轨道上看它,是一个漂亮的淡黄色星球,几乎是地球的三倍大。当飞船减速准备着陆时,姬鸣谦已经可以看到地表上大大小小的湖泊,畏兀在旁说,湖泊里是硫化液体;高大的硫基植物覆盖着全星球百分之四十以上的表面。

姬鸣谦一下飞船,空气中的硫磺味就扑鼻而来,虽然他现在已不需要呼吸,但是鼻子的嗅觉功能似乎更灵敏了。姬鸣谦看了看护甲仪表板上显示的数据,调整好护甲的各项功能及体温,又调较好靴子的重力系数,然后四下观望起来。

飞船停在一个巨大的船坞里,停机坪上停着各式各样的飞船。一个首龟渠神开了一艘陆上飞艇过来,将他们接到一个大厅,让他们下了飞艇,就自行走了。

郝克莱领头,阶松蒂、希襄冯随后,姬鸣谦和畏兀在后面跟着,走到一个奇形的桌子前,桌子后面站着一个首龟渠神,郝克莱用酹琰揾耆语向他打了个招呼,首龟渠神也用同样的语言向郝克莱一行表示欢迎,趁着郝克莱等神与首龟渠神交流的空档,姬鸣谦打量起那个首龟渠神,只见他约莫一米五、六的样子,一颗硕大的脑袋直接就长在肩膀上,看不出有脖子;头上长着浓密的麻黄色毛发;一块脸像是个脸盆,两块肉从脸颊上一直垂到胸前；两只小眼睛突出来，可以三百六十度转动，眼瞳是黄色的；一个像洋葱一样的大鼻子和两块脸颊肉几乎将嘴巴全遮盖住了，由于毛发太浓，看不出有没有耳朵。

不久，郝克莱办妥了入境手续，那个首龟渠神亲自领着郝克莱等神，来到九十层楼一间宽大的房子里，里面有一个首龟渠神，坐在一张桌子后面。领路的首龟渠神向他说了一阵子，那神就点点头，挥手让领路的首龟渠神退下。

郝克莱上前与他交谈，过了大约四、五念时间，两神像是谈妥了，郝克莱拿出一块蓝色的圆形镂花芯片，交给了首龟渠神，那神很高兴，眼珠转向姬鸣谦望来，姬鸣谦上前一步，用醉琰揞耆语向他问候，郝克莱像是突然想起一般，道："啊，抱歉，这位是丘甄项·泰孔督荥·瞽旻鼎偁医师。"

畏兀插话道："丘甄项医师曾向顾育神学习过，拥有相当于顾育神七阶医士的医术。"

首龟渠神一听是就学于顾育神的医师，立即热情地道："原来是丘甄项医师，我叫乌斯芒，是这里的总理事，欢迎来到本星。"

"总理事官长，非常荣幸能到贵星旅行并荣幸地认识你。"姬鸣谦道。

乌斯芒将一个黄色的三角形芯片交给郝克莱，说道："你们的飞船我会派最好的工程师给你尽快修好，在飞船修好之前，你们可以在本星系观光，我会随时与你们联系的。"

郝克莱道："我们三位会与贵族工程师一起工作，毕竟我们对飞船才是最熟悉的，而且这样会更快修好飞船。"顺手就将芯片交给了畏兀。

畏兀接了芯片道："我和医师帮不上什么忙，看来只好去享受一番旅行的乐趣了。"

乌斯芒道："祝你们有一个愉快的旅行。"转身在桌子上用他又短又细的只有三根指头的手虚按了一下，桌子上就浮现出一架半球体形状的小飞艇，上面标着几个符号，乌斯芒道："这艘飞艇就给你们代步了，机身编号是七零八六，停在四号区域。"

郝克莱道了谢，这时一个首龟渠神走了进来，乌斯芒道："下卫，请带他们到四号区域吧。"

郝克莱等神跟着下卫来到四号区域，上了七零八六号飞艇，畏兀抢先坐到驾驶的位置，道："郝克莱，我们先找个地方吃顿好的吧？"

郝克莱道："我正有这个意思，回来再准备修理飞船不迟。"

畏兀在飞艇导航屏上搜了一阵子，找到一家专为外星访客服务的餐馆，开着飞艇就往那里飞去。

到了餐馆，各神要了一份适合自己的食物，一边聊着各自对卜野式申菲星所了解的事情，一边慢慢地吃着。

餐馆里的虚拟信息屏上播放着各种节目，一则新闻引起了姬鸣谦的注意，新闻说：近日，立预勖欣星系的迁未族不停地挑起摩擦，首龟渠族首席执行官联合院首席伊申祚仄发表声明，表示将坚决予以反击。

姬鸣谦随口问道："这个迁未族是什么来历？"

郝克莱三神奇怪地望着他，觉得他怎么这么孤陋寡闻，就像没见过世面的一样。

畏兀道："迁未族在沙呱星团的立预勖欣星系，他们的母星叫榫仁卜立纪，是个五级文明的神族，锰基生命。许久之前，为争夺一个星球上的资源曾与首龟渠神发生过战争，后来，由于嬿顼族神出面调停，这场战争才平息了。唉……自从嬿顼神消失之后，迂未族受坚鲜族的挑唆，向首龟渠族提出一些过分的要求，所以，近十多纪里，两族时常发生一些摩擦和小冲突。"

"原来这样。"姬鸣谦听完，又继续看节目。

吃罢了饭，五神驾着飞艇回到郝克莱的飞船上，郝克莱三神在为明天的修理做准备，畏兀则在教姬鸣谦如何使用坚鲜神的轻磁力武器，并讲解一些星际最常见的武器的原理和使用方法。

卜野式申菲星虽然比地球大三倍，但自转很快，一天相当于地球的二十一小时；姬鸣谦醒来时，郝克莱等神已经在指挥着首龟渠的工程人员开始修理飞船了。

姬鸣谦和畏兀帮不上忙，驾着飞艇，到处观光游玩。逛了半天，姬鸣谦忽然道："畏兀，我怎么看到首龟渠神的建筑几乎都是圆形的？不是球形就是圆柱形、半圆形。"

畏兀道："这不奇怪，圆是太虚中最稳固的形态。使用圆形建筑，是最聪明的选择。"

"不是三角形最稳固吗？"姬鸣谦问。

"啊，不！三角形虽然稳固，但是远没有圆那么多的优点；你看，所有星球都是圆的或近乎圆的，因为圆的重心稳，从圆心到各点，都是均衡的。"畏兀道。

"有道理。"姬鸣谦突想到一个问题，道："那么圆周率你们是怎么算的呢？"

"哦，这是一个简单的常数，并没什么神奇之处。"畏兀道。

"简单？"姬鸣谦有点疑惑，道："但是，人类至今都还没有算尽这个常数。"

"算尽？"畏兀反倒奇怪起来，，问道："为什么没有算尽？"

"因为它是一个无限不循环数。"姬鸣谦答。

"无限不循环数？"畏兀想了一下，忽然笑道："我忘了，三级以下文明，使用的是十进制运算规则，所以无法算尽这个圆周率。而四级以上的文明，都使用十二进制运算规则，所以，圆周率是可以算尽的。"

姬鸣谦在纠库纠兰的飞船上没有"输入"到数学的基础知识，闻言吃了一惊："能算尽？"

"是的，十进制是十二进制的简化运算规则，在十进制当中，自然数是十个，而在十二进制当中，自然数是十二个。所以，十进制下的数学，是无法演算高级的科技程序的。"畏兀道。

"十二个自然数！"姬鸣谦正在震惊中，飞艇上的通讯器上出现了郝克莱的头像，他说道："医师，请立即回来，乌斯芒总理事有要事找你。"

姬鸣谦道："好的，马上就回来。"

畏兀道："不会像在坚鲜神那里一样，有什么麻烦吧？"

姬鸣谦道："什么麻烦？"

畏兀道："你的身份。"

"啊，我看不会，首龟渠神不是坚鲜神，他们不会知道我是人类，而且，就算知道，也不会对我有什么行动。"姬鸣谦道。

"嗯嗯。"畏兀一边应着,一边调整方向,往回就走。

不一会儿工夫,两神回到四号区域,将飞艇停在郝克莱的飞船旁,乌斯芒已在飞船旁等候,身后还站着两个穿制服的首龟渠神,一架很漂亮的约有半个篮球场大小的双圆体飞艇就停在不远处。

乌斯芒上前,恭候着姬鸣谦和畏兀下了飞艇,道:"尊敬的医师,我们首席执行官联合院首席想请你前往一见。"

姬鸣谦奇道:"联合院首席?可我并不认识他。"

乌斯芒道:"呃,医师,请原谅,容我解释一下。因为你入境时,你的同伴说过,你曾跟顾肓神学过医术,我就把这一条附加在了你的资料上,没料到被医学院的人搜寻到了。"

姬鸣谦自作聪明地道:"哦,是想我跟贵医学院的大师们交流一下吗?"

"不不不,"乌斯芒连忙道:"我们联合院首席官上身患伤病很多纪了,一直都难以治愈,现在搜查到有你这么一位医师,所以冒昧请你前去看视一下,给些治疗的建议。"

"原来这样,那就走吧。"姬鸣谦爽快地答应了。

"请!"乌斯芒亲自引路,请姬鸣谦和畏兀上了那艘双圆体飞艇,自己就坐在姬鸣谦身旁,两个穿制服的随从立即就钻进驾驶室,将飞艇开动起来。

飞艇以极快的速度绕着卜野式申菲星飞了半圈,来到了星球的另一面,这里现在正是黑夜。夜幕之中,飞艇的下方灯火璀璨,巨大的城市似乎看不到边际。

飞艇在一栋六个圆柱形的建筑物楼顶降落,刚一下飞艇,立即就有三个首龟渠神迎了上来,其中一个穿着考究,像是为首的;乌斯芒紧走几步迎上去道:"啊,协理官长,怎敢劳你相迎?介绍一下,这位就是丘甄项·泰孔督荥·瞀旻鼎偶医师,这位是畏兀上弁。"转头对姬鸣谦和畏兀介绍道:"这位是朱思茫,是我们首席的协理官。"

朱思茫跨前一步,一双又短又细的手臂竖在胸前,三根手指的手掌掌心向外,然后像是和尚合十一样,将手掌合在胸前,道:"尊敬的医师,很高兴您能答应前来,我代表首席本神向您表示感谢。"

姬鸣谦明白这是朱思茫向自己行礼,也学着他的样子,向他回了一礼,道:"协理官长多礼了,我不过是一名无名医者,怎敢劳动官长亲迎?"

朱思茫道:"您是首席官上的贵客,能亲身迎接您,是我的荣幸。"转头又和乌斯芒寒暄了几句,乌斯芒就告辞走了。

朱思茫在前引路,转过几道走廊,又乘升降机下了十数层,来到一道门前,朱思茫用手在门上的识别器上按了一下,门就开了;朱思茫领头走了进去,穿过一个会客厅,来到一间宽大的房间里,一个首龟渠神坐在那里,看起来神色不佳;身后有三位首龟渠神站立着。看见姬鸣谦进来,坐着的首龟渠神立即就站起来迎接,朱思茫赶紧将身一闪,把姬鸣谦让到前面,道:"这位就是首席执行官联合院首席伊申怍仄官上,这位是丘甄项·泰孔督荥·瞀旻鼎偶医师。"

伊申祚仄行了一礼，道："听闻医师曾向顾育神学过医术，拥有相当于紫刀医士的医术，因此请您过来，为我诊治一下。事前未及征得您的同意，实在是抱歉之极。"

姬鸣谦道："官上太过客气了，医者就是为病患者服务的。请问贵患在什么地方？"

伊申祚仄举了一下手，身后一位首龟渠神就走上前来，伊申祚仄道："医师，我的伤患就由速守乌侧医师为您详述吧。"

姬鸣谦望向速守乌侧，只见他先行了一礼，然后道："首席官上数十纪前在一场与迂未神的冲突中不幸负伤，由于战场医疗条件有限，送回母星时，官上已经生命垂危了。经过我们的尽力抢救，总算把他救活了，然而那个伤患一直都无法治愈。近日，我们检查时发现，官上因这个伤患，已然引发别的器官发生病变，严重影响他的健康和寿命，为此，我们医学院想尽了办法，但仍未能控制住病情恶化。"

"是什么武器所伤？"姬鸣谦问。

"是冷磁束。"速守乌侧道。

姬鸣谦不知道这是什么武器，望向畏兀，畏兀会意，道："冷磁束就是将磁力冷冻至极限低温，然后发出的磁力武器，击中生物体后，可使生物的有机体瞬间冻坏而死亡。"

姬鸣谦问："能看看病况吗？"

速守乌侧从另一个首龟渠神手中接过一个像镜框一样的东西，虚空拨拉了一下，镜框里就出现了一组一组的影像和数据，姬鸣谦细细一看，都是病者体内的病况图像。姬鸣谦看了一回，对情况已基本了然：因为极限低温致使受伤部位周围的组织坏死，无法自行重生，更无法愈合，只有将那一块的组织全部切除，再使用顾育神的再生膏，才可能将病者治愈。

想好方法后，姬鸣谦道："官上，您这情况极其糟糕，再迟些，恐怕就性命难保了。"

"我知道，"伊申祚仄指着速守乌侧道："他们都告诉我了。"

速守乌侧小心地问："医师，您有什么高见？"

姬鸣谦道："看来只有我亲自动手试试了。"

速守乌侧双目放光，大喜道："医师，您有办法？！"

姬鸣谦道："我也只是试试，并没有十分的把握。"

"有几分把握？"速守乌侧紧张地问。

"七、八成把握吧。"姬鸣谦道。

伊申祚仄突然大笑道："医师，有七、八成把握已经很不错了。速守乌侧，我相信医师话，就让他治吧。"

姬鸣谦道："我要打开腹腔，将伤口割开，然后逐步切除坏死的肌肉和器官组织，切除一处，生长一处，这样算来恐怕需要较长时间。"

伊申祚仄等神并不明白他说"切除一处，生长一处"是什么意思，又不好意思问。速守乌侧问道："要多长时间？"

"快则两、三天，慢则四、五天。"姬鸣谦道。

伊申祚仄道："不算长了。当日我躺在手术台上十多天，才捡回一条命呢。"望着姬鸣谦道："医师，您只管放心去做。"

姬鸣谦明显感到他的一股勇毅之气，心中不禁暗暗敬佩，道："我尽量做得快一些吧。"

"好！医师，您需要准备多长时间？"伊申祚仄问。

姬鸣谦道："我不需要准备，随时可以手术。"

"很好！"伊申祚仄望向速守乌侧，速守乌侧会意，向另两个首龟渠神用首龟渠语说了一通，那两个首龟渠神就奔了出去。

不一会儿，房门大开，一张像手术台的宽大平台缓缓地滑了进来，后面跟着四、五个首龟渠神，手中都拿着一些东西；然后又有三、四台仪器，十数个首龟渠神操纵着，也都滑了进来。

速守乌侧指着那些仪器道："这些都是本族最先进的医学仪器，不知是否合适您使用？"

姬鸣谦道："实在是不好意思，我对贵族的医学仪器非常陌生，还不知道怎样使用，所以，我需要你来做助手，帮忙使用你们的仪器，将腹腔打开。"

伊申祚仄道："有道理。"

速守乌侧很高兴地道："医师，充当您的助手是我的荣幸，也是责无旁贷，分内之事。"

姬鸣谦点点头，道："开始吧！"

朱思茫将伊申祚仄扶起，躺到平台上。速守乌侧熟练地操控着各种仪器，打开腹腔，然后按了一个按钮，整个手术台立即就发出一种柔和明亮又不耀眼的光，透入伊申祚仄的身体，将腹腔照亮。

速守乌侧指着患处，向姬鸣谦示意，姬鸣谦点点头，从纠库纠兰赠送的医囊中取出紫光刀，一按按钮，射出与刀身等长的紫光，小心地将像肝脏一样的器官上的坏死组织切除，然后取出活性肌体构造再生膏，均匀地涂抹到创口上，涂抹完毕，就停了下来，静静地等着。

速守乌侧不知他为什么停了下来，只好不停地检测着伊申祚仄的体温、心跳等各项生命指数。

等了约半念时间，器官上慢慢地长出新的组织来，开始时很慢，不久，越长越快，速守乌侧看得目瞪口呆，一双突出的小眼睛更加突出了。

姬鸣谦看着生长情况良好，对速守乌侧道："请保持官上的各项生命指数正常，器官生长还需要一段时间，要等它完全长成形之后，才能再切除其它的坏死肌肉和器官组织。"

速守乌侧眼见姬鸣谦有如此神术，佩服得五体投地，此时姬鸣谦要他干什么，他就干什么，没有丝毫怀疑。

如此过了两天，眼看所有被切除的坏死器官和组织都已生长成形，姬鸣谦让速守乌侧将伊申祚仄的腹腔拼合固定，抹上快速愈合生长液，道："好了，只要再保持多半日时间，手术创口就会完全愈合，伊申祚仄官上就完全康复了。"

速守乌侧问："医师，还有其它注意的事项吗？"

姬鸣谦道："没有其它的注意事项，只需让官上到静室静养三日，三日内不可打扰他。"

速守乌侧道："医师请放心！"指挥着一众首龟渠神，推着手术台及其它器械，出门去了。

朱思茫连忙走上前来，请姬鸣谦坐下休息，道："医师果然是向顾肓神学习过的神医圣手，技术神乎其技！首席官上数十纪不能治好的伤，不过两天就被您治好了，本神佩服之至！"

姬鸣谦道："协理官长过奖了，我并没有什么高明的医术，也没什么功劳，这都是顾肓族神奇的科技造就的医学奇迹，我只是代劳而已。"

"不管怎么说，本族都永远感激您为我们所做的一切。"稍停，朱思茫道："请您略为休息，稍后我会陪同您到宾馆去，官上已吩咐过，要以上宾之礼招待你们两位。"

姬鸣谦向朱思茫道了谢，说道："我们还是回去吧，我们还有三位同伴正在修理损坏的飞船，我们不回去，他们会焦急的。"

朱思茫道："医师请放心，我已让乌斯芒通知贵友，说你们在联合院首席官上这里，不久就会请他们来和您会合。我已派最好的工程师前去帮助修理飞船。"

姬鸣谦道："协理官长，真是太感谢了。"

这时朱思茫接到一个信息，看过之后，站起来道："医师，请跟我来，宾馆已安排好了，我们这就到宾馆去吧。"

姬鸣谦、畏兀跟着朱思茫，驾着一艘扁平的圆形飞艇，去到宾馆。

宾馆不大，四周长满了各种硫基植物，房间极之豪华整洁。朱思茫又安排了丰盛的碳基和硒基食物招待姬鸣谦和畏兀。

吃罢，朱思茫又陪着他们闲聊了一会儿，亲自送他们回房间，然后才告辞走了。至晚，郝克莱等三神也被接到宾馆，与姬鸣谦两神会合了。

次日一早，朱思茫就来到宾馆，向姬鸣谦转达伊申祚仄的敬意。

姬鸣谦问："首席官上感觉怎样？"

朱思茫道："官上感觉非常好，说是像年轻了几十纪。速守乌侧为他检查了身体，说他的身体恢复很快，重新生长出来的组织和器官情况稳定。"

姬鸣谦道："太好了，看来不需要三天，首席官上就可以重新工作了。"

"是吗？这全都是医师的恩赐！"朱思茫道。

"协理官长，您太客气了。"姬鸣谦礼貌地道。

朱思茫道："有一个不情之请，不知医师是否能够答应？"

姬鸣谦道："请说。"

朱思茫道："速守乌侧向首席官上建议，请医师为他们医学院的学生们讲讲课，传授一些我们五级文明能接受的医学知识，使我们能提高我们的医学技术。"

姬鸣谦道："啊！抱歉，未得顾育神的同意，我不可以向任何神传授他们的医学知识。"

畏兀插话道："医师，你可以说说理论上的课题，而且，你只要讲一些五级文明程度的医学知识，不算违反宇宙法则。"

"是吗？"姬鸣谦道："这样的话，我需要知道贵族现在掌握的医学知识的程度。"

朱思茫听他口气，似乎是答应了，高兴地说："好！我请速守乌侧来向您介绍一下，然后你们再拟定讲课内容吧。"

姬鸣谦点头同意了，朱思茫很高兴地告辞走了。

下午，速守乌侧独自前来拜会，和姬鸣谦谈了一个下午，然后也满意地走了。

次日下午，朱思茫前来告知，郝克莱的飞船修好了，郝克莱等三神听到这个消息很高兴，立即就要了一艘飞艇，飞去查看自己的飞船。

看完飞船回来，郝克莱就向姬鸣谦和畏兀辞行，说想尽快回到母星去。畏兀劝他们逗留多些时候再走，奈何三神归家心切，坚持要马上就走。

姬鸣谦与畏兀苦留不住，只好告知了朱思茫，朱思茫也劝不住他们，只好将他们送到飞船上，目送他们升空，不久就消失在夜空中。

送走郝克莱三神后，姬鸣谦和畏兀当晚都在谈论着他们的好处，畏兀道："如果不是他们，我们现在恐怕已死在坚鲜神手里了。"

姬鸣谦道："是呀，多亏了他们。但愿他们能平安回家。"

第十二章 突如其来的战争

第二天一早，速守乌侧亲自驾了一艘飞艇来接姬鸣谦和畏兀。飞艇飞了约一念时间，降落在一个球形的建筑物前。那个球形建筑物光滑溜圆，像是没有门，速守乌侧径直朝建筑物走去，眼看就要撞上墙了，墙突然开了道"门"，姬鸣谦等三神走了进去，"门"就在身后关上，回复原样，就像从来不曾有过门一样。速守乌侧领着姬鸣谦和畏兀进了一间宽大的礼堂，里面早已坐满了首龟渠神。

讲台上有几位首龟渠神坐着，只空着中间三个位置，显然是给姬鸣谦三神留着的。速守乌侧请姬鸣谦和畏兀在讲台上坐了，介绍了坐在台上的几位医学院的高级医师，姬鸣谦一时也记不得他们的名字。随后速守乌侧向一众首龟渠神介绍了姬鸣谦和畏兀，简短地讲了几句开场白，就请姬鸣谦讲课。

姬鸣谦讲授了与速守乌侧拟好的课题，速守乌侧亲自为他操作虚拟浮影图像说明，讲完之后，又略略介绍了一些六阶医学上的理论，这一堂课，讲了整整一个上午。

姬鸣谦讲完课，博得了满堂喝彩声，首龟渠神兴犹未尽，不愿散去，纷纷讨论起刚才的课题。

突然，课堂的大屏幕一亮，出现了一组首龟渠文字：战争！突发战争！

众神一惊，立即停止了讨论，静静地看着屏幕，只见屏幕上继续显示字符：根据星系传真消息，战争爆发！迁未族神于三念之前，突然大规模入侵本族，袭击了本族驻守星系的第二十二舰队，二十二舰队几乎全军覆没，现在我方大批战舰前往支持，双方正在交火中。

礼堂内立即群情鼎沸，速守乌侧大声地用首龟渠语安抚众神。正在这时，朱思茫急匆匆地闯了进来，对姬鸣谦和速守乌侧道："快！首席官上请你们去他的官邸，有重要事情相询。"

速守乌侧和姬鸣谦、畏兀二话不说，丢下一众神情激昂的首龟渠神，跟着朱思茫就走。

当朱思茫领着速守乌侧、姬鸣谦、畏兀走进伊申祚仄的办公室时，他正坐在宽大的办公桌后，桌上虚浮着星图，上面标注着双方的战场态势。看到姬鸣谦等进来，就向朱思茫挥了挥手，朱思茫行了个礼，退了出去。

伊申祚仄站起来，对姬鸣谦道："亲爱的医师，我现在感觉棒极了！"

姬鸣谦笑着道："官上，感觉也许会骗您，但医者不会骗您。您这样说，是想要恢复工作，对吧？"

被姬鸣谦一语说破心思，伊申祚仄大笑道："医师，您真聪明。"不等姬鸣谦回应，接着就道："联合院的同僚们不同意我亲自指挥这场战争，说如此高强度和紧张的工作，会拖垮我的身体，损害我的健康。我想请您来为我的身体作一个合理的评估，以便让我的同僚们相信我能胜任指挥工作。"

姬鸣谦道："官上，对贵族身体结构及生命健康情况，速守乌侧医师最有资格评估，我建议您听他的意见吧。"

伊申祚仄转向速守乌侧道："医师既然这样说，那么速守乌侧医师的意见呢？"

速守乌侧道："官上，根据这两天的检查报告看，您的身体已完全康复，进行高强度的工作没有关系，我敢保证，医师的医术高明之极，您现在就算亲自驾驶战舰与敌人作战也没有问题。"

"真的？"伊申祚仄闻言，激动地从办公桌后大步走了出来，道："谢谢！这回联合院的同僚们就无话可说了。"

姬鸣谦道："虽然速守乌侧医师说的没错，但是由于新的器官和组织刚刚生长出来，功能还不稳定，官上还是要注意休息，不能过度疲劳。"

"谢谢！"伊申祚仄道："我会听从您的建议，尽量多休息的。"停了一下又道："对了，速守乌侧，我要求你们医学院的学生们组织医护队，立即投入战争中，分派到各艘母舰上去，给予我们的勇士及时的救治。"

速守乌侧道："官上，我们已经在作准备了。首个医护队已向军方报到了。"

"很好！"伊申祚仄按了一下呼唤铃，朱思茫立即就出现在门口，道："官上有什么吩咐？"

"您亲自将医师和上弁送去安全的地方，再从联合院卫队中挑选一队精干的士兵，负责保护他们的安全。"伊申祚仄用命令的口吻道。

"是！"朱思茫道。

姬鸣谦道："官上，虽然我不便到母舰上工作，但我可以到医学院去帮忙，请你批准。"

伊申祚仄想了想，道："好吧，朱思茫，你要绝对保证医师的安全。"

朱思茫道："是！我保证！"

畏兀道："官上不必担心，还有我呢，我也是一名军人。我想您也不能缺少了朱思茫的协助，所以医师的安全就交给我负责好了。"

伊申祚仄望着畏兀道："上弁，谢谢！我真的很需要朱思茫的协助。朱思茫，你选好士兵后就交给畏兀上弁吧。"说完急匆匆地走了。

朱思茫立即选了一队士兵，然后领着士兵亲自送姬鸣谦和畏兀到了医学院，吩咐士兵队长，一切听从畏兀和姬鸣谦的指挥，交代完毕，也急匆匆地告辞走了。

一连数日，姬鸣谦和畏兀在医学院里，与一众首龟渠神一起，准备救伤物资，救护伤员，有时还受速守乌侧的委托，亲自给一些重伤员做手术，由于医术精湛，挽救了许多濒临死亡的士兵的生命。

不久，前线战事不利的消息传来，大批的伤员源源不断地送来。姬鸣谦开始日夜不停地为重伤员手术，经他救治的伤员，全都活了过来，用起死回生来形容他的医术都不为过，因此，姬鸣谦备受尊崇，他的大名在医学院和士兵中迅速传颂了开来。

这天，姬鸣谦刚做完一台手术，畏兀跑来道："医师，看来首龟渠神要战败了。"

"战况很糟糕吗？"姬鸣谦问。

"已经不能用糟糕来形容了。"畏兀道："对方有备而来，对首龟渠神的战术和各种军情了如指掌，而首龟渠神匆匆应战，基本上连如何作战的方案都没有。"

"啊，这样就难怪了。"姬鸣谦道："畏兀，太空舰队作战是怎样开展的？可否给我说一说？"

畏兀道："在太空中，双方的探测器一般都能探测到很远的地方，所以不存在隐蔽打击的战法。经常常是互相列成队形，使用密集火力攻击，只要将对方主力母舰摧毁，就能取得优势，如果能将对方的指挥舰摧毁，那基本上就可以取得胜利了。"

畏兀一边说一边比画着如何列队，如何攻击。姬鸣谦眼前一亮，忖道：这不就跟我们古代列阵相似吗？道："你可以将怎样排列队形详细说说吗？"

畏兀道："很简单，一般就是将主力母舰分成几列，然后在母舰上派出歼击舰，冲击对方队列，母舰上以密集火力轰击。"一边说一边随手拿过手边的各种小物件当作战舰，排成队列，讲解给姬鸣谦听。

姬鸣谦听他讲解着，心中想道：这样打法太过简单，似乎缺少战术。姬鸣谦毕竟是军人家庭出身，从小听父亲和卞鼎丰讲三国演义的故事，讲现代战争，对排兵布阵有着天生的敏锐洞察力。

姬鸣谦道："如果我们在某个地方预先布置好一队战舰，然后假装不敌，引诱敌人到预设的战场，你说可行吗？"

畏兀一听，道："好是好，但是要不让对方探测到这队战舰的存在就很难。"

"关闭所有通讯系统、导航系统等等一切可以被对方探测到的系统，只留被动接收信号的通讯通道，这样可以减少被探测到的概率吗？又或者将舰队分散到更远一点的地方，约定一个时间，一齐抵达预设的战场，这样是否也能减少被探测到的概率？"

畏兀道："这样倒是可以一试，但是这就需要指挥官有非常丰富的作战经验和超强的把控战场态势的能力。"

"那么，指挥舰上的中枢智脑，是否能与所有战舰相连？"姬鸣谦又进一步问。

"哦，这个当然了。"畏兀答道。

"这就更好办了：让指挥官输入指令，发送到各母舰上，这样就可以同时行动，抵达预定位置……"

姬鸣谦还没说完，畏兀三眼放光，打断他的话道："医士，你真是天才！"

"你是说这样可行？"姬鸣谦接着又道："我们赶快去找伊申祚仄官上吧。"

畏兀招来卫队队长，对他说："请你用最快的速度找到朱思茫协理官长，就说医师有紧急要事要面见首席官上。快去快去！"

卫队长行了个礼，问也不问为什么，转身一溜烟似地走了，不一会儿就返回来报告道："朱思茫官长稍后就亲自来接两位。"

畏兀道:"好的,谢谢!"

果然不到三念时间,朱思茫就出现在姬鸣谦和畏兀的跟前,朱思茫看来很疲倦和憔悴,语速很急地道:"医师,有什么事吗?"

畏兀道:"协理官长,医师想到一个能反败为胜的好办法,必须立即面见伊申柞仄官上!"

朱思茫一听,也不问什么办法,立即就道:"那快走!前线正在吃紧!"

当朱思茫领着姬鸣谦和畏兀走进伊申柞仄的办公室时,他已坐在办公桌后面的椅子上等候着了。看到姬鸣谦和畏兀进来,也不客气,直接就道:"医师,这么急着见我,是我的身体有什么不妥吗?"

姬鸣谦道:"不是的,官上,您看上去虽然疲倦,但身体还是很好的。"

"官上,医师找您,是想到了一个致胜的好办法!"畏兀也顾不得礼节,直接插话道。

"什么?"伊申柞仄两只小眼睛立即发出光来,道:"您能说清楚一些吗?"

姬鸣谦道:"畏兀,你就向官上说说吧。"

畏兀道:"好!官上,医师想到了一个绝妙的办法,或可扭转战局,一战而击败迁未族神。"接着就将在医学院中,姬鸣谦与他商讨好的战法和盘托出。

伊申柞仄本来就是一个优秀的军人,马上就看出这个战法的高明之处,立即心领神会,听罢大喜,将朱思茫召来道:"快!通知全体首席执行官到联合院指挥部去!"

朱思茫一边通知各位首席执行官,一边随同伊申柞仄乘搭飞艇,往指挥部奔去。

不久,另四位首席执行官都急匆匆地来到指挥部,伊申柞仄让值班军官打开一个巨大的虚拟浮影图,将战场态势调出,让值班军官先作一番讲解,然后伊申柞仄就向另外四位首席执行官讲述姬鸣谦提出的作战方案,经过伊申柞仄的修改,稍加变化,在细节上更加完善。

四位首席执行官听罢,一致同意这个作战方案。伊申柞仄道:"各位,这次作战,关乎我首龟渠族的生死存亡,就由我亲自任总指挥官。"

一位首席执行官道:"首席官上,这怎么可以?你是首席执行官联合院首席,本星系的最高首脑,应留在这里掌控大局,至于这个总指挥,就委任别的将军去吧。"

另一位首席执行官道:"我去!"

伊申柞仄道:"这个作战方案我最清楚,其中的关键和细节更不能有丝毫差错;再说,我既然是最高首脑,关乎本族存亡,就更需要我亲往前线,和我们的勇士一起与敌人拼搏!"

又一位执行官道:"首席官上,还是考虑一下我们的意见吧?"

伊申柞仄道:"各位,请不必再争论了,现在时间紧迫,每一息都有我们的勇士在流血牺牲。"

先一位首席执行官道:"好吧,官上,祝您旗开得胜!"

其他首席执行官也都不再争论,一致同意由伊申柞仄亲自担任总指挥。这时姬鸣谦低声地对伊申柞仄说:"官上,现在最关键的是要一位勇敢的经验丰富的军官,担任前往诱敌的指挥官。"

"啊，亲爱的医师，这个我已考虑好了，就让朱思茫去吧，他就是一位优秀的指挥官。"

朱思茫大喜过望，道："官上，谢谢你给了我杀敌报效本族的机会。"

姬鸣谦又道："官上，请让我和畏兀跟随您的左右，保护你安全。"

伊申祚仄想了想道："亲爱的医师，保护我的安全自有卫队去做；不过有你们两位在我身边帮忙出出主意，我就更有信心打赢这一仗！"

伊申祚仄领着舰队升空，与外层空间作战的舰队会合，整顿队列，然后全体静默，悄悄地隐藏在星系内的一片小行星碎石带上，这样一来，就算对方探测到有舰队活动，也会误认为是一片碎石。

朱思茫早伊申祚仄一步升空，召集了五艘母舰，急速地飞往正在交战的地方，加入了正在苦苦支撑的己方舰队中。

朱思茫迅速将作战中的二十多艘主力母舰重新列成队形，向对方的阵列猛冲，又派出多个批次的智能自控歼击舰向对方不间竭地攻击。只是由于对方的战舰数量比己方的多出数倍，数量上占着绝对的优势，因此这数波次的攻击都不奏效，反而损失了大量的智能自控歼击舰和十多名机师，还有两舰主力母舰也被击中坠入深空。

朱思茫看看火候差不多了，下令由两艘主力母舰殿后，其余大小战舰，互相交叉掩护，朝小行星碎石带方向撤退；那些被打散了的战机，也接到命令，迅速脱离战场，往指定地点集结。

迁末族神指挥官看到首龟渠战舰四散奔逃，主力战舰又仓皇溃逃，哪有放过这个全歼敌人的好机会？立即下令不顾一切，全线追击，务要一战荡平肖欣异亦星系，逼迫首龟渠族投降。

首龟渠神殿后的两艘母舰奋力死战，牵制住对方大部分的火力，好让其它同伴有机会脱离战场；无奈敌众我寡，终于在众多敌舰的夹击之下，被摧毁了。

迁末族大小战舰如一群蝗虫一般，尾随首龟渠母舰撤离方向急追；不一会儿工夫，手下报告：不见了敌方踪迹。迁末族指挥官道："不用理会，只管直追就是。"

又过了半念时间，手下又报告：前方发现碎石带。指挥官下令：全体减速规避！命令刚下，就看到刚才溃逃的首龟渠战舰反身向己方高速冲来，迁末族指挥官未及下令迎战，却听各主力母舰传来呼叫：我方进方有敌舰扑来……我方旋侧发现敌舰……我方转侧发现敌舰……我方反方发现敌舰……我方升方发现敌舰……我方降方发现敌舰……

指挥官大惊，己方上下左右前后六面都发现敌舰，意味着己方已被敌方完全包围，略一定神，命令全体保持队形，一边迎战一边向前直冲。

一时之间，双方交火，重力炮、消磁炮、破甲炮、冷凝炮、溶盾炮一齐开火，一场大战在宇宙中爆发。

首龟渠神的指挥舰上，姬鸣谦站在虚拟浮影战场态势图旁看着双方交战的战场变化，突然道："官上，快请朱思茫组织两队战舰，先搅乱对方阵形，再用母舰切入，分割包围歼灭它们。"

"怎样搅乱？"伊申祚仄问。

姬鸣谦用手比画着道："派两支战队，各率战舰千艘，以智能自控歼击舰打头，成两列纵队一齐冲入敌阵，然后左队向右攻击前进，右队向左攻击前进，不要恋战，只管向前冲，然后反身再交叉冲击，如此反复数次，敌阵一定大乱，这时官上趁势命令主力母舰各率属下战舰奋勇突入，将对方分割成数十小队，围而歼之……"

还没等姬鸣谦说完，伊申祚仄早已心领神会，立即就按姬鸣谦的意图，下令实施。畏兀在旁不停地计算各种数据，分析敌我态势，随时提供参考。

朱思茫接到命令后，立即就组织了两个战队，各率战舰千艘，依照姬鸣谦的战法，向对方阵列冲去，两队战舰交叉反复冲杀，光子闪击炮打出去像是巨龙吐火一样，煞是好看。

两队战舰交叉反复冲杀多次，果然奏效，迁未族阵列被搅得乱作一团，伊申祚仄一见时机成熟，立即命令全体主力母舰突入敌阵，各选目标，将敌方分割成数十个小队，紧紧包围着，火力全开，痛歼敌舰。

酣战多时，迁未族战舰被击毁大半，首龟渠战舰已掌握了战场主动，看到己方已然稳操胜券，伊申祚仄开心地大笑起来，畏兀却提醒道："官上，小心对方开启加速逃逸。"

伊申祚仄道："逃不了！"对着通话器大声下令道："全体注意，务必全歼敌舰，不要让他们有机会逃跑！"

姬鸣谦道："官上，胜利在望了，我看您也可以回联合院，不必留在这里了。"

伊申祚仄道："不！我要等到战斗结束才回去。最好是能够俘获对方指挥官，这样我们就能更好地与迁未神谈判。"

伊申祚仄不愧为首领，已经想到了战争结束后的事宜了。姬鸣谦道："官上眼光果然长远！"也就不再劝他回联合院。

伊申祚仄道："亲爱的医师，您是我们首龟渠族的英雄！没有您，我们不但不可能赢得胜利，还可能屈辱地惨败。"

畏兀道："官上说得对，医师简直就是个军事天才，我身为军人，从来也没想过仗还可以这么打。"

伊申祚仄道："亲爱的上弁，您是优秀的军人，给了我很大的帮助，您也是我们的英雄！"

这时，各舰指挥官纷纷报告，战斗已结束，除少数敌舰突出重围逃走之外，其余战舰被击毁大半，俘获少数。

朱思茫报告，他手下的敢死战队突入敌指挥舰，俘获敌指挥官。

伊申祚仄大喜，命令将他押到指挥舰来。不久，一艘小飞船飞进指挥舰的机库，朱思茫亲自押着迁未神指挥官来到伊申祚仄跟前。

姬鸣谦看那个迁未族神，长着一个像是乌龟壳一样的脑袋，头顶上长着褐色的毛发，一块脸像驴脸一样长，暗红色的皮肤，一双手各有四根指头；双眼像是鸡眼，瞳仁是红色的，没有眉毛；两个凹下去的朝天鼻孔下面，长着一张像是青蛙一样的嘴。

伊申祚仄一看那个指挥官，笑道："噢！这不是阆漾剌羌骰大人吗？在这样的情形下见面，真是让我开心！"

那个叫阆漾剌羌骰的迁未神，原来是迁未族理事院的十大尊使之一，专一掌管军事，数十纪前就曾与伊申祚仄交过手，两神可谓是老对手老相识了。

阆漾剌羌骰被重力感应脚镣铐着，一双细长的手戴着反作用力微爆手铐，只要稍有反抗，手铐就会自动爆炸，将被铐的手炸断，实在是非同小可。

阆漾剌羌骰把脸别过一边，不看伊申祚仄也不说话。伊申祚仄看了他一会儿，突然一挺身板，道："朱思茫，布置好星系各处关防，然后整理队形，我们返航！"

"是！官上！"朱思茫大声地应道。

首龟渠族一战而胜迁未族，整个肖欣异义星系沉浸在巨大的胜利喜悦之中，卜野式申菲星上举行了盛大的庆祝集会，首席执行官联合院发表了战后和平宣言。而姬鸣谦因在战争中起到了决定性的作用，被视作首龟渠族的英雄和守护者。

一连十多日，伊申祚仄忙于战后的善后工作，部署防御，以及与迁未族的谈判、交换战俘等等，没有时间接见姬鸣谦和畏兀，就连朱思茫也忙得没有时间去探访他们，只派了一个高级的官员负责他们两神的饮食起居和安全。

这日，朱思茫来到贵宾馆，向姬鸣谦和畏兀道："医师、上弁，官上请你们到他的官邸相见。"

姬鸣谦道："好的，请带我们去吧。"

朱思茫带着姬鸣谦和畏兀，登上自己开来的飞艇，亲自驾驶着，往伊申祚仄的官邸飞去。

姬鸣谦和畏兀一跨进伊申祚仄的办公室，就看见伊申祚仄和另外四位首席执行官都在室内站立着说话，似乎在等候自己。立即急步上前行礼，道："官上召见我，不知有什么吩咐？"

"亲爱的医师，我们的英雄！这次请您来，是要授予您我们首龟渠族至高无上的肖欣异亦紫绶勋章，以表彰您为我们首龟渠族做出的不可磨灭的伟大贡献！"伊申祚仄道。

"官上，我并没做什么，只是说了几句话，提了些建议而已。"

伊申祚仄道："没错，但您这几句话对我们来说，就像是一剂起死回生的神药。因为您的这几句话，使我们扭转了危局，颠覆了战场颓败的态势，一战而反败为胜，从而改变了本族的命运。所以，您的贡献是巨大的，并非像您自己所说的那样，只是几句话而已。"

"官上……"姬鸣谦还想推辞，伊申祚仄打断他的话道："医师，请勿推辞了，首席执行官联合院全体首席执行官一致同意决定的事，是不可以推翻的。"说着，从一位侍从官手中的托盘里拿起一枚紫色绶带穿着的勋章，亲自戴到姬鸣谦的脖子上，然后退后一步，与另四位执行官一起，向姬鸣谦行礼。

姬鸣谦连忙向他们回礼。

伊申祚仄道："医师，得到这枚勋章的神，就是我们首龟渠族的英雄，永远的守护者，从此，您就是我们族中的一员，拥有本族的身份，您可以在本星系内任意行走，通行无阻。"

"谢谢！十分感谢贵族对我的厚爱！"姬鸣谦道。

"呃，还有，"伊申祚仄用手虚空一点，现出一个虚拟浮影图像，图像是一艘漂亮的飞船，船身是灰黑色的，船首是一个扁圆形的构造，很巧妙地嵌入船身里；船尾同样是一个扁圆形的构造同样嵌入船身里，只是直径小了差不多两倍。图像旁有文字数据显示，船身长一遥十望，宽为八望；另外就是飞船的各种性能、动力等等的数据，姬鸣谦根本就看不懂。

伊申祚仄道："这是本族最先进的飞船，现在我代表本族及联合院赠送给您，请您收下。"

姬鸣谦慌道："官上，这么贵重的礼物，我怎么可以收下呢？"

畏兀道："医师，拒绝官上的礼物，是不礼貌的。"

姬鸣谦道："畏兀，实在是礼物太贵重了，我受不起呀。"

伊申祚仄道："医师，比起您为本族所做的一切，什么贵重的东西都不值一提，就请不要推辞了。"说完，又将一块紫色的圆形芯片递给姬鸣谦，道："这是由本族发出的束芯片，可以在星际中大多数五级以上文明神族中通用，可用于各种消费支付。"

姬鸣谦不知道这块芯片的贵重之处，心想不过是一笔资金而已，自己在星际中流浪，也确实需要一些应急的资金用度。便收了下来，道："谢谢官上，我想以后我和畏兀去用餐就不用担心支付不起餐费了。"说完很小心地将芯片贴身收在护甲内。

伊申祚仄又取过一枚勋章，对畏兀道："上弁，请接受我们首龟渠族尊崇无比的卜野式申菲星黄绶勋章，以表彰您在战争期间为本族所做的一切，您的正义行为和勇敢精神，永远是我们首龟渠族学习的楷模！"

畏兀行了一礼，坦然接受了勋章，伊申祚仄又赠送了畏兀一件精美的武器，一块圆形的白色芯片，畏兀都一一接受了。

授勋仪式完毕，就在官邸内为姬鸣谦和畏兀举行了丰盛的宴会，当然这是一个小型的宴会，出席的神，只限于联合院几位首席执行官以及朱思茫而已。

席间，伊申祚仄问道："医师，今后有什么打算？不如就留在我们这里吧？"

姬鸣谦道："我想，我还是回我的母星去吧，家中还有父母，我许久没见过他们了。"

伊申祚仄道："那就把他们都接过来一起生活好了。"

"官上，要接他们来这里居住，我却是无能为力。"姬鸣谦道。

"这有何难？您现在拥有自己的飞船了，回去接一接他们，不是方便得很吗？"朱思茫插口道。

"官上，协理官长，事情并没有你们说的那么简单。"姬鸣谦道。

"哦？医师，您有什么难言之处，尽管跟我说，我会尽一切可能帮助您的。"伊申祚仄道。

畏兀插口道："官上，医师的事，简直匪夷所思，越少神知道越好。"

伊申祚仄深深地望了一眼畏兀和姬鸣谦，道："这里都是本族最信得过的神，医师但说不妨。"

姬鸣谦道："官上，请恕我欺瞒之罪。我不是什么逖申族神。"

"什么？您不是逖申族神？哪你是什么族神？"伊申祚仄吃了一惊。

姬鸣谦道："官上，说来话长，我的母星是一个叫地球的星球，我们的主星叫太阳，位于银河星团之中。"

伊申祚仄懵然地问："银河星团？太阳系？"稍停接着道："没听说过，这是哪个宇宙的？"

姬鸣谦道："官上，没听说过不奇怪，因为这是我们自己的称呼；我们是一个很低级的文明神族，到目前为止，我们还不能自由探测自己系内的行星，因此，就我所知，本文明还没有正式接触过高级的外星文明，所以，我们也不知道太阳系外还有其他的智能生命。"

伊申祚仄道："那么你是怎样走出你的母星的？"

姬鸣谦道："官上，我是一个考古学家，正在野外发掘一处远古遗迹，发现了一个不知什么材质制造的金属球，然后我就开始研究这个球体，有一天夜间，我听到球体发出一串串声音，好奇地走近去观察，就在这时，一道强烈的白光照射到我身上，我就什么也不知道了。待我醒来时，发现自己躺在一个特制的箱子里，浑身都连着一些管线一样的东西，几个灰皮肤的家伙不停地在我的身体上检测着什么，然后又将我催眠过去。如此反反复复地不知多少次，最后一次待我醒来时，却已在顾肓神的飞船上了。"

畏兀插话道："官上，那些灰皮肤的家伙就是坚鲜神，他们将医师掳上飞船，带到太空中，似乎是要来做什么实验；后来坚鲜神遇到了一伙强盗，紧急之时，将医士推进了紧急逃生舱，然后弹射到太空里，而坚鲜神却被强盗全部杀死。恰巧顾肓神途经那里，这才救了医师。"

姬鸣谦接着道："顾肓神救了我之后，给我检查了身体，发现我的身体被'修改'过。"

"修改？"伊申祚仄不明白什么意思，奇怪地问："修改是什么意思？"

姬鸣谦道："顾肓神对我说，我的身体构造原来不是这个样子的，被修改了基因、器官等等，甚至大脑都被禁锢了百分之九十的智力。"

伊申祚仄非常震惊地道："啊！这需要多么高等级的文明才能做到这种生物工程？"

"是的，就连顾肓神都说，这种浩大的生物工程，确实是叹为观止，自叹如。无法帮我解除大脑的禁制。"

畏兀道："所以医师想去坚鲜神那里查探线索，一来想探知母星在哪个宇宙哪个星团，二来想要从坚鲜神那里查探出解除大脑封禁的办法。"

伊申祚仄问："你们去过徽乍星了？"

畏兀道："是的，只是医师身份被识破，我们被抓了起来。"

朱思茫紧张地插问："那你们是怎样逃出来的？"

畏兀道："我们打倒了几个坚鲜神，冲了出来，恰好我们前些日子认识了郝克莱三位，就直接冲上了他们的飞船，不由分说，让他们驾驶飞船逃离了徼乍星；坚鲜神一路追击我们，击中了飞船，幸好飞船还能飞行，我们一路奔逃，终于甩开了坚鲜神的追击，然后决定就近到贵星上来修理飞船了。"

"原来这样，难怪郝克莱修好飞船就走了。"朱思茫道。

"在徼乍星你们探听到什么了吗？"伊申祚仄道。

姬鸣谦道："坚鲜神单独审问我的时候，说我是一名囚徒，得意忘形之际，说出了我的母星的位置。"

伊申祚仄、朱思茫异口同声地问："什么位置？"

姬鸣谦道："说是在困敦宇宙的大荒星团，我的母星叫蓝囚星。"

畏兀道："困敦宇宙是个年轻的宇宙，大荒星团我也听说过，确实是一个荒凉的星团，星团上的智慧生物，据说最高都不会达到三级文明程度。"

伊申祚仄道："我也听说过大荒星团，不过这个蓝囚星就真的不曾听说过。坚鲜神有没有说它在什么星系？"

姬鸣谦道："说了，是一个叫做卜茅支迪的星系。"

"卜茅支迪星系？这名字没听过，需要查一下资料才行。"畏兀望着伊申祚仄道。

伊申祚仄道："这个容易，朱思茫，你去查一下。"

朱思茫应了一声，立即就走了出去。

姬鸣谦道："官上，我的父母因我失踪，必然伤痛欲绝，现在我既然已经知道我的母星所在的位置，我想尽快回去。"

伊申祚仄道："医师，您的心情我理解。那您就先回去探望他们吧，然后将他们接到这里生活，好吗？"

姬鸣谦道："官上好意，我心领了，只是他们在这里是不能活下去的。"

伊申祚仄奇道："为什么？"

"因为他们需要呼吸敏气，还需要饮用纯敏化合物。"姬鸣谦道。

"噢！我的天！这……这……简直不可思议！"伊申祚仄惊道："可是，你怎么不用呼吸？"

"我有点特别，因为我遇到了顾育神，他们帮我修正了一些基因和器官，所以我不需要呼吸。"姬鸣谦道。

"啊，原来这样。"伊申祚仄略略思索了一会儿，道："先回去看看也好，如果……嗯，医师，请记住，您是我们卜野式申菲星中的一员，我们欢迎您随时回来。"

"我陪你回家吧。"畏兀道。

"啊，畏兀，不需要了，你也该回你的母星去了。再说，那里到处都是拉吉，对你的身体有害。"姬鸣谦道。

"啊，这不要紧的，有护甲在身，一般的外星有害物质就伤害不到我。医师，其实我很想去见识一下这个神秘的星球，很想知道它到底隐藏了什么秘密。"畏兀道。

伊申祚仄道："医师，您独自一个回家，我真的不放心；畏兀上弁有丰富的星际航行经验，假如途中有什么事，他也可以找到相应的文明体系给予救援。"

畏兀道："我也是这个意思。"

姬鸣谦想了想，道："也好，只是辛苦你了。"

畏兀道："医师，好朋友是不应说这些话的。"

第十三章　有家不能回

两日后，姬鸣谦和畏兀准备妥当，向伊申祚仄辞行。伊申祚仄、四位首席执行官、朱思茫、速守乌侧等都来送行。

姬鸣谦、畏兀向众神挥手告别，登上了飞船。畏兀启动飞船，腾空而起，在上空翻了几个花样，盘旋了几圈，然后一加力，眨眼之间，飞出了卜野式申菲星的外层空间，这时，五艘战舰出现在飞船的周边，列成队形为姬鸣谦、畏兀护航，一直护送出了肖欣异亦星系的外层空间才返航。

畏兀打开导航虚拟系统，对姬鸣谦道："医士，困敦宇宙离我们很远，隔着几个宇宙空间，以我们飞船的最高航速航行，恐怕也要将近两、三纪的时间。"

两个神在一起的时候，畏兀仍称呼姬鸣谦为医士。

姬鸣谦归心似箭，道："那我们就尽可能找最短的路线飞行吧。"

畏兀道："医士，这个当然。"

不久，飞船进入浩瀚的宇宙空间。畏兀道："医士，你来驾驶吧。"

姬鸣谦道："好！"

畏兀站了起来，将主驾的位置给了姬鸣谦。自己却取出一些奇形怪状的对象，似要动手做什么。

姬鸣谦道："畏兀，你这是要干什么？"

畏兀三只眼睛闪着狡黠的光，道："我想给这艘飞船的飞行控制系统改进一下。"

"改进？在卜野式申菲星时为什么不动手呢？"姬鸣谦问。

"噢，医士。当着主神的面，改造他们的飞船，这是很不礼貌的，况且，我们六级文明的一些知识，也不好让他们知道。"畏兀解释道。

"哦，那我要将飞船停下来吗？"姬鸣谦道。

畏兀道："不需要的，飞行控制系统的优化主要是智能优化，如果效果不错，我再将推进控制系统优化一下，这样，我们的速度就会快一些。"

"为什么不直接优化推进系统？"姬鸣谦不明所以地问。

畏兀道："医士，推进系统是固定了的结构，而且五级文明与六级文明之间的推进系统有很大的差距，我只能将它的控制方面优化，而不能改变它固有的结构。"

姬鸣谦道："哦，原来这样。"

"还有，我们的防御系统也可以优化，优化之后，虽然比不上我损毁了的那艘飞船，但是，也可以达到五级半文明的程度了。"畏兀道。

姬鸣谦赞道："畏兀，你真行！"

畏兀道："医士，每一位太虚飞行员其实是半个工程师，这些都不算什么的。"停了一下，又道："医士，不如为你自己的飞船起个名字吧？"

"起名字？嗯，让我想想。"姬鸣谦忽然想起古诗《木兰辞》里面的一句：万里赴戎机，关山度若飞，道："就叫飞渡号，怎样？"

畏兀歪着脑袋，眨着三只眼睛，想了一会儿，道："这名字好听！"说完就开始在飞船上四处鼓捣起来。

姬鸣谦任他在船上鼓捣着，自己坐在主驾位置上，驾驶着飞船，心却早已飞回了地球，飞到海底的那座小院里，飞到母亲的身边……

不知飞行了多久，姬鸣谦感觉有些困乏，就将飞船设定为自动驾驶，对畏兀说道自己要去小睡一会儿；畏兀让他只管休息，他会照看着飞船。

一觉醒来，姬鸣谦感觉浑身充满了活力，身体似乎比从前更强壮。自从纠库纠兰给他"还原"之后，他总是时不时地有这种感觉，但又没发现身体有什么变化，他暗自认为，这可能是在太空中生活所造成的现象而已。

姬鸣谦走出自己的舱房，发现飞渡号停止了飞行，飘浮在太空中，姬鸣谦赶紧往驾驶室去，却不见畏兀的身影。姬鸣谦有点心慌，用通话器呼叫着畏兀，好在畏兀很快就回应了他的呼叫，姬鸣谦这才定下神来。

姬鸣谦道："畏兀，你在哪？飞船是你停下来的吗？"

畏兀道："医士，我在推进舱，你千万别发动飞船。你来一下好吗？"

姬鸣谦应了一声，往推进舱去，看到畏兀正在装卸一些零件，问道："你在干什么呢？"

畏兀道："我不是跟你说过，要将推进控制系统优化吗？所以要将飞船停下来。"

"哦，弄好了吗？我能帮上什么忙？"姬鸣谦道。

"不用你帮什么忙，就差这一点，快弄好了。医士，优化之后，飞渡号或许就可以用跃速飞行了。"畏兀开心地道。

"跃速？能达到吗？"姬鸣谦问。

"应该没问题，坍速还是有点慢了。"畏兀道。

"飞渡号能承受得了这个速度吗？"姬鸣谦有点担心。

"可以，但再快就不行了。"畏兀道。

"飞渡号原来可以几级坍速飞行？"

畏兀道："这是首龟渠神最先进的飞船，可以四级坍速飞行，也就是十六倍光速。"担心姬鸣谦还没明白，又道："医士，智慧生物进入四级文明的标志就是能够以超光速飞行，而五级文明则可以用坍速飞行；我们六级文明，则是可以用跃速飞行。"

"嗯嗯。"姬鸣谦应道。

"七级文明可达到三倍跃速；而八级文明则进入亚灵速；至于九级文明，那是你无法想象的，他们可以瞬移！"畏兀道。

姬鸣谦道："也就是说，如果是九级文明，我们现在立即就可以抵达我的母星所在的星系？"

"是的！"畏兀答道，看着姬鸣谦一副向往的样子，接着道："医士，我打算中途找一些六级文明的星系，对飞船再进行一些改进，并且补给一下。"

姬鸣谦道："嗯，都听你安排。"

"好了！医士，请将飞船发动起来，渐渐地升到二级光速，然后等我来测试。"畏兀道。

姬鸣谦回到驾驶室，按畏兀的吩咐，将飞船发动起来，渐次提升至二级光速，飞船在太空中平稳地飞行着。不久，畏兀回到驾驶室，道："我刚才观察过了，优化后的机件运作正常，看来进行跃速飞行没什么问题。"

姬鸣谦将主驾位置让给畏兀，畏兀将虚拟控制器调整了一下，然后点了一下，一个全新的虚拟控制器就浮现在眼前，原来是他升级了舰载智脑的结果。

畏兀一边点击着各种按钮，一边解说着功能，飞船从二级光速渐渐进至坍速，飞船外是一片漆黑。

畏兀道："医士，看不到任何光亮吧？"

"是的，为什么呢？"姬鸣谦道。

畏兀道："这是因为我们飞得太快了，光还没抵达我们的视野，飞船就已飞过去了。"

"啊！对对！"姬鸣谦想起在纠库纠兰的飞船上就是这样，看不到飞船外有任何星光；忽然道："畏兀，我有一个问题一直想问问。"

"医士，什么问题？"畏兀道。

"飞船是怎样实现超光速飞行的呢？"姬鸣谦问。

畏兀三只眼疑惑地看了看他，似乎没想到他会问这样的问题。

姬鸣谦解释道："是这样的，我们人类的科学家认为，实现光速飞行是不可能的，以人类的理论和认知来说，因为在光速飞行中，物质会变得无限大。"

畏兀道："医士，你看我们现在变得无限大了吗？"

"没有。"姬鸣谦道。

"所以，这就已说明你们那套理论是站不住脚的。"畏兀道。

"嗯，确实如此。"姬鸣谦道。

畏兀接着道："物质既然不能变成无限大，那么还有一样东西是可以变的，那就是能量。"

姬鸣谦道："但是，能量可以无限增大吗？"

畏兀耐心地道："医士，以一级文明所理解的能量是什么呢？你们连支持系内飞行的能量都很难达到，又怎么能够想象推动光速飞行的能量？"

"……"姬鸣谦默然。

畏兀又道："比如，一颗恒星的能量有多大？如果把它压缩成一个直径为三望大小的球体，用于驱动飞船，你觉得如何？"

"啊！……"姬鸣谦瞪大了双眼。

"就说你身上的护甲，它使用的能量，你根本就想象不到，它足以将一个两埃质量的物体加速至光速。"畏兀道。

姬鸣谦现在知道，埃是星际通用重量单位，一埃大约等于半克，然后十二埃为一亿，十二亿为一合，依次递进为坠、停、铊、铎。他低头望了望自己身上的护甲，暗道：原来无时无刻不穿在身上的护甲，也有如此恐怖的能量。转而一想，确实，人类目前所能掌握的最强大的能量就是核能，而核能都无法将哪怕是一微克的物质加速到光速。

畏兀接着道："当然，除了能量，技术也是决定因素之一。就像你从顾育神那里得到的再生药液，对我们六级文明来说，是想都不敢想的神药。"

姬鸣谦默然无语，暗暗感慨，以人类所掌握的知识，是根本无法理解高级文明的科技的。于是道："畏兀，我明白的，我们的文明太低级了，就是用无知来形容也不过分。"

畏兀道："医士，其实每一个文明都是从愚昧无知中走过来的，我们鬃翊族也是一样。"

姬鸣谦道："畏兀，能说说你们鬃翊神的起源吗？"

"哦，这有点复杂。"畏兀道。

"我想了解一下，生命起源是怎样的。"

"医士，太虚中生命的起源大同小异。生命的种子遍布太虚，当这些种子遇到一个适合它生长的星球，它就会以几何级数的速度成长。"

"嗯，纠库纠兰也曾这样说过。"

"我们是一种硒基基因的生命种子随着太虚旋流来到我们的母星，由于本星球的环境极度适合硒基生命的生长，所以这些生命种子就在本星球迅速地成长起来，不同的种子各自演化为硒基有机物质，然后，按照自然法则的规律，这些有机物质形成了动物和植物，而被赋予智慧特性的种子则形成了我们最初始的雏形。经历了十数万纪的短暂演化，我们现在这个样子的智慧生命形式最终形成。"

"这么说，你们不是什么低等生物经历数亿纪不断进化而成的？"

"医士，每一种生命都是从一开始就决定了自身的形态的，一种生命形式是不可能完全变成另一种形式的。"

姬鸣谦想起纠库纠兰曾说过，生命是不可能跨物种进化的，点了点头道："顾育神曾这样跟我说过，只是我不是很理解，因为我们对自己的起源十分的困惑。"

"这很正常，我们在初级文明阶段，对自己的起源也是不甚了了的。这些方面的知识，我也所知不多，如果你有机会再见到顾育神，或者可以向他们深入地讨教一下。"

"嗯，一定会的。"

漫长的宇宙飞行不知时日，姬鸣谦与畏兀轮流驾驶着飞船，畏兀则随时随刻地教姬鸣谦如何辨识星图，如何辨识方位等许多太虚中的航行知识，至于飞行技术，更是倾囊相授，畏兀告诉他，在茫茫宇宙之中，是没有上下左右前后的方向的，只有进、反、升、降和旋、转来代替六方；姬鸣谦在畏兀无时无刻的训练之下，加上又是实际的操作之中，待飞渡号进入困敦宇宙时，姬鸣谦已被畏兀训练成优秀的驾驶员了。

畏兀将坐标校对好，重新编好飞行路线，往大荒星团——银河系飞去。

姬鸣谦一想到很快就可以回到地球，回到父母身边，心情十分激动，不禁浮想联翩起来：父亲和母亲见到自己平安回来，不知有多高兴……圆慧、大衍两位师父和卞叔叔一定高兴坏了……以自己现在掌握的医术，一定可以治好父亲多年的顽疾……嗯，还要吃妈妈做的菜，要吃好多好多……

"医士、医士！"畏兀一连喊了他几次，他才回过神来，道："怎么了？"

畏兀道："大荒星团真的太年轻了，数据显示，整个星系最高的文明等级也只有三级，至于你的母星所处的位置，更是荒凉贫瘠。"

"是吗？"姬鸣谦随口答道。

畏兀叹道："只是实在不明白，这样的星球，怎么能够孕育出你们这样的智慧生物和文明？"

姬鸣谦苦笑道："我也不明白，我们人类一直都在追寻我们的起源。"

畏兀道："如果真的像坚鲜神所说的那样，你们是囚徒，倒还好理解。"

姬鸣谦道："但是，我们为什么是囚徒？囚徒也不可能世世代代都是囚徒吧？假设我们真的是囚徒，那么，我们之前是什么族神？我们又因为什么而成为囚徒？"

"医士，你这一连串的问题逻辑性很强，但是，却是十分头痛。要弄清楚这些问题，恐怕要用很长的时间才能探查出来。"

"嗯，等我回到地球上，再慢慢想。"姬鸣谦道。

"医士，你回了家，还想再到太空旅行吗？"畏兀问。

"畏兀，我真的没想过这一点。"姬鸣谦道。

"嗯，也许你不会再出来了。不过，我会来探望你。"畏兀道。

"畏兀，谢谢！"姬鸣谦真心地道。

飞渡号在大荒星团中，掠过万千星系，朝着卜茅支迪星系，也就是太阳系飞去，不久，已渐渐接近太阳系的边缘了，畏兀指着导航仪的屏幕道："医士，那里就是你的母星所在的星系了。"

姬鸣谦激动地道："啊！畏兀，我就要到家了！我要请你到我家里做客，你一定要尝尝我母亲亲手做的美食。"

畏兀连忙摇头道："医士，做客可以，美食恐怕就无福消受了。毕竟你们碳基生命的食物我们是不能享用的。"

"啊、啊！我倒是忘了这一点。"姬鸣谦道。

突然探测器发出警号：注意！前方发现异常！

姬鸣谦和畏兀同时望向探测器，却什么也没发现，这时探测器上出现一行文字：前方高热！

畏兀连忙切换到热感探测系统，屏上立即现出一片深红的颜色，温感显示，前方热度高达二千七百八十炋！姬鸣谦知道，这是星际通用的温度计量单位，以绝对零度即负二百七十三点一五摄氏度为零炏，每炏约等于一点九摄氏度，他暗中计算了一下，这相当于人类温度计量单位五千多摄氏度了。

畏兀连忙紧急减速，道："怎么会这样？这好像是一道热力墙，将整个星系都包围了起来！我从来没见过有这样的星系。"

姬鸣谦道："先别管见没见过，我们能穿过去吗？"

畏兀道："以五级文明的造船技术，要穿过这样的高热，估计还可以的，不过我没太大的把握！"

"那怎么办？"姬鸣谦急问。

畏兀道："将护盾提升至最强级别，我们冲过去！"

姬鸣谦二话不说，立即将护盾提升到最强级别，道："护盾已增至最强！"

畏兀道："坐好！"虚空一点，飞渡号就如一支利箭，以三级光速的速度，直刺进那道看不见的无形的热墙里。

半息，这半息让姬鸣谦觉得比过上一天还长，飞渡号用半息时间，穿过了那道热墙，畏兀道："医士，我们闯过来了。"

畏兀话音才落，却听姬鸣谦叫道："快看，那是什么？"

屏幕上出现了几个光点，朝飞渡号飞来。畏兀道："拉近一点看看。"

姬鸣谦将探测距离拉近，清晰地看到有三艘碟形飞船正高速朝飞渡号飞来，不禁脱口而出道："啊！飞碟！是坚鲜神！"

话音才落，飞船上的通用频道接收器传来一个声音："这里是禁航区域，任何飞行物体请绕道飞行！这里是禁航区域，任何飞行物体请绕道飞行！"

那声音一连使用了五、六种语言，反复地说了数遍。

畏兀用通用频道回话道："根据星际法则，本飞行器有自由飞行的权利。请勿阻拦，请勿阻拦！"

"这里是禁航区域，任何飞行物体请绕道飞行！"对方又一连说了三遍同样的话。

畏兀也不示弱，同样地用原话回复了三遍，航向不变，照旧直飞。双方互不相让，面对面对峙着。突然，对方一艘飞船上发出一束蓝光，在飞渡号上方掠过，一个声音响起："这是警告！这是警告！速速离开本区域，万勿自误！"

畏兀一边做着规避动作，一边骂道："可恶！这帮家伙还真敢开火！"

姬鸣谦道："怎么办？冲过去吗？"

"不行，对方的战舰是专门用于作战的类型，机动性能极佳，而且比我们的飞船先进很多。"

畏兀左右机动，始终摆脱不了对方纠缠；这时，两束蓝光直对着飞渡号射来，畏兀一个大翻身，接着将飞渡号横滚着避向降方，口中骂道："下贱的东西，敢向我开火！"

无奈对方占着地利、数量和先发的优势，畏兀无暇还手，不得不斜斜地向转侧飞掠，飞了十息时间，发现对方并没有追来，畏兀对姬鸣谦道："医士，坚鲜神怎么有这么多战舰在这里？还拦截我们。难道你的母星真的被坚鲜神监视着？"

"不知道。"姬鸣谦道："在地球上，我们目击得最多的不明飞行物就是这种碟形的飞船，我们给它起了个名字，叫飞碟。"

"他们没有与你们交流过？"畏兀道。

"我们与他们从来没有接触过，更不要说与他们对话了。不过我们也曾发现过坠毁在地球上的飞船残骸。"姬鸣谦道。

"嗯，这很令人费解。"畏兀道："如果你们真是他们的囚徒，很显然，坚鲜神是不想让任何神知道你们的存在，因此将你们的星系封锁起来。"畏兀道。

"太阳系这么大，我不相信他们能完全包围了它。不如转往其它方位试试？"姬鸣谦道。

畏兀道："好！"驾着飞船耍了个花式，绕飞了一段时间后，将航向一转，朝着地球的方位笔直飞去。

才飞了两、三息时间，迎头又撞见几个光点朝飞渡号飞来，就如上次一样：先劝喻离开，然后开火警告驱赶。畏兀不敢硬闯，掉头就走。

一连换了几个方向，都遭到了同样的拦截，飞渡号没有办法冲破对方严密的防线，只好暂时作罢，在太阳系边缘停了下来。

姬鸣谦从驾驶室的舷窗望向地球，肉眼能看到的，只是一个极微细的光点，在浩瀚的宇宙中，恍如一粒尘埃一般。姬鸣谦呆望着地球，心情灰暗之极：到了家门口了，却是没法进去，真是应了一句老话，有家不能回。

这时姬鸣谦想起了皮谇说的一句话：你一生下来就是囚徒！蓝囚星上所有人都是囚徒！

姬鸣谦心中一震：蓝囚星！难道整个地球就是一座巨大的监狱？人类生生世世就被囚禁在这座监狱中？果真如此，人类的祖先就是从别的星球上来的，而不是什么猿人进化而来的了？那么，人类的祖先又是谁？

想到这里，纠库纠兰的话又在耳边响起：我敢肯定，你是婳顼族神的后裔！难道我们祖先真的是传说中一夜消失的将要进入九级文明的婳顼族神？

姬鸣谦又一惊：如果我们的祖先真的是婳顼神族，真的被坚鲜神族囚禁……不对、不对，坚鲜神只不过才六级文明，又怎么有能力对将要进入九级文明的婳顼族发动袭击，而且不被别的智慧文明所知晓？

姬鸣谦飞速地思考着，返回地球的愿望更加强烈，忽然问道："畏兀，如果我们借助行星或卫星的掩护，一步一步地接近地球，能行吗？"

畏兀道："能说得详细一些吗？"

姬鸣谦道："太阳系有八大行星和一个矮行星，从里往数外，依次是水星、金星、地球、火星、木星、土星、天王星、海王星、冥王星，我们先想办法飞到系内的一个碎石带里隐藏起来，然后再飞向冥王星，再依次借助行星作掩护，飞到地球的卫星月球上……"

畏兀道："想法很好，只是很难不被对方发现的。不过，试试也不妨。"

姬鸣谦道："不如让我来驾驶吧。"

畏兀道："还是我来吧，我们反正不需要向外联络，我将通讯系统关闭，这样就可以减少对方探测到我们的机会，现在我们在星系之内，用肉眼基本可判别方位和要去的地方，所以，将探测系统和导航系统也关闭了，这样被探测到的可能就减到最低。"

"啊！这样不成了盲飞？很危险的。"姬鸣谦道。

"放心，我在星际舰队里受过这种盲飞的训练，小心一点应该没问题。"畏兀自信地道。

飞渡号在太阳系边缘飞了一段时间，突然向内一转，高速冲向柯伊伯碎石带，待得坚鲜战舰发现有物体进入之时，飞渡号已然隐藏在碎石带里，一时之间，极难被发现。

畏兀将飞渡号轻轻地"贴"在一块与飞渡号大小相约的碎石上，关闭了飞船，任由飞船随着碎石旋转和运动。不久之后，果然看到五、六个光点在碎石带旁掠过，之后再也没有现身。

畏兀道："看来我们躲过了他们的搜索了。"

姬鸣谦道："哈哈，这个隐藏方法不错，"突发奇想，道："畏兀，如果我们能够带着这块碎石行动，是否能够蒙蔽一下对方？"

畏兀道："你是说用这块碎石作我们的伪装？"

姬鸣谦道："嗯嗯，就是这个意思。"

畏兀道："医士，这是个天才的绝妙好计策！"

姬鸣谦道："能行吗？"

畏兀道："按照这块碎石的质量来看，飞渡号应该可以带得动它。只要能够将它带离原有的运行轨道，那就可以利用行星的引力，引向我们需要去的地方。"

姬鸣谦道："太好了，先引向冥王星。"

畏兀道："嗯，再等一等，如果坚鲜神不再出现在附近，我们就行动。"

姬鸣谦道："好！"

畏兀等了差不多一念的时间，这才按动按钮，从船腹之下伸出三支粗壮的金属抓手，插进碎石岩体，将飞船与碎石固定好后，这才发动飞船，一番操作之后，碎石果然被带动起来，缓缓地脱离碎石带，向太阳系内移动。

两神相视片刻，同时欢呼起来，畏兀道："医士，我们成功了一半了！"

姬鸣谦道："嗯！剩下的就看如何引导向冥王星，然后被它俘获了。"

畏兀道："医士，这是很容易的事，只要开启飞船的被动引力场就可以了。"

姬鸣谦道："太好了！"

两神操纵着飞船，伪装成碎石块，由冥王星一路向地球进发，初时速度极慢，畏兀还需要时不时地开动飞船给它加速，越过木星之后，速度已经与一般流星的速度一样，为免引起坚鲜神的怀疑，畏兀干脆任由它自己飞行，只是把控住方向而已。

碎石带着飞渡号，以每小时二百多万公里的速度，历时十天，从木星抵达火星，借助火星卫星的阴影掩护，穿过火星的轨道，又再次获得了加速度，以更快速度冲向地球。

又过了十多天，肉眼已可看到月球，只要抵达月球背面，将碎石甩掉，十数息时间就可冲进地球大气层，故乡就在前方，姬鸣谦激动得哼起曲来。

碎石带着飞渡号快速接近月球轨道，正在姬鸣谦得意忘形之际，畏兀突然大叫："糟糕！"

姬鸣谦立即停了哼曲，向前一望，这一望不打紧，吓了他一跳，只见月球背面突然出现数十个光点排成队列，向自己飞来。

畏兀道："医士，这就是你说的月球，你们母星的卫星？"

"对呀！"姬鸣谦答道。

"我的天！这分明就一艘仿天体基地式超巨型星际母舰！"

"什么？！这怎么可能？"

"你看！"畏兀打开探测器，上面显示着月球的数据，以及武器配置、火力分布，各型战舰的数量。

姬鸣谦惊得呆住了，不知所措。畏兀却没有丝毫的犹豫，一边将抓着碎石的金属抓收回，一边启动飞船，急速地与碎石分离，斜刺里就走。

这一次，坚鲜神以包围之势四面合围，也不开火，似乎想将飞渡号俘获；畏兀果然是个优秀的驾驶员，使出浑身解数，不停地变换着花样飞行，瞬息之间，已经飞了十数个规避动作。姬鸣谦回过神来，启动武器系统，向着扑来的坚鲜战舰狠狠地发射了一通固子回力炮火，以泄心头之恨。

过了一会儿的工夫，飞渡号进入超光速飞行，坚鲜神却也没有追来。畏兀将飞船掉了个头，停了下来，望着姬鸣谦，道："医士，我们刚才差点就自投罗网了。你说的那个月球，哪里是什么卫星，它是一个仿天体超级母舰！"

姬鸣谦苦笑道："畏兀，自古以来，有文字记载的历史，它就悬在地球的旁边，照亮着地球的夜空，我们的祖先世世代代讴歌着月亮，流传着有关月亮的美丽神话传说，我们哪里知道这个月球就是一个外星基地？"

畏兀道："你不是说你们在月球上有科研基地吗？怎么就发现不了这是一个智慧生物所制造的仿天体？"

姬鸣谦道："十九世纪，哦就是三百三十多纪前，人类才第一次登上月球，直到现在，人类才勉强可以在月球上立足，但也只是在很小一个范围里活动。人类的科技，不允许人类大规模地探索月球。"

畏兀道："只要有智慧生命登陆，就不可能发现不到他们呀！何况，非自然物体，很容易就能探测得出来的。"

姬鸣谦道："首先，人类需要呼吸敏气才能生存，而月球上是没有空气的。所以人类要在月球上维持生命，只能躲在基地内；如要外出，所携带的敏气也支持不了人类在月球上行走太远。"

畏兀道："哦，看来我问了个笨问题，我倒是忘了，你之前也是要呼吸的。"

姬鸣谦道："其次，我们虽然也探测到月球有些异常，但是由于我们对天体的认知极其贫乏，所以根本判别不出问题所在，比如诡异的月震、比如月球上的月壤、月岩年份不一样等等。现在，一切都能解释清楚了。"

畏兀道："解释什么？"

姬鸣谦道："什么潮汐锁定，自转和公转周期一致等等，一切都是设计好了的！"

畏兀道："是的，自然天体中，特别是卫星，是绝少出现这种自转和公转周期一致的现象的。即使有，也只是接近一致。不过问题又来了。"

姬鸣谦问："什么问题！"

畏兀道："以我所知，六级文明的坚鲜神是没有这个能力制造如此巨大的仿天体基地的，别说七级文明做不到，就连顼育神族神恐怕也难以做到。那么，是谁制造的呢？"

姬鸣谦道："畏兀，你说八级文明也做不到吗？"

"我有点语无伦次了。我的意思是说，单纯打造一个这样的仿天体基地，七级文明也可以勉力做到，但是，如此精确地把它放在行星的引力轨道上，而且又精准地计算出它公转和自转同步进行，这不是七级甚至八级文明能够做得到的。"

"你是说这种技术极其高绝？"

"是的，当世之中，也许只有须委族神能够勉力而为之，其它神族就没有这个可能了。"畏兀很肯定地说。

姬鸣谦道："那么，千万纪之前，又有谁有能力制造呢？"

畏兀摇摇头道："难以想象。"

姬鸣谦突然问道："那么嬬顼神可以吗？"

畏兀道："那当然可以了！但是……"

"但是什么呢？"姬鸣谦追问道。

"但是，如果是嬬顼神所为，为什么会将它交给坚鲜神，而自己却消失无踪呢？"

姬鸣谦道："按你这么说，坚鲜神肯定就不是这个仿天体基地的制造者了？"

畏兀道："嗯，他们绝对不是，但是，我敢肯定，制造它的神甚至比现在的须委神还要高等级。只是我不明白，为什么就交给了坚鲜神使用它呢？"

姬鸣谦道："你是怀疑有一个不为神知的高等级文明向坚鲜神提供了这个基地？"

畏兀道："不管怎么说，我们首先得过了坚鲜神这一关。"

姬鸣谦道："怎么过？"

畏兀道："如果能够获取他们的通行密码就可以通行无阻了。"

姬鸣谦道："在这里怎么获取？"

畏兀道："在这里当然很难获取了，我们连靠近都难，又怎么能获得？"

"那么在哪里可以得到？"姬鸣谦好奇地问。

"坚鲜族神的母星，徽乍星，或许机会大些。"畏兀迟疑地道。

"那就再去徽乍星走一趟！"姬鸣谦道。

"你疯了吗？"畏兀道："上次你在徽乍星的行为，早已被他们列入极度危险的神的名单里了，他们一定对你恨之入骨，到处追寻你而不得，你要前去，岂不是自投罗网？"

姬鸣谦道："我们这次去，当然不能再用上次的身份去了，我也不是傻瓜。"

"你好像有什么办法了？"畏兀道。

"记得上次那个庝谇长公吗？"姬鸣谦问。

"当然记得。"畏兀道。

"我们悄悄把他抓来！"姬鸣谦说，一副手到擒来的架势。

"怎么抓来？"畏兀问。

"就是绑架！"姬鸣谦摆出一副凶恶的样子道。

"噢，医士！这很难做到的！"畏兀道。

姬鸣谦道："不试一试，怎么知道做不到？"

畏兀用额上的那只眼睛看了姬鸣谦一眼，道："医士，我看到你坚毅的决心。好吧，我就陪你再去一趟徽乍星吧。"

姬鸣谦感激地道："畏兀，谢谢！"

畏兀道："医士，我是你的朋友，不需要道谢的。"

姬鸣谦点点头，然后抬头向太阳系注视了一会儿，道："我们走吧。"

畏兀理解他此时的心情，默默地绕着太阳系飞了一会儿，然后一个翻身，打开加力，飞渡号就在黑暗中划了一道漂亮的弧线，穿过那道热力墙，朝银河系外飞去……

第十四章　彝奭渎隶神

飞渡号以跃速飞行着,畏兀将飞船切换成自动驾驶状态。驾驶室内,姬鸣谦和畏兀都沉默着,已经很久没有说话了。

终于还是畏兀打破了沉默,说道:"医士,你情绪太低落了,到后面休息吧。"

姬鸣谦隔了许久才答道:"好吧,只是辛苦你了。"

畏兀道:"去吧,放心好了,不会有什么事的。"

姬鸣谦回到自己的起居舱室,躺在床上,默默地想着心事:为什么坚鲜神跨越宇宙,守在太阳系内?人类真的是坚鲜神的囚徒吗?

这个问题在脑海里盘旋着,挥之不去,又想不出个所以然来,让他心烦意乱,无法排遣。姬鸣谦站起来,在舱中来回踱步,踱了一会儿,忽然想起圆慧禅师教导的话:心静则智生。

姬鸣谦心中一动,在舱中席地而坐,盘起双腿,依着大衍师父所教太上心经的心法,眼观鼻,鼻观心,由于不需要呼吸,所以不必调匀气息,默念着心法,将意念专注于丹田之中,努力使自己平静下来,渐渐地,心中烦躁消退,头脑空灵,不久便入静了,但觉周身有一股温和的暖流在流动,意念所至,浑身舒坦。

姬鸣谦用意念驱动气流周游全身三遍,然后就停在丹田之中,不久就进入物我两忘之境。

不知过了多久,姬鸣谦睁开双眼,但觉精力充沛,全身充满活力,烦躁之感全消。姬鸣谦站起身来,回到驾驶舱,畏兀看到他精神饱满,道:"看来你休息得很好。"

"是的,现在感觉很好。"姬鸣谦道:"畏兀,你也去休息一会儿吧。"

畏兀也不客气,道:"好的,我也有点困倦了。"说完就离开主驾位置,往后面休息去了。

姬鸣谦坐到主驾的位置上,打开星图,查看了一下飞渡号目前所在的坐标,却是在强圉宇宙中,离坚鲜神所在的作噩宇宙很近了。

姬鸣谦任由飞渡号自主驾驶飞行着,忽然感到有点荒谬:自己好端端地在地球上工作着,探索着外星文明的存在和宇宙的奥秘,怎料一夜之间,被掳至太空,鬼使神差地被拥有八级文明的颛育神所救,现在不但知道宇宙到处都有智慧生命,而且生命的种类繁多,还知道了许多人类连想都不敢想的宇宙知识,亲身与外星生命和高等级的文明接触,拥有了人类数十万年也不可能得到的医学知识;如此种种,不知是自己之幸还是不幸。

姬鸣谦正想得入神,探测器屏幕上的警告灯突然亮了起来,同时响起了提示语音:注意!前方发现飞行物!注意!前方发现飞行物!

姬鸣谦回过神来，急忙虚空一点，将探测器发现的飞行物拉近一看，原来是一艘飞船，正迎头向飞渡号撞来。

姬鸣谦吃了一惊，一面减速，一面呼叫畏兀，并做好了规避准备。

那艘飞船左摇右摆，不规则地翻滚着，像喝醉了酒的人，跌跌撞撞地飞来。这时星际通用通讯频道传来求救信息：我们是作疆宇宙初乌尼星团尔卜冉星系的彝奭渎隶族神，我们的飞船损毁，乘员受伤，请求救援！请求救援！

姬鸣谦立即就回复道："请减速并停止飞行！保持通话，我将向你靠拢！我将向你靠拢！"

等了一会儿，对方并没有应答，姬鸣谦又呼叫了数遍，依然没有回音。飞船没有减速，仍然翻滚着朝飞渡号撞过来。这时畏兀听到他的呼叫，急匆匆地来到驾驶舱，姬鸣谦未等他坐下，就急忙将情况简单扼要地向他说了一遍。畏兀道："彝奭渎隶族是个七级文明的神族，性情高洁，清高得很，却是个非常友善的神族。"

姬鸣谦道："还是先救他们吧。"

畏兀道："好！我来操控飞船；你之前没有遇到过这种情况，等一下两船相接，稍有不慎就会发生碰撞，飞船就会受损。"

姬鸣谦道："好的！"将主驾位置让出，道："等一下我到他们的船上看看。"

畏兀迎着对方飞船飞过去，看看将要靠近了，突向上升起，在对方飞船上方一个翻身，然后反身与它同行；将速度调校到与对方的速度一致之后，慢慢地向它靠了过去。畏兀一边操控着飞船，一边教姬鸣谦各种需要注意的动作和要领。

飞渡号靠近那艘飞船，看准对方飞船翻滚的态势，畏兀果断放出两个抓手，将对方飞船抓住，再放出另两个抓手，将它和飞渡号连接固定在一起，道："我等一下放出廊桥，你就过去，在那个舱门的旁边，应该有一个小门洞，你掀开它，就会看见一个手柄，这是手动打开舱门的把手。"

姬鸣谦道："好，我记住了。"戴上防护头盔，来到舱门边，打开舱门，走过廊桥，来到对面飞船舱门边，依着畏兀所说，找到那个小门洞，打开一看，果然有一个小手柄，姬鸣谦抓住手柄用力一拉，飞船的舱门就打开了。

姬鸣谦首先摸到驾驶舱，看到三个戴着头盔身穿银色护甲的生物，昏迷在座位上。姬鸣谦略一检查，都还有生命体征，急忙将他们一一背回飞渡号的医疗舱里；又再回到对方飞船里，四处搜查了一遍，最后在推进舱里发现一个同样戴头盔穿银白护甲的生物倒在里面；姬鸣谦将他也背回了飞渡号。

姬鸣谦动手将他们的头盔摘下，这才看清楚，这四个生物长着一颗像半截橄榄核一样的脑袋，头顶圆而隆起，长满了棕红色的毛发；额头很高；一双不大不小的眼睛几乎挤在一起；没有鼻子，连鼻孔也没有；枣红色的脸，一个小巧的嘴巴倒是有点像人类的嘴；尖尖的下巴末端长着一颗小指大小的肉珠；一双手臂竟然长有三节；双手长着纤长的五指；身上的皮肤比脸上的皮肤颜色淡了许多。

姬鸣谦迅速将他们的护甲脱去，发现他们都贴身穿着一件连体的白色衣物，衣物上染着褐色的血液；其中一位彝奭渎隶神，胸前长着四个乳房，显然是个女性。

  姬鸣谦熟练地使用着首龟渠神的医疗设备，替四位彝奭渎隶神止血、消毒、包扎；而畏兀也没闲着，先是将彝奭渎隶神的飞船扫描了一遍，然后又加装了一条机械臂，连接固定两艘飞船。

  姬鸣谦将头部重创的神抬上手术台，扫描过大脑之后，诊断他大脑并未受损，只是颅骨破裂，出现一个小指大小的洞。姬鸣谦从创口中探入一根细小的管子，将他颅内积血吸出，清理干净；然后抹上少许再生膏，再用可塑紧致包扎布将头颅包好，只等头骨愈合就可以了。

  其余三神，内脏都不同程度地受损出血，同时或肩或手或腿，多处受了不同程度的创伤，姬鸣谦先将他们的外伤都一一处理包扎妥当。然后逐一打开他们的腹腔，给他们施行手术。姬鸣谦用了一格多的时间才将他们的内外伤全部处理完毕。而四神因受重击昏迷，姬鸣谦做完救治手术，依然未曾醒来。

  畏兀将飞船固定好后，来到医疗舱，问道："他们怎么样？有救吗？"

  "都活着哩，"姬鸣谦答道："他们只是受重击昏迷，没有生命危险，那些创伤都不是致命的，我都做了手术，并包扎处理好了。"

  "那怎么还不醒来？"畏兀道。

  "我已经给他们服用了一些药物，稍过一些时候就会醒来。他们的飞船怎样？"姬鸣谦道。

  "嗯，这是一艘很先进的飞船，彝奭渎隶是七级文明神族，难以想象，他们会撞上流石。"畏兀道。

  "流石？"姬鸣谦不明白地问。

  "就是体积很小的碎石，在宇宙中无序地四处漂浮乱飞的小天体，大的有小型母舰一般大小，小的只有拳头般大，甚至更小。"畏兀解释道。

  "那他们的飞船还能修好吗？"姬鸣谦问道。

  "估计很难了，至少现在是不可能修好的。"畏兀道："我扫描过飞船，动力系统虽然还算完好，但飞行控制系统完全毁坏，而星际导航系统似乎完全没有。"

  姬鸣谦道："不明白，怎么会没有导航系统？"

  "就是说，这艘飞船像是没有安装导航系统，你要知道，星际飞行没有导航系统意味着什么？"畏兀道。

  "噢！这怎么可能？！傻子也知这是不可能的。"姬鸣谦道。

  畏兀道："还是等他们醒来再问问他们吧。"

  "嗯嗯，"姬鸣谦道："那么他们的飞船就这样固定在我们飞船外，我们还能飞吗？"

  "光速以下的普通飞行还是可以的，但要进入光速就不行了。"畏兀道。

  "呃！那怎么办？在这茫茫宇宙之中进行普通飞行，不是等于死路一条？"姬鸣谦道："我们可以把它丢弃吗？"

  "医士，我们虽然有权弃掉它，在星际法律上没有问题；但既然飞船的主神还活着，还是等他们醒来，由他们自己决定吧。"畏兀道。

"嗯，这样也好。"姬鸣谦道。

畏兀道："彝奭渎隶神是碘基生命，我们船上没有他们的食物和用品，等他们醒来，让他们回船上拿些他们的生活用品和食物过来吧。"

姬鸣谦道："畏兀你想得很周到。"

两神商议，暂不飞行，等四个彝奭渎隶神醒来后再作决定。姬鸣谦趁着这个空当向畏兀询问有关彝奭渎隶族的情况。

畏兀道："彝奭渎隶族与坚鲜族同在作噩宇宙，他们的母星叫做罙戎星，比你的母星地球大上百倍，位于初乌尼星团尔卜冉星系，尔卜冉是个三恒星星系，有三十七个行星，而罙戎星则有五个卫星围绕着。彝奭渎隶神是天生的艺术家，他们的诗歌、音乐、绘画非常高雅，在太虚中享有极高的声誉；听说他们的女性都是天生的歌唱家，歌声如天籁一般令神沉迷。"

姬鸣谦嗯了两声，表示自己在听，并没有打断畏兀的说话。

畏兀继续道："当然，他们还是最早进入七级文明的神族之一。我父亲年轻时曾去过他们的母星，说那是一个漂亮的棕红色星球，到处都是茂密的碘基植物，还有很多珍禽异兽。"

姬鸣谦问："你去过吗？"

"没有。"畏兀道："有机会一定要去一次，听听彝奭渎隶女神的歌声。"

"哈哈，说不定不用去就能听到呢。"姬鸣谦道。

"这怎么可能？"畏兀道。

"我们救的四个彝奭渎隶神里面，就有一个是女性。"姬鸣谦道。

"啊！啊！"畏兀有点兴奋地问："是吗？"

两神正聊着，旁边一个声音用彝奭渎隶语叫道："啊！我这是在哪里？"

姬鸣谦和畏兀立即走了过去，畏兀用酹琰愠眷语道："你醒了！"

那神似乎没有反应过来，愣了半晌，这才望着姬鸣谦和畏兀，用酹琰愠眷语问道："我在哪里？我的同伴呢？"

姬鸣谦按着他的肩头道："别害怕，你在我们的飞船上，你的同伴都活着，你们得救了。"

那神转头环顾了一下医疗舱，看到同伴都躺在治疗台上，终于回过神来，说道："谢谢，感谢你们的救命之恩，请问你们的尊姓大名。"

畏兀笑道："我叫畏兀·松庄卜区，这位是丘甄项·泰孔督荣·督旻鼎偶医士，是他救了你们一命。"

那神挣扎着要站起来，姬鸣谦连忙将他按住，道："你的伤口才包扎好，不能乱动，一动就会扯裂伤口，那就白费我一番功夫了。"

那神听罢，只得老实地躺着，道："我叫铭越·济石莠，上卫；头部受伤的是我们的教官，下弁，叫巴久汶·卿添，那一位是下卫卜之添·尚龚榷；还有那位女士，也是下卫，叫金惜·氏荷莲。"

姬鸣谦道:"铭越上卫,你们的名字我都记住了。现在你先休息一下,不宜费神过多说话,等他们都醒来之后,我们再一起聊聊。"

铭越依言闭上眼睛,静静地躺着不再说话。

姬鸣谦招呼畏兀退出医疗舱,道:"看来他们恢复得很快。"

畏兀道:"医士,这是你的医术高明。对了,他们的母星离我们要去的坚鲜神的徼乍星有点远,我们要带着他们去徼乍星吗?"

姬鸣谦道:"还是等他们醒过来再说吧。"

畏兀道:"嗯嗯。医士,反正要等他们醒来,不如趁这空隙时间,将飞船检查一遍吧。"

姬鸣谦道:"好!"

两神分头将飞船的各个主要系统都检查了一遍,回到医疗舱,看到四个彝奭渎隶神已经醒来,正在小声地说着什么;那个叫巴久汶的下弁因头部受伤,仍然躺着。

铭越正要向两神打招呼,姬鸣谦示意他等一下,然后先替巴久汶扫描了一遍头部,确定伤势已无大碍,又替其余三神的身体都扫描了,道:"恭喜四位,你们的伤势都已经无碍了,很快就会好起来的。"

畏兀道:"欢迎来到飞渡号,我是畏兀上弁,本船船长;这位是丘甄项医士,本船的拥有者。"

四神齐声道:"谢谢两位救了我们。"

畏兀道:"请不要客气,在宇宙中行走,谁都可能有个意外的时候。"

"船长,"巴久汶躺着说:"我们的飞船怎么样了?"

畏兀道:"下弁,你们的飞船已经严重损毁,在这太空之中是不可能修复的。我们正想要问一下你们,要怎样处理?要知道,我们这艘飞船不可能带着你们的飞船飞行的。"

"船长,我们先回船里查看一下,看看损毁程度再作决定可以吗?"巴久汶道。

"当然可以,不然我们留着它到现在是为什么?"畏兀道。

"谢谢!"巴久汶道:"丘……甄……医士。"

畏兀笑道:"下弁,医士的名字十分拗口对吧,你就直接称呼他医士就行了。"

巴久汶道:"嗯嗯。医士,他们三位可以走动了吗?"

姬鸣谦道:"下弁,铭越上卫,卜之添下卫和金惜下卫都可以行动了,只是动作不要太大。"

"好的,谢谢!"巴久汶道:"上卫,你和卜之添下卫回去看看。"

"是!教官!"铭越和卜之添齐声应道。

姬鸣谦帮铭越、卜之添戴好防护头盔,将他们送过廊桥,自回医疗舱;畏兀则放出一个扁圆形的跟踪器随铭越回到船上,然后将跟踪视频切换到医疗舱的屏幕上,让巴久汶看着两名下属返回船里检查损毁情况。

两神先到驾驶舱检查了一遍,铭越向巴久汶报告说,飞控系统完全毁坏,导航系统无法使用；然后又到推进舱，卜之添报告说主推进器受损，但不严重，几个副推进器毁坏严重；另外重力系统无法工作。

巴久汶听完汇报，沉默了许久，在铭越和卜之添的一再呼叫下，这才命令让他们先回到飞渡号上来。

巴久汶望着畏兀道："船长，您是鬃翊族神吧，医士是什么族的呢？"

畏兀道："对，我是鬃翊神，医士是逖申族神。"

"嗯嗯，但是你们这艘船不像你们这两个神族的产品。"巴久汶用疑惑的眼光看着两神。

畏兀道："啊，下弁，是这样的，这是首龟渠神送给医士的礼物。"

"首龟渠族？五级文明？"巴久汶道。

"是的。"畏兀道。

"医士，"巴久汶道："您为他们做过什么大事？他们送这么一份大礼给您。"

姬鸣谦道："也没做过什么大事，就是把他们首席执行官联合院的首席官上数十纪没治好的伤治好了。"

巴久汶道："原来这样。嗯，医士、船长，我可以问问，你们准备去什么地方？"

畏兀道："下弁，我们正要前往作噩宇宙，可以带你们回去。只是我们要去徼乍星，不知你们是不是可以先到徼乍星再找顺路的飞船回你们的母星？"

巴久汶沉吟半晌，也不作答。这时铭越和卜之添回来了。姬鸣谦望了望他们两个，道："下弁，不如先说说你们的遭遇吧。"

巴久汶道："医士、船长，我奉命执行跨宇宙飞行训练任务，当飞船进入强围宇宙不久，探测器就发现一艘小型母舰尾随着我们飞行，初时我们并不在意，在太空中飞行遇到别的飞船很正常。后来发现，它跟了我们很久，我们改变了几次航向它都紧随着我们。我们就向它发送信息询问，是否需要协助。对方却完全没有回应。过了不久，我们的导航系统好像被干扰控制了，然后，整个导航系统像是被清洗过一般，所有导航程式都没有了，变成一片空白。没了导航系统，飞船就像个瞎子，找不到方向，盲目乱飞；不久，探测系统也失灵了，结果就撞上了一块很大的流石。我们全都被撞昏了过去，后来的情况就不知道了。我们醒来，就看到你们了。"

畏兀道："能够识别那艘神秘的飞船是什么神族的吗？"

巴久汶道："我们也曾扫描识别过，但那艘船没有任何标识，似乎还具有反扫描干扰功能，我们什么也没扫描出来，但从推进系统及飞行姿态判断，至少也是七级文明甚至更高级文明才能制造得出这么先进的飞船。"

"七级文明？"畏兀道："如果是七级文明，那他们的技术最多也就跟你们不相上下。"

巴久汶道："是的，我们也是这么认为。"

畏兀道："有没有可能是八级文明的产品？"

巴久汶道："反正很先进，我们的飞船根本跟它没法比。"

畏兀道："现在最高级的文明当数须委族了，其余八级文明的神族也为数不多。"

"是的，"巴久汶道："就是没法判定是哪一族的飞船。"

"难道太虚中出现了个未知的高级文明？"畏兀道。

"也只能这样解释了。"巴久汶摇头道。

"那它攻击你们这艘训练飞船的导航系统又有什么企图呢？"畏兀像是问巴久汶，又像是自问地道。

姬鸣谦道："下弁，以前有遇到过这种导航系统被攻击的案例吗？"

畏兀、巴久汶想了想，同时说道："不曾听说过。"

巴久汶道："以我们七级文明的科技来说，每艘飞船的导航系统都是加密而且是独立的，在飞行中很难被攻击。"

"那会不会它这样攻击你们，只是为了试验一下他们的新式武器和新的攻击方式？"

巴久汶一怔，道："医士，你是说，这是新的攻击方式？"

"我只是猜测而已。"姬鸣谦道。

畏兀道："那也应找一艘战舰来试吧？"

姬鸣谦道："也许他们没有太大的把握，所以找你们这艘配置稍为低一点的训练舰来测试，这样容易得手一些。"

"医士，您说得有道理。"巴久汶道："但是，如果它发射任何武器，例如：光、磁、力、甚至是射线束等强力武器，也只能对飞船造成毁灭性打击，而且，我们的飞船不可能发现不到这些武器的攻击。我们怎么可能会在毫无知觉的情况下被攻击呢？"

姬鸣谦道："也许他们发射的根本就不是你所说的这些武器中的一种。"

巴久汶道："那是什么？"

姬鸣谦道："假如它发出一些信息，你能接收得到吗？"

巴久汶道："这个当然，我们的接收系统是非常先进的。"

姬鸣谦道："假如对方发出一种含有病毒的信息，伪装成一些宇宙间无用的电波信号，当飞船接收系统自动接收到这些信号之后，是否会自动忽略它，而不会显示给你们看？"

"啊！"在座的所有神都同时啊了一声，一齐望着姬鸣谦。

畏兀道："医士，你怎么能想到这么刁钻的问题？有时我真的奇怪，你的思维怎么会这么不可思议？"

姬鸣谦道："我也不知道自己怎么想到这些，只是认为，一定有什么途径可以进入到飞船的智脑系统，从而可以成功破坏某些系统软件；而可以造成这种破坏的，必定是病毒程序，只是这种病毒程序的载体太过匪夷所思，所以你们不敢想而已。"

巴久汶道："医士，您真的让我刮目相看了。"回头对一直在旁边不作声的金惜道："下卫，你与铭越再过去一下，将我们的智脑核心组件拆下来，拿回来研究一下。"

金惜应了一声，和铭越动身去了。

巴久汶道："医士，船长，把我们的飞船丢弃了吧，不然我们谁也走不成。"

畏兀道："下弁，这是明智的选择！我建议你们将食物、日常用品和重要的东西都搬过来吧。"

巴久汶道:"嗯嗯,我正有此意。"

畏兀道:"我过去帮忙吧。"

巴久汶道:"谢谢船长。"

畏兀和卜之添一起出去了。巴久汶很仔细地望着姬鸣谦,道:"医士,您说您是邃申族神?"

姬鸣谦道:"是的,怎么了?"

巴久汶道:"但是我觉得您更像是另一个种族的神。"

姬鸣谦道:"哦?是什么族神呢?"

巴久汶道:"啊,医士,这个我也说不准。"停了一下,道:"医士,您救了我们,就是我们的恩神,我们彝奭渎隶族神是有恩必报的,您将被我们视为终身最亲密的朋友,并且会为您做任何事情。"

姬鸣谦道:"谢谢!但我并没有什么需要你们去做的。"

巴久汶道:"医士,有句话不知该不该说。"

姬鸣谦道:"下弁,现在我们是朋友了,有什么就请说吧。"

巴久汶道:"医士如果是邃申族神的话,就我所知,是不可能拥有这么先进的医术的。"

"啊!下弁,"姬鸣谦道:"我很幸运,曾得到过顾育族神的指导。"

"原来是这样,这就不奇怪了。但是,顾育族神从来不向外族传授医学技术的,不知医士为他们做过什么了不起的事情,使得他们愿意把医术传授给你?"巴久汶疑惑地道。

姬鸣谦道:"没有,只是机缘巧合而已。"一停,将话题一转,忽然道:"对于坚鲜族神,你们了解吗?"

巴久汶奇怪他为什么岔开话题问起坚鲜族神,愣了一下,答道:"坚鲜族神虽然与我们同在一个宇宙中,但相隔很远,我们很少与他们来往。在我们印象中,他们狡诈、奸险,什么卑鄙的事都干得出来,还经常欺负一些文明级别比他们低的神族。有一点我们也很好奇。"

姬鸣谦道:"是什么呢?"

"他们从五级文明进化到六级文明,只用了很短的时间;现在,他们已快进入七级文明了。"巴久汶道。

姬鸣谦道:"会不会有高等级文明帮助他们快速发展?"

巴久汶道:"医士,您知道,这是违反宇宙法则的。而且,又有哪个高级文明的族神愿意违反法则而强行帮助坚鲜神提升文明等级?"

姬鸣谦道:"嗯嗯,下弁,你听说过困敦宇宙大荒星团吗?"

巴久汶想了想道:"听过,还是刚进星际舰队时,在学习星图时听教官说过。"

姬鸣谦又道:"那么卜茅支迪星系蓝囚星呢?"

巴久汶又努力地想了想道:"这就太陌生了,我想不起教官有教过这个星系,而且似乎并没有任何文明在那里吧。"

姬鸣谦通过与巴久汶的接触，觉得他是一个可以信任的神，所以决定将自己的真实身份告诉他，就道："我的母星就是蓝囚星。"

巴久汶吃了一惊，道："医士，你不是说你是逖申族神吗？就我所知，逖申神是在协洽宇宙朴俣达仲星团呀！"

姬鸣谦道："正如下弁所猜的一样，我并不是逖申族神，我们自称大荒星团为银河系，卜茅支迪星系为太阳系，蓝囚星则称为地球。我们自称为人类，文明程度恐怕只有一级。"

巴久汶吃惊地望着他，道："这怎么可能呢？那里如果有智慧生命和文明，就一定会在星图上标注出来的。而且，以医士的智慧和学识，起码也在五级文明程度之上，最保守的估计也有四级吧。"

姬鸣谦道："哦，这些知识是我进入太空之后，屡有奇遇，这才学会的。"

"医士，如果您的母星只是一级文明，那是没有进行星际航行的能力的，那您又是怎样进入太空的呢？啊，不对！逖申族神是五级文明的族神。"巴久汶开始有点混乱了。

"下弁，我刚才说了，我不是逖申神。"姬鸣谦提醒道。

"呃，对对对，您刚才说您是什么族？"巴久汶道。

"我们整个智慧生命群体称为人类，而我的族群称为汉族。"姬鸣谦道："我是被坚鲜神从母星上掳进太空的。"

"啊！这些卑鄙的家伙！就不干好事！"巴久汶骂道。

"幸运的是，后来我遇到了顾肓神的飞船，他们把我救了。"姬鸣谦将被救的经过简单地说给巴久汶听，最后道："医术就是这样学来的。"

"哦……"巴久汶道："但是，船长，就是那位鬃翊神，他又怎么跟你在一起的呢？"

"哦，他呀，他也像你们一样，飞船失事，是我救了他，然后他就跟我在一起了。"姬鸣谦轻描淡写地道。

"哦哦！"巴久汶随口应着，又问道："您刚才说，您这艘飞船是首龟渠族神送给您的，我真的很想知道，你不会只是治好了首席执行官的旧伤这么简单吧？"

"嗯嗯，我和畏兀在首龟渠神那里，帮着他们打败了迁未族的侵犯，他们为了感谢我们的帮助，所以就送了这艘飞船给我们，让我们可以回自己的母星。"姬鸣谦道。

"您说的是不久前，首龟渠神和迁未神的那场战争吗？"

"是的。"

"医士，您还懂军事？会指挥作战？"巴久汶那双挤在一起的眼睛似乎挤得更紧了一些。

"我怎么可能指挥首龟渠神的军队作战？我只是给他们提了一点建议而已。"姬鸣谦道。

"决定一场战争的胜负，往往就是一句话而已。我相信您这点建议，直接影响了战争的进程和胜负。"巴久汶充满敬佩地说，他是现役军官，自然懂得其中奥妙。

"有了这艘飞船，我就有了回母星的冲动；畏兀自告奋勇地要送我回去，我们就告别了首龟渠神，踏上了回家的路。"姬鸣谦道。

"那你回去了吗？"巴久汶问。

"我们到达太阳系边缘的时候，遭到了坚鲜神的战舰拦截，他们的飞船比我这艘飞渡号先进很多，畏兀想了许多办法，都没能冲破他们的防线。"姬鸣谦道。

"等等，"巴久汶像是发现了什么，道："坚鲜神怎么会在你的母星出现？又为什么拦截你们？"

"下弁，你也觉得奇怪了吧？似乎宇宙中没有神知道我的母星的存在，更不知道有我们这一族智慧生命存在；而坚鲜神却知道我们，不但知道，还派遣战舰在我们星系监视我们，不允许任何别的神族靠近。"姬鸣谦道。

巴久汶道："对呀，这是为什么呢？"

姬鸣谦道："我也想知道为什么？所以，既然回不到母星，我和畏兀就决定去他们的徼乍星，看看能不能找到答案。"

"这是最好的办法了，不过却是很难办到的。"巴久汶又道："所以这才机缘巧合救了我们。"

正说着，通话器传来铭越的声音："报告教官，我们正在将物资运往飞渡号的机库里。"

巴久汶道："收到！别忘了把机密的文件销毁。"

金惜道："都已销毁了，请教官放心。"

又过了一会儿，畏兀带着三个彝奭渎隶神回到医疗舱，铭越又详细地报告了一次对飞船的处理过程；，巴久汶很满意，转过头来对姬鸣谦和畏兀道："医士、船长，可否请两位回避一下，我有些内务要与我的同伴们商议一下。"

畏兀道："没问题，请便吧。"拉着姬鸣谦就出了医疗舱。畏兀道："他们要和我们相处一段不短的时间，我们还是给他们收拾一下起居舱室吧。"

姬鸣谦道："我也正有此意。"

畏兀道："医士，你救了他们，他们一定会报答你的。"

姬鸣谦道："畏兀，拯救生命是医者的本分，不能存有要他们回报的心思。"

畏兀道："医士，我不是这个意思，而是说，彝奭渎隶神是有恩必报的神族。"

姬鸣谦道："这一点我也看出来了，他们是很诚实的神。"

两人一边谈论一边收拾，很快就收拾出三个舱室：巴久汶、金惜各一间，铭越和卜之添共一间。刚刚收拾好，就听到巴久汶在呼叫，姬鸣谦答应了一声，让畏兀去将他们请来休息区。

不一会儿，畏兀领着巴久汶等四神来到休息区，姬鸣谦带着他们看了各自的起居舱室，道："下弁，你受伤刚好了些，要多休息，现在你们先休息一段时间，然后我们再谈吧。"

"谢谢！"巴久汶道："医士、船长，我们刚才商量过了，为了感谢你们的救命之恩，我们决定跟你们一起去徽乍星寻找您要的答案，看看能不能帮上点什么忙。"

姬鸣谦望了望畏兀，畏兀点点头，姬鸣谦道："下弁，谢谢！有你们帮助，我看这次前去徽乍星，一定会有收获的。"停了一下，又道："现在我正式欢迎你们成为飞渡号中的一员！"

巴久汶道："谢谢！我们感到非常荣幸！"

姬鸣谦道："下弁，就请你屈就大副之位吧！"

巴久汶道："遵命！尊敬的医士。"

姬鸣谦道："大副，其他三位就由你安排了。"

巴久汶道："是！上卫，你来操控武器系统和防御系统；金惜下卫，你负责通讯和探测系统；卜之添下卫，你负责推进系统。"

铭越、金惜、卜之添齐声应了一声："是！长官。"

分配好工作之后，畏兀道："下弁，暂且不要休息，先去把你们的飞船处理一下好吗？"

"好！"巴久汶道，转头目示铭越，铭越会意，拉着卜之添就往对面飞船去。过了好一阵子，铭越和卜之添回来了，对巴久汶道："都设置好了。"

六神一齐到了驾驶室，各就各位。畏兀收回廊桥，撤回机械臂，开动飞渡号，慢慢地与那艘损毁的飞船脱离，随后加速飞行，不久，飞渡号后面爆出一团火光，却是铭越设定的自毁程序，将飞船残骸毁灭了。

巴久汶等四神回头望了自己的飞船最后一眼，眼中闪过一丝惋惜的神情。

却听到畏兀道："关闭重力系统。"

卜之添回答道："重力已关闭！"

畏兀道："光速一级准备！"

巴久汶道："光速一级已备妥。"

畏兀伸指虚空一点，飞渡号如一缕烟尘，瞬间就溶入深邃的宇宙里。

第十五章　二探徽乍星

　　飞渡号以补给和维修的理由，在进入舞襁星系后，向坚鲜神要求着陆。待得到通行密码后，巴久汶用彝奭渎隶神的名义登记入境。不久之后，飞渡号就降落在徽乍星上。

　　姬鸣谦和畏兀已经是第二次来到徽乍星了，星际船坞里错落分布着十数座巨大的金字塔——能量聚合锥，船坞管理大楼占地广阔，第三百六十层的机库里，停着来自不同星球的形式各异的飞船。坚鲜族神在忙碌地为这些飞船提供各种服务，智能机器神在楼层中穿梭行走。

　　两个坚鲜神在布满屏幕、仪器和按键、指示灯的控制室内，操控着机库里的工作。控制室下方，是一个服务柜台，一个坚鲜神坐在柜台后面，注视着面前的一排屏幕。

　　姬鸣谦、畏兀、卜之添留在飞船上；巴久汶、铭越、金惜三神则来到柜台前，用醉琰揾耆语向他打招呼。那个坚鲜神回应道："欢迎来到徽乍星。能帮你们什么忙吗？"

　　巴久汶道："我是巴久汶下弁，我的飞船需要一些零件进行维修，不知道你这里有没有这些零件。"说着向他提交了一串零件清单，故意将许多六级文明生产不出来的零件和一些六级文明的尖端零件夹杂在其中，交给那个坚鲜神。

　　坚鲜神看了好一阵子，这才道："抱歉，这些零件我们没有，还有一些是受管制的零件。"

　　巴久汶道："我们的飞船急需这些零件维修，你看能不能跟你的上司说下？"

　　坚鲜神道："跟上司说也没用，我们不提供这些零件。"

　　铭越故意提高声音道："零件都没有，你们坚鲜族还能生产什么？"

　　坚鲜神不高兴地道："我们能生产什么，这可不是你能置评的。"

　　"算了吧，我们白来了。还以为坚鲜神好歹也是个六级文明，原来什么也没有。"金惜冷嘲道。

　　"我不允许你们污蔑我们坚鲜族！"坚鲜神道。

　　两神大声地争吵起来，引起了控制室里的坚鲜神的注意，不一会儿，一个军官模样的坚鲜神来到柜台前，一脸严肃地向柜台的坚鲜神道："怎么回事？"转头又对巴久汶等神道："我是本层机库的上弁指挥官，我能帮你们什么忙吗？"

　　巴久汶道："上弁长官，我是巴久汶下弁，我们想要采购一些零件。"

　　柜台那个坚鲜神将巴久汶的采购清单递给了上弁，上弁很认真地看完清单，很无奈地道："下弁先生，十分抱歉，你所需要的大部分零件我们都没有，要知道，六级文明怎么能生产出七级文明的零件？"

　　"啊，抱歉，我忽略这一点了。那么其他的呢？"巴久汶故作恍然大悟的样子道。

"下弁先生，你的飞船申报的是五级文明的首龟渠族的产品，怎么要使用这种零件？"上弁道。

"哦，是这样的，我们的飞船停在外层空间，刚好遇到六级文明的鬃翊神，他们也需要一些零件，就向路过的首龟渠神借了这艘飞船来贵星采购，所以我们的时间有限，还要赶回去归还飞船呢。"金惜上前一步解释道。

巴久汶马上就介绍道："上弁长官，这位是金惜下卫，首次到贵星访问，她可是超一流的唱歌家。"

上弁立即就向金惜道："噢！下卫。啊！不，我还是称您为女士比较礼貌一些。女士，非常荣幸认识您！"

巴久汶道："金惜，你不是想见识一下坚鲜族男士的风采吗？现在是否已被坚鲜男士的风度迷倒了呢？"

金惜道："上弁长官，听说你们坚鲜男士都很优雅有礼，现在我才相信这是真的。"

上弁道："承蒙金惜女士夸奖，我谨代表所有坚鲜男士向您表示感谢。"将身稍稍一转，做个请的姿势，道："这里说话不太方便，就请诸位到上面稍坐，我再看看有没有办法替诸位凑些零件出来。"

金惜道："啊，这真是太好了。上弁长官，您真是太友善了。"

上弁道："请跟我来。"说完就带头往一台升降机走去。金惜紧跟其后，不停地与他说笑着。

一进控制室，上弁就对控制室里的另一个坚鲜神道："下弁，你去后面的仓库里查一下，推进器四十号零件还有没有。"

下弁应了一声，快步奔了出去。

上弁一见下属出去了，回身对金惜道："听说彝奭渫隶族的女士都是天生的歌唱家，今日见到金惜女士，不知可不可以让我证实一下这个传闻？"

巴久汶看到上弁与金惜聊得火热，暗暗向铭越使了个眼色，铭越就慢慢地向控制台边靠去。

金惜道："传闻未必是真的，不过，我们彝奭渫隶族的女士，大多数唱得好听倒是真的。"

上弁道："当然，传说是可以适当夸张一下的。"

金惜笑笑道："上弁长官，您真会说话。如果您允许的话，我倒是愿意唱上几句。"

"噢！尊敬的女士，我十分愿意洗耳恭听，只是……"上弁欲言又止。

"只是什么呢？"金惜问。

却好那个下弁回来了，向上弁道："长官，都查过了，四十号零件整个船坞都没有库存。"

上弁被下弁败了兴头，没好气地道："知道了。你去柜台看看有什么可以帮忙的吧。"

下弁不敢吭声，不知道什么地方得罪了上司，转身走了。

金惜道："上弁长官，不如改天再为您献唱吧。现在您正在工作，免得您被上司责怪；再说在这里唱歌也不太方便。"

上弁正有此顾虑，马上就道："好好！只是可惜没能立即就欣赏到您的天籁之音。"

巴久汶道："上弁，既然您这里没有零件，就不麻烦您了。我们还是到别处看看。"

上弁道："抱歉！如果几位不急着走的话，我可以开个申请，让上面将零件补充到这里，最多只需一天时间。"

巴久汶想了想，道："等一天恐怕还是可以的。"

上弁很高兴地道："既然这样，不知几位能否赏光，由我做东，请几位一起共进晚餐？"

巴久汶道："上弁，这是求之不得的礼遇！只是怎么能让您破费？就由我们来做东吧，我们交个朋友。"

上弁道："下弁，这里可是微乍星，让我尽一尽地主之谊吧。就今天晚上，我在最好的幸运星星际餐馆设宴，请勿推辞！"

巴久汶道："那就恭敬不如从命，今晚我们准时到。我保证你今晚就能如愿以偿，欣赏到金惜下卫美妙的歌声。"

金惜道："我很久没唱过了，就怕到时让上弁长官失望了。"

上弁道："您太谦虚了。今晚务请准时出席。"

三神与上弁约好了时间，礼貌地告辞了，出了控制室，回到飞渡号上。一进驾驶舱，就看到卜之添坐在主控智脑的屏幕前飞快地操作着，姬鸣谦、畏兀则在他后面围观。

铭越道："船长，怎么样？"

畏兀道："下卫正在尝试进入。"

大伙一齐向屏上看去，卜之添双手虚空不停地点击，面前的屏幕上飞快地跳动着一串串字符，过了一会儿，卜之添道："还是不行，只解了两重锁。"

巴久汶道："还是让金惜来吧，她是这方面的专家。"

卜之添站起来将位子让给金惜，金惜立即坐到屏幕前，双手一阵舞动，屏幕上的字符跳动得更加快了。

姬鸣谦道："铭越，那个传输器你放对位置吗？"

铭越道："医士您放心，我把它插在了他们中枢网络上了。"

巴久汶道："医士，不一定要放置到网络主干上，只要能连接到坚鲜神的智脑，金惜就能进入他们军方的中枢智脑里。"

大伙都不说话，看着屏幕上跳动的字符；不到一会儿，金惜连续解开了几道密码锁，进入坚鲜族星际舰队的智脑，没有发现任何对姬鸣谦有价值的资料，更没有有关蓝囚星的片言只语。

大伙感到很失望，姬鸣谦道："把他们星际舰队的资料先下载下来吧，或许以后有用。稍后再试试能不能进入他们长老院最核心的星系中枢智脑。"

巴久汶道："只好这样了，让卜之添下载吧，我们要去赴宴了。"

姬鸣谦道："好吧。闲聊中可以不经意地提一下我的母星，看看这个上弁是否知道些什么。"

巴久汶道:"医士,我正有这个打算。"

畏兀道:"祝你好运!"

巴久汶、铭越、金惜三神走下飞渡号,来到控制室前,上弁已经换了制服,穿着一件贴身的便装,在一艘可载五、六个神的小飞艇旁等候着。三神与他寒暄几句,登上飞艇,上弁亲自驾驶,往市中心飞去。

正是交通繁忙的时段,上弁不敢飞得太快,因此,花了好一阵子时间,才来到一栋巨大而豪华的大厦,上弁将飞艇停在了九百九十层的机库里,领着巴久汶三神,上到一千层的商业区,但见整个楼层商铺、食肆林立,不少外星神杂在坚鲜神当中,来来往往熙熙攘攘;走了一段路程,上弁指着一间用牍尚皋娄文写着"幸运星"的招牌的餐馆,说道:"到了。这是本区域接待星际旅行者的著名餐馆,提供丰富多样的食物,我想你们一定会喜欢的。"

金惜道:"啊!太好了!我很久没吃过我们碘基生物的美食了。"

"女士,你一定会满意的。"上弁道。

上弁订的是一个有窗的雅间,可以远眺整个城市的繁华夜景,众神落座,各自挑选了自己喜欢的食物,不久,机器神服务生就将食物送上,上弁道:"诸位,请用餐吧。"

四神一边进食,一边聊了起来。

金惜不停地问着坚鲜族神的风俗习惯;而铭越则是问徽乍星上的风景名胜。上弁心情极佳,一一耐心地回答他们的问题,并适时地回问一些彝奭渎隶族的风俗和山川风景。

宾主交谈甚欢,话题自然进入到星际航行方面,巴久汶讲了些有关星际航行的趣事,随即话题一转道:"上弁,我听一位朋友说,在困敦宇宙一个边远的大荒星团里,遇见过贵族舰队,不知道贵族是否在那里发现了什么矿产资源?"

上弁一脸疑惑地道:"有这样的事?就我所知,本族的星际舰队并没有在这么遥远的宇宙中有什么活动,更不可能到那里开采资源。"

巴久汶看他的神情不像说谎,显然那个卜茅支迪星系的蓝囚星,上弁并不知情。把话题一转,道:"我也是听闻而已,不过,听说困敦宇宙有些未开发的星球,资源很丰富,就算去那里勘探也是合情合理的。"

正说着,上弁的通讯器响了一下,他抬起手臂看了看,道:"抱歉,我回复一下下属的问题。"站起身来,出了雅间。

待得上弁回到座位,又开始漫无边际地聊了起来。奇怪的是,上弁并没有再提出欣赏金惜美妙的歌声的要求。

此时,姬鸣谦、畏兀、卜之添三神在飞渡号上,正在紧张地破解坚鲜神的密码,意图进入长老院的中枢智脑。三神聚精会神地盯着屏幕,并未留意飞船外的动静。突然,飞船的通用通讯器传来话音:"飞渡号上的神,你们正在意图侵犯本星系中枢智脑系统。立即停止你们的非法行为,并且交出武器,无害步出飞船,我们保证你们的生命安全。"

畏兀一听,急忙打开外视器一看,机库里全是士兵,飞渡号被里三层外三层地包围着,十数台怪兽式重型光子炮炮口齐刷刷地对准飞渡号。

畏兀道:"医士,完了,我们走不脱了。"

姬鸣谦道:"能强行起飞吗?"

畏兀道:"医士,只要我们的飞船一动,那十数台光子炮保证在我们飞出机库前,将我们连同飞船打成碎片!"

卜之添道:"医士,现在唯有先走出飞船,保住性命,然后再找机会脱身。"

姬鸣谦道:"不知巴久汶他们怎样了。"

卜之添道:"医士,您真是个值得交的朋友,都这时候了,您还记着教官他们。"

畏兀无奈地道:"先不要顾及他们了,我们动作要快。"

姬鸣谦道:"那就只好束手成擒了。"说完,从医囊里取了一件很小巧的物品,藏在护体甲的腕部,把医囊背上,道:"走吧。"

姬鸣谦一边说,卜之添一边已将下载的资料全部清除,以免落入坚鲜神手中,作为他们犯罪的证据。顺手又将飞渡号的飞控系统加上两重密码。

三神打开舱门,走下飞船,畏兀大声道"我们身上并无武器!按星际法则,你们这样随意拘捕外星族神是非法的。"

为首的坚鲜神军官,佩着下秩军衔,道:"是否非法拘捕,稍后就会弄清楚的!"说完,将手一摆,下令道:"带走!"

随即就有六个士兵上前,两神一组,给姬鸣谦三神戴上重力手铐,然后将他们押着,乘升降机,上到七百五十层,关进一间狭窄的房子里。

待厚厚的门一关上,卜之添就道:"医士,不知道教官他们怎样了。"

畏兀道:"还能怎样?估计他们一定也被抓住了。"

姬鸣谦打量着房间,道:"只是不知道他们被关在什么地方。"

畏兀道:"要想办法逃走才行。"

姬鸣谦道:"你有什么办法打开这个重力铐吗?"

畏兀道:"没有!"

卜之添道:"这个重力铐是使用密码上锁的,只要你意图解锁,就会触发开关,引起它自动发出重击,令到你失去抵抗能力。"

姬鸣谦道:"先别管怎样开锁,想想下一步他们会怎样做。"

畏兀道:"哪里还有下一步?一定是把我们丢进监狱里。一旦进了监狱,想要逃走,就更难了。"

姬鸣谦道:"如果他们找不到我们进入他们星系智脑的证据,又会怎样?"

畏兀道:"坚鲜神的做事方式很难以常理推测,他们即使找不到证据,也不会放过我们的。"

"为什么?"卜之添问。

"因为他们是宇宙中最奸诈的神族呀!"畏兀答道。

三神正在低声说着话,门突然又开了,那个下秩军官出现在门口,喝道:"出来!"

畏兀道:"去哪?"

下秩道:"到地方你就知道了。"

"你们不是想杀了我们吧?"卜之添道。

下秩没有回答,让士兵押着三神,来到一间很大的房子里。一进门,姬鸣谦就看到巴久汶、铭越、金惜三神也是被铐着双手,站在房子的中间。

姬鸣谦走上前去,一个坚鲜神站在巴久汶的面前,看到姬鸣谦和畏兀,似乎很高兴,热情地打起招呼来:"啊!我的朋友,我们又见面了。"

姬鸣谦一看,原来正是那个庋谇·卜山布斯,姬鸣谦也装出笑脸,道:"噢!原来是庋谇长公!久违了!"

庋谇道:"是呀,我们很久没见面了,我真是很想念你呢。"

姬鸣谦道:"嗯嗯,既然是这么想念我,你这样对待我们,是不是很不够朋友?"

庋谇不怀好意地笑道:"哦?你嫌这种待遇不好?稍后我让他们改善一下,让你们享受更高级别的待遇如何?"

姬鸣谦明白他所说的更高级别的待遇指的是什么,便道:"那就不必要了,现在这种待遇也不错。"

巴久汶道:"长公,你们这样随意拘捕我们,是违反星际法律的。"

庋谇并不搭理巴久汶,转身从桌上拿起一块小巧而薄的芯片,道:"这是什么?"

"这是什么?"巴久汶故作不知,反问道。

"这是你们放置在我们控制室网络上的传输器。"庋谇道。

巴久汶道:"长公,你怎么就肯定是我们放置的?"

"除了你们,就再没有外星族神进过控制室,不是你们还能是谁?"庋谇道。

"即使我们到过,也不能认定是我们放置的吧?"巴久汶道:"再说,你手中那块东西,随便什么地方都能弄到,更不能认定是我们的东西。"

"你……"庋谇一时语塞。

姬鸣谦道:"长公,也许这就是你们控制室的职员放置的也未可知。"

庋谇眼睛一转,望向站在一旁的上弅,上弅吓得赶紧把头低了。庋谇道:"这么说,是我们的官员把机密泄漏给你们了?"

巴久汶正想答:也许是。却被姬鸣谦抢先答道:"你们的官员想把机密泄漏给谁我们不感兴趣,你们这样无理怀疑拘捕我们,是非法的。"

巴久汶出了一身冷汗,心道:差点上当了。不禁对姬鸣谦的快速反应大感佩服。

庋谇冷笑道:"遴申神,我们还有一笔账没算呢。"

姬鸣谦道:"哦,对!长公,我正是来和你算账的。"

庋谇奇道:"哦?"

姬鸣谦道:"你想我当着这么多神的面,与你算算有关我母星的账吗?"

"啊!不不不!"庋谇心知蓝囚星上的事是本族最高机密,连自己都只是略知一二,绝对不可以在大庭广众之中谈及,因此连忙作出表态。

姬鸣谦算定他听到自己这句话之后，心智最是疏于防范之时，因此决定冒险一搏。他将意念完全集中，双眼盯着皮谇，以意念暗中发出命令道："解开我们的手铐，让你的士兵全部出去。"

皮谇神情突然一愣，随即就道："打开他们的重力铐，你们都出去吧！"

下秩、上弁以及一众士兵全都愣了愣神，还没反应过来，姬鸣谦又暗中下令道："快点！"

皮谇立即就吼道："快点！"

上弁马上就指挥士兵，将众神的手铐都打开了，然后相继退出了房间。

巴久汶等神不明所以，全都呆呆地望着皮谇，只见他象是被施了魔法一般，定定地站在那里。

姬鸣谦意念再发，问道："关于蓝囚星，你知道多少？"

皮谇道："蓝囚星是个巨大的监狱，关押着重要的囚犯。"

"这些囚犯是哪族的神？"

"这我就不知道了。"

姬鸣谦斥道："你们关押的囚犯却不知道他们是什么神？"

皮谇道："我只知道这些囚犯是由跬垒族神交给本族看守，至于有没有告知是什么族的囚犯，我当真不知道，我这个级别的官员，所知不多。"

姬鸣谦有点震惊："跬垒神？"

"是的！"皮谇很肯定地道。

"你们为什么要替他们办事？"

"跬垒神答应本族，只要替他们办好这件事，就会暗中传授高端科技给我们，帮助我们快速提升文明等级。"

"知不知道为什么要抓捕我？"

"不知道。我只是接到命令，凡是蓝囚星上的囚犯，一律无条件抓捕，甚至可以杀死。"

"你们经常在蓝囚星上绑架我们的人，又是为了什么？"

"跬垒神要求我们每隔一段时间，就随机抓几个囚犯交给他们，至于有什么用，就不知道了。"

"跬垒神跟你们还有什么交易？"

"不清楚。我只是个长公，长老院的规则，我这个职级只能知道这么多。"

"很好！那就送我们回飞船上吧。"姬鸣谦知道再问下去也问不出什么了。

"请！"皮谇立即就向门口走去。姬鸣谦紧跟其后，用手势招呼畏兀等神跟上。

畏兀等神只听到皮谇的说话，却听不到姬鸣谦用意念发出的问话，看着皮谇象着了魔一样自言自语，全都看得目瞪口呆，不知道到底发生了什么事。一看到姬鸣谦的手势，立即就紧跟在后面，回到三百六十层的机库里，迅速登上飞渡号，各就各位。卜之添飞快地解开加密的飞控系统，巴久汶早已将飞船开动起来，叫道："医士，快上来！"

姬鸣谦一把将庚谇推开，道："谢谢了！"纵身跃上飞船，舱门随即关闭。
　　畏兀双手舞动，虚空飞快地点击着各个按钮，飞渡号悬浮起来，一下子就冲出机库，像一缕轻烟，直上半空。
　　庚谇被姬鸣谦一把推开，脱离了姬鸣谦的意念控制，只愣了一愣，立即就清醒过来，大声狂叫道："快！快！截住他们！"
　　随着他的叫喊，一架接一架的碟形战舰飞出机库升空，尾随飞渡号狂追。
　　畏兀叫道："大家快座好！亚光速准备！"
　　巴久汶道："铭越，打开护盾，准备后炮！"
　　"是！教官！"铭越答道。
　　"金惜，探测器调至最高级别！"巴久汶又道。
　　"是！"金惜答道。
　　畏兀连续几个变向飞行，飞渡号已然一溜烟地飞离徽乍星的同步轨道，眼看就要进入外层空间，畏兀道："进入光速！"
　　巴久汶正要将速度调至光速，金惜却大声叫道："不好！进方发现敌舰编队！"
　　众神急往探测器屏上看时，只见迎面有十八个光点，每六个点为一组，成品字形向飞渡号迎头冲过来，一副势在必得的架势。
　　畏兀急忙将船头往左一偏，再接着一个拉升，避开对方的锋芒；而衔尾而至的碟形战舰已经追近，开始零星发射光子炮。
　　耀眼的电光在飞渡号船身擦过，却不直接瞄准飞渡号，迫使畏兀不敢做太大的动作，估计坚鲜神的意图还不想击毙他们，只是想逼其就范。
　　飞了数息时间，姬鸣谦明白了对方的意图，道："畏兀，不要怕他们的光子炮，他们这时还不想杀死我们。快！"
　　畏兀一听，果然有理，立即将飞渡号一沉，直线急速下降，铭越则瞅准机会，一通光波排炮，向后扫射，将尾追的敌舰来路封死；
　　敌舰被铭越一通炮击，急忙规避，飞行速度一室；就在这不到一息的时间里，畏兀已然将飞渡号飞了个蛇形走势，脱离了敌方的火力控制范围。
　　巴久汶叫道："船长，想办法稳住船身，好让我加速！"
　　畏兀道："我正在努力。"
　　巴久汶道："如果再不进入光速，一旦对方母舰赶来，我们就只有束手待擒了。"
　　姬鸣谦道："畏兀，他们一定在我们的进方布置了战舰拦截，我们不如立即向反方飞行，这样一来，他们的计划就落空了，待到他们重新布置，我们应可以脱身进入光速了。"
　　巴久汶一听，道："医士，好主意！"
　　畏兀答道："明白！"驾着飞渡号来了一个大翻身，像闪电一样，从尾追的坚鲜神战舰头上疾驰而过，待得坚鲜战舰重整队形反身追来，畏兀已经平稳地飞了两息时间，巴久汶一看机不可失，立即一点按键，进入光速，只待了一息时间，又再一点，将飞渡号提至二级光速,如此连续提速,不到十息时间,飞渡号已进入光速三级,坚鲜神这时要想发炮击毁飞渡号,已是无能为力了,只得眼睁睁地看着飞渡号从探测屏幕上失去踪影。

飞渡号在浩瀚的太虚中无声无息地飞行着,脱离了危险,大伙紧绷的神经都松弛下来。巴久汶看了一下导航仪,道:"我们快飞出他们的星团了。医士,现在我们该去哪里?"

铭越插口道:"嘿!真够刺激的!教官,你以前经历过这样的训练吗?"

金惜道:"上卫,你这不是开玩笑吗?教官如果有这样的经历,早就被提升为舰队指挥官了。"

巴久汶道:"别打岔!医士,先定个目标才好飞行。"

姬鸣谦道:"刚才你们都听到那个庋谇说,是跬垒神让他们严密看守我的母星,那么,这个跬垒族神是何方神圣?"

金惜道:"慢着,先别说这个跬垒神。医士,先说一说,您刚才使用了什么魔法,使得那个长公突然听命于你?"

铭越也道:"是呀!这是心灵控制术?还是意识催眠术?"

畏兀道:"这不是魔法,这是医士母星上一种极其古老而又神奇的修炼心智的方法,修炼有成之后,就会产生念力。刚才医士就是用念力控制住了庋谇长公的心智,令他为医士所用。"口气一转又道:"只是,医士,我想不到你的念力已经强大到可以控制一个神的心智了。"

巴久汶、铭越、金惜齐道:"原来如此!"

姬鸣谦道:"畏兀,其实我也不知道自己能不能控制对方,但其时身在危险之中,唯有这个办法,才有逃跑的一丝希望,所以我只能冒险一搏。我当时真的一点把握都没有。"

巴久汶道:"医士,这个险值得冒!不然我们真的没有半点机会。"

"当机立断,这是英雄所为!"金惜赞道。

铭越道:"医士,每个神身在危险之中,都会激发本身的巨大潜能,所以当时您心无旁骛,将念力发挥到极致,才会一举控制了对方。"

姬鸣谦道:"嗯嗯,铭越说得对,正是这个道理。"

卜之添道:"医士,你们这个神奇的训练方法,我们也可以练习吗?"

姬鸣谦道:"啊,这个就真的不知道了,也没试过。待将来有机会,让你练习一下,看看是否有效?"

卜之添道:"谢谢!"

金惜道:"我也想练!"

姬鸣谦道:"这个当然,等到有空的时候,大家都一起试试!"然后把话题一转,道:"好了,现在哪位可以给我说一说这个跬垒族神?"

巴久汶道:"跬垒族神是氯基生命,居住在屠维宇宙的陂比星团匄惭星系的坍岚星上。现在已是将进入八级文明的神族了。他们身材极其高大,生性多疑,又好占小便宜,只要给他们好处,那就什么事都敢做。"

畏兀道:"这个跬垒族,本来不是跟你们彝夷涞隶族一样都是七级文明吗?似乎比你们还差一点，怎么现在反而跑到你们前面了？"

金惜道："跬垒神近百万纪以来，有了飞速的发展，所以赶上并超过我们也不奇怪。"

畏兀道："但是他们的进展也太过神速了吧？让宇宙众神族有点匪夷所思的感觉。"

铭越道："其实我们也很疑惑，原本他们比我们落后差不多有半级文明程度的。不知道怎么忽然就跑到我们前面去了。"

姬鸣谦道："会不会他们也像坚鲜神一样，得到更高级别的神族的帮助？"

巴久汶道："这不可能吧？一个神族偶然找到某种方法，突破进化瓶颈，从而得到质的飞跃，这是常有的事，本族在五级文明和六级文明阶段，都曾有过这样的机遇出现。"

姬鸣谦道："世事难料。"

畏兀道："唉！本来以为坚鲜族神是这事的正主儿，谁知却只是个帮凶而已。"

铭越道："医士，你们蓝囚星上的事，越来越复杂了。"

姬鸣谦道："由此看来，我们人类的来历一定不简单。这不得不让我想起顾育神纠库纠兰说的话；如果我真像他所说的，我是婳顼族神的后裔，那么，婳顼族消失之谜，这个跬垒族神就一定知晓真相。"

金惜道："就算跬垒神知道真相，我们又能怎样？"

畏兀道："医士，估计跬垒神也只有极高级别的官员才会知道真相。"

巴久汶道："所以，就算到了坍岚星，都没有太大的希望，必须是接触到相当高级别的官员才能有机会探知这个真相，而要接近他们，又谈何容易？"

铭越道："这确实很困难也很危险。"

姬鸣谦道："你们说的都很有道理。这样吧，畏兀，我们先到罘戎星去，将下弁他们送回去，顺道我也到他们的母星观光一下，听听彝奭溴隶美女的优美歌声。然后就和你一起到你母星臻呈星去，到你家里拜访一下，好不好？"

畏兀道："好！欢迎之至！如果你喜欢的话，我可以安排你在我们那里定居。"

铭越道："医士，不如您到我们那里定居更好！"

金惜道："对对！我们母星山川雄壮，风景优美，而且我们彝奭溴隶神特别好客友善，您在我们那里一定会有很多朋友的。"

巴久汶道："医士，以你的医术，不到半纪时间，您一定就会成为我们彝奭溴隶族最著名的神。"

"啊！谢谢！"姬鸣谦道："不过我得先干完一些事才行。"

卜之添从后舱通过通话器也加入了谈话，道："医士，您不是要单独去坍岚星冒险吧？"

金惜道："噢！医士，您非要弄清这个真相不可吗？"

姬鸣谦道："是的！事关我们人类被别的神族监视禁锢的大事，而且，我的大脑也被禁锢着。"

金惜道："医士，您独自一个前去，无济于事，徒劳无功，何苦呢？一个不小心，您就有可能命丧坍岚星。"

巴久汶道："医士，我们怎么能够看着您独自去冒险？"

姬鸣谦道："就因为太危险了，所以我不能连累你们。"

畏兀道："你果真要去，那我是一定要陪着你一起去的。"

巴久汶道："您看我们彝奭渎隶神像是贪生怕死的神吗？"

姬鸣谦道："为了我一个素昧平生的低级文明的人类，让你们都陷入危险之中，实在是太不值得了。"

铭越道："医士，我们还算是素昧平生吗？"

金惜道："我们彝奭渎隶神有句古话说，生死虽大，义更为先。"

卜之添道："我喜欢冒险，难得有这样的机会，怎么可以不让我去？"

巴久汶道："医士，其实这比任何训练科目都好！"

姬鸣谦望向畏兀，畏兀道："别看我，没有我，您什么事也办不成的。"

姬鸣谦望着五神，心中充满着感激和温暖，顿时觉得自己不再孤独和无助，声音有些颤抖地道："谢谢！谢谢大家！"

畏兀将身子坐正，大声道："全员注意，目标：屠维宇宙陂比星团匌惭星系坍岚星。"

巴久汶道："船长，坐标已调校完毕。"

金惜道："船长，探测系统及通讯系统正常。"

铭越道："船长，护盾及武器系统正常。"

畏兀道："光速四级准备！"

卜之添道："光速四级已备妥！"

畏兀虚空一点，飞渡号便消失在繁星闪烁的宇宙深空。

第十六章　同胞相遇

　　飞渡号平稳地在太虚中飞行。共同经历了这些事件之后，四个彝奭渎隶神与姬鸣谦相处很融洽，不再客气地称呼他为"您"了。
　　姬鸣谦正在自己的舱室中打坐休息；通话器里不时传来畏兀等神的应答话语。
　　金惜："船长，即将进入屠维宇宙，陂比星团坐标已重新校正。"
　　畏兀："保持速度。"
　　卜之添："推进系统正常。"
　　过了一会儿，突然听得巴久汶道："船长，有情况！探测器增强！"
　　金惜道："探测器强度四。"
　　畏兀道："看，那是什么？"
　　巴久汶："金惜，锁定目标！"
　　金惜道："目标已锁定。"
　　巴久汶道："准备扫描。"
　　畏兀道："医士，请到驾驶舱。"
　　姬鸣谦听到呼叫，立即就往驾驶室奔去。当他抵达驾驶室时，畏兀正命令卜之添减速。
　　姬鸣谦问道："发现了什么？"
　　金惜道："是一艘飞船。从初步扫描的数据看，可以判定为一艘中型卫士级星际战舰。"
　　姬鸣谦望向探测屏幕，那艘飞船外形像是三个碟子叠在一起的样子，数据显示，"碟子"最大直径半垠多，高度差不多有一垠。姬鸣谦问道："可以判断是属于什么族神的战舰吗？"
　　巴久汶道："从外形上看不出是什么族的战舰。奇怪的是，它竟然停在那里不动。"
　　铭越道："我看它像是发生了什么意外才停在那里的。"
　　畏兀道："医士，是否要靠近查看一下？"
　　姬鸣谦道："去看看吧，也许他们真的遇上意外，需要救援。"
　　巴久汶道："医士，还是慎重一点好，对方如需救援，一定会发求救信号的，但是那艘船一点信息也没有，恐怕有些古怪。"
　　姬鸣谦道："畏兀，你认为有必要去看看吗？"
　　畏兀尚未回答，却听卜之添道："医士，去看看吧，如果是一艘废弃的船，正好看看有什么可用的零件拆来用用。"
　　巴久汶道："船长，医士，那就靠过去看看。"

姬鸣谦点点头，畏兀道："减速缓驶；金惜，发信息询问一下。"

金惜一连发了三次信息，都没有收到回应。铭越道："看来是艘废弃的船。"一边说一边就准备防护服，拿上武器，道："我过去看看。"

巴久汶道："等等，我和你一起去。"

卜之添道："还是我和上卫一起去吧。"

巴久汶道："也好，你们小心一点，一到船上，就放出智能自控探测器，不要孤身深入。"

"是！教官！"铭越道。

两神准备妥当，都佩带了武器。畏兀将飞船靠至那艘飞船旁边，巴久汶放出廊桥，姬鸣谦则送两神到舱门口，并守在廊桥边作接应。

金惜又再对飞船扫描了一次，道："安全，可以出舱。"

铭越领先出舱，走到对面，打开那艘船的一个救援舱门，走了进去，卜之添随即跟进，并放出一个排球大小的智能自控探测器，道："已进入飞船，探测器已释放。"

金惜道："探测器已连接！"一边将探测器的信息连接到驾驶室的屏幕上，一边操控着探测器向飞船内飞去。

铭越和卜之添跟着探测器在飞船里慢慢地行走，触目所见，到处都是打斗的痕迹，来到驾驶舱室，里面倒卧着两具尸体，铭越报告道："医士、船长，发现两具尸体。"

畏兀问："可以判定是什么神以及什么身份吗？"

铭越道："一具是坚鲜神的尸体；另一具尸体是合上达散神，看他的衣着明显是海盗打扮，死亡时间超过两期以上。"

姬鸣谦皱皱眉头道："坚鲜神？怎么会在这里？上卫，你能查证一下这艘船是属于什么神的吗？"

铭越答道："从驾驶室的配置和文字上看，这是一艘跂垒神的战舰。"

"嗯，这就可以解释为什么坚鲜神会在这艘船上了。"姬鸣谦道。

畏兀道："如此看来，是海盗袭击了他们。上卫，到其它地方查看一下，看看还有没有活着的神。"

卜之添道："船长，我们先去推进舱看看。"

"好！"畏兀道。

过了一阵子，卜之添道："船长，我们已到推进舱。"

畏兀道："收到。"

不久卜之添又道："船长，真是难以置信，推进系统完好无损。"

"你确定？"畏兀道。

"我确定！就连动力都显示是正常值。"

"奇怪！先别管这么多，再到其它地方搜索一下有没有幸存者。"畏兀道。

"好的！"卜之添回应道。

又过了一会儿，铭越报告道："船长，其它地方已查看过了，没有发现幸存者，也没有尸体。"

"嗯,再到机库看看。"畏兀道。

过了好长一段时间,铭越道:"船长,我们已抵机库,里面没有战舰,也没有尸体。"

巴久汶道:"还有别的情况吗?"

"喔,还有,船上紧急逃生舱几乎全都不见了。"铭越道。

"不好!"巴久汶叫道:"上卫、下卫,快回来!"

"怎么了?"姬鸣谦问道。

巴久汶道:"医士,紧急逃生舱全部不见了,说明当时船上的神遇到最紧急的情况,必定按下了自毁装置,所以现在那艘船很危险,必须让他们尽快撤离。"

畏兀道:"等等,刚才发现尸体时,他们报告说起码已死亡超过两期时间,如果飞船启动了自毁装置,怎么这么长时间还没有爆炸?"

巴久汶道:"为保险起见,还是先撤回来再说。"

畏兀道:"下弁,你来控制飞船,我过去看看。"

姬鸣谦道:"我和你一起过去。"

金惜便道:"上卫、下卫,请留在安全地方,船长和医士现在过去会合你们。"

姬鸣谦和畏兀戴上防护头盔,拿了武器,出舱走过廊桥,直抵机库与铭越、卜之添会合,四神又再查看了一遍机库,然后再到驾驶室,姬鸣谦检查两具尸体,确定已死去两期了。

铭越、卜之添左右无事,又往后面舱室搜索去了。

畏兀仔细地检视着那个自毁系统,发现它确实是启动了,只是无巧不巧,系统发生了故障,因而最终没有引发自毁爆炸。

畏兀很小心地关闭了自毁系统,然后道:"下弁,自毁系统已关闭,可以放心了。"

巴久汶道:"好的。"

姬鸣谦道:"畏兀,你试试看,这艘飞船还能不能飞行?"

畏兀坐上主驾的位置,一番测试下来,道:"医士,飞船基本完好,只要让卜之添修理一下,就可以飞了。"

"太好了!看样子,这艘船比我们的飞渡号先进多了。"姬鸣谦道。

畏兀笑道:"这个自然了,跬垒神怎么也是快到八级文明的神族,他们的战舰自然比首龟渠的先进得多。"

通话器里突然传来铭越的惊呼:"医士!快来看,这是什么!"

姬鸣谦道:"上卫,你在什么位置。"

铭越道:"医疗舱,快来!"

姬鸣谦急急来到医疗舱,铭越接着,指着连接医疗舱的紧急逃生舱,道:"医士,这是一个未发射出去的逃生舱,里面似乎有未知生物。"

姬鸣谦往逃生舱看去,里面有一个长方形的箱子,就跟当初自己躺着的那个一模一样。姬鸣谦心中突然生出一种预感,急道:"快!快将那个箱子弄出来。"

姬鸣谦、铭越、卜之添三神合力将箱子从逃生舱中弄了出来，借着医疗舱的灯光，姬鸣谦往箱子里一看，不禁吃了一惊：箱子里躺着一个绝色女子，全身赤裸，身上连着许多管线，就像自己当日躺在里面一样。

那女子一头黑发，鹅蛋形的脸庞显得有点苍白；高挺的鼻梁，柳叶眉下一双大眼睛紧闭着，眼睫毛很长。小巧的嘴巴，薄薄的嘴唇紧抿着，没有一点血色；高耸的玉峰，散发着少女特有的魅力。

姬鸣谦看得血脉偾张，一颗心怦怦乱跳；他赶紧将头向后一拧，看往别处，待得稍稍镇静之后，立即四处寻找能给女子遮体挡盖的物件。

铭越问道："医士，你要找什么？这是什么生物？"

"上卫，快去找一找，看看有没有什么护甲之类的物品。这是我的人类同胞。"姬鸣谦道。

铭越应声走了。姬鸣谦这时已基本恢复平静，再次细看那女子，这才想起要给她检查一下，看看是否还有生命迹象。

姬鸣谦在顾肓神的飞船上，纠库纠兰曾向他讲解过这种维生箱子的运作原理和使用方法，当下按着纠库纠兰所教方法，将箱子的各种仪器都检查了一遍，一切都运作正常；女子呼吸微弱，深度昏迷，但仍然活着。

姬鸣谦想了一下，忽然明白过来，一定是箱子的供氧系统在这两期之内消耗太多而得不到补充，至使女子缺氧而陷入昏迷之中。

姬鸣谦一想到这里，心下大急，立即就将箱子推出医疗舱，一边往廊桥奔去，一边叫道："金惜，快，看看我们船上能不能找到一些敏气。"

金惜道："医士，你要敏气干什么？"

姬鸣谦道："先别问这么多，快去快去！稍后再向你解释！"

姬鸣谦丢下畏兀、卜之添和铭越，一心要救回这个人类同胞的性命，因此，几乎是托着那箱子冲过廊桥，回到飞渡号的医疗舱，又急急地问道："金惜，我在医疗舱，找到敏气了吗？"

金惜道："医士，稍等，我就快到医疗舱了。"

姬鸣谦急得直搓手，不到半念时间，金惜赶来了，手中拿着一个跟自己小腿大小差不多的金属瓶子，道："医士，只找到这个备用的敏气。"

姬鸣谦一看，立即就道："金惜，你有什么办法将敏气输送到这个箱子里？"

金惜看了一下子，道："这个容易，箱子一定有预留的管道，我找一找。"不一会儿，就找到了接驳的管道，姬鸣谦大喜，道："快！快！将敏气输进去。"

金惜奇怪地问："医士，将敏气输进箱子里，不会伤害到里面的生物吗？"

姬鸣谦道："快快，没有敏气，她就没命了。"

金惜口中在问，手脚却一点也不慢，不一会儿工夫，就连接好驳口，然后打开瓶子的阀门，将敏气输进箱子里面。

姬鸣谦看着箱子里的女子呼吸渐渐正常，紧张的心才放了下来。问道："金惜，这敏气能用多久？"

金惜道："这是超高压缩蓄气瓶，大概可以储一停敏气吧。"

"一停？那用完了岂不是……"姬鸣谦急道。

"一停也不够用吗？"金惜道："用多了对生命有损害的。"

姬鸣谦苦笑道："箱子里面是我的族人，人类必须呼吸敏气才能活着，所以，如果没有敏气，她就没命了。"

"啊！"金惜震惊地啊了一声，本想问点什么，但说出来的话却是："医士，你等等，我们应该可以自己制造敏气的。"说完就冲出舱门，不知怎样去制造敏气去了。

姬鸣谦这才有时间想起飞船的事，问道："畏兀，怎么样？"

通话器里畏兀道："医士，飞船可以飞。"

"我们可以使用这艘船吗？"姬鸣谦问。

通话器另一边巴久汶答道："医士，未经授权使用别的神族的飞行器是违反星际法律的。"

姬鸣谦道："但是如果是我们俘获或打捞的呢？"姬鸣谦道。

巴久汶道："必须是在战争中俘获的，战胜方才有权使用。至于打捞的，必须归还原主。"

姬鸣谦道："那在归还原主之前，就不能使用吗？"

巴久汶一时语塞，没有作声，畏兀道："当然，驾驶它归还原主是可以的。"

姬鸣谦道："这太好了！下弁，把我们的飞渡号开进这飞船的机库里吧。然后我们就驾驶这艘船去跬垒神那里归还给他们。"

"遵命，医士。"巴久汶答道。

这边畏兀道："下弁，机库门已打开，你可以进来了。"

巴久汶道："好的。"随即将廊桥撤回，慢慢地将飞渡号与飞船脱离开来，然后驾着飞渡号轻轻巧巧地一个绕飞，飞进了机库，稳稳地停了下来。

姬鸣谦道："下弁，请到驾驶室帮畏兀的忙；卜之添下卫，请负责推进舱。铭越上卫，找到护甲了吗？"

铭越道："找到了，医士，马上就送过来。"

姬鸣谦道："你把护甲交给金惜下卫，然后你再仔细巡查飞船各处，看看都有些什么可以用的。"

铭越道："是，遵命，医士。"

姬鸣谦又道："金惜下卫，拿到护甲后就马上过来一下。"

金惜道："好的。"

不大一会儿，金惜来到医疗舱，将一件护甲交给姬鸣谦，道："只找到这件我们彝爽渎隶神的护甲。"

姬鸣谦道："谢谢！下卫，你能不能帮忙将旁边的舱室改造成一个密封的舱室？"

"医士，你要密封舱室干什么？"金惜道："密封舱室每艘飞船都会有，没必要再改造一个。"

"哦？既然有现成的，那就最好不过了。那就请你帮忙找找。另外，敏气可以制造得到吗？"

金惜道："我已找到制造敏气的原料了，我让卜之添制作一个装置，很快就好了。"

"太好了，谢谢！你看，那一小瓶敏气估计也快用完了。"

金惜道："医士，不要担心，卜之添是最好的工程师，这种小装置难不倒他。"说完就出舱去了。

姬鸣谦待金惜出去之后，转身又去检查那个箱子的维生系统，他不敢正视那个女子的胴体，只要一看到她，心跳就会加速，而且他似乎能感觉到自己的血液在飞速流动。

姬鸣谦最后看了一下氧气的存量，估计还可以支持一段时间，稍稍放下心来。这时金惜呼叫道："医士，请来休息区五号舱室，这里旁边有一个减压舱，你看是不是适合你的需要。"

姬鸣谦道："请稍等，我马上就来。"

姬鸣谦很快就来到金惜所说的减压舱，仔细地查看了一遍，然后问道："金惜，可不可以将制敏装置安装到这个密封舱里？"

金惜冰雪聪明，马上就领会到他的意图，道："医士，你是想将你的同胞安置到这里来吧？没问题，就交给我吧。"

姬鸣谦道："谢谢！如果可能的话，最好能在这里安上一个睡觉的床和一些桌、椅、生活用具什么的。啊，对了，你去我的起居舱里，将我舱里的生活用品先搬过来吧。"

金惜道："好的，我叫上卜之添一起搬吧。弄好之后就呼叫你。"

姬鸣谦道："谢谢！"然后就往驾驶室去。

一进驾驶室，就看到畏兀和巴久汶两神正在忙得不亦乐乎，姬鸣谦道："怎么样？都弄好了吗？"

巴久汶道："差不多了，不过还需要一点时间。"

畏兀道："医士，这艘飞船比我们的飞渡号先进多了。跬坐神毕竟是将要进入八级文明的神族，他们的飞船果然是好。"

巴久汶不服气地道："什么将要进入八级？实际还不是七级文明？跟我们彝奭渎隶族相差无几。"

"无几？"畏兀道："我看就比你弃掉的飞船先进很多。"

巴久汶道："那是训练舰，船长。"

姬鸣谦道："好了好了，别争论了，不管先不先进，反正现在是我们的飞船。我只想问一下，什么时候能飞？"

巴久汶道："医士，起码得要一期时间；你看这么大一艘飞船，只有我们几个干活的呢。"

畏兀道："导航、飞控、探测系统都全面检查过了，没有问题；推进系统的检查卜之添下卫说需时要稍为多一点；防护系统和武器系统就麻烦得多了，在被海盗攻击时损坏了很多地方，需要的时间更长。"

姬鸣谦道："嗯，受到海盗攻击，武器和防护系统必定损毁很大。"

畏兀道："是的，只是我不明白，海盗怎么能攻得下这么先进的飞船。"

巴久汶道："船长，有些海盗的飞船比你想象中的更先进。这样一艘落单的飞船，也难敌海盗像沙漠六足虫一样的机群攻击。"

姬鸣谦道："我看他们虽有战斗，但好像并不太猛烈，不然这艘船怎么能保存得这么完整？"

"医士，我估计这艘船一定是防护系统有点故障，就停下来检修，然后就遭到了海盗的突然袭击，所以海盗们很容易就得手了。"巴久汶道："船上的神紧急之际，只好弃船，并启动了自毁装置，然后纷纷乘逃生舱逃离；海盗们登上飞船后，发现自毁装置已启动，所以匆匆忙忙地掳掠了一些物资就仓皇而逃，连动力能源都没来得及拆卸；所以才给我们留下了这艘完整的船。"

畏兀道："下弁分析得极有道理。这艘船不知道还有什么隐患未被发现，所以，必须仔细检查才行。"

姬鸣谦道："好的，反正我们有时间。"

通话器传来金惜的呼叫："医士，请过来一下，工程完成了。"

姬鸣谦一听，高兴地道："太好了！谢谢！我马上就来。"

姬鸣谦跑到密封舱去一看，果然布置一新，一个小型氧气制造机放在一个不起眼的角落里，舱里摆着从自己起居舱里搬过来的生活用具；一面舱壁上还安装了一个氧气浓度显示器。

金惜问道："怎么样？这样合格吗？"

姬鸣谦道："很好，我很满意。对了，金惜，麻烦你再去制作一份纯敏液体化合物来。"

金惜奇道："你这是要干什么？又要敏气又要纯敏化合物，这都不是什么好东西。"

姬鸣谦道："我有用的。"

金惜摇摇头转身走了。

姬鸣谦开心地跑回飞渡号的医疗舱，将那个箱子推到密封舱里，将舱门关好。姬鸣谦不敢马上将女子弄醒，免得她醒来发现自己赤裸着面对一个陌生的男子，会羞惭得无地自容。

姬鸣谦先努力镇摄住自己的心神，抑制住怦怦乱跳的心，这才打开箱子，将连在女子身上的管线全都拔下，扶她起来坐好，仔细地帮她将护甲穿上。这是一件同样可以调校大小的可记忆的护甲，只不过与八级文明的顽育神所制的护甲相比，技术、性能就有所不及了。

姬鸣谦帮她调校好温度、重力系数、护甲舒适度等等，这才让她躺回箱子里，从纠库纠兰给的医囊里取出一根针管大小的物件，在女子前额轻轻触了一下，就退到一旁，静静地等着女子醒来。

过了一会儿，女子悠悠苏醒，坐了起来，映入眼帘的是一张英俊的男子的脸庞，女子一脸迷茫地怔怔地望着姬鸣谦，下意识地问："这是哪里？你是谁？"声音有点哑，却是清脆，说的是标准的汉语。

姬鸣谦道："你醒了。你好！我叫姬鸣谦，请问你的芳名叫什么？"

女子道："我姓风，名字叫絮雨。"

姬鸣谦道："啊！好有诗意的名字。满城风絮，梅子黄时雨。"

风絮雨低眉抿嘴一笑，就如清晨阳光照射下的一朵带露的鲜花，素雅而美丽，明媚不可方物，姬鸣谦一时看得痴了。

风絮雨声音细得几乎听不见地道："姬先生见笑了。这是家父起的名字，正是用你刚才说的那句诗的意思起的。"

姬鸣谦道："我……我……乱猜的。"

风絮雨似乎想起什么，道："姬先生还没有回答我，我这是在哪里？"

姬鸣谦啊了一声，回过神来，清了清嗓子，道："风小姐，这个问题暂且放一放，先问一问，你有没有哪里感觉不舒服？"

风絮雨道："没有，就是觉得有点渴和饿。"

姬鸣谦道："哦，我已准备了一些水，稍后就送来。"又道："你还能记得你醒来之前的事吗？"

"醒来之前？"风絮雨想了想，道："我在离家不远处散步……然后……看到一个耀眼的火球……"风絮雨努力地想着，最后摇摇头道："然后就什么也不知道了。"

姬鸣谦嗯了一声，心里明白，这是一起标准的外星人绑架事件，嘴上却说："那么你家在什么地方呢？"

"我家在浙江慈溪。姬先生，这里离我家远吗？"风絮雨问。

姬鸣谦苦笑了一下道："远！远到你想象不到。"

"那是多远？"风絮雨追问。

姬鸣谦道："有多远我就不知道了，我只知道，这里是太空深处，而且还是在另一个宇宙之中。"

"另一个宇宙是什么意思？"风絮雨脸上写满了疑惑。

姬鸣谦道："风小姐，实话告诉你，你被绑架了。"

风絮雨吃了一惊，道："什么？绑架？谁绑架了我？你吗？"

姬鸣谦道："你被外星人绑架了。"

风絮雨震惊地道："外星人？！！"双眼满是恐惧，死死地盯着姬鸣谦，过了好一会儿才回过神来，道："那么，是你救了我？"

姬鸣谦道："算是吧。"停了一下又道："绑架你的是一个叫做坚鲜族的外星人，然后他们把你送到了一个叫做跬垒族的外星人飞船上，再然后，他们飞行到这个地方，被一群星际海盗袭击，因为他们打不过海盗，所以就弃船逃走了，没来得及把你带走。恰巧我们经过这个地方，发现了你所在的那艘飞船，我们上船查看，发现了你，这才把你救了下来。"

风絮雨听得一片混乱，过了很久，才略为清醒过来，问："你们？姬先生，你也是外星人？怎么会说我们的语言？"

姬鸣谦道："风小姐，我也是被坚鲜人绑架的。我也是地球人，我家在海峡市，离你们家很近哩。"

风絮雨道："啊！你也是被绑架的？那你怎么能够来救我？"

姬鸣谦道："我被一个叫作顾育族的外星人救了。"接着就简略地说了一下自己被绑架及获救的经历。

风絮雨道："噢！原来你的经历这么曲折。"停了一会儿，问道："那么，我们能回到地球吗？"

姬鸣谦道："我现在正在想办法回去哩。"

正在这时，金惜端着一个密封的容器进来，风絮雨一见金惜，吓得尖叫了一声，跳了起来，一下就扑进姬鸣谦的怀里，身子因惊恐而瑟瑟发抖。

姬鸣谦轻拍着她的香肩，柔声道："别怕！这是金惜女士，她是彝奭渎隶族外星人，是我的朋友。"

风柔雨不敢抬头看金惜，只把脸埋在姬鸣谦的怀里，道："是真的吗？"

姬鸣谦道："真的，我怎么能骗你呢？现在这艘飞船上，还有三位金惜的族人，另外有一位鬃翊族外星人，他可是有三只眼睛的呢。"

"啊？真有三只眼睛的人吗？"风絮雨半信半疑，将头抬起来看着姬鸣谦。

"有呀！稍后你看见他，你就知道我没有骗你了。"姬鸣谦道。

风絮雨这时稍稍恢复了镇静，发现自己紧紧地搂着一个大男人，不禁脸上一红，赶紧松了手，稍稍退后半步，这才拿眼去看金惜。

金惜将容器递给姬鸣谦，道："医士你要的纯敏化合液体，小心一点，别沾上了。"

姬鸣谦从她手上接过容器，笑了笑道："谢谢！"然后将容器递给风絮雨，道："先喝口水吧。"

风絮雨接过容器，毫不犹豫地举器就唇，将里面的水一饮而尽。

旁边的金惜看她将水喝进肚子里，惊得呆了，道："医士，你……她怎么把这东西喝下去了？"

姬鸣谦道："哦，金惜，请不必大惊小怪，我们人类身体百分之七十都是纯敏化合液体，除了要呼吸敏气，我们还需要它来维持生命。"

金惜道："这怎么可能……但是，医士，你怎么不需要这些？"

姬鸣谦道："我原来也是需要的，只是顾育神将我的身体改造成现在的样子之后，我就不再需要这些东西了。"

"原来如此！只是……只是……"金惜不可置信地摇着头，最后不忘向风絮雨致意，然后拿着空了的容器走了。

风絮雨道："刚才你们说什么呢？"

姬鸣谦道:"哦,她对你喝水表示不能理解。"

风絮雨觉得很奇怪,道:"怎么?喝水不是很正常的事吗?难道她不喝水吗?"

姬鸣谦道:"你说对了,她真的不喝水的,而且对水这种物质很是忌讳,所以,她对你喝水这事,很是惊讶。"

风絮雨道:"不喝水?哪她怎么可以生存?"

姬鸣谦不知从何说起,道:"这一时半会的也解释不清楚,以后再慢慢地告诉你吧。"

风絮雨点点头,不再问水的问题,转而问道:"你是怎么学会他们的语言的?"

姬鸣谦道:"救我的顾育人有一个神奇的机器,只要戴上头箍,就可以学习到很多星际语言,我就是这样学到的。"

风絮雨双眼闪光,像是听到了感兴趣的神话故事一样,道:"这也太过不可思议了!什么时候再遇到他们,我也要学。"

姬鸣谦道:"嗯,遇到他们,你也一定能学到上百种语言。"

"上百种?这不得要一辈子的时间?"风絮雨以为他在夸大其词。

姬鸣谦道:"那机器很神奇的,学一种语言,最多不超过半天时间。

风絮雨惊奇地噢了一声,道:"如果能学到上百种语言,对于一个新闻工作者来说,是梦寐以求的事。"

姬鸣谦道:"你是新闻工作者?"

风絮雨道:"是的,不过刚工作不久。你呢?是什么职业?"

姬鸣谦道:"我的职业是考古,很枯燥的工作。"

"考古?那是不是会经常遇到一些稀奇古怪的事物?"风絮雨道。

姬鸣谦苦笑道:"我就是遇到了稀奇古怪的事物,才被绑架的。"

风絮雨好奇地问:"你遇到什么稀奇古怪的事物?"

"一具不属于地球的生物遗骸。"姬鸣谦道。

"你怎么判定他不属于地球?"风絮雨道。

姬鸣谦道:"专家检测断定的,是一具钙基生物的遗骨。"

"钙基!这怎么可能?这世界会有这种生物吗?"风絮雨一脸的不相信。

"还有你更想不到的呢。刚才那位金惜女士是碘基生物,而鬓翊人却是硒基生物。"

风絮雨听他说得言之凿凿,不得不信了几分。

姬鸣谦道:"对了,你就待在这个舱室里,千万不要出去,外面没有氧气。"

风絮雨道:"好的。"忽然问道:"外面没有氧气,他们不需要呼吸空气吗?"

姬鸣谦道:"是的,他们全都不需要呼吸空气的。"

风絮雨又一次惊得张大了嘴巴合不拢,忽然觉得有点不对,又问:"那你呢?你不会也不需要呼吸吧?"

姬鸣谦笑了笑道:"是的,我经过改造,已经不需要呼吸空气就能活着。"

风絮雨道:"改造?人还能改造吗?"

姬鸣谦道:"是的。我之前也跟你一样,不相信这种事。但是,顾育神有着全太虚最顶级的医术，我接受了他们的建议，让他们给我改造了身体的某些器官，所以，我现在能够自由在太空中行走，不再受呼吸氧气的羁绊了。"

风絮雨道："这对你没有什么伤害吗？"

"没有，我感到比改造前更强壮了。"姬鸣谦道。

风絮雨还是不大相信，道："但是……但是……"

姬鸣谦道："以后再解释吧，实在有太多的事情你不能理解。现在你先休息一会儿，我去给你找点食物。你在这里很安全，请放心好了。"

风絮雨极是乖巧，虽然心中有许多问题要问，但听得他这样说，就不再纠缠着问问题，道："好的。"

姬鸣谦出了密封舱，径直来到后面的推进舱，看到铭越和卜之添正在巨大的推进器里忙活着，道："上卫、下卫，都弄好了吗？"

卜之添道："差不多了。推进系统很先进，但基本还是七级文明的基础，所以检修起来很顺利。"

姬鸣谦道："很好！那我就先去驾驶舱了。"

"好！我们忙完就过来。"卜之添道。

姬鸣谦来到驾驶舱，巴久汶一见他进来就道："医士，所有系统都检修过了，可以飞了。"

畏兀道："就等卜之添的了。"

姬鸣谦道："我刚才去推进舱看过了，卜之添说已经弄好了。"

巴久汶道："哦，他既然说好了，那就是差一点收尾的工作了。"

畏兀道："再等一会儿吧，我想他就快完成工作了。"

姬鸣谦道："畏兀、巴久汶，我有件事想跟你们商量一下。"

畏兀道："医士，有什么事情请直说就行了。"

巴久汶也道："对，医士，说吧。"

姬鸣谦道："我想问一下，如果我们先去顾育神那里，可以吗？"

"为什么？不是要去跬垒神那里吗？"巴久汶不解地问。

姬鸣谦道："下弁，刚才救的那个女子，是我的同胞，她跟我之前一样，需要呼吸敏气和饮用纯敏化合液体才能维持生命，这在太空中，是很难生存下去的。"

畏兀道："你是想请顾育神也为她改造一下？"

姬鸣谦道："是的，这是唯一能让她生存下去的办法，不然的话，即使我能回到母星，以她目前的寿命和身体状况，是支持不到这么久的。"

畏兀道："嗯，这真是个要命的问题，我没意见。"

巴久汶道："好吧，既然医士和船长都这样认为，再说，女士总是优先受到保护的，那我们就飞一次顾育神那里吧。"

畏兀道："这艘飞船比飞渡号先进很多，要去顾育神那里，需要的时间也不算太多。对了，医士，这艘飞船现在暂归我们所有，不如也起个名字吧。"

巴久汶道："这个主意不错，我看就叫自来号吧？"

通话器传来金惜的笑声，道："教官，自来号不好听，一点艺术色彩也没有。"

铭越笑道："那就请大艺术家金惜女士起一个？"

卜之添大声道："打捞号！"

众神大笑，畏兀道："下卫，这个名字起得更没有半点艺术色彩。"

姬鸣谦也笑弯了腰，道："还是请金惜女士起一个吧。"

金惜道："医士在这艘船上救回了美女同胞，不如就叫撷芳号，怎么样？"

姬鸣谦道："金惜女士，这个名字果然很有艺术色彩。"

巴久汶道："医士都说好，我就更没意见了。"

畏兀道："这么好听的名字，我怎么想不到呢？"

第十七章　太空不寂寞

撷芳号以跃速在宇宙中穿行，密封舱内，姬鸣谦替风絮雨检查身体。

姬鸣谦道："风小姐，你的身体一切都正常，看来没有什么问题。"

风絮雨道："谢谢！我感觉不错。对了，他们怎么都听你的？"

姬鸣谦道："那个有三只眼睛的鬢翊神叫畏兀，是我救了他，然后就成了朋友。金惜这四位彝奭淏隶神也是我救的，所以他们自愿帮我的忙。"

"神？你称他们为神？"风絮雨道。

"哦，是这样的，宇宙中，所有智慧生物都称为神，所以，你也可以称为神。"姬鸣谦解释道。

"哦，原来这样。姬先生，我还是有点不明白，你说他们都是六级、七级文明的外星人，怎么会被你这个低级文明的人所救？"

"是这样的，我从顾肓神那里学到了高级的医术。对了，请不要这么客气，以后就直接称呼我的名字好吗？"

风絮雨道："嗯，那我就叫你鸣谦吧。你也可以叫我的名字，我们家里人都叫我小雨。"

姬鸣谦道："好的。不过太空中没有雨，我还是叫你小絮吧。"

风絮雨道："好！你这名字是你父亲起的吗？"

姬鸣谦道："不是，我小时候，小名叫小海，因为我家在海峡市海底。现在这个名字是后来我的师父大衍真人给我起的。"

风絮雨道："你还有师父？"

"是的，我有两位师父，另一位是圆慧师父。大衍师父说，谦卦是易经六十四卦中唯一一个爻辞全吉的卦，希望我一生都逢凶化吉，遇难呈祥。"

风絮雨道："嗯，这名字真好！"

姬鸣谦问："你家里还有什么人？"

风絮雨道："还有爸爸、妈妈、奶奶和弟弟。"

姬鸣谦道："我家就我一个独子。想家吗？"

"想！"风絮雨道："鸣谦我们现在是回地球吗？"

"不，暂时还回不去。"姬鸣谦道。

"为什么？"风絮雨问。

"说来话长，有些事情说起来你一定不信。"姬鸣谦道。

"你说的我都信！那么不回地球，我们要去哪里？"

"小絮，你记得现在地球是什么年月？姬鸣谦问。

风絮雨道："我被绑架那天应该是二三四一年的六月二十号吧。"

"啊！"姬鸣谦道："我已经离开地球快九年了。"

"鸣谦，这九年你一定遇到很多事吧。"风絮雨问。

"嗯，太多了，我都不知从何说起。"发了一会儿呆，姬鸣谦道："小絮，你现在的身体虽然不觉得有什么不适，但却不适合在太空中长久生存。"

"是吗？可你不是活得好好的吗？"风絮雨道。

"我不同，我是被顾肓神改造过的。"姬鸣谦道。

"嗯，你跟我说过。那个顾肓神果真有这么不可思议的医术？"风絮雨道。

"如果不是亲身接受过改造，我也不相信宇宙中有这么神奇的医术。经过他们改造后，你也看到了，我现在不需要氧气，也不需要水就能活着。另外，人的寿命只有短短的数十年，在太空中是很难承受长时间的航行的。就算有一天我们能回到地球，恐怕你的寿命已经耗尽了。"

"啊！你说的还真有道理。这个寿命却是没法解决的问题。难道寿命也能改变吗？"风絮雨道。

"能！"姬鸣谦以不可置疑的口吻道："我现在的寿命，据顾肓神说，可以活到一千年。"

"什么？一千年？！"风絮雨吓了一跳。

"是的，一千年。"姬鸣谦重复地道。

"这怎么能做得到？"

"顾肓神就能做到，相信你也可以像我一样活上一千年。"

"啊，真的吗？"风絮雨还是一脸难以置信的样子。

"当然。"姬鸣谦道："所以，我想带你到顾肓神那里，你愿意改造你自己吗？"

"这会不会很恐怖？"风絮雨很害怕地问。

"恐怖？"姬鸣谦不知道她指的是什么。

"比如把身体劈开，又或把脑袋也劈开……"风絮雨道。

"哈哈！不用的，改造都是从基因层面进行的，不需要开膛破肚，更不会把脑袋劈开。"

风絮雨半信半疑地"哦"了一声。

姬鸣谦道："小絮，我希望你能接受顾肓神的改造。"

风絮雨迟疑着没有回答，姬鸣谦道："小絮，我们不知道什么时候才能回到地球，所以，想要回去，必须要有足够的寿命才能等到回去的那一天。"

风絮雨道："为什么不能回去？我们现在有飞船，只要一直开，就算再长的路程也终有走完的时候。"

"不是路程问题。"姬鸣谦道。

"那是什么问题？"风絮雨问。

"小絮,其实我回过一次太阳系的。"姬鸣谦道。

"回太阳系?等等,不是回地球?"风絮雨没听明白。

姬鸣谦道:"小絮,我和畏兀驾着飞渡号回去过一次,但是,却被坚鲜神拦截了,在太阳系徘徊了许久都没办法进入地球。"

"怎么会这样?坚鲜神为什么拦截你不让进入?"风絮雨更不明白了。

"小絮,顾肓神给我改造时,纠库纠兰对我说,我们的大脑被一种神秘的技术所禁锢,所以,我们的大脑使用率只有百之十左右,连顾肓神都无法解开这个禁制。"

"大脑被禁锢?"风絮雨道。

"是的。另外,我们的地球所在的位置,就连八级文明的顾肓神都不知道,更不要说知道地球上有我们这一个文明的人类存在。但是坚鲜神却知道我们地球的位置,还把我绑架到太空里。因此我断定,这个大脑禁制是坚鲜神所为;只是纠库纠兰认为,坚鲜神不可能有这么先进的生物、医学技术。为了能够回到地球,唯一知道地球所在位置的只有坚鲜神了,我就和畏兀去了坚鲜神的母星徽乍星,在很危险的情况下,终于得知了我们地球在宇宙中的位置。我和畏兀逃了出来,到了首龟渠族的卜野式申菲星上,先是把他们的首席执行官的伤病治好了,刚好又遇上了迁未族入侵,我帮他们打败了迁未族,首龟渠神为了感谢我,就送了这艘飞渡号给我。我和畏兀很高兴,立即就动身,根据坚鲜神说的位置,找到了我们的太阳系,但是,刚才跟你说了,我们被坚鲜神拦截,根本没办法靠近地球。"

风絮雨听完姬鸣谦的这段经历,惊奇得几乎合不拢嘴巴,道:"鸣谦,你说的这些,比科幻小说还科幻!后来呢?"

"后来,畏兀说,如果能得到通行密码,或许可以回到地球上。所以我们决定再一次前往徽乍星,途中遇到了金惜他们的飞船出了意外,就把他们救了,然后一起到徽乍星去。"

"这不是更冒险吗?"风絮雨关心地道。

"哈哈,我们又一次被抓住了,结果自然是失败了。"姬鸣谦道。

"啊!你们被抓住了,他们会对你们用刑吗?"风絮雨很紧张。

"还没等他用刑,我们又逃了出来。这次,我们又意外地得知,坚鲜神在我们地球监视人类,只是受了一个叫做跰垒族的神的指派,纠库纠兰没有说错,坚鲜神果然不是这事件的主脑。"姬鸣谦道。

风絮雨道:"那这个跰垒神一定就是幕后主使的神。"

"所以,我们就准备去跰垒神那里,然后途中就遇到了你。"姬鸣谦道。

风絮雨道:"我明白了,你说回地球有这么多的艰难险阻,所以一定要足够长命才行。"

"对!"姬鸣谦道。

"万一……万一我们到了跰垒神那里,仍然一无所获呢?我们岂非一辈子也回不去?"风絮雨忽然惊恐地道。

"也许……"姬鸣谦昂起头，眼睛看着舱顶，过了一会儿，望着风絮雨语气坚定道："不管多难，我也一定要想办回到地球去！"

风絮雨被他的情绪感染，道："鸣谦，我相信你，我们一定能回去！"

姬鸣谦道："要回地球，首先要解决一件事。"

风絮雨道："我知道！我决定接受改造。"

"太好了！"姬鸣谦道。

"现在我们去找顾肓神吗？"风絮雨道。

"是的！我们先去找顾肓神。"姬鸣谦道。

"我要学很多语言！"风絮雨首先想到的是学习语言。

"嗯，这个是很简单的事。小絮，现在来聊一下你吧。"姬鸣谦道。

"聊我？我有什么好聊？"风絮雨奇道。

"有呀。以我在地球上的工作经验来看，坚鲜神不会无缘无故地掳走你，他们一定早就开始注意你和研究你了。"姬鸣谦道。

"注意？研究？不会吧？"风絮雨根本不相信，自己是一个普通的女孩，没有什么好研究的。

"如果我没有猜错，你一定不是第一次被他们绑架。"姬鸣谦很肯定地道。

"不是第一次？你是说我之前被他们绑架过？"风絮雨奇道。

"是的！"姬鸣谦道。

"可是，我自己都不知道有被绑架过的经历呀。"风絮雨道。

"也许他们将你被绑架的这段记忆抹去了。"姬鸣谦道。

"有这么神奇的吗？"风絮雨还是不能相信。

"小絮，你回忆一下，你从小到大，有没有发生过什么事，连你自己都没法相信的事。"姬鸣谦提示道。

风絮雨努力地想了一会儿，道："记得六岁那年，有一天出去玩，不知道怎么就睡着了，等到妈妈找到我时，发现我在离家五公里多的一个草堆上躺着大睡；这事后来被小朋友们笑话了许久。"

"嗯！"姬鸣谦道："还有吗？"

"十六岁那年，好像是夏天吧，回姥姥乡下去，黄昏时我独自到村外散步，也不知道怎么样就睡着了，等我醒来时，已经是下半夜了，却是离姥姥家十多公里外的另一个村子里的池塘边，我很害怕，跑到村子里找了一户人家，把人家叫醒了，那家人真好心，留我住了半夜，第二天一大早就开车送我回去，可把姥姥吓了个半死。"风絮雨道。

姬鸣谦道："嗯，你不觉得奇怪吗？当时。"

风絮雨道："奇怪呀！只是当时怎么也想不明白怎么会这样。"

姬鸣谦心中雪亮：这是被外星人掳去之后，进行全面的身体检测后又被放回地球的典型事例。他没有直接点破真相，而是说道："小絮，你小时候趣事还真多。"

风絮雨有点不好意思地低头羞赧一笑，像一朵含苞待放的花蕾，姬鸣谦看得心头怦然，一股奇妙的感觉涌了起来，只顾怔怔地看着她，忘了说话。

正在这时，畏兀的声音传来："医士，我们快要进入旃蒙宇宙了。"

姬鸣谦回过神来，道："好的，我马上就过来。"又对风絮雨道："小絮，我去驾驶室，一会儿再来陪你说话。"

风絮雨道："我可以跟你去吗？我很想看看这宇宙空间是什么样的。"

姬鸣谦道："不行呀，我们所有的护甲都没有供氧的设置，你一离开这个密封舱，就没命了。"

风絮雨有点哀伤的样子，姬鸣谦马上就道："其实外面没有什么可看的，因为现在飞船是以跃速，就是超光速好多倍在飞行，所以连星光也看不到的。"

风絮雨低了头道："嗯，知道了。"

姬鸣谦安慰道："小絮，用不了多久，你就会像我一样，可以在太空中自由行走了。"

风絮雨抬起头，一双妙目闪着泪光，轻声道："鸣谦，我相信。"

姬鸣谦看着她的双眼，四目交投，一刹那间，正所谓心有灵犀一点通，两人心意交融，像是通了电一般。

两人对望了好久，姬鸣谦轻声地道："我去了。"

风絮雨点点头，道："我等你。"

姬鸣谦有点不情愿地走出密封舱，一路走着，脑中尽是风絮雨的倩影。到了驾驶室，一屁股坐在一个位子上，却不说话。巴久汶觉得有点奇怪，就问："医士，你怎么了？身体不舒服吗？"

姬鸣谦被巴久汶一问，回过神来，道："没有，没有。"

巴久汶道："没有就好。医士，请过来看。"一边说一边打开旃蒙宇宙的星图，指着一个庞大的星团道："这就是颀育神所在的曜甚毋迪星团。"

姬鸣谦问："估计要多久才能达曜甚毋迪星团？"

畏兀道："按现时的速度，起码还要二十期的时间。"

铭越道："医士，我建议你先联系一下颀育神。"

姬鸣谦道："现在联系是不是早了点？"

金惜道："其实到了伊芇星系再联系也不迟。"

姬鸣谦道："嗯，那就到了伊芇星系再联系吧。下弁，你到过那里吗？"

巴久汶道："没有。"

畏兀道："我父亲去过。伊芇星系是一个单恒星系，主星伊芇星是个巨大的恒星，比你们太阳系的主星大上数万倍哩。系内有五十多个行星；颀育神的母星是叫做耀盛星，共有十九个卫星，其中一个叫做鲜单的卫星上出产一种膏状的神奇的物质，颀育神用它来制成神奇的药物；至于是什么物质，颀育神将之视为本族最高机密，连名称都不曾向外透露过。"

铭越道："听说耀盛星是一个巨大的行星，直径达十万涯。到处都是硅基森林，有众多的硅酸湖泊；常年温感在一百七十五炌上下，如果没有护甲，我们根本抵受不了这样的高温。"

姬鸣谦道："我的母星常温在一百二十二至一百六十二炑之间，这么高的温感确实抵受不了。"

畏兀道："别说你们碳基生物和碘基生物，我们硒基生物也抵受不了。"

众神聊了一阵有关顾肓神的情况，姬鸣谦心中挂念着风絮雨，就退出了驾驶舱。

姬鸣谦拿了一份水和一份食物，来到密封舱，风絮雨一看见他，脸上立即就露出了甜甜的笑容。

姬鸣谦将水和食物放在小桌子上，风絮雨看了一眼，显得有点失望。姬鸣谦看在眼里，关切地道："小絮，是不是食物不对口味？"

风絮雨道："嗯嗯，我好想妈妈做的菜了，好想喝苹果汁。"

姬鸣谦道："小絮，你这一说，我也很想妈妈做的菜了。只是……只是……"

"鸣谦，对不起，"风絮雨有点愧疚地道："我只是想想而已，我知道这里有食物已经很不错了。"

"小絮，等我们回到地球，我请你到我们家，让你尝尝我妈妈做的菜，好吗？"姬鸣谦道。

"好！只是我们什么时候才能回到地球去？又或我们回到地球时，都不知几百年了。"风絮雨道。

"这怎么可能？"姬鸣谦道。

"不是说天上一天，地上一年吗？"风絮雨道："许多小说都这样描写，人去了太空旅行，回到地球，儿子都白发苍苍了……"说到这里，突然就抽泣起来。

姬鸣谦一见她哭泣起来，顿时手足无措，道："小絮，不会的，不会的，小说都是骗人的。等我们回到地球，我们的爸爸、妈妈一定都还健在。"

风絮雨自顾自地抽泣着，没有说话。姬鸣谦又道："等去了顾肓神那里，我们就回地球好吗？"

风絮雨突然问道："鸣谦，是不是太空旅行会变得年轻？我们回到地球，真的还是现在的样子吗？"

姬鸣谦不知该怎么回答才好，道："小说上是这样写的，科学家也是这样说的。不过，我们在太空也不会停止生长，所以，还是会变得老一点吧？"

风絮雨道："那……那……我们岂不成了老头老太太了？"

姬鸣谦道："小絮，你放心，在你变成老太太之前，我一定能带你回去！"

"嗯嗯。"风絮雨使劲点点头，道："鸣谦，你真好！"

姬鸣谦道："在这太空之中，就只有你我两个人类，我们现在正应了那句诗：同是天涯沦落人；所以我们更要守望相助，互帮互爱。"说到互爱，心中不禁咯噔地大动了一下。

风絮雨抬起头来，带泪的双眼望着他，忽然又泪眼婆娑地低了头。姬鸣谦看着她梨花带雨的样子，牵起了无限的柔情，情不自禁地握着她的菜荑，道："小絮，不要担心，有我在呢。"

风絮雨红了脸，却没有挣脱他的手，任由他握着自己的手，声如蚊蚋地道："我知道。"缓缓地抬起头来，带泪笑着道："我知道有你在，我们一定能回到地球。"

姬鸣谦道："嗯！我们一定能回到地球。"

风絮雨就这样让姬鸣谦握着自己的手，两人没有说话，静静地对望着，许久许久……

撷芳号依然平稳地在太空中飞行，驾驶室里，众神都坐在自己的位子上，也许没有什么话题可聊，又或许所有话题都聊完了，所以大伙都沉默着。姬鸣谦坐在指挥台后的椅子上，心中一直在想着风絮雨说的"变老"的问题。迟疑了许久，终于忍不住向巴久汶问道："下弁，有个问题可不可以请教一下？"

巴久汶道："医士，请问吧，我一定知无不言。"

姬鸣谦道："在我的母星，关于星际旅行，科学界流传这样的理论，说生物在光速飞行之中，时间变得慢了，因此，会减缓衰老，变得年轻，是这样吗？"

巴久汶大笑，反问："他们怎么看出时间变慢了？"

姬鸣谦道："科学家做过实验，在飞行器上放置的原子钟，哦，原子即是始子，与地面上的始子钟对比，确实是慢了，因此得出时间变慢了的结论。"

巴久汶道："医士，这是许多初级文明都困惑的问题。时间是永恒不变的，只能进不能逆转，这是宇宙定律之一。所以，初级文明中想象的回到过去或飞越未来的幻想，都是错误的。至于你说的始子钟的问题，很显然，始子钟所处的环境不同，会出现轻微的变化，在光速环境中，始子的旋转速度会受到微小影响，所以你们放置在飞行器上的始子钟变慢了，并不是时间变慢了。再说，以你们现时的文明程度，应该是达不到光速飞行的，所以，这种测试可以说并不能说明什么问题。"停了一下，又道："比如现在，你以每息飞行数十万涯的速度度过一息时间，而你的母星上的神，同时也度过了一息，不会因为你是在飞速飞行中度过一息，而你的母星上的神就会度过两息、三息或更多时间。"

畏兀道："医士，时间对任何生物和物质都是一样的，无论你用什么样的速度度过一息时间，别的物事都同样是度过一息时间。"

"明白了，"姬鸣谦道："也就是说，我在太空中生活了两纪，同样我的母星也只是度过了两纪时间。"

"对！"巴久汶、畏兀同时答道。

"同样道理，时间过去之后，我们就不可能回到过去，而时间还未到达之时，我们就不可能去到未来。"姬鸣谦用自己的思维重新述说了一遍刚才巴久汶说的话。

"太对了！"畏兀道："我就知道医士是个极聪明的神，一点就透。"

姬鸣谦苦笑道："与你们相比，我简直是太无知了，何来的聪明？"

金惜笑道："医士，聪明和无知是两码事，不能混为一谈。"

姬鸣谦道："这下小絮就放心了。"

金惜道："你说谁放心了？"

姬鸣谦道："就是我那位同胞呀，她担心等她回到地球时，她的后辈的后辈都成了老头老太太了。"

众神大笑，就着时间这个话题又聊了许久。待聊得差不多时，姬鸣谦道："畏兀，你们连续飞了许久了，都去休息吧；就留下弁和我就可以了。"

畏兀道："好的。现在是自动驾驶，只要不遇上流石和小行星群就没什么大问题。"

巴久汶道："船长放心吧，有我在哩。再说医士也是一个优秀的驾驶员。"

畏兀道："你看，我倒是把医士给忘了。"说完就和铭越、金惜，顺带招呼了推进舱的卜之添一起回休息舱去了。

畏兀等神一走，驾驶室更安静了，巴久汶问道："医士，等从颀肓神那里办完事，去跬垒神那里怎么行动，你想好了吗？"

姬鸣谦道："没有，说真的，我一点头绪也没有。只有见一步走一步了。"

巴久汶道："医士，首先你得明确你想要什么，才能根据你的需要制定行动计划。"

姬鸣谦道："啊，这个倒是有，首先要弄清楚，跬垒神为什么要委托坚鲜神封锁监视我的母星，而不是他们自己来执行这样的任务；其次，怎么样才能从跬垒神那里拿到能回地球的通行密码？"

巴久汶道："医士，第一个问题很复杂，恐怕就是跬垒神自己，也只有极高级别的官员才能知晓；至于第二个嘛，就好办多了，我们可以让金惜进入他们的星际舰队的中枢智脑，盗取一个通行密码就可以了。"

姬鸣谦道："下弁，我看这也是很难的。因为并不是他们的星际舰队在监视地球，所以，也许他们的星际舰队根本就不知道有这么一件事哩。"

巴久汶道："说得好像很有道理。那么如果进入他们的星系中枢终端智脑呢？"

姬鸣谦道："这就更难了。这种最高级别的智脑，要想入侵，比登天还难。"

巴久汶知道他说的没错，一时没了主意。过了一会儿，姬鸣谦道："下弁，如果我们以跃速冲过坚鲜神的拦截，是否可以？"

巴久汶道："噢！医士，这无疑等于自杀！你是想撞击你的母星吗？"

姬鸣谦沉默了一会儿，道："如果坚鲜神的话不假，我真想知道我们为什么是囚徒，我们又是谁？"

"这一点我也想知道。"巴久汶附和道。

"下弁，你说我很像婳顼神，为什么说是像而不是是呢？"姬鸣谦突然问。

"哦，是的，医士，从外貌上看确实像极了，只是有一点不像。"巴久汶道。

"哪一点？"姬鸣谦立即就问。

"婳顼神有三只眼睛，就像畏兀一样，在额上还有一只眼睛，而你却没有，所以说很像。"

"原来是这样。那么，当时婳顼族神秘消失，太虚中就没有任何神族去探究原因吗？"

"噢！这是太虚中最震撼最神秘的历史事件！"巴久汶道："据说当时宇宙中七级以上的文明神族都曾派出战舰前往婳顼神所在的煜钦帱得星系，并公推须委神为首，到婳顼神的母星帱伐孜冉星一探究竟。不过，帱伐孜冉星似乎被什么神秘的力量所控制，进入它的飞船不是失事就是失踪，竟然无神生还。有鉴于这种情况，星际各文明神族协商，一致达成协议,将帱伐孜冉星设为禁区,任何神族不得轻易进入,并推举须委族和几个八级文明的神族共同负责守卫。"

"是什么神秘的力量呢?"姬鸣谦问。

"不清楚。据前辈的资料记载,这种力量能使得飞船上的仪器失灵,通讯中断,甚至连推进器也会突然失去动力。"巴久汶道:"这么多纪过去了,都没有弄清楚,更没有哪个神族能给出满意的解释。"

"如果婳顼神自我禁闭,不想让外族打扰,可能吗?"姬鸣谦突发奇想。

"不可能的。有传言说道,他们已进入最高等级的文明,然后都化作灵体,不再以实体存在于世上。"巴久汶道。

"这有可能吗?这岂不是真的幻化成仙了?"姬鸣谦显然不相信这种传言。

巴九汶道:"说是这样说,但没有一个神族相信这种鬼话。因为没有任何神知道,九级文明是不是灵体文明。"

姬鸣谦道:"说不定真的被什么未知的力量击败而……"

姬鸣谦还没说完,巴久汶立即就打断他道:"医士,不要说当其时,就算放眼当下,太虚之中,试问谁有这个能力击败将踏入九级文明门槛的婳顼族神?何况还要是神不知鬼不觉的。"

"说的也是。"姬鸣谦表示同意,然后就沉默了一阵子,忽然道:"下弁,能否制作一个小型的供敏装置?连接到头盔里面。"

"啊?你要这个干什么?"巴久汶刚说完,随即明白了他的用意,道:"医士,你应去找卜之添下卫,他是个高级工程师,或许他有办法。"

"好的,谢谢。等他休息好之后,我再找他吧。"姬鸣谦道。

巴久汶道:"医士,我们既然去顾肓神那里,而你又与他们交情不错,不妨问一下顾肓神,看看他们有什么建议,可以从跸垒神那里得到我们想要的东西。"

姬鸣谦道:"我也是这样想的,只是我的事,顾肓神不便参与进来,一个不小心,就会引起星际纠纷,甚至会导致他们之间的战争,这就太糟糕了。"

巴久汶道:"嗯,你说得对。不过纠纷或者会有,但战争就一定不会,因为顾肓族是永久中立神族,任何星系要向他们发动战争都会受到全太虚神族的攻击的。"

"不管怎样,不能让顾肓神卷入我的危险行动中。"姬鸣谦道。

巴久汶道:"嗯,我同意。"

两神开始聊起一些太空知识,不知不觉就过去了差不多半期时间,姬鸣谦估计风絮雨也饿了,道:"下弁,我去把畏兀叫来接替你,你也该休息了。然后我再去找卜之添。"

巴久汶道:"好!我也真的有点累了。"

姬鸣谦来到休息区,先让畏兀和铭越到驾驶室接替巴久汶,然后到卜之添的起居舱里,看到他正在一台小型智脑上鼓捣着什么。

看到姬鸣谦进来,卜之添问道:"医士,是来找我的吗?"

姬鸣谦将来意说明,道:"小絮长久待在密封舱里,对健康极为不利,我想让她出来走走。"

"医士，"卜之添道："制作这样的装置并非难事，只是难以长久供敏。"

姬鸣谦喜道："只要能制造出来就可以了，不需要长久供敏，大概能使用一期时间就足够了，这样携带起来也不会笨重。"

卜之添道："那我就试试吧。"

姬鸣谦道："谢谢，辛苦你了。"

卜之添道："医士，这不过小事一桩，而且我们有的是时间，我也正好有活儿干干。"

太空飞行枯燥而乏味，可自从有了风絮雨，姬鸣谦似乎感到一切都变得有趣起来，总是想和她待在一起，即便什么也不说，那感觉也很美妙。

姬鸣谦开始教她说些简单的醉琰揾奢语，识别一些符号；又怕她太闷了，就动手制作了一副纸牌，没事就陪她玩玩；及至后来，连畏兀、巴久汶、铭越、金惜、卜之添都被吸引住了，对玩牌产生了浓厚的兴趣；姬鸣谦和风絮雨就教他们各种扑克牌的玩法，从单人玩的接龙，到四人玩的桥牌，一一教会了他们。姬鸣谦还时不时表演一下小时候卞鼎丰哄他玩的小魔术，令到畏兀等神惊奇不已。

后来，姬鸣谦用黑白晶体，制作了一副围棋，教给他们围棋的规则和玩法，巴久汶等神立即就迷上了这种高等级的脑力游戏，一有时间就捉对儿厮杀起来，玩得不亦乐乎。

数期之后，卜之添拿着一个头盔和一个薄薄的扁扁的像箱子的物体来到姬鸣谦的起居舱，道："医士，你要的东西我做好了，不知道合不合你的心意。"

姬鸣谦接过来，拿在手上掂了掂，感觉不到两坠重，卜之添介绍道："这个箱子里面是一个微型循环系统，只要将两小瓶制作敏气的原料放进去，它就能制作出可以供一个神使用一期的敏气，这是一条管道，连接头盔，可以将呼出的废气收集起来，然后再分解成敏气，循环使用。这是一条背带，可以背在背上。"

姬鸣谦将它背在背上，又戴上头盔，觉得很满意，道："太好了！下卫，小絮一定很喜欢，我先代她谢谢你。"

卜之添道："医士，这个装置其实并不完美，如果条件允许，或者可以制作出一个供敏时间更长久的系统。"

"哦，有这个已经很好了。等到了顾育神那里，我一定给你找到更多你需要的零件和材料，让你造出更完美的装置。"姬鸣谦道。

"嗯嗯，到了顾育神那里，还真的要采购一些必需的材料和零件。对了，我给它起了个名字，叫敏箱。"卜之添道。

"好！我们去看小絮吧。"姬鸣谦和卜之添拿着头盔和敏箱，来到密封舱，姬鸣谦打开舱门走了进去；而卜之添因害怕敏气，便留在了舱门外，隔着透明的幕墙看着风絮雨。

风絮雨看着姬鸣谦手上的东西，问道："鸣谦，这是什么？"

姬鸣谦故作神秘地道："你猜猜？"

风絮雨懒得去猜，便道："我猜不出。"

姬鸣谦道："想到外面走走吗？"

风絮雨道:"想呀,只是……可以吗?"

"嗯!这是送给你的。"姬鸣谦道:"卜之添下卫花了许多心思才制作出来的。"

"这是什么宝贝?"风絮雨隐约猜到了一些什么。

姬鸣谦道:"这是氧箱,一套微型供氧系统。你戴上头盔,背上这个箱子,就可离开这个舱室,到外面行走一天的时间。"

"真的?!"风絮雨高兴得一跳老高,一下子忘情地抱着他,道:"鸣谦,你真好!"

姬鸣谦脸上一红,心脏瞬息之间呼呼乱跳,僵立着道:"我只是要卜之添制作一个供氧系统,什么功劳也没有,你要谢就谢卜之添下卫。"

风絮雨立即就隔着透明幕墙向卜之添致意,然后放开姬鸣谦,道:"快快!帮我戴上头盔我现在就要出外面看看。"

姬鸣谦一边帮她戴上头盔、背上箱子,一边教她如何使用这个系统,风絮雨开心地不停嗯嗯地应着。待戴好了头盔,姬鸣谦将舱门打开,让风絮雨走了出去,自己则在后面跟着,顺手将舱门关上。

等在舱外的卜之添看到风絮雨出来,很开心地道:"你好!女士,我是卜之添下卫。"

风絮雨不知道他在说什么,回头望着姬鸣谦,姬鸣谦将卜之添的话翻译了一遍,风絮雨道:"谢谢你,下卫!"

姬鸣谦又将风絮雨的话翻译给卜之添听,就这样,姬鸣谦充当起两神的翻译。

卜之添道:"女士,这个头盔戴着舒服吗?呼吸畅不畅顺?"

风絮雨道:"很舒适,就像是给我定造的一样。"

姬鸣谦笑着插口道:"这就是给你定造的呀。"

卜之添道:"女士,看到你这么喜欢,我也非常开心。"

风絮雨道:"下卫,请叫我风絮雨吧,这是我的名字。"原来之前畏兀等神都是隔着幕墙看望风絮雨,并没有直接交流,因此也没有正式通过名姓。

"冯虚玉,你好!"卜之添发音怪怪的,把风絮雨说成了冯虚玉,引得姬鸣谦哈哈大笑。

姬鸣谦和卜之添带着风絮雨在飞船各处走了一遍,来到机库里,登上飞渡号,让风絮雨也参观了一遍。风絮雨看着这些外星高科技产品,一路上只有"嗯嗯啊啊"地应着,连问题也找不出一个来问。

最后,三神来到驾驶室,畏兀等看到风絮雨能够出舱行走,都很高兴,纷纷跟她打招呼,风絮雨也很兴奋和开心,姬鸣谦热情地向她介绍驾驶舱里的一些主要仪表,然后让她在金惜的附近坐下。

也许金惜是女性的原因,风絮雨与她很快就熟稔起来,虽然语言不通,但似乎并不妨碍她们交流。金惜不久就昵称她为"玉",巴久汶等为了称呼方便,也都跟着金惜称她为"玉"。

风絮雨跟着金惜,看她操作探测器和信息接收系统,短短时间内,竟然就学会了十数个酳琰搵耄语词汇。

风絮雨的到来，使得驾驶室里热闹了许久。算算她出舱的时间，估算氧气也消耗得差不多了，姬鸣谦就送她回密封舱。风絮雨回到舱里，仍然处于兴奋状态中，对姬鸣谦道："鸣谦，快点教会我说他们的语言好吗？"

姬鸣谦道："我这不是已经开始教你了吗？不过这样学习，并不能很快就掌握的。到了顾育神那里，我保证你几小时之内就能学会。"

风絮雨道："嗯，上次你说过有这么一个神奇的学习机器，但我等不及了，你还是先教我学一些简单的会话，让我可以跟他们交流一下。"

"也好。"姬鸣谦点头答应着。

"谦，原来外星人真的都不需要呼吸的，我算是长见识了。"风絮雨不知不觉之中，连对姬鸣谦的称呼都改了。

姬鸣谦并没觉得称呼上有什么异常，道："也不是所有的外星人都不用呼吸的，顾育神告诉我，也有需要呼吸的外星人，只不过都不是呼吸氧气而已。"

"哦？不呼吸氧气，那呼吸什么？"风絮雨问。

"这就不太清楚了，顾育神没有细说。不过我想不同的生命基所呼吸的气体一定是不一样的。"姬鸣谦答道。

"真神奇！哪我们为什么要呼吸氧气？"风絮雨提了个很白痴的问题。

"顾育神说，其实氧气对寿命并无好处，因为氧能加快细胞的氧化死亡，减损生物的寿命。"姬鸣谦将当日纠库纠兰说过的话照搬出来。

"真的吗？"风絮雨有点不太相信。

"所以我们人类的寿命很短，就连地球上所有的生物的寿命都很短，能活过一百岁的动物少之又少。"姬鸣谦道。

"那龟类不是很长寿吗？"风絮雨反驳道。

"啊！"姬鸣谦突然好像想到了什么，道："对呀！对呀！我怎么没有想到呢？"

风絮雨问："想到了什么？"

姬鸣谦道："龟类因为心跳很慢，呼吸很慢很少，吸入的氧气比其他动物少很多，所以它们的细胞氧化死亡也慢了许多，因此寿命也就长了很多。"

"有些道理。"风絮雨赞同，又道："你说我到了顾育神那里，还原之后能跟你一样不用呼吸、一样长命吗？"

"当然了，我敢保证！到时你就可以不需要呼吸，自由在太空中行走；而且还有上千年的寿命。"姬鸣谦道。

"哇！这么长命，岂不成了老妖怪了？"风絮雨嘴上这么说着，脸上却露出了十分向往的神色。

"顾育神说我们的大脑被禁锢了，如果能找到解开禁锢的密码，我们人类的能力，将会是十分强大的。"姬鸣谦道。

"会有多强大？"风絮雨问。

"不知道。他们也没告诉我。"姬鸣谦道。

"能找到这个密码吗？你打算怎么去找？"风絮雨问。

"小絮，我也不知道怎么去找，但是，既然顾育神这么说，我也想弄清楚，到底为什么我们的大脑会被禁锢了。所以……"姬鸣谦还没说完，风絮雨便打断他道："所以你一定要去找，无论有多难，对吗？"

"嗯，试试看吧，"姬鸣谦点点头，又道："但不管怎样，我也要先让你能在太空中生存下去才能去干其他的事。"

风絮雨心头一热，鼻子发酸，眼睛开始有点潮湿，连忙把头拧过一边，轻轻地道："谦，你先回去吧，我有点累了，想休息一会儿。"

姬鸣谦愣了一下，道："嗯，出舱活动了快一整天了，你也该好好休息了。我拿这个氧箱去给卜之添，让他给它补充原料。"说完就向她道了安好，出舱去了。

风絮雨看着他出舱走远了，泪水便止不住流了下来。

第十八章　还原

撷芳号在旐蒙宇宙中穿行，飞船内，姬鸣谦正在自己的起居舱里盘腿趺坐，身体竟然悬空，离舱面半尺有多；而身体的四周，同样悬浮着大大小小十多样物件，大多数是从机库里找来的工具。

自从他发现可以凭意念使自己的身子悬浮起来之后，就不停地练习这个意念控制方法，简直有点乐此不疲。现在比起上次侥幸从庋谇手里逃出来时的念力，更为强大，可以同时控制十多件小物件悬在空中。姬鸣谦意念稍动，那十多件物件便开始围绕着他的身体慢慢旋转起来，随着念力加强，那些物件旋转得越来越快。

姬鸣谦正练得起劲，通话器里传来畏兀的声音："医士，我们已进入曜甚毋迪星团了。"

姬鸣谦注意力一分，那些物件便纷纷跌落下来，身体也随之落回舱面。姬鸣谦叹了一声，知道自己还没练至可以分心控制物件的境界，只得收起意念，回答道："畏兀，我马上就来。"

姬鸣谦很快就将那些物件收拾好，放进一个箱子里，然后快步来到驾驶室，巴久汶看到他进来，将虚拟星图推送到他跟前，指着一个位置道："医士，这个就是伊芮星系了。"

姬鸣谦一看，那曜甚毋迪星团极之庞大，直径估计有数百亿光年。

铭越提醒道："医士，要不要先与顾育神联系一下？"

姬鸣谦道："是不是早了一些？到了伊芮星系再联系也不迟。"

金惜道："医士，顾育神是个强大的八级文明神族，虽然他们是永久中立星系，但并不等于没有强大的战力，所以，任何不明飞行物靠近他们都会遭到拦截的。"

畏兀道："金惜下卫说的对，为了避免不必要的误会，先联系一下，取得他们的确认，就安全顺利多了。"

姬鸣谦道："好的，我现在就联系他们。"随即从身后腰间的应急腰袋里取出纠库纠兰给他的紫色晶体灵通球，按沃德密舒教的方法，用手一搓球体，球体立即像莲花一样，分开八瓣，现出中间一个像是莲蓬一样的物体，花瓣完全打开后，莲蓬就发出紫色的光。

过了一阵子，紫光渐渐扩大，变成一幅清晰的立体图像，纠库纠兰出现在图像里，只听他道："嗨！巨绵全！很久不见，你还好吗？"

"我很好！纠库纠兰，见到你真高兴！我现在正在前往伊芮星系途中，很快就会到达耀盛星。我有很重要的事情需要你帮忙。"

"嗯嗯，欢迎光临耀盛星。把你的飞船识别码告诉我，我给你办理通行手续。"

巴久汶连忙将识别码发了过来，纠库纠兰道："好的，我已收到了。巨绵全，你进入我们星系时，再联系我，我会发给你入境通行密码的。"

"谢谢！耀盛星再见。"姬鸣谦道。

"再见！"纠库纠兰说完，图像就消失了，紫晶灵通球自动收拢，不一会儿就还原成一个球体。姬鸣谦将紫晶球收回应急腰袋里，问道："我们还要多久才能到达伊芕星系？"

畏兀道："大概还需要两期左右才能到达。"

通话器里传来卜之添的声音："医士，到了耀盛星，最好能彻底改造一下飞渡号，只可惜撷芳号要归还给跬垒神，不然……真是一艘好船。"

铭越道："下卫说得对，将飞渡号改进一下才是最实惠的，毕竟它属于我们自己。"

畏兀道："医士，不要在意下卫他们觉得飞渡号落后，他们毕竟是七级文明神族，飞渡号这种五级文明的飞船，对他们来说，已经算是古董级别的了。

姬鸣谦道："上卫、下卫，我会向顾育神请求给飞渡号进行升级改进的。"

两期时间很快就过去了，金惜报告，撷芳号已进入伊芕星系。畏兀下令减速至光速二级；姬鸣谦则再次与纠库纠兰联系，确认位置，随后撷芳号又再减速至光速，朝耀盛星飞去。

金惜报告："船长，收到顾育神发来的加密信息。"

畏兀道："打开信息。"

金惜打开信息，是一份加密了的通行识别密码。巴久汶道："医士，顾育神已将通行识别码发过来了。"

"啊，这么快！嗯，就要见到纠库纠兰了，心情有点激动。"

金惜道："医士，我看最激动的应该是你的同胞美女冯虚玉了。"

姬鸣谦道："喔，这可不一定呢。说不定她会感到惊惧的，毕竟她从来不曾遇到过要改造自己身体这种事。"

铭越道："医士，你当时也没遇到过这样的事，你就不惊慌吗？"

"当然惊慌了，甚至是恐惧。但是为了能生存下去，并活着回到母星，我只能接受。"

金惜道："医士，你真是个意志坚强的神。"

姬鸣谦道："谢谢！"又道："嗯，差点忘了，应该把小絮带来这里，让她看看外星星球的壮丽景色。"说完就往密封舱去，将风絮雨带到了驾驶室来。

风絮雨来到驾驶室，此时飞船减至亚光速；从前窗看出去，肉眼已可清晰看到主星的光芒，整个伊芕星系尽收眼底。风絮雨何曾见过这等恢宏的星际景象？兴奋得不住地惊叹。

金惜用通行识别密码联系上了耀盛星入境管制中心，并得到了管制中心发来的导航资料，又用这些导航资料调校好航向。畏兀驾驶着撷芳号平稳地进入了耀盛星引力范围。

不久，撷芳号稳稳地停在一个巨大的船坞中；姬鸣谦牵着风絮雨的手，和畏兀、巴久汶、铭越、金惜、卜之添七神走下飞船，立即就看到了沃德密舒笑着迎上前来。

沃德密舒道："噢！巨绵全，欢迎来到耀盛星。见到你真是太开心了。"

姬鸣谦激动地上前与他拥抱，寒暄了几句，然后将畏兀等人介绍了一遍。

沃德密舒道："巨绵全，纠库纠兰元老已接任元老院首席元老之位，也就是本族最高领袖了。"

"啊！恭喜他了！姬鸣谦道。

"我们快走吧，元老正在他们的官邸等你哩。"沃德密舒道。

"好！我也想尽快见到他。"姬鸣谦道。

沃德密舒招呼着七神登上一艘三层塔形的飞艇，朝着城里一座高耸入云的象城堡一样的巨型建筑飞去，只一会儿的工夫，飞艇就停在了大楼的一千五百五十层的机库里。

沃德密舒引着姬鸣谦等乘升降机上到一千六百层，来到一间宽敞的房子里，纠库纠兰已在里面等候着。

姬鸣谦一见他，快步上前，恭敬地行了一礼，并亲切地致以问候。纠库纠兰心情很好，热情招呼着七神，并请他们都坐下了，看了一眼风絮雨，道："巨绵全，你急着来见我，是为她而来的吧？"

姬鸣谦道："纠库纠兰，什么都瞒不过你。是的，她是我在屠维宇宙中救下的人类同胞，她也是被坚鲜神绑架的。"

"又是坚鲜神！嗯，看得出，她是个女性。"纠库纠兰道。

"是的。她名字叫风絮雨。"姬鸣谦道。

纠库纠兰已完全明白姬鸣谦的意思，道："巨绵全，分……细……余……她自己同意吗？"

纠库纠兰很艰难地念着风絮雨的名字，发音极之古怪。

姬鸣谦道："我已向她说明了一切，她同意接受还原的。"

"很好！"纠库纠兰道："对我来说，多一个案例，就能更深入地了解你的族群的基因。我很乐意亲自为她做这个还原工程。"

"谢谢！纠库纠兰，真的很感谢你的帮助。"姬鸣谦真诚地道。

"巨绵全，不需要客气，其实帮助你们也是帮助我们自己，因为我们又多了一项医学上的实践经验。"纠库纠兰道。

姬鸣谦道："无论从什么角度上说，都要感谢你。"

纠库纠兰道："巨绵全，我们就不再客套了，如果她已准备好了的话，我马上就安排还原，怎样？"

姬鸣谦道："好！越快越好。"

纠库纠兰道："在她还原期间，你们不能到外面自由行走，可以吗？"

"为什么？"畏兀道。

"你们既然是巨绵全的朋友，那么，他的来历，你们或多或少都应该知道一些吧？"纠库纠兰道。

畏兀等五神一齐点头道："是的。"

"关于巨绵全，有一些不能为外神知的事，我想等她还原之后，再和你们说，好吗？"

纠库纠兰道。

沃德密舒插话道:"当然,你们在居住范围内还是完全自由的,只是不能外出而已。"

巴久汶道:"好吧,好在还原也不需要太长时间。"

"很好!谢谢各位配合。"纠库纠兰道:"请稍等一下,沃德密舒会安排好你们的住处的。"

姬鸣谦一直不停地翻译给风絮雨听,这时风絮雨拉着他的手道:"谦,你陪着我好吗?我怕!"

姬鸣谦转头向纠库纠兰道:"还原期间我可以陪在她身边吗?"

纠库纠兰道:"有这个必要吗?"

姬鸣谦望着风絮雨一脸的热切期待,道:"她听不懂你的语言,我可以做翻译,再说,她很害怕,有我在,她会觉得安全。"

纠库纠兰想了想,道:"哦哦,好吧。"

姬鸣谦对畏兀等道:"我要陪着小絮,所以就不跟你们去住处了。"

金惜道:"医士,你尽管放心陪着玉吧,我们正好也放松放松,最好能提供些美食。"

沃德密舒道:"这个自然少不了。住处已经安排好了,各位贵客,请吧。"说完做了个请的姿势,带着畏兀五神从一道门中走了出去。

纠库纠兰待沃德密舒等出去之后,就领着姬鸣谦和风絮雨从另一侧的一道门走出去。门外是一条甬道,白色的光很柔和地照在甬道里。风絮雨依然很紧张,紧紧地挽着姬鸣谦的手臂。

姬鸣谦拍拍她的手背,柔和地道:"小絮,不用害怕,纠库纠兰医术之高明,你是无法想象的。"

风絮雨小声道:"嗯,你说过的。"

"那你害怕什么呢?"姬鸣谦道。

风絮雨道:"不知道,就是有点莫名的恐惧。"

姬鸣谦道:"小絮,不用怕,我会一直陪在你身旁的。"

"我知道。"风絮雨眼中含泪,道:"以后也会吗?"

"那自然是的,我们一起在太空遨游!"姬鸣谦很肯定地道。

"嗯!"风絮雨点点头。

纠库纠兰领着两人来到一间很大的房间里,里面已经有七、八个颀育神在忙碌地准备着,房间里面布满了各种仪器和屏幕,正中有一张像是手术台一样的平台,比起姬鸣谦当日在飞船上接受"还原"时的平台还要宽大许多,也漂亮一些。

纠库纠兰道:"请她脱去护甲,躺到平台上吧。"

姬鸣谦忽然脸红道:"纠库纠兰,能不能有什么东西,可以给她遮蔽身子而又不影响手术?"

纠库纠兰摇头道:"没有。"

姬鸣谦嚅嚅地还想说什么,纠库纠兰道:"巨绵全,在医者的眼里,没有什么身体隐私可言。"

姬鸣谦其实也知道这个事实，只好对风絮雨道："小絮，你要脱去护甲，才能手术。"

风絮雨惊道："什么？那有没有衣服或其他什么东西蔽体？"

姬鸣谦道："没有。当日我也是全身赤裸接受的还原。"

"你是男人呀！再说，你在这里看着……风絮雨脸红了起来。

"小絮……"姬鸣谦欲言又止。

风絮雨突然像是明白了什么，道："你实话告诉我，你是不是看过我的身体？"

姬鸣谦嚅嚅地道："其实……将你救出来时，你就是……这样躺在那个箱子里的。"

风絮雨低了头，道："明白了，是你帮我穿上这件护甲的。"

姬鸣谦道："嗯嗯，小絮，我……我……"

风絮雨抬起头来，眼中尽是感激的泪水，望着姬鸣谦，缓缓地将护甲脱下，露出曼妙的胴体。姬鸣谦赶紧把脸别过一边，不敢看她。风絮雨缓缓地躺到平台上，轻声道："谦，你过来。"

姬鸣谦依言走到平台旁，把头拧着，不去看她，风絮雨道："谦，我怕！你握着我的手，这样我会觉得安全。"

姬鸣谦马上就伸出手，握着她如玉一般的柔荑，一股异样的感觉袭来，脸上火辣辣地烧了起来。姬鸣谦赶紧收摄心神，感到风絮雨的手有点轻微的颤抖，便道："小絮，别怕，我就在你身边，一直陪着你。"

风絮雨唇上泛起一抹浅笑，道："我知道。"

姬鸣谦运起大衍真人所教的太上心经心法，将一股暖流通过手心传到风絮雨的身上；风絮雨立即就感到了一股柔和的暖意从手心传入，瞬间暖遍全身，浑身上下感到无比舒适，紧张的心情渐渐放松了，不久觉得有点睡意，便安心地睡去。

纠库纠兰看到她睡去，正合心意，向其余的顾育神点点头，众神立即各就各位，开始操作起来。

纠库纠兰迅速地摘下风絮雨的头盔，将一个半圆形的输氧的小巧盖子覆在她的口鼻上；手术台四周同时升起了各种仪器，脚底两根手臂粗细的短棒伸出来，抵着风絮雨的足底；头上一个圆弧形的仪器抵着她的头顶；纠库纠兰示意姬鸣谦放开风絮雨的手，平台上又伸出两个仪器，把风絮雨的手箍住，随即一道白光亮起，将她从头到脚照亮，就像她的身体是透明会发光的一样；接着天花板打开一个窗口，徐徐降下一个长方形的仪器，离她的身体约有八、九轨的距离便停了下来，然后射出四道紫色的光，照在她的身上。

风絮雨的身体在光的照射下，如一座玲珑剔透的雕像，纯洁而美丽，用完美无瑕来形容，也不为过。

随着光线强度的增强，风絮雨体内脏器开始浮现，渐渐清晰起来；到后来，竟然连血管、神经线都清晰可见。

姬鸣谦默默地守在一旁，不敢看她的身体。

纠库纠兰在一个虚拟立体图像前忙碌地点击着；另外三个顾育神各在自己面前的虚

拟立体图像前随着纠库纠兰的指令在图上指指点点；一个颐育神坐在一边，操控着一台仪器；还有四个颐育神分站在手术台的四个方位，不停地调校各种仪器。

还原工程就这样断断续续地进行了三期时间，到第四期时，姬鸣谦确实困得睁不开双眼了，竟然坐在一旁睡着了，而纠库纠兰也不去理会他，只专注自己的工作，任由他这样睡着。

又不知过了多久，纠库纠兰在姬鸣谦耳边道："巨绵全，还原工程完成了。稍后她醒来，你就带她出来吧，我在门外等你。"

姬鸣谦一激灵醒来，睁开眼一看，果然所有仪器都已撤去，只剩风絮雨赤裸着躺在手术台上。姬鸣谦脸上一红，赶紧一把抓起风絮雨的护甲，扶她坐起来，飞快地替她穿上，生怕她突然就醒来。

穿好护甲之后，姬鸣谦仍然让她躺着，自己则守在一边，静静地等她醒来。

风絮雨终于醒来了，一睁开眼，映入眼帘的是姬鸣谦那张英俊的脸庞；风絮雨眼波流转，发了一会儿呆，这才想起，自己是在手术台上，问道："手术完成了吗？"

姬鸣谦露出最迷人的微笑答道："嗯，早就做完了，你可以起来了。"

风絮雨喜道："真的？我怎么一点感觉也没有？"

姬鸣谦道："起来吧！"伸出手去拉她。

风絮雨将手递给他，让他把自己从平台上拉起，坐了起来。风絮雨下意识地往身上一看，已然护甲在身，立即就明白，一定是姬鸣谦帮自己穿上的，脸上一红，突然从手术台上跳下，一把抱住了姬鸣谦，把头埋在他怀里，却什么话也不说。

过了一会儿，姬鸣谦道："好了，小絮，还原完成了，你也不用害怕了，你现在感觉怎样？纠库纠兰在门外等我们哩。"

风絮雨动也不动，赖在他怀里嗯了一声，算是回答。过了一阵子，风絮雨娇柔地道："谦，以后我叫你谦谦好不好？"

姬鸣谦哪里白明少女的心思？道："怎么又改成谦谦了？"

风絮雨抬起头，白了他一眼，道："我现在感觉很好！走吧，不要让元老等太久了。"拉着他的手往门口就走，快到门边了，又道："我喜欢叫你谦谦，不行吗？"

姬鸣谦道："行行，你怎么叫都行。"

两人打开门，走了出去，纠库纠兰就站在门口，看见两人出来道："跟我来吧。"

姬鸣谦点点头，拉着风絮雨的手跟着纠库纠兰的身后，来到一间不大的房子里，房里有一张桌子，纠库纠兰径直走到桌子后面的椅子上坐了，却并没有请两人坐的意思。

纠库纠兰用手虚空在桌面上扫过，桌上浮现出一个图像，却是一个人的形状。纠库纠兰道："巨绵全，分细余的情况比你的情况更复杂。"

"怎么了？"姬鸣谦关切地道。

纠库纠兰拿出一粒比米粒大一点的肉色的东西，道："我从她脖子后发现了这个微型定位仪。"

"微型定位仪？"姬鸣谦随即明白过来，道："是坚鲜神给她放置的吗？"

"我想除了灰皮肤的家伙们,不会有谁干这种事了。"纠库纠兰道:"我们发现她被多次改造过。"

"多次?"姬鸣谦有点不太相信。

"是的,是最近这七、八纪的时间里改造的。"纠库纠兰很肯定地道。

姬鸣谦立即就明白过来,道:"我听她自己说,她六岁和十六岁的时候,也就是四纪至十纪多一点的年纪时,曾发生过一些失忆的事件。"

纠库纠兰道:"这就对了,一定是灰皮肤的家伙们对她多次进行绑架,在她身上植入这个定位仪,并施行了改造手术。"

姬鸣谦道:"我也是怀疑她曾被多次绑架过。"

风絮雨听着姬鸣谦的翻译,终于明白,自己小时候发生的事,竟然是被外星人绑架这么不可思议的事情。

姬鸣谦问:"改造了什么?"

纠库纠兰道:"可能她的遗传还保留了很多本体的基因,并未受最初的改造遗传影响,所以,他们通过再改造,将这些漏洞都封锁了。"

姬鸣谦道:"明白了。也就是最初给我们祖先施行的改造还是有漏洞的,所以我们这些后代可能会出现一些零星的返祖现象。"

纠库纠兰嘉许道:"说得对!"

姬鸣谦道:"如果真的是这样,那么,有一些人有超乎常人的超能力就不足为奇了。"

纠库纠兰道:"巨绵全,上次与你分别之后,我回来就与元老院的元老们深入仔细地研究过你的所有数据,从身体构造、基因排序、器官功能等等都全面与婳顼神的进行比对,一致认定,你就是婳顼神的后裔。这次参加分余还原工程的,就有四个元老院的元老。通过这次还原,我们更加坚信,你们地球上的智慧生物人类,就是消失了的婳顼神的后裔!"停了一下,又道:"只是……只是你们为什么完全失去了婳顼神的强大能力,以及被什么神改造成现在这个样子,却是百思不得其解。"

姬鸣谦道:"只要排查一下,太虚之中哪个族神有这种技术和能力,是不是就能查到?"

纠库纠兰道:"巨绵全,全太虚,连我们顾育族都没有的医学、生物技术,其他神族就更不用说了。"

姬鸣谦又道:"你说可以肯定我们是婳顼神的后裔,但我听巴久汶说,婳顼神有三只眼睛,而我们只有两只。"

纠库纠兰道:"这不是重点,因为通过改造,也可以让这第三只眼睛隐藏起来或者消失。"

"纠库纠兰,如果我们真的是婳顼神的后裔,那么,婳顼神消失之谜是否就可以弄明白了?"姬鸣谦很认真地问。

纠库纠兰道:"没这么简单!"

"为什么?我们直接去找坚鲜神责问,不可以吗?"姬鸣谦道。

"巨绵全，首先，用在你身上的生物科技，到现在为止，太虚中尚没有哪个文明等级可以做到，这是谜团之一；其二，以坚鲜神的文明等级，又怎么做到将婳顼神一网打尽，全部迁移到你们地球上？其三，按你描述的地球环境，应该不是自然形成的，当然，以我们顾肓族现在的能力，也可以做到改造一个星球，但是，要改造一个适合你们这种被改造过的生物生存的星球，在千万纪前，又有谁有这等能力？"纠库纠兰道。

姬鸣谦道："对了，纠库纠兰，这次我们再去徼乍星，得到一个新的情况，据坚鲜神透露，他们其实是受跬垒神的委托，替跬垒神监视我们的。"

"跬垒神？"纠库纠兰奇道："他们也参与进这件事来了？"想了一想，又道："即便是跬垒神也没这种能力。"

"那谁有这种能力？"姬鸣谦问。

"除非……"纠库纠兰欲言又止。

"除非什么？"姬鸣谦追问。

纠库纠兰道："除非是婳顼神自己！"

此言一出，姬鸣谦大笑道："纠库纠兰，哪有自己对自己下手的道理？"突然笑容一敛，又道："你是说婳顼神有叛徒？"

纠库纠兰摇头道："我不是这个意思。"

姬鸣谦如坠五里雾中，道："哪是什么意思？"

纠库纠兰道："我是说，只有婳顼神才有这个能力做到这些事，但偏偏有能力做这些事的，却被这些技术改造了，成了试验品；所以这就是矛盾所在之处；因而我敢肯定，这是一个巨大的阴谋。"

"什么阴谋？"姬鸣谦问。

"目前只能是猜测，至于这个阴谋是什么，我想，还得你去查。对了，你去坚鲜神那里，找到回母星的线索吗？"

姬鸣谦道："找到了，可是，我们却是回不了地球。"

"哦？为什么回不了？"纠库纠兰十分不解地问。

姬鸣谦将与他分手之后的事，从镏支神说起，一直说到救了风絮雨，姬鸣谦说得很仔细，纠库纠兰认真地听着，一句话也没打断他，待姬鸣谦说完，纠库纠兰道："巨绵全，困敦宇宙大荒星团卜茅支迪星系蓝囚星，我会派神去秘密调查，你不要把精力放在这方面；你可不可以在本星逗留一些日子，等我与元老院的元老们研究一下你提供的情况，然后再与你商量下一步的行动，怎么样？"

姬鸣谦道："我也正想在贵星逗留多些日子，一来可以先让风絮雨'学习'星际语言，二来我们打捞了一艘废弃的跬垒神的飞船，不知应不应该还给他们，想听听你的意见；还有，我想升级一下我的飞渡号。然后我就去跬垒神那里走一遭。"

纠库纠兰道："嗯，你这些问题我稍后给你答复，现在，我们可以去见见你的朋友们了。"

姬鸣谦这才想起畏兀等神，道："好！他们现在在哪里？"

纠库纠兰道："他们很好，沃德密舒请他们吃了好几顿美食，现在他们都胖了。"

风絮雨听姬鸣谦翻译了纠库纠兰的话，不禁莞尔，道："元老真幽默！"

纠库纠兰听得风絮雨夸奖，很礼貌地道："谢谢！"

纠库纠兰亲自带着姬鸣谦和风絮雨来到贵宾馆，畏兀等神正在教沃德密舒学玩纸牌游戏，一看到三神走进来，立即就围了上来，沃德密舒先请纠库纠兰坐下，畏兀等神与他寒暄了几句，便围着风絮雨问长问短，金惜更是搂着她道："玉，看来你不用带着卜之添的发明行走了。"

风絮雨道："是的，真的不需要呼吸氧气了。"

姬鸣谦一边忙着跟大伙说话，一边又要替风絮雨充当翻译，有点忙不过来。

大伙七嘴八舌地扰攘了一阵子，这才稍稍安静了下来，纠库纠兰道："各位，分细余的还原很成功，大伙请放心。现在有件事情想请大伙商议一下，请随我来。"说完站了起来，将众神带到旁边一个会议室一样的房子里，示意大伙都坐下。

畏兀道："元老，看样子有什么大事？"

纠库纠兰道："是的。这段时间，不让你们外出，其实是为了保密。"

"保密？"巴久汶不明白地问："我们有什么密可保？"

纠库纠兰看着姬鸣谦和风絮雨，道："相信各位与巨绵全和分细余相处了一段不短的时间，他们的身份来历你们多少都知道一些吧？"

畏兀、巴久汶等神都点了点头。

纠库纠兰续道："估计你们都很疑惑，他们的母星这样的环境，怎么可能孕育出智慧生命？而以巨绵全所说的人类智能的程度，怎么会只是一个初级文明的星球？"

畏兀道："是呀，这是为什么？"

纠库纠兰道："你们是否都一致认为，他们很像某个族神？"

巴久汶道："是的，长老，从第一眼看见医士，我就认为他像是消失了的婳顼族神。"

纠库纠兰道："嗯，下弁，你说的没错，我们现在可以确认，巨绵全和分细余就是消失了的婳顼族神的后裔。"

此言一出，畏兀等神一阵哄动。

纠库纠兰道："所以，现在各位还认为没有密可保吗？"

畏兀道："原来这样！元老，我畏兀发誓，绝对替医士保守秘密。"

巴久汶望了望铭越等神道："医士是我们的救命恩神，他的秘密就是我们的秘密。"

纠库纠兰道："很好！你们愿意协助他吗？"

畏兀、巴久汶、铭越、卜之添、金惜一齐道："这是理所当然的。"

纠库纠兰站起来，道："很好！"然后就向众神告辞，沃德密舒仍留下陪着姬鸣谦等神。

次日，沃德密舒将姬鸣谦单独带到纠库纠兰的办公室，互致问候之后，纠库纠兰道："巨绵全，经过元老院的商讨，我们决定协助你去调查有关蓝囚星的真相，这件事，只由你出面去查，才有可能得出结果，而本族将在暗中全力支持你的行动。"

姬鸣谦向纠库纠兰深深地鞠了一躬，道："纠库纠兰元老，这是人类向你表示深深感谢的礼仪。"

纠库纠兰道："谢谢，请不必客气。"

姬鸣谦道："纠库纠兰，你这样帮助我，不怕为贵族带来不必要的麻烦吗？"

纠库纠兰道："巨绵全，你可知道，婳顼族消失，本族数百万纪以来，从没有放弃过寻找。"

"为什么？"姬鸣谦道。

"婳顼神是本族最好的盟友！本族的文明发展，特别是医学上的成就，得到过婳顼神的启发和指点，所以，婳顼神实际与本族是师友关系。"纠库纠兰道。

"嗯，我明白了。但是，万一我不是婳顼神的后裔呢？你岂非白费心机？"姬鸣谦道。

"这不可能。退一万步来说，就算你不是婳顼神的后裔，但是，通过你的调查，我们也许能找到婳顼神消失的线索，再循此深究，必能查出真相。"纠库纠兰道。

"谢谢你的信任。"姬鸣谦道。

"巨绵全，元老院已经批准，你可以学习第八阶的医术了，学完之后，你就拥有了八阶银刀医令的头衔了，你可喜欢？"

姬鸣谦一听，十分兴奋地道："真的吗？长老，十分感谢！"

纠库纠兰又道："另外，你的飞渡号，我们决定给它进行全面的改造升级，除了外形不作改动外，其余全部都改为我们八级文明的配置；至于那艘跶垒神的飞船，元老院认为，就不必归还了，这不违背星际协议；我们将它进行必要的改造之后，将外形稍作变动，这样就辨认不出是跶垒神的飞船了。"。

姬鸣谦很高兴，道："太好了，我想畏兀和巴久汶他们一定很高兴。对了我可以让他们参与飞船的改造工程吗？"

"可以，这样可以让他们更快熟悉飞船的各个系统，免去了之后的大量教习时间。"纠库纠兰道。

"这是最省时间的了。"姬鸣谦赞同地道。

纠库纠兰道："最后，分细余可以学习一些语言，还有，她感兴趣的话，也可以学习我们的初级医术，至于其他知识，都可以学习，这要看她自己的兴趣了。"

"谢谢！她一定非常的开心。"姬鸣谦道。

"巨绵全，我还有事要处理，这些事都由沃德密舒安排吧。"纠库纠兰站起来。

姬鸣谦又再向他鞠了一躬，就跟着沃德密舒出了办公室。

十四期之后，姬鸣谦除了"学"会了八阶医术之外，还"学"会了许多生物学及其它知识；而风絮雨也"学"会了上百种语言，以及许多宇宙中的基础知识，这令到她兴奋不已。

这日，沃德密舒带着姬鸣谦和风絮雨来到撷芳号旁，只见它变成了像鲸鱼一样的外形；旁边停靠着飞渡号，三神进入飞船，畏兀等神正在调试各个系统，里面的配置全部都更新了，机库改得小了一些，却将医疗舱改得大了许多，配备了成套的先进医疗设备。

姬鸣谦感到很满意，不停地向沃德密舒道谢。

又过了数期，纠库纠兰将姬鸣谦和风絮雨请到办公室里，寒暄之后，纠库纠兰道："巨绵全，飞船已经改造完毕，你也学会了八阶医术；分细余也学到了她想学的语言，我想，你也该走了。"

姬鸣谦道："是的，我打算按之前想好的计划，去跩垒神那里一趟。"

"嗯，想好了怎么行动吗？"纠库纠兰问。

姬鸣谦道："我想以旅行者的身份，以周游星际为名去那里。"

"这样不好。"纠库纠兰道："我已为你想好了一个身份。"

姬鸣谦道："什么身份？"

纠库纠兰道："生物学家，到跩垒神那里进行生物考察，如何？"

"纠库纠兰，这真是一个好主意！"姬鸣谦道。

纠库纠兰道："你先从学术上入手，与跩垒神的有关学术权威接触，由此而进入他们的上层，之后怎么做，就靠你自己了。"

"对！然后就找机会与其他的上层学术官员接触，暗中打探有关消息，最好能得到他们的通行识别码，再打着生物考察的借口，前往蓝囚星，这样就可以顺利回到地球了。"姬鸣谦顺着纠库纠兰给的思路演绎着。

纠库纠兰摇头道："巨绵全，你现在只是想回母星这么简单吗？"

风絮雨插口道："不回地球还能干什么？"

纠库纠兰道："你们现在已经知道，你们是婳顼神的后裔，你们就不想探究一下婳顼神消失的谜吗？"

姬鸣谦道："但是，我们两个神又怎么可能与跩垒神整个星系、族群相对抗？"

"不是你们两个神，还有我们！"纠库纠兰很认真地说："至少，还有畏兀他们。"纠库纠兰道。

"但是，这会给你们带来麻烦的。"姬鸣谦道。

"我之前已经说过，我们一直追查婳顼神消失之谜，现在有你出面调查，我们自然不怕什么麻烦。"纠库纠兰道："再者，我们的力量并不小；除了我们，还有星际众多想探知真相的族群，也会帮助你们的。"

姬鸣谦道："已经过去了数百万纪了，婳顼神的影响力还有这么巨大吗？"

纠库纠兰道："是的，婳顼神的影响力远比你想象的还要巨大。即使这些都不重要，难道你就不想解开你们被禁制了的大脑？"

"这……"姬鸣谦一时回答不上来。

风絮雨问："元老，如果大脑禁制解开了，我们会变成什么样子？"

纠库纠兰道："分细余，一旦解除了禁制，你们将拥有最强大的大脑，就个体而言，你们将会拥有许多不可思议的能力。"

"真的吗？"风絮雨半信半疑地问。

"我保证！"纠库纠兰道。

"谦谦……"风絮雨轻声叫道。

"小絮,不用说了,我明白你的意思,"姬鸣谦转向纠库纠兰道:"好吧,纠库纠兰,我听你的。"

纠库纠兰似乎很满意这个结果,道:"嗯,我给你们准备了新的身份。"

"什么身份?"风絮雨好奇地问。

纠库纠兰道:"一个蒙面族神,叫犀眪穆族,他们自古以来都是蒙着面的。"

"嗯,这倒是不容易被认出来。"姬鸣谦道。

纠库纠兰接着道:"犀眪穆神是六级文明神族,碳基生命,有着出色的伪装技巧,这正好方便你们行事。"

风絮雨笑道:"这倒像小说里面描写的易容装扮的侠客。"

纠库纠兰道:"巨绵全,你的新名字是韧仲·悼元,是个生物学家;分细余,你的名字是童歆·颉丽,是个植物学家,同时也是韧仲的妻子。"

风絮雨脸上一红,心里却是喜欢得紧。

纠库纠兰道:"巨绵全,你到跬垒神那里,也不要抱太大的希望,我估计,跬垒神并没有能力研究出禁制大脑的技术,他们背后,可能还有更强大的势力在暗中操控这一切。"

"好,我都记下了。"姬鸣谦道。

"你们明天就走吧。"纠库纠兰边说边指着旁边的一个包,道:"这是两套给你们订制的护甲和犀眪穆神的面具。"

风絮雨忽然有点依恋地问:"元老,我们还能再见吗?"

纠库纠兰道:"当然!祝你们顺利!巨绵全,遇到危急的情况,可随时联系我。"

第二天,姬鸣谦等七神,告别了纠库纠兰和沃德密舒,登上撷芳号,悄悄地离开了耀盛星,飞进深邃的宇宙中。

第十九章　生物学家韧仲

撷芳号停在坍岚星的同步轨道上，从撷芳号上看坍岚星，这是一个比太阳系的木星还大的行星，整个星球被氯和甲烷气体包裹着，在阳光的照射下，发出淡绿色的光；透过大气层，遥望坍岚星，巨大的山川清晰可见。

得到跬垒神的入境许可之后，姬鸣谦与大伙商量妥当，留下畏兀、铭越、卜之添在撷芳号上，随时接应；自己则和风絮雨、巴久汶、金惜准备驾驶飞渡号登陆坍岚星。

姬鸣谦对巴久汶和金惜道："记住了，我现在是聱眄穆族的生物学家，是一个册士，千万不要再叫我医士了。"

金惜道："是！册士！"

风絮雨道："在我们母星，这称作博士。"

巴久汶笑道："不管叫什么都没问题，问题是，不知道纠库纠兰元老为什么给你们取了这么个名字。"

风絮雨道："这一定有他的道理，说不定聱眄穆族的名字就是这样的；再说，名字只不过是一个称呼而已。"

金惜道："教官，玉说得有道理。"

姬鸣谦道："对了，也不能再称呼教官、下弁、下卫这些名称了。"

卜之添插话道："玉，方便的话给我们准备些好吃的东西，有空就带回来给我们。"

风絮雨道："放心把，一定找些好吃的慰劳你们。"

姬鸣谦四神由巴久汶驾驶着飞渡号，从撷芳号中出来，朝坍岚星飞去，在地面指挥中枢引导下，停在一个船坞里。

刚下飞船，一个四四方方的代步悬浮小平台就贴着地面飞到四神跟前，小平台大小可站十个神左右，上面平平整整，看不到任何仪表之类的东西，只有两根扶手。

巴久汶抬腿踏上平台，回头道："医……册士，站稳了，抓紧扶手。"

姬鸣谦踏上平台，回身将风絮雨拉了上来，却待要来拉金惜，她已笑着自己踏上了平台。

小平台似有灵性一般，四神刚站好，它就自动朝着一栋大楼飞去，到了一扇门前，平台自动停了下来，等姬鸣谦四神下了平台，它又自动飞走了。

走进门里，是一个大厅，有不少跬垒神在忙碌着，很多外星神在等候入境。一个跬垒神走过来，招呼姬鸣谦四神到一个柜台前，用牍尚皋娄语道："欢迎各位来到坍岚星，请在这里输入你们的入境通行码。"

姬鸣谦打量着那个跬垒神，目测他身高差不多有两探，头大如斗，形似一颗巨大的草莓，长着暗蓝色的毛发；双眼圆鼓鼓的，有点像青蛙的眼睛，瞳孔是绿色的；眼睛之上，长着两条极细的眉毛，显得很可笑；一个鼻子像个鸭梨；鼻子下面是一张狮子般的大嘴；两只小耳朵像两片卷曲的枫树叶，贴在大脑袋的两侧，脸色淡绿，而身上其他部位的皮肤却是暗绿色的。

跬垒神伸出手来，手臂很长，没有手掌，就像是手腕上直接长出八根手指，他用其中一根手指指了指柜台上的一个屏幕，示意姬鸣谦等神在上面输入通行码。

金惜上前，在屏幕上飞快地点击了一阵，刚输入完毕，就听到一个仿真声音道："通行码正确，准许进入。"

跬垒神请四神从柜台旁的一个通道走过，通道的上下左右亮起了红、白、黄、绿四种颜色的光，待四神走过之后，光也随之熄灭。跬垒神道："各位，你们已获准在本星系逗留一百期的时间。祝你们旅行愉快。"说完递上一块绿色的芯片。

巴久汶伸手接了芯片，道了声："谢谢！"向出口处走去。

出口处是一个很大的广场，整整齐齐地停放着上千架一模一样的飞艇，外形十分简洁，就像是一个略有弧度的三角形。姬鸣谦知道，这是给星际来访者提供的代步工具。

巴久汶选了一架离自己最近的飞艇，坐到驾驶位置上，将芯片插到卡口里，问道："尊敬的册士、册士淑卿，请问我们要去哪里？"

风絮雨听得巴久汶称她为册士淑卿，也就是博士夫人的意思，心下欢喜，面具下的脸，满是笑意。姬鸣谦道："找一间市中心的豪华旅馆吧。"

"遵命！册士！"巴久汶在飞艇操控屏幕上搜索了一阵道："到这家星环星际大旅馆吧。"

姬鸣谦道："好！"

巴久汶一按启动按钮，飞艇悬浮起来，朝着星环星际大旅馆飞去。

匈惭星系是一个三恒星系，阳光虽然炽烈，但好在坍岚星离系中心足够远，又有大气层遮挡，因此，星球的温感并不太热。从飞艇往下看，巨大的城市无边无际，高楼大厦栉比鳞次，建筑之巧妙，人类是无法想象的；有些建筑竟然是完全悬浮的，极具艺术观赏性。

金惜赞叹道："都说我们彝爽渎隶神最有艺术天赋，我看跬垒神的这些建筑设计，比我们的建筑设计师高明多了。"

巴久汶反驳道："这些建筑徒具外形而已，能说明什么？"

金惜道："助理先生，你这种观点有失偏颇。"

巴久汶道："建筑设计各有风格，我看不出跬垒神的建筑高明在什么地方。"

两神你一言我一语地争论着建筑和艺术的问题，风絮雨插话道："什么时候能到你们母星去观光一下就好了。"

金惜道："这还不容易？等这里的事情办好了，我们就邀请你和册士到我们母星去，到时你就住我们家好了。"

风絮雨道："太好了！金惜，你真好！"

正说着，飞艇已降落在一个机坪上；四神下了飞艇，一个跬垒神外形的智能机器神就迎了上来，说了一番欢迎光临之类的话，然后就带着他们进了旅馆，机器神一边走一边道："册士，你们所订的套间已经准备好了，请随我来。"

"谢谢！"姬鸣谦道。

转了几个弯，机器神在一道门前停了下来，指着一个巴掌大的屏幕道："请面向屏幕，扫描一下。"

姬鸣谦四神依次在屏前扫描过后，机器神在屏上点了几下，道："好了，你们可以自由出入了。"说完，行了个礼，自行走了。

金惜上前，又扫描了一下，门就开了。

一进门就是一个很大的客厅，右手边是一个大房间，左边是两个小一点的房间，厅的另一面是一个宽阔的阳台，足可停靠一艘飞艇。

金惜道："教……助理先生，这小房间我们各要一间好了。"

巴久汶道："好！靠窗这间就给你吧。"

姬鸣谦道："哪我呢？"

金惜笑道："册士夫妇自然就住那间大房了。"

姬鸣谦急道："这……这……这怎么可以？"

巴久汶道："册士夫妇不住一间房间，怎么也说不过去。一旦让跬垒神发现了破绽，岂非要无功而返？"

风絮雨道："巴久汶，你就不要耍他了。金惜和我睡大房吧，你们两个就各占一间好了。"

金惜笑道："玉，你不想和册士同住？"

风絮雨红了脸，嗔道："金惜，看你说的，我们又不是真的夫妻。"

巴久汶道："现在不是真的，以后也可以是真的嘛。"

风絮雨心里甜甜的，嘴上却说："巴久汶，再说我可生气了。"

巴久汶做了个鬼脸，一溜烟进了自己房间；金惜笑着也进了自己房间，都把门关上了。

四神各自安顿好房间后，不约而同地都到客厅里坐下，姬鸣谦道："金惜，麻烦你帮我查询一下，跬垒神有关生物学的研究机构，要最权威的；然后想办法联系他们，就说我想拜访他们。"

金惜道："册士，不必查询了，跬垒神最权威的生物学机构就是他们的生物学院，很容易就能联系上他们的。"

姬鸣谦道："哦，这倒是省去了不少麻烦。那就请金惜助理联系他们吧。"

风絮雨有点不高兴地说："谦谦，我们在太空里待了这么久，一到陆地，你就让金惜忙这忙哪的，也不让她休息一下。"

姬鸣谦道："啊！还是小絮想得周到。巴久汶助理，有什么好的建议？"

巴久汶道："我刚才看了一下旅馆的指南手册，一百层上有个星际餐厅，我们就去那里吃上一顿好的，怎么样？"

风絮雨一听，踊跃地道："好！巴久汶这个提议太好了！"

姬鸣谦道："那就最好不过了，不用再另外去找地方了。需要订坐吗？"

巴久汶道："我现在就订。"

坍岚星的一个昼夜差不多是四期时间，三颗恒星成品字形排列，充足的阳光使得坍岚星上的植物生长茂盛非常。

阳光从窗户透进来的时候，姬鸣谦已站在房间的落地窗前，望着对开的一个空中大花园，不知名的氯基植物生机勃勃，奇异的花朵点缀其间。姬鸣谦望着那些花朵，脑中又浮现起地球明媚的风光：花草、树木、海水、小院、小岛……最后心中无声地叹息了一声：不知道地球上，现在是什么年代了；忽然脑海中冒出一句诗来：不知天上宫阙，今夕是何年。

正想得入神，风絮雨悄悄地走到他身旁，将手穿进他的臂弯，挽了他的手臂，柔声道："在想什么呢？"

姬鸣谦回过神来，不敢说想起地球，生怕引起她的伤感，撒谎道："没想什么，在想着怎么与跬垒神打交道呢。"

风絮雨道："谦谦，这就不必太费神去想了，有些事情，事到临头自然而然就有应对的办法了。"

姬鸣谦道："这个道理我也明白，不过也需要有点心理准备才好。"

风絮雨道："你说这个跬垒神会比坚鲜神厉害吗？"

姬鸣谦道："我看一定厉害得多；怎么说也是七级文明的顶级，准备进入八级文明的神族。"

风絮雨不无担心地道："那他们会发现我们是地球人类吗？"

"难说，我们的真面目终会有被识破的一天，所以，我们要做好最坏的打算。"风絮雨嗯了一声，将姬鸣谦的身体扶正，正对着自己，一双美目直直地望着他，温柔但很坚定地道："不管事情变得有多坏，谦谦，我都会在你身旁。"

姬鸣谦心中一热，拉起她的手道："小絮……只是我们必须有人活下去，活着回到地球。"

风絮雨道："要活就一起活！"

姬鸣谦道："小絮……"

风絮雨道："谦谦，答应我，以后无论发生什么事，我们都不要分开，好吗？"

"我……你……"姬鸣谦不知怎说才好。

"没错，就是我和你。"风絮雨不容他多说。

"小絮……"姬鸣谦心中知道，以后一定有很多事情是极危险的，那时，他是绝对不会让她跟在身边一起涉险的。

"你不喜欢我吗？"风絮雨追问。

姬鸣谦双眼闪着光，风絮雨突然双手环抱着他，将头埋在他怀里，喃喃地道："我的身子你已经看过两次了,你不能不要我。"

姬鸣谦因激动而浑身微微颤抖着,热血在全身沸腾着,情不自禁地一把紧紧地抱住风絮雨,急促地道:"喜欢!一直都喜欢!"

风絮雨抬起头来,两双眼睛热烈地对望着;风絮雨樱唇鲜红如火,姬鸣谦情不自禁,低下头来,吻了上去……

一切都很突然,却又很自然!

两人忘情地拥吻着,忘却了身在异星,忘却了一切!这刻,两人只知道世界就只剩下他们,就算宇宙坍塌,恒星碎为陨石,也不能让他们分开。

不知过了多久,身后听得金惜的声音道:"册士夫妇起得这么早呀!"

两人一惊,转过身来,有点不好意思地望着金惜;金惜神态自若,似乎一点也不奇怪两人的举动。

金惜道:"册士,已经联系好了,一个叫做蚩祢甄述的册士回应了我们的请求,邀请你明天到他的办公室见面。"

姬鸣谦高兴地道:"太好了!谢谢,金惜,你可帮了大忙了。"

"册士,你忘了?我现在的身份是你的助手。"金惜笑道。

姬鸣谦拍了拍前额,道:"对对!我都忘了你这个身份了。"

风絮雨毕竟是个少女,一早被金惜撞见自己与姬鸣谦亲吻,羞得脸红红的,就想躲回房间里去,被姬鸣谦一把拉住,道:"金惜,小絮现在已经是我的未婚妻了。"

金惜的反应大出二人的意外,只听她道:"你们早就应该在一起了,在我们族里,这种事情最自然不过了。"

风絮雨道:"你们对这种事很随便的吗?"

金惜道:"玉,不是随便,而是顺其自然,男女互相喜欢,这是自然之道,只要相爱,我们会直接说出来,然后就在一起了。"

风絮雨听她这样说,表情自然了许多,点点头道:"嗯,你说得对!"

金惜道:"册士,玉,我去准备一下明天的拜访。"说完径自走了。

次日,姬鸣谦、风絮雨、巴久汶、金惜四神穿戴整齐,出了旅馆。姬鸣谦戴着一副天蓝色的面具,上面印着许多稀奇古怪的符咒一样的纹饰;风絮雨的面具是粉白色的,同样印有许多花纹。这是真正的罖眄穆神制作的面具,就连身上穿的护甲,同样也是出自罖眄穆神之手,也不知道纠库纠兰是怎么弄来的。

巴久汶驾着飞艇,依着蚩祢甄述提供的坐标,向南飞行了约十念时间,来到一栋六边形的大楼上,在楼顶降落下来。

平台上,一个高大的跬垒神迎前来,自我介绍道:"我是蚩祢甄述册士,想必这位就是韧仲·悼元册士,而这位一定就是册士淑卿童歆·颉丽了。"

姬鸣谦紧走一步,上前行礼道:"蚩祢甄述册士,十分荣幸受到你的邀请!这是我的两位助手,巴久汶和金惜。"

"欢迎、欢迎!"蚩祢甄述一边说一边做了个请的手势,将众神领到一个画着白圈的位置，关照着大伙站稳了，那白圈就自动地向下沉降，待得停下来时，却是一个颇大的厅室，四周什么也没有。

蚩祢堽述领着四神走到旁边的升降机里，不过眨眼工夫，就下到了大楼的第五百六十层，他的办公室就在这一层里。

蚩祢堽述很礼貌地将姬鸣谦等让进办公室，待坐定之后，又寒暄了几句，蚩祢堽述就言归正传，说道："韧仲册士远道而来，不知有什么课题需要研究？"

姬鸣谦道："蚩祢堽述册士，我对本星系的生物研究已经完成了，但学无止境，我想开展对外星生物的研究，以便更好地探寻生命起源的普遍性。我们知道贵族对生物研究有独到的见解和成果，因此前来讨教一二，请不吝指教。"

蚩祢堽述谦虚地道："韧仲册士，指教就不敢当，只要是不违悖宇宙文明界限的学术课题，我都愿意毫无保留地与你探讨。"

姬鸣谦道："蚩祢堽述册士，你也知道本族只是个六级文明的神族，我也不可能提出超出本文明认知的课题。"

蚩祢堽述一听，心里立即对姬鸣谦产生好感，道："韧仲册士，你是个诚实的学者，你说的一点也没错，囿于文明认知的水平，确实很难提出超越本文明的课题。请问册士有什么计划吗？"

"不知能否参观一下贵族的生物博物馆，如果方便的话，最好能安排一次到野外的生物观察。"姬鸣谦小心翼翼地说，生怕他不答应。

蚩祢堽述笑道："这个要求并不过分，册士。不过我需要安排一下。"

"啊，太好了！十分感谢！那我就等你的通知了。"姬鸣谦道。

"我会尽快通知你的，册士。"蚩祢堽述道。

姬鸣谦又客套了几句，适时地站起来，向他告辞。

回到旅馆，巴久汶道："册士，这样的会面真没意思，还不如跟着卜之添修理飞船更有趣。"

金惜道："助理先生，这是一般性的礼节拜访，当然不需要太长时间，也没有深入交谈的必要，自然就没趣了。"

姬鸣谦道："金惜说得对，接下来参观生物博物馆，或许会有趣一些。"

风絮雨道："谦谦，你提的这些要求，似乎跟我们要查的没什么关联？"

姬鸣谦道："确实没有什么关联；但我现在是生物学家，必须提一些与身份相符的要求才合理吧？"

金惜道："玉，如果我们能到野外观光，也是很不错的收获。"

风絮雨一听，开心道："好呀，我还没有到过任何外星的野外观光呢。"

过了两天，金惜来向姬鸣谦报告："蚩祢堽述册士发来邀请，说明天早上先参观他们学院的生物博物馆，下午就到郊外进行生物观察。他问你这样安排是否满意。"

姬鸣谦道："请你回复他，就说我很满意，我们明天会准时到达。"

次日，姬鸣谦一行四神抵达生物学院时，蚩祢堽述已经在等候着，没有太多的客套，蚩祢甄述立即就带着姬鸣谦等神到另一栋大楼去；从二十楼的微生物开始看起，一直到三十五楼，才看到飞翔类生物的远古化石标本。

那些生物标本分门别类整齐有序地排放着，有些生物竟然是全套生物属科都收集齐了。

不要说是姬鸣谦和风絮雨两个低级文明的智慧生物，就是巴久汶和金惜也是大开眼界。姬鸣谦一边看一边不停地向蚩祢甄述询问讨教，什么动物习性、身体构造、有几颗牙齿、食物结构等等，像极了一个专业的生物学家。

看看已到中午时分，蚩祢甄述道："韧仲册士，我们这个博物馆很大，是本星系最大最齐全的生物博物馆，如果要认真参观的话，就算每层楼看上一天也不够时间的，你看还要再看下去吗？"

姬鸣谦道："册士，我是真想看下去啊！但是，正如你所说，时间不够。我们还是按照你的原定计划，到野外去进行生物观察吧。"

蚩祢甄述道："很好！我已安排好了，到了野外，先吃点东西，然后再进行观察不迟。"

"好的。"姬鸣谦道。

"请这边来！"蚩祢甄述带着姬鸣谦四神直上顶楼，顶楼停机坪上已有一艘飞艇在等候着。飞艇呈长方形，上半部分全部是透明的，想必是专为野外观察而定造的飞艇。

登上飞艇，艇内有两排座椅，可以三百六十度旋转，也是为了方便观察而设计；靠飞艇的两边，设置了许多仪器，有望远的，有扫描的……

飞艇飞了约二十多念时间，已飞出了城市，到达野外了；从飞艇上往下看，有山峦、有盆地、有小块平原、有森林，还有三、两个湖泊，地表植物茂密，景色甚美。

飞艇选了一块较为平整空旷的地方降落下来，蚩祢甄述率先下了飞艇，两个驾驶员就从艇上搬了个盒子下来。巴久汶看到两个驾驶员身上都佩戴了武器，那是一个外形像是半月形的电磁武器，悄悄地对姬鸣谦介绍：这种武器设置到最强档时可以瞬间将目标烧成焦炭。

蚩祢甄述在盒子上一按，盒子就自动打开，变成了一张桌子；蚩祢甄述从桌面下面的空间取出很多个食盒，道："韧仲册士，食物实在太过简陋，委屈你们将就一下。"

姬鸣谦道："册士，这样安排我很满意！在这里就餐别有一番风味，这将令我终生难忘。再说，在野外进食，是我们做生物研究的家常便饭，何来委屈之说？"

风絮雨道："册士，我们在母星时，到野外考察，经常都是这样在野外进餐的。"

蚩祢甄述道："是的，做我们这一行的都一样。"

姬鸣谦与蚩祢甄述一边聊一边吃，风絮雨则和金惜、巴久汶欣赏着野外的风光；很快，大伙就吃完了午餐，然后又重新登上了飞艇，众神在蚩祢甄述的指导下，用艇上的仪器对四周观察起来。

过了一阵子，蚩祢甄述又吩咐驾驶员驾着飞艇，离地两探左右的高度，缓缓地飞行着，让姬鸣谦等神在更大的范围里进行观察。

姬鸣谦指着远处一座约有半垠高的山峰，道："册士，我们可以到那座山下的森林里看看吗？如果能看到大型的动物就更好了。"

蛋祢甄述道："那里一定有大型动物出没，但是也极有可能会有大型的凶猛野兽，遇上了就危险了。"

巴久汶道："册士，你的助手不都配备了武器吗？"

蛋祢甄述想了想，道："好吧，我们找个比较安全的地方下去看看。"

飞艇在森林上空盘旋了几圈，找了一块林中平地降落下来。姬鸣谦率先跳下飞艇，回身拉了风絮雨的手，道："你紧跟着我，不要离开我身边。"

风絮雨知道他的心意，心中一阵温暖，甜甜地笑道："嗯，知道了。"

蛋祢甄述的两个助手一前一后地将众神夹在中间，朝森林里面走去。风絮雨一边走一边观察那些植物，问着一些植物的名称、生长习性等，蛋祢甄述却无法答得上来，笑道："册士淑卿，你是植物学家，而我却是学生物的，实在是无法回答你这么专业的问题。"

风絮雨道："册士，不好意思，是我没找对问问题的对象。"

众神一阵大笑。

走不多远，遇到几只像地球上的猪一般大小的四足动物，样子却是古怪之极，没法子用地球上任何一种动物来形容它，因为没有一点地方与地球上的动物相同。

姬鸣谦与蛋祢甄述并排走着，风絮雨就跟在身后；蛋祢甄述向姬鸣谦介绍着刚才遇到的动物，名字叫做犷，是素食动物，喜欢干燥的地方。

正聊着，姬鸣谦忽然心生警觉，感到似乎有危险逼近，正要出言相询，突然瞥见右侧两探之外无声无息地冲出一只巨大的野兽。那野兽足有三探半高，头如巨斗，长着三只向前弯着的利角，一双惨绿的眼睛射出幽光，张着一张大嘴，露出黑黑的利齿，一双粗壮的前肢，长着血红色的利爪。

怪兽疾扑而出，走在前面的助手急忙抽出电磁武器来，还没等他对准怪兽，怪兽已经一爪拍了过去，助手急忙倒地闪避，武器却被拍出老远。

后面的助手这才冲上前来，抽出武器，胡乱向怪兽发出一击，怪兽竟然十分轻巧地闪了过去，又向前一冲，利爪再挥，将那个助手拍得飞出七、八探远；一张利口已然伸到了蛋祢甄述的身前。

姬鸣谦想都不想，意念所至，双掌照着怪兽连环拍了过去，一股大力涌至怪兽身前，竟然逼得它退了一步。

就在怪兽一退的瞬间，姬鸣谦将蛋祢甄述高大的身躯一拉拉到身后，叫道："快躲到树后！"几乎同时一把揽住风絮雨的纤腰，向后就退。

巴久汶与金惜离得稍远一些，听得姬鸣谦大叫，立即就各找一棵大树躲了起来；巴久汶看到蛋祢甄述有点惊得呆了，一步窜了出来，将他用力一扯，拉到树后。

只这一瞬间，怪兽一退又进，似乎认定了姬鸣谦是最大的敌手，双眼直瞪着他，一双后腿略略后蹲，准备给姬鸣谦来个致命的一扑！金惜看到这个场面，不禁惊呼出声。

姬鸣谦来不及躲藏，用自己的身体护在风絮雨的前面，全神贯注地紧瞪着怪兽，将意念全部集中到怪兽身上，心中默默念道：我们不会伤害你，你退走吧！

怪兽与姬鸣谦相距不足一探的距离，大眼瞪小眼，就这样对峙着；姬鸣谦不停默念着，过了两三念时间，怪兽目中凶光渐渐收敛，突然掉转头，三数下就奔入森林深处，消失不见了。

众神回过神来，仍然惊魂未定，急忙抬了受伤的助手，匆匆忙忙地原路折返，回到飞艇上。经此一吓，众神再也没有心思观察了动物了，而且还有伤者需要救治。

巴久汶自告奋勇地驾驶着飞艇，以最快的速度往回飞着。

风絮雨紧紧地拉着姬鸣谦的手，由于惊吓过度，脸色苍白得可怕。姬鸣谦双手握着她的手，轻轻地揉着，柔声道："没事了，没事了，我们都安全了。"

这时蛊祢甄述检视完助手的伤势，坐到姬鸣谦的旁边，对他说："韧仲册士，你的勇敢令我敬佩万分！谢谢你救了我，救了大家！"

姬鸣谦道："册士，不要客气，这次是我们运气好，那怪兽估计是对我这个外星生物没有胃口，所以就走了。"

金惜噗嗤一声笑了出来，道："册士，我真是服了你了，这时候你还能开得出玩笑来。"

蛊祢甄述也被姬鸣谦这句话逗乐了，紧张的心情放松了不少，说道："册士，刚才那个怪兽名叫顽狱，凶猛而狡诈，力大无穷，在本星球上，没有谁敢赤手空拳与它对峙。你当时是用什么办法令到它放弃了进攻而退走的呢？"

姬鸣谦不加思索地撒谎道："哦，册士，说来你也不一定相信，我当时在念我们祖先流传下来的驱兽咒语，不想竟然当真奏效，居然把它给吓跑了。"

蛊祢甄述惊奇地道："是什么咒语？如此神奇，而且有如此威力！"

姬鸣谦道："我想这个咒语一定有其神奇的功效，才会从远古一直流传到现在。我们长期在野外工作，遇到猛兽的机会很多，所以我就学会了这个咒语，以备不时之需。"

巴久汶在蛊祢甄述没受伤的助手协助下，把飞艇开得极快，将伤者送到最近的医院进行救治。蛊祢甄述留在医院里照看助手，吩咐没受伤的助手送姬鸣谦等回住处。

一回到房间，巴久汶和金惜突然向姬鸣谦行起礼来，姬鸣谦奇道："两位，你们这是干什么？"

巴久汶道："册士，你又一次救了我们！"

金惜道："册士，你的勇敢和舍生取义的精神令我佩服万分，你是当之无愧的英雄。"

姬鸣谦道："哎呀，你们也太高抬我了，我当时也是为了自救。"

金惜道："不管你怎么说，你当时的英勇行为，大家都有目共睹的。"

巴久汶道："从今以后，我们两个的命就是你的了。"

姬鸣谦道："两位言重了，我们相处时日不短了，早就是亲密的朋友了，哪里还分彼此？"

巴久汶道："册士，你当时直面怪兽，真的是念动了神奇的咒语？"

姬鸣谦大笑道："你们也相信？我这是对蛊祢甄述撒了个谎，我不想让他知道我是用什么办法赶走怪兽的。"

风絮雨奇道:"那你当时用的是什么办法?"

姬鸣谦道:"念力!"

风絮雨没听明白,道:"什么是念力?"

姬鸣谦道:"就是意念之力!"

巴久汶却是明白这是什么,道:"册士,没想到你的念力已经强大到可以控制生物的思维了。"

姬鸣谦道:"哪有这么夸张?我情急之下,全力施为,心里也没有成功的把握。"

风絮雨道:"没有成功的把握,你就敢这样挡在我的面前?!"忽然眼中流下泪水,一下扑在姬鸣谦的怀里道:"你怎么就不顾自己的安危?你要是被怪兽吃了,我也不要活了。"

姬鸣谦轻拍着她的背,道:"好了,好了,现在不是没事了吗?再说,那怪兽也不会吃我。"

风絮雨把泪水一抹,奇道:"为什么?"

姬鸣谦道:"因为我是臭男人呀,不好吃,所以它不会吃了我。"

风絮雨被他一逗,破涕为笑,道:"这么危险,你还拿来说笑。对了,你的念力是怎么回事?怎么我没有念力?"

金惜附和道:"对呀,怎么玉就没有?"

姬鸣谦道:"我也不是天生就有的,这需要长久练习和积累才有。我从小就练习意念凝聚的方法,自从到了太空,加上身体被'还原'之后,我发现我的念力比在地球时增强了不知多少倍,我也不明白这是为什么。"说着指着一把椅子道:"你们看!"将意念聚集起来,注视着椅子,不一会儿,椅子就悬浮起来。过了一阵子,椅子又轻轻地落回原处,姬鸣谦道:"这就是念力所致。"

风絮雨高兴地道:"谦谦,太神奇了,我也要练习!"

姬鸣谦道:"小絮,今天就开始教你,好不好?"

风絮雨道:"好!"

巴久汶用彝奭渎隶语喃喃地道:"也许你就是婳顼族神!"

次日,蛬祢甄述一大早就发了一道信息给姬鸣谦,说稍后一些时间就会到旅馆来拜访;金惜道:"册士,这是蛬祢甄述亲自向你致谢来了。"

巴久汶道:"册士救了他一命,他亲自来致谢是应有的礼节。"

姬鸣谦不置可否地嗯了一声,双眼望着窗外,也不知想些什么。

风絮雨道:"谦谦,你好像不太欢迎他来?"

姬鸣谦道:"怎么会?"

"你好像并不高兴。"风絮雨道。

姬鸣谦道:"我是在想,他来致谢,可能并没有这么简单,也许有些意想不到的东西。"

金惜道:"我想应该有意外的惊喜。"

正说着,门口通话器已经响起了虽祢甚述的声音;金惜赶紧跑去开门,将虽祢甚述迎进客厅,虽祢甚述先向姬鸣谦郑重地行了个礼,然后道:"尊敬的册士,救命之恩,没齿难忘,请接受我最真诚的谢意;为此,我特别准备了一个小型的交流宴会,邀请了本星系最著名的几位生物学家作陪,请你赏光亲临。"

姬鸣谦道:"册士,昨日之事就不必再提了,我不过是适逢其会,救己救人而已。你如此客气实在令我深感不安。"

虽祢甚述道:"不管你怎么说,我们都是你所救的,这是不争的事实,所以册士也不必太过谦虚了。"

姬鸣谦道:"册士,就算没有昨天之事,只要是你所邀请,就是我无比的荣光,何况还有这么多知名学者与会,正是我求之不得的学习好机会,谢谢册士的安排,我一定准时出席。"

虽祢甚述高兴地道:"太好了,这就说定了。我想他们同样会很高兴认识你的。"

姬鸣谦道:"册士,非常感谢你给了我认识他们的机会。"

虽祢甚述道:"册士,我黄昏前就来接你;这样在餐前还可作些交流。"

"好的,这样安排真是非常周到。"姬鸣谦道。

虽祢甚述道:"谢谢你接受我的邀请。那我就暂且告辞,稍后再见。"

姬鸣谦亲自将虽祢甚述送到门口,道:"再见,册士。"

第二十章 秘密收藏的标本

将近黄昏时分,蚩祢毡述果然来了,很恭敬地请姬鸣谦和风絮雨上了一艘外形像个锅盖一样的飞艇,然后亲自驾驶,往繁华的城市中心区域飞去。

从飞艇上往下看,巨大的城市似乎一望无际,空中各条航线、各种飞艇穿梭往来。蚩祢毡述驾着飞艇在高速航线上飞了大约五、六念时间,望见前方不远处一栋巨型的阶梯形的楼宇耸立在半空之中。

飞艇向上爬升了一段高度,向左一转,飞进了大楼里面的机库。蚩祢毡述将飞艇停稳,请姬鸣谦四神下来。略略等了一会儿,一台与他们入境时乘搭过的悬浮小平台一样的代步工具悄无声息地停在他们跟前,蚩祢毡述告诉姬鸣谦,这种交通工具他们称为"飞板"。蚩祢毡述招呼众神踏上飞板,飞板贴着地面朝着机库另一侧飞行,不久就进了一条宽阔的通道,又飞了一段距离,飞板停了下来,蚩祢毡述带头下了飞板,进了一道门,乘搭升降机下了十数层,再出来时,已是另一番天地。

众神抬头一看,偌大一个广场,神来神往,周边商铺林立。蚩祢毡述领着众神来到一个有着三角形拱门的餐馆,进门便是一个大厅,里面的神不算太多,光线柔和,显得安静且舒适;一个高大的跬垒机器神迎上前来,蚩祢毡述用跬垒族语说了句什么,机器神就领着蚩祢毡述等穿过大厅,进了一个雅间。

雅间不算很大,像是个小型的宴会厅,一进门便是个餐前聚会聊天的客厅,已有五个同样高大的跬垒神在聊天等候;一见蚩祢毡述进来,都停止了交谈,朝蚩祢毡述迎过来。

蚩祢毡述拉着姬鸣谦的手,对那五个神道:"各位,容我介绍一下,这位就是今晚的主宾,韧仲·悼元册士,这是册士淑卿童歆·颉丽女士,这两位是册士的助手金惜女士和巴久汶先生。"转过头来又对姬鸣谦等道:"这位是雅扤毋炎册士,这是宇芫仑赐册士、章扎诘阁册士、斛炎銮宇册士、布支索昀册士;他们全都是本族最负名望和最具权威的生物学册士。"

蚩祢毡述介绍完毕,双方一阵寒暄,雅扤毋炎道:"册士,蚩祢毡述册士向我们介绍了您的情况,盛赞您的勇敢和智慧,令我们十分的敬佩,今日有幸与您结识,是我们莫大的荣幸!"

姬鸣谦道:"雅扤毋炎册士,我不过做了我应该做的事而已,蚩祢毡述册士或许有点夸大了。"

宇芫仑赐道:"韧仲册士,您果然是个谦谦君子。不过不管怎么说,蚩祢毡述册士和他的助手都是您所救的,他身受您的救命之恩,而我们是他的好友,自然也感同身受,因此,请接受我们的崇高致敬!"

姬鸣谦道:"宇芊仑赐册士,这样一来令我有点受宠若惊了。册士,干我们这一行的,在野外考察,遭遇猛兽是常有的事,身在危险之中,奋力自救是再正常不过的事了。所以请不要太过在意了。"

章苨诘阖道:"册士,您在您的母星上考察,也遇到过这样的事吗?"

"是的,章苨诘阖册士,不过也不算很多。"姬鸣谦道。

于是话题就从这个怪兽聊起,各自说起自己母星上的猛兽来,姬鸣谦与纠库纠兰分别前,纠库纠兰特别让他"学习"过与斝眆穆族有关的生物知识,因此,说起来一点也不生疏,甚至有点滔滔不绝。

姬鸣谦道:"在我们星系,碳基生命似乎都比较脆弱,比如在寒冷和高温的环境下,大多数碳基生物都难以生存,不知贵星系的氯基生物是否也是这样?"

斛炎銮宇道:"册士,这是毋庸置疑的,环境对生命的影响是巨大和极其深远的。"

姬鸣谦突然灵机一动,心道:我何不试探一下?于是道:"册士,我们都知道,生命的孕育需要适合的条件,就现在已知的生命里,各种不同基的生命,其形成的条件都不一样,我时常在想,有没有可能在富敏和纯敏化合物环境下,存在生命呢?又或在这样的环境下,生命能否生存下去呢?"

布支索昀道:"啊,册士,您这个想法太过不可思议,我们都知道,这样的环境下是不可能存在生命的。"

雅苨毋炎道:"册士,您也知道,太虚中大多数有大气层的星球都是以纯气和定气为主要成分,敏气如果占百分之二都可以称为富敏星球了。若敏气超过了百分之二的占比,那是不可想象的。"

姬鸣谦知道,雅苨毋炎所说的定气,人类称为氪气。

其余各神对这个假设纷纷表示否定,只有蚩祢甄述没有说话,望向姬鸣谦的眼神却是闪了一闪,随即恢复正常。

当晚宾主尽欢而散,姬鸣谦和风絮雨却像是上了一堂极好的生物课一样,对生物的起源、生存等等,有了更深一步的了解。

餐后,蚩祢甄述仍然亲自驾驶飞艇送姬鸣谦等神返回旅馆,在告辞之际,蚩祢甄述突然低声悄悄地对姬鸣谦道:"册士,您明天到我办公室来,就您自己一个神来,不要让其他神知道。"

姬鸣谦心中疑惑:这么神秘?但仍是点点头道:"好的!"

送走蚩祢甄述之后,姬鸣谦没有将蚩祢甄述单独约自己的事对众神说,只说有点疲倦,就回房教风絮雨练习大衍师父传授的太上心经。

第二天,看看差不多到中午了,姬鸣谦对大家说临时有点事,要去找蚩祢甄述聊聊,巴久汶、金惜和风絮雨看他并没有要他们跟着的意思,也就不好多问什么。姬鸣谦亲自驾了飞艇,来到蚩祢甄述的办公室,一进门,两神互相问候了几句,姬鸣谦就昨晚的宴会表示了谢意。

蚩祢甄述没有客气谦谢,而是道:"册士,您昨晚谈到,在富敏及纯敏环境下,会否有生命存在这个问题，我想我或许可以让您有所认识。"

姬鸣谦道："哦？册士，您认为这是有可能的？"

蛋祢甄述不置可否，道："请跟我来！"起身按了一下办公桌上一个按钮，身后一个墙角边就出现了一道很窄的门；蛋祢甄述带着姬鸣谦走了进去，沿着一条狭窄的甬道转了几个弯，面前出现一个门，蛋祢甄述打开门，却是一台升降机，两神进去站好，升降机就向下高速滑落。约莫过了十数息时间，升降机停了下来，两神走了出来，门前有一辆像是车子一样的东西，蛋祢甄述招呼姬鸣谦登上车子，车子就沿着一条轨道自动快速滑行，又过了数息时间，车子停了下来。

蛋祢甄述示意姬鸣谦下了车，打开一道门，走了进去，门内立即就有光亮了起来。

姬鸣谦打量了一下门内的环境，这是一个约有半个篮球场大小的房间，里面摆放着不少的仪器，看样子是个实验室。姬鸣谦猜想蛋祢甄述是要给自己看一些奇怪的东西，因此没有说话和提问。

蛋祢甄述在一面光滑的墙前停了下来，在墙上一按，那面墙就无声无息地打开了一个正方形的门，从里面滑出一个高约十五轨，直径约八轨的透明的圆柱物体。

圆柱体内，一个生物栩栩如生地"站"在里面，姬鸣谦一看那个生物，几乎惊叫出来——那是一具人类男性的标本！不知使用了什么技术，令他"站"在容器里。那具标本全身赤裸着，毛发齐全，筋肌健壮，肤色润泽，看上去就像是活着的一般。

姬鸣谦看了还不到三分之一念的时间，蛋祢甄述就急着问道："册士，看清楚了吗？"

姬鸣谦强压着心中的震骇，假作镇静道："看清楚了。"

"好！"蛋祢甄述立即就按动按钮，生怕那个标本被姬鸣谦看亏了似的；圆柱体缓缓地滑入墙内，墙面随即关闭，就如从来也不曾出现过一样。

姬鸣谦脑中飞快地思考着：这是什么时候的人类？跬垒神是怎样得到的？为什么藏得这么严密？……

蛋祢甄述没有说话，带着姬鸣谦快速退出了那间密室，又极快地原路返回到办公室。

两神坐定之后，蛋祢甄述这才道："册士，这个生物是我们星系的最高机密，为了报答您的救命之恩，我这才冒险让你看上一眼。"

姬鸣谦大为感动地道："册士，这怎么是好？这样会让您惹上大祸的！"

"我心中有数，您不必太过担心。"蛋祢甄述似乎并不太担心自己的行为会带来什么后果。

"但是……但是……"姬鸣谦"但是"了几句，再也没有什么词好表达，只好说道："册士，十分感谢！"

蛋祢甄述道："册士，这是八百纪前，我们的祖辈冒险从须委族神手中偷偷截留下来的一具生物，当时他已经死去，须委神让我们处理掉他。我们的先辈们运用极高的智慧，在须委神稍不留神的一瞬间，将他偷偷藏了起来，然后以最快的速度，将它送回到坍岚星，之后一直保存在这里。"

"八百纪前？！"姬鸣谦心中暗自一算，这是南宋初年的事了。

"是的。据我的老师说，这个生物是一个智慧生物，他就生活在您提到过的那种环境中，需要呼吸敏气和食用纯敏化合物才能生存。"

"太神奇了！"姬鸣谦故作惊讶地道："他们是什么基生物？"

"他们是碳基生物。我从老师手中接过这个生物的研究课题，至今仍毫无进展。"蛊祢甄述道："但是昨晚听到您提出问题之后，我想，或许能从您这里得到一点启发。所以，冒险给您看这个标本，即使上面追究起来，我也是说得过去的。"

"这样的话，我也安心一些。"姬鸣谦又道："册士，这是什么星球上的生物？"

"不知道是什么星球的生物。"蛊祢甄述道："据老师说，他接手这个生物的时候，本星系最高星府再三强调，不可打听生物的来源。"

"啊……这样就……"姬鸣谦一副欲言又止的样子。

"有什么话不妨直说。"

"您也知道，生物研究离开了它们生存的环境，只对其本体进行研究，是不可能有实质性的进展的。"姬鸣谦道。

"我也知道，但是……"蛊祢甄述道。

"您不觉得这个生物很像传说中的某个族的神？"姬鸣谦道。

"您是说婳顼族神？"蛊祢甄述道。

"嗯。"姬鸣谦点点头。

"我第一次见到他的时候也产生过这种想法，但是经过一番研究和翻阅前辈们的研究资料之后，才知道，他与婳须神相差太远了。"蛊祢甄述道。

"哦？比如呢？"姬鸣谦道。

"比如，他是需要呼吸的，而婳顼神是不需要的，只这一点，就可以排除他是婳顼神的可能了；何况还有其它巨大的差异，所以，这种生物只是外形长得与婳顼神极之相似而已。"蛊祢甄述道。

"嗯，说得有道理。册士，有句话不知道该不该说。"姬鸣谦道。

蛊祢甄述道："请说！"

姬鸣谦道："如果想要摆脱研究的困境，只有弄清楚这具生物的来源才有可能取得突破性的进展。"

蛊祢甄述道："这是不可能的！因为老师说过，这具生物的来源是本星系的最高机密，严禁打听！我想掌握这个秘密的，也许只有最高星府的那几个尊者才有资格。"

姬鸣谦道："这也不一定。"

蛊祢甄述奇道："哦？你想到了什么？"

姬鸣谦启发他道："册士，当年截留这具生物时，总不会是星府里的几位尊者亲自动手吧？"

没等姬鸣谦说完，蛊祢甄述"啊"了一声，打断他道："对啊！我怎么没想到？"但是只是兴奋了一阵子，又丧气地道："只是，这么多纪过去了，当事者恐怕早已物故了。"

姬鸣谦道:"请问贵族的平均寿命是多长?"

蛍祢甄述道:"本族神的寿命在六百至九百纪之间,最长的寿命纪录是八百九十纪。因此,当年的那些人不可能活到现在。"

"说的也是,时间太久远了。"姬鸣谦道。

蛍祢甄述道:"唉!册士,可惜我没有早些遇到您。"

姬鸣谦道:"既然八百纪前你们就与须委神有过合作,那么现在呢?"

蛍祢甄述道:"啊,啊,本星系与须委神一向关系极其密切,各方面的合作从没中断过。"

姬鸣谦进一步启发道:"那么有没有可能,你们的星际舰队一直都在与须委神合作,对这个生物所在的星球进行研究考察?"

蛍祢甄述恍然大悟,道:"啊啊!册士,您说得对极了。"

"只要打听一下,有什么舰队在什么地方执行什么任务,就可以大概判断生物的来源方位了。"姬鸣谦道。

"只是,执行这种秘密任务的舰队,是无法打听得到的。"蛍祢甄述又丧气地道。

"另外,册士,以您的身份,浏览一些适合您身份级别的文件、报告,应该是没有问题的吧。特别是八百纪前的东西。"姬鸣谦道。

"这个当然了。只是我一向不去看与本学术无关的东西。"蛍祢甄述道。

"有些别的学术方面的东西,有时是可以启发自身所学领域的思维的,又或有些消息可以对本学术有很大的帮助的。"姬鸣谦道。

"您说的很有道理,册士,您今天的一番话,让我豁然开朗。"蛍祢甄述稍停又道:"册士,您打算在本星系待多长时间?"

姬鸣谦道:"啊,这个还没有考虑。我原来只是想在贵星进行一个短期的考察而已。"

蛍祢甄述道:"嗯,这很好!如果您不急于到别的地方去,我可以在学院里安排一个为期一纪的学术研究工作给您,不知您是否有兴趣考虑一下?"

姬鸣谦故作沉吟地道:"册士,这个需要回去与我的妻子商量一下。"

"啊,对对,这是理所应该的。"蛍祢甄述道。

"如此,我就暂且告辞了。"姬鸣谦适时地提出告辞。

蛍祢甄述站起身来,道:"我等您的回复,希望不要让我等得太久。"

姬鸣谦道:"册士,我与妻子一商量好,马上就通知您。"

蛍祢甄述一边送他到门外,一边叮嘱他:"那个生物的事,请不要向任何神说起,包括尊淑卿。"

姬鸣谦道:"册士放心,这种事,越少神知道越保险,如果您有事,相信我也逃不掉。"

蛍祢甄述听他这样说就放下心来,一直把他送上飞艇,这才回去。

姬鸣谦回到旅馆,一进门,风絮雨、金惜、巴久汶立即就围了上来,风絮雨道:"谦谦,你去了那么久,都聊些什么呢?"

巴久汶直接就问："有什么机密的事，你要单独去见他？"

金惜道："你们先别急着问，先让册士说说。"

姬鸣谦示意大伙坐下，道："你们猜，他让我看了什么？"

风絮雨最是焦急，道："猜不到，你直接说就是了。"

巴久汶道："对，直接说吧，这样的哑谜怎么能猜得到？"

金惜道："一定是个很机密的不为外界所知的东西，只让你一个神去看。"

姬鸣谦赞道："金惜真是聪明！"

"什么东西？"风絮雨追问。

"一个标本！"姬鸣谦努力装作平静地道。

巴久汶道："一个标本有什么稀奇？"

风絮雨道："急死人了，什么标本？"

姬鸣谦压低声音道："一个我们人类的标本。"

风絮雨闻言惊呼了一声："啊！"

巴久汶道："他手里怎么会有你们人类的标本？"

姬鸣谦道："据蛊祢甄述说，这是八百纪前，他们的先辈从须委神手里偷偷截留下来的。"

巴久汶道："哦，那就是很久远的事了。"

姬鸣谦把蛊祢甄述介绍的，获得这个标本的过程说了一遍，话才说完，金惜道："册士，好像有点不对。"

姬鸣谦知道她发现了什么，微笑道："有什么不对？"

金惜道："之前我们在徽乍星，坚鲜神说，他们是受跬垒神的委托监视蓝囚星的，那么，他们要想获得你们人类的标本不是轻而易举的事吗？怎么会偷偷从别的神手中截留？而且，这里又牵涉了另一个神族——须委族。"

"啊！对呀！"姬鸣谦被金惜一说，不觉也是一呆，道："我只是想到这个新出现的须委族很可疑，却没想到这层！"

"哪一层？"风絮雨有点不明所以。

"就是跬垒神要想获得人类标本是十分容易的事,用不着偷偷摸摸地从别的神手上截留。"

巴久汶道："怎么忽然又与须委神扯上关系了呢？"

风絮雨想也不想就道："也许这个须委神才是最大的幕后黑手也未可知。"

姬鸣谦道："是不是幕后黑手现在下结论为时尚早。"又问巴久汶道："巴久汶，可不可以给我说说这个须委神族？"

巴久汶道："须委族神居住在赤奋若宇宙，佯赠殷维星团，迷添达晃星系，絜遏星上，也是碳基生命；其实他们长得跟你们人类和婳顼族神极之相似，只不过，他们背上多长了一双巨大的翅膀，他们无论男女，身材都十分匀称，按照他们的审美观，可以说所有须委族神都长得极其漂亮。婳顼神主导太虚的时候，须委族神是婳顼神最忠实的追随者之一,也是当时太虚中少有的几个进入七级文明的神族之一。自从婳顼神消失之后,须委族神进步神速,现在已是八级文明最高阶段的神族,是目前太虚中最高等级的文明,其它八级文明神族,都比它稍逊半筹。现在,须委族神是太虚中公认的星际领袖。"巴久汶说了半晌,最后道:"所以,须委神不可能参与了这件事。"

风絮雨道:"也许蛗祢甝述不愿告诉你标本的来源地,故意编个谎言来搪塞你呢。"

姬鸣谦道:"我看他不会撒谎的。这么机密的东西他都敢让我看,又何必再撒谎?"

风絮雨想了想道:"嗯,也是的。"

金惜道:"先别争论这个问题,说一下接下来我们要做些什么?"

姬鸣谦道:"蛗祢甝述邀请我到他们学院工作一纪。"

金惜道:"噢!这可是个好机会,这样我们在坍岚星逗留,就合情合理了,而且可以很从容地进行我们要做事。"

风絮雨道:"谦谦,我还没在外星上工作过呢,快说说,我要做些什么?"

姬鸣谦开玩笑地道:"呵呵,册士妻子自然是不需要工作的。"

巴久汶道:"册士,你这就不对了,女士是不需要依附男士的。"

金惜道:"玉,别听他们胡说,你就跟着我一起干活吧。"

姬鸣谦道:"对对对,你就做册士助手的助手好了。"

数日后,姬鸣谦搬进了生物学院一个低层大楼的八十三层楼,房间一如跬垒神的格调,高大宽阔,一个很大的阳台可以停泊飞艇;姬鸣谦的交通用飞艇也换成了学院专属的飞艇。房子内一应生活设施俱全,还配备了两个高大的管家机器神,负责一切生活起居照料。两个机器神外观与跬垒神一般无二,如不说明,根本就看不出这是两个机器神。

姬鸣谦的办公室就在蛗祢甝述的楼下一层,如有需要,数息时间就可以到达蛗祢甝述的办公室。

姬鸣谦第一天上班,蛗祢甝述就将他介绍给自己的同事,因为姬鸣谦英勇救神的事迹早已传遍了整个学院,所以,大家都对他十分的尊敬。

自此之后,蛗祢甝述就常常与姬鸣谦谈论生物学的学术问题,当然,更多的是关于那个人类标本的话题。两神绝口不提标本,但所讨论的,全都是围绕这个标本所展开的话题。姬鸣谦本就是人类,因此,向蛗祢甝述提了很多"假设",这些"假设"对蛗祢甝述的研究大有神益,不到三十期的时间,蛗祢甝述已经将姬鸣谦视作得力的助手,有关的研究已离不开他了。

风絮雨、巴久汶、金惜三神,根本就没有多少事可做,每隔十天,就采购许多物品,驾驶飞渡号,回到撷芳号上,与畏兀、铭越、卜之添聚会一下;隔一些时候,巴久汶和金惜就替换畏兀和卜之添或铭越,让他们到陆地上休息几天。及至后来,姬鸣谦借口需要更多的人手协助,通过蛗祢甝述,撷芳号被允许着陆并停在离学院最近的一个星际船坞中,自此,畏兀和卜之添、铭越三神就和姬鸣谦等会合在一起了。

跬垒神并无月的概念,不知不觉,姬鸣谦等神已经在坍岚星上渡过了一百多天了,七神不停地大量浏览能够看到的文献资料。这日，姬鸣谦无意中看到一篇论文，里面一句话，引起了他的注意。

论文说道：就一般而言，自然诞生的生命体，不是不能适应富敏和纯敏化合物的环境，只要从基因上予以改造，就有可能在这样的环境下生存下去；这一情况，已在某外星试验中，得到了证实……云云……

姬鸣谦查看作者，是一千多纪前一个叫桦布尤忠的跬垒神所作。姬鸣谦让金惜和风絮雨找来桦布尤忠的所有著作，开始研读，只是再也没有有关的论述，姬鸣谦颇感失望。

这日，铭越对姬鸣谦道："册士，我查阅了桦布尤忠的生平资料，发现了一个问题。"

"哦？"姬鸣谦很感兴趣。

畏兀道："生平有什么问题？"

铭越道："桦布尤忠的生平很详细，但是，中间有一段时间他失踪了。"

风絮雨道："这怎么可能？"

铭越道："你们看，"将智脑里有关桦布尤忠的资料调出来，指着道："桦布尤忠在他四百二十一纪时就担任了学院的首席册士，一直到五百六十纪，而五百六十一纪到六十三纪这三纪，却是空白，五百六十四纪起，直到去世，他都是学院负责人以及星系科学院典士；他还有一个神秘的身份，叫做第四研究院院长。"

畏兀道："这能说明什么？"

卜之添道："这空白的三纪，他外出考察或休假不可以吗？"

金惜道："休假不可能这么长时间，考察倒是说得过去。"

铭越道："假设是考察，那么考察什么？去哪考察？为什么没有任何文字记述？"

众神沉默，铭越又道："关键是，他这篇论文是在失踪后的第二纪写的。再说，他这个第四研究院又是研究什么的呢？"

姬鸣谦心中一动，道："你是说，他这失踪的三纪时间里，参与了一个极其秘密的行动？"

铭越道："只有这样，才能解释，他的生平为何独独缺失了这三纪。"

巴久汶道："有道理！"

风絮雨道："谦谦，假如这个桦布尤忠与那个人类标本有关，那么，如果能知道标本是什么时候获得的，就可以佐证铭越的推测，他这失踪的三纪，就是参与了截留标本的行动。"

姬鸣谦道："好！这个问题由我去想办法解决。铭越，你按着这个思路，继续寻找他的其他生平资料；小絮和金惜则查找一下一千纪前，其他跬垒神的学术著作，看看有没有相关的论述。"

铭越、金惜、风絮雨应了一声便各自回自己的位置上工作。姬鸣谦道："巴久汶，有没有什么办法在学院的主机上安装一个装置？"

巴久汶道："安装就好办，就是怕被发现了。"眼睛却望着卜之添。

卜之添道："安装这种装置，不到万不得已还是别装。"

姬鸣谦道："嗯，你的意思是能装？"

卜之添点点头，表示可以。

姬鸣谦道："那好，等到最需要的时候才装吧。"

畏兀道："最需要是什么意思？"

姬鸣谦道："就是说等我找到需要的证据所在的地方，这才安装，然后就直接侵入中枢主智脑获取，待他们发现时，我们已经离开这里了。"

畏兀道："明白了，可是，这是违反星际法律的行为。"

姬鸣谦道："我知道，但是已没有其他办法了。"

卜之添道："册士，安装没问题，只是一旦启动装置，智脑很快就会发现，所以，能给我们的时间有限。"

姬鸣谦道："嗯，我知道。"

畏兀不再说话，巴久汶道："真要这样做吗？"

姬鸣谦道"除非有别的更好的办法。"

巴久汶也不作声了，显然想不出更好的办法。

这日，姬鸣谦在蛋祢甄述办公室围绕着一个学术问题探讨了许久，最后蛋祢甄述道："册士，你总是能提出独到的见解，与您交谈，实在是很愉快！这个问题我们就暂且讨论到这里吧。今晚我们去轻松一下。"

姬鸣谦道："册士有什么好建议？"

蛋祢甄述道："宇芜仑赐册士的儿子从星际舰队执行任务回来，受到星府的嘉奖，昨天颁授了勋章，并被任命为星系第四十六近防舰队副指挥官，因此，宇芜仑赐册士今晚举行宴会，邀请您和尊淑卿、助手一起参加。"

"啊！我想我的妻子和助手们一定非常高兴参加这个宴会。"姬鸣谦道："哦，对了，您知道，我这是第一次参加你们跬垒神的这种宴会，有什么需要注意的吗？"

"不需要注意什么，"蛋祢甄述道："您出席宴会，就是主人的荣光了。"

姬鸣谦道："不需要备办礼物吗？"

蛋祢甄述笑道："不需要的，送礼是瞧不起主神的表现。"

"哦！在我们劈眲穆族的宴会上，是要向主神赠送一些小礼物的，以示尊敬和友好。"姬鸣谦道。

"原来是这样。与我们的风俗刚好相反。这样吧，今晚我来接您，我们一起去。"蛋祢甄述道。

"谢谢！"姬鸣谦道："我就在家里等您。"

黄昏时分，蛋祢甄述驾着自己的飞艇来到姬鸣谦的住处，在花园的平台上降落下来。姬鸣谦携着风絮雨的手，和畏兀等神已在平台上等候；蛋祢甄述招呼众神上了飞艇，就朝宴会会场飞去。

宴会厅极其宽大，布置得很是豪华气派。宇芜仑赐和儿子伊钊德治亲自在门口迎接宾客；看到蚩祢甄述领着姬鸣谦等神走来，立即就迎上前来，将众神介绍给自己儿子之后，就是一番寒暄，随后蚩祢甄述带着姬鸣谦等进了大厅。大厅里已经有很多跬垒神在三五成群地聊着天，众多的跬垒族女性，以她们的审美观，打扮得花枝招展，漂漂亮亮的。只是姬鸣谦等七神却是不懂欣赏。

蚩祢甄述领着姬鸣谦和风絮雨，只顾着与相熟的神打招呼，并一一介绍着，畏兀等神不耐烦这些礼节，不知何时就离开了姬鸣谦的身后，不知去哪里了。蚩祢甄述也不为意，姬鸣谦更是不理会他们去了哪里，只是跟定了蚩祢甄述，与一众跬垒神交谈甚欢。

畏兀、巴久汶五神离开了姬鸣谦，随便找了个地方坐了下来，细声品评着大厅的布置、跬垒神的奇装怪服，当然，一众跬垒妇女也逃不过他们犀利的嘴。

巴久汶四处张望，看见相邻不远处，有几个像是军官模样的跬垒神正在用跬垒语谈笑，只听一神道："真羡慕伊钊德治，这么年轻就得授勋章，还升了做副指挥官。"

另一神道："这是他的运气好，刚好在一个有机会建功的舰队工作。"

又一神道："你们都别羡慕他了，人家可是在那个鬼地方熬了三十纪呢。"

第一个神道："说的也是，应该吃了不少的苦。"

第二个神道："吃苦怕什么？有这样的机会，我也愿意去。"

第三个神道："你说得轻松，你知道他在什么地方服役？"

第一和第二个神同时道："愿闻其详。"

第三个神道："如果我没猜错的话，他这是在一个尚待开发的荒芜之地，执行特别的任务。"

第一个神道："哈，你这说了等于没说。"

第三个神道："当年我爷爷就在一个特别混成星际舰队里服役，听我父亲说，他在那里待了三十纪才回来，然后升了职，再后来，才娶了我奶奶。"

第二个神道："嗯，三十纪算很长时间了。到底是什么地方？"

第三个神道："我爷爷绝口不提那个地方，问急了才说那地方在困敦宇宙。"

第一个神道："啊，那离我们确实够远的了。"

第二个神忽然把话题一转，道："两位，猜一猜，这位新副指挥官今晚会不会宣布订婚？"

第三个神道："哈哈，副指挥官年轻有为，自然有不少女士青睐。"

畏兀、巴久汶等交换了一下眼神，知道他们已转换了话题，再听下去没什么意义。巴久汶目示金惜，金惜会意，起身故意在厅中转悠了几圈，然后挨近那几个军官的身旁，向他们打起了招呼。

当中一个军官道："女士，有什么可以为您效劳？"

金惜道："我叫金惜，想请问一下，怎样才能要到一些适合我们彝夷渎隶族神的饮料？"

另一个军官抢着道："抱歉！我想主人一定没有想到有外星嘉宾光临，所以没有准备外星族神的食物。"

先前说话的那个军官附和道："对，应该是这样。金惜女士，我叫幸矴揩曷，请稍等片刻，我这就去帮您弄点饮料上来。"

金惜道："谢谢！我还有一个鬃翊族的朋友，可不可以也帮他弄点？"说着向畏兀那边指了指。

幸矴揩曷向畏兀那边望了望，道："没问题！"然后就离开了。

刚才说话的那个跬垒神待同伴离开，便道："金惜女士，我叫弧梭巴帱，如果不介意，可否介绍您的朋友让我们认识？"

一直没有说话的军官也道："金惜女士，我是顾隆旋吘，我也正有此意。"

金惜道："啊！当然乐意了。"向畏兀等一招手，畏兀、巴久汶等神就走了过来。金惜一一介绍罢，正好幸矴揩曷回来了，说道："金惜女士，我已向宴会负责的神交代过了，吩咐他们为你们准备食物。"

金惜道："噢！真是太感谢您了。"

门面话说完，巴久汶、畏兀、金惜等五神便用醑琰揾耆语和幸矴揩曷三个跬垒神天南海北地闲聊起来。三个不同星球、不同种族的神先从各自的风俗聊起，再聊到各自去过的星球和见闻。他们的聊天吸引了不少的跬垒神走近旁听，不久，周围就围了一圈的神。

八个神聊得兴高采烈，大有相识恨晚的感觉。顾隆旋吘一时兴起，道："诸位，改日我请你们到寒舍去，让你们看一样东西，保证让你们大开眼界。"

铭越道："什么东西？"

顾隆旋吘道："现在说了就没意思了，到时你们看了就知道了。"

金惜道："噢！这样更具有吸引力！"

畏兀道："啊！这真的勾起了我的好奇心了。"

顾隆旋吘道："那就这样吧，后天请你们到我家中来，如何？"

畏兀道："谢谢！能得到您的邀请真是我们的荣幸。"

顾隆旋吘："那就这样定了。"

第二十一章　咒语

　　宴会还没开始，姬鸣谦在蚩袮甄述的引领下，在厅中转了一大圈，认识了不少跬垒族的名神。看看宾客都到得差不多了，宇芜仑赐领着儿子伊钊德治来到蚩袮甄述身旁，对儿子说："刚才人太多，没时间给你详细介绍，这位韧仲册士，就是我向你说过的英勇无畏，舍身独斗猛兽，救了蚩袮甄述册士的那位睪眃穆神。据册士说睪眃穆族有一种具有神秘力量的咒语，能够驱赶猛兽，你可以向他请教一二。"说完，交代了几句，就自去忙活了。

　　伊钊德治上前一步向姬鸣谦行了一个礼，道："册士，抱歉之极；刚才忙于招呼来宾，未能抽空与您交谈致意，真是失礼之极了。"

　　姬鸣谦道："副指挥官阁下，您太客气了，招呼宾客是做主神的本分，何来失礼之处？"

　　伊钊德治道："虽然如此，但您是外星贵客，应该予以照顾多一些。"

　　姬鸣谦道："谢谢！我已受到很好的照顾了。蚩袮甄述册士介绍我认识了很多著名的学者以及贵族的名神，我其实也分不开身来向您表示祝贺，因此失礼的应该是我才对。"

　　伊钊德治道："册士快言快语，很合我的脾性。听家父说，您学识渊博，又十分之英勇，令我十分敬佩。"

　　姬鸣谦道："英勇就实在是过奖了，我只是适逢其会而已。"

　　"刚才家父说到贵族有一种神秘的咒语，可以控制野兽？"伊钊德治道。

　　姬鸣谦道："哦，咒语是有这么一种，其实当时我也是冒险一试，也不知道灵也不灵。"

　　"啊！"伊钊德治惊道："如果不灵验，您岂非要命丧兽吻？"

　　"也许吧。只是当时无暇细想，最重要的是根本没有别的方法可以对付那只怪兽。"姬鸣谦轻描淡写地说。

　　"佩服！册士胆识超群，是我认识的外星神中的第一个。"伊钊德治道。

　　"谢谢！听说副指挥官阁下在外星空间服役了三十纪，应该也遇见过不少奇闻逸事吧？"姬鸣谦转变话题。

　　"没有，我的工作很枯燥，一点趣味也没有。"伊钊德治道。

　　"噢，这更需要忍耐力和坚毅的信念。"姬鸣谦道。

　　"是的，我同意您的观点。"伊钊德治似乎很不愿意谈及自己的工作，又将话题转回到咒语上面，道："册士，我对贵族咒语很感兴趣，不知道在您方便的时候，可为我展示一二？"

　　"呃……这个……其实……我对那些咒语也不甚了解，自古口口相传，我只是照着背诵而已。"姬鸣谦推托道。

"没关系，我只是想满足一下好奇心而已。如果册士不反对，改天就约您到舍下一谈，如何？"伊钊德治道。

"恭敬不如从命，我深感荣幸！"姬鸣谦道。

"当然，不能少了册士淑卿。"伊钊德治把脸转向风絮雨道。

风絮雨道："荣幸之至！不过我只能做个听众。"

正说着话，宇芜仑赐宣布宴会开始，伊钊德治礼貌地请姬鸣谦和风絮雨入座之后，这才回到他自己的位置上就座。宴席上并没有什么适合姬鸣谦和风絮雨吃的东西，好不容易挨到宴会结束，蛊祢甄述又亲自送他们回到住处。

两天之后，畏兀、巴久汶、铭越、金惜、卜之添五神应邀到顾隆旋吁家中拜访，而姬鸣谦和风絮雨则如约去伊钊德治家中相聚。

伊钊德治并不跟父母同住，而是独自住在舰队分配给他的住宅中。姬鸣谦和风絮雨一抵达，伊钊德治就亲自到飞艇旁迎接，热情地将他们请到客厅里。

姬鸣谦和风絮雨打量着室内的环境，除了几件必要的家具外，没有多余的物件，更没有任何装饰品；就连植物花草也没有。

宾主坐下后，寒暄了几句，伊钊德治道："册士，我有点好奇，贵族从来都不以真面目示神，那么，你们是凭什么识别每一个神呢？"

姬鸣谦道："哦，这很容易，因为每一个神的面具上都有独一无二的标识，我们一眼就能看出来的。"

"如果有神盗用了不属于自己的标识呢？"伊钊德治道。

"啊！本族法律是不允许的，盗用别神的标识，这是极其严重的罪行。"风絮雨道。

"但这也很难杜绝别有用心的不法之徒吧？"伊钊德治道。

"副指挥官阁下，本族是六级文明神族，遵纪守法已是每一个神的基本操守，没有任何神会去盗用其他神的面具标识，何况，每一个神的标识自有其特殊之处，不是本神，是制作不出来的。"风絮雨道。

"哦，是我多虑了。"伊钊德治道。

"好奇心谁都有，这很正常。"姬鸣谦道。

"是的。咱们还是言归正传吧。关于咒语，我听一位前辈曾说过，在远古时代，我们跦垒族也曾流传过一些咒语，而且有些咒语真的是灵验非常，只是不知从什么时候开始，这些咒语就失传了。"伊钊德治道："因此，谁也不知道这些咒语是怎样的。现在遇到册士，正好可以一开眼界。"

姬鸣谦道："指挥官阁下，我所知道的极为有限，实在是惭愧。"

伊钊德治道："册士，能够知道一些已经很不错了，我不敢贪多，现在就请册士为我说一说。"

姬鸣谦道："好的。其实咒语是分两部分的，一部分是咒语，另一部分叫符咒。"

"哦？符咒又是怎么一回事？"伊钊德治问。

风絮雨心里很是疑惑：他从哪里学来这些东西？

姬鸣谦说道："先说符咒，这是一种符号，用于贴在物体上，据说可以镇住某些灵体之类的东西。"

伊钊德治好奇地道："可以展示一下吗？"

姬鸣谦道："当然可以。"

伊钊德治拿出一个火柴盒大小的东西，摆在桌面上，按了一下，桌上就浮现出一个书写的平面，道："请！"

姬鸣谦伸出右手食指，虚空点画着，平面上就出现了一道谁也认不出来的符箓。原来这是小时候大衍真人为逗他玩，教给他的寺庙里最常见的招财进宝的符箓。

风絮雨见了，却也认得这是寺庙里到处可见的符箓；心里好笑之极，却不得不咬着下嘴唇强忍着。

伊钊德治仔细地端详着，看了半天，却是摸不着半点门路，道："果然神奇！那么这道符箓可有咒语配合使用？"

姬鸣谦一本正经地道："啊，这个当然是有的。"

"能否展示一下？"伊钊德治道。

"可以！"姬鸣谦道："请你离符箓远一些，以免受到咒语的影响。"

伊钊德治闻言，向后退出了三、四步远，望着姬鸣谦。姬鸣谦点点头，表示这个距离安全了。

姬鸣谦道："请留意，我开始念了。"

伊钊德治道："好！"

风絮雨大为惊奇：莫非他真的会念咒？

却听姬鸣谦用汉语念起咒来，仔细一听，原来他念的所谓咒语，竟然是李白的《静夜思》一诗。

风絮雨把头拧转过去，拼命咬着下唇，极力不让自己笑出声来，好在伊钊德治全神贯注在姬鸣谦身上，一点也没有留意到她的表情。

姬鸣谦反复念了数遍，停了下来，道："副指挥官阁下，咒语念完了，请归座吧。"

伊钊德治坐回原位，道："噢！果然神奇！册士，那些咒语深奥之极，我虽然懂得四百多种语言，包括贵族的劈眜穆语，但是，您所念的咒语，显然不是劈眜穆语，不知是什么语言？"

姬鸣谦道："我也不知道这是什么语言，这是自古流传下来的发音。"

风絮雨终于忍住了笑，帮着姬鸣谦胡编，道："副指挥官阁下，据说这是我们上古时期的一个种族的语言，后来这个种族灭亡了，所以就没神使用这种语言了。"

姬鸣谦道："对对，正是这样。"

伊钊德治道："原来如此！可是刚才念完咒语后，也没有看到有什么现象发生。"

风絮雨道："这是一道招福平安符，不会有什么反应的。"

姬鸣谦道："只是为了向您展示而已。"

伊钊德治意犹未尽，道："那么，可以展示一下有反应的咒语吗？"

"怎么展示？"姬鸣谦有点为难地道。

伊钊德治道："您就拿我做试验如何？"

"这不大好吧？"姬鸣谦道："万一……"

伊钊德治坚决地道："不必担心，我相信您不会伤害我的。"

"这……这……"姬鸣谦还在犹豫。

伊钊德治坚持道："来吧！"

"那好，我试一下，不灵验的话您千万别笑话。"姬鸣谦谦虚地道。

"既然是试验，当然也有可能不成功。册士请放心施为，我准备好了。"伊钊德治鼓励道。

姬鸣谦让伊钊德治站好，虚空对着他装模作样地用右手戟指一阵乱画，口中念念有词，这次的"咒语"却是北宋邵雍的《山村咏怀》：一去二三里，烟村四五家。亭台六七座，八九十枝花。然后将注意力全部集中到他身上，将念力全部倾注出来，以意念命令道："向左走三步！"

伊钊德治神情一肃，双眼忽然呆滞起来，闻令果然向左走了三步。

姬鸣谦命令他摇头，伊钊德治立即就依令摇了摇头。

一个大胆的想法突然冒了出来，姬鸣谦决定冒险一试。姬鸣谦以意念问道："你之前服役的舰队叫什么？"

伊钊德治答道："星际远征特别混合舰队，代号九四一三舰队。"

为了混乱伊钊德治的思维，姬鸣谦命令道："往后五步！"

伊钊德治立即就后退了五步。

姬鸣谦问："舰队由谁指挥？"

伊钊德治答道："直属星府，由一位须委族神指挥。"

姬鸣谦暗疑：怎么是须委神指挥？下令："躺在地上！"

伊钊德治立即就躺倒在地。

姬鸣谦问："舰队现在在什么位置？"

伊钊德治答："困敦宇宙大荒星团卜茅支迪星系蓝囚星旁。"

姬鸣谦虽然暗暗心惊，却是与自己猜想的吻合，又命令道："起来，坐到左边的椅子上。"

伊钊德治很快站了起来，坐到左边的椅子上。

姬鸣谦问："舰队停在那里吗？"

伊钊德治答："是的，那里有我们的基地。"

姬鸣谦问："基地是什么？"

伊钊德治答："这是一个伪装成卫星的仿天体基地，代号一五一零基地。"

姬鸣谦听罢，心头大震，虽然之前他与畏兀返回地球时，已经知道月球就是一艘仿天体基地式超巨型星际母舰，此刻听来，仍然是骇然，差点走神。他马上收摄心神，下令道:"趴在地上。"

伊钊德治依令趴在地上。

姬鸣谦问:"蓝囚星只有一个卫星,怎么会是你们的基地?"

伊钊德治答:"我也不清楚,据说这个基地是须委神建造的,专门为蓝囚星配备的卫星。"

"是须委神囚禁了蓝囚星上的智慧生物吗?"姬鸣谦单刀直入地问。

"是的,这是许久以前的事了。"伊钊德治趴在地上答。

"站起来!"姬鸣谦命令道:"知道蓝囚星上是什么神族吗?"

"不知道。"伊钊德治道:"但私下里,基地里的神都说被囚禁的是𡜬顼神。"

姬鸣谦道:"蹲下!能确定吗?"

伊钊德治蹲下道:"我不能确定。"

姬鸣谦觉得没有必要问下去了,说道:"走出去,到你的飞艇上去。"

伊钊德治果然大步走出门去,刚一登上飞艇,突然就醒了过来,旋即下了飞艇,奔回客厅,口中叫道:"册士!册士!太神奇了!太神奇了!我怎么一点也不知道自己上了飞艇?"

姬鸣谦笑道:"指挥官阁下,这就是咒语的作用。"

伊钊德治脑中还是一片迷糊,跃跃欲试地道:"册士,您能教我这种咒语吗?"

姬鸣谦摇头道:"您学不了,这些咒语只有我们𡜬眒穆神才能使用,而且也不是任何𡜬眒穆神都可以使用,你看,我的妻子就不会使用。"

"啊!"伊钊德治脸满是失望的神情,道:"原来这样。"

姬鸣谦又向他胡编了一些趣事,看看时间也差不多了,就礼貌地告辞回家。

风絮雨自告奋勇地驾驶着飞艇,一路上,姬鸣谦都不言不语,风絮雨知道他一定是在想刚才从伊钊德治嘴里得到的情况,因此也不去打扰他。

回到家中,畏兀等神还没回来。风絮雨看姬鸣谦站在窗前沉思,走过去依偎在他的身旁叫道:"谦谦。"

姬鸣谦转头看着她嗯了一声,伸臂将她搂着,道:"小絮,问题比我们想象的要复杂得多。"

"我知道。"风絮雨道:"不然你也不会想这么久。"

"小絮,最初我以为坚鲜神对我们人类有敌意,所以掳走我们作研究实验;因此我才到他们那里,想盗取回地球的通行密码,可是,从坚鲜神那里得知,他们是受跬垒神的指使才派舰队监视地球的。所以,我又到这里来查找真相,现在,跬垒神却说,他们背后还有一个须委神在幕后操纵一切。"

"是够复杂的了。谦谦,不如我们不要理会顾肓神说的什么禁锢密码,我们想办法回到地球,然后快快活活地过日子,好吗?"风絮雨一脸的期待。

"小絮,"姬鸣谦轻轻将她搂住,道:"我何尝不想回家?不再在这太虚中,像无根之萍,四处漂泊。但是……要想回去,恐怕很难!"

风絮雨忽然流下眼泪，道："谦谦，难道我们就这样老死太空，永远回不了家，见不到父母亲人了？"

"小絮……"姬鸣谦不知道该怎么安慰她。

风絮雨哭了一会儿，忽然一抹眼泪，道："还好，我现在有你。谦谦，回不了地球，我就陪着你，在这太空中做个神仙，直到地老天荒。"

"嗯嗯，小絮，有你真好！地老天荒，我们祖宗发明的这个成语，真的很有道理。"

"是吗？"风絮雨没有顺着这个话题说下去，却忽然问道："谦谦，你说我们被坚鲜神所掳，他们是要送给跬垒神呢还是送给须委神？"

"我看一定是送给须委神的。如果跬垒神很容易得到人类的实体，又何必费尽心思从须委神手上偷偷截下那个人类的尸体做成标本？"姬鸣谦肯定地道。

"对！"风絮雨道："我也这么认为。但是，须委神为什么要囚禁人类？人类到底与他们有什么恩怨？人类对他们有这么重要吗？"

姬鸣谦道："小絮，问得好！我们暂且相信伊钊德治的话，作一个大胆的假设。"

风絮雨道："你是说我们真的是婳顼神的后代？"

姬鸣谦道："嗯，假设我们就是婳顼神的后代，很久之前突然消失了，而拥有让婳顼神消失的能力的神族，据纠库纠兰说，当时除了仅次于婳顼神的须委神，别的神族应该没有这个能力。而婳顼神一旦消失，那么，可以填补婳顼神在太虚中的领袖地位的，也就只有须委神了。所以，婳顼神消失之后，最大的受益者就是须委神，因此，他们的嫌疑也就最大。"

"嗯，有道理！"风絮雨赞同道："所以须委神囚禁了婳顼神，并使他们完全丧失强大的能力。"

"嗯，纠库纠兰说我们的大脑被禁锢了，应该就是我们丧失能力的根本原因。"姬鸣谦道。

"肯定是这样！谦谦，如果我们真的能找到解开禁制的办法，那么我们是否就有能力与须委神抗争？"风絮雨道。

"难！单凭我们两个人，如何能跟整个星系、拥有全太虚最先进文明等级的须委族相抗？"姬鸣谦摇头道。

"谦谦，那怎么办？"风絮雨又道："要不先弄清楚我们到底是不是婳顼神的后代，然后才计划下一步。"

"小絮，纠库纠兰很肯定我们就是婳顼神的后代，而我一直都不相信。"姬鸣谦道。

风絮雨道："为什么不相信？现在呢？听了伊钊德治的话，相信了吧？"

"因为我们的文明如此低级，怎么能与曾经拥有太虚顶级文明的神族相提并论？"姬鸣谦道。

"但是，如果大脑被禁锢了，智力肯定就无法发挥出来，自然就无法创造更高级的文明。"风絮雨道。

姬鸣谦道："你说得对，我现在想通了，所以现在开始相信纠库纠兰的话了。"

"谦谦，如果这是真的，那么我们的祖先岂不就是最伟大的神族？"风絮雨略显激动地说。

"是的！"姬鸣谦也有点激动。

"谦谦，你想好了怎么做吗？"风絮雨问。

"还没有。我想先去寻找真相。"姬鸣谦道。

"是我们！"风絮雨纠正道。

"嗯，我们！"姬鸣谦吻上了她的唇。

黄昏之前，畏兀、巴久汶等神回来了，并没有打听到什么有价值的东西。

姬鸣谦将从伊钊德治口中得来的情况对大伙说了一遍，众神震惊不已。

金惜道："看来，我们来这里还是没来对地方。"

畏兀道："这么说，这幕后的正主儿必定是须委神了。"

姬鸣谦道："所以，我认为在这里待下去已没有任何意义了。"

巴久汶道："你想直接去找须委神？"

风絮雨道："对！直接找他们！"

卜之添道："嗯，你们去哪里我就去哪里。"

铭越提醒道："册士，你的工作期限还没到，你想好了怎么辞行吗？"

姬鸣谦道："我想再冒一次险。"

风絮雨一听，紧张地道："你又要冒什么险？"

畏兀跟他认识时间最长，一起冒险的次数最多，对他的行为举动已经习以为常，道："说来听听？"

姬鸣谦道："茧祢蛏述手上掌握着一个人类标本，说明他在一定程度上是知道有关蓝囚星的秘密的，所以，他必定也掌握某个级别的星系机密密钥。"

巴久汶道："这个分析合情合理。"

金惜道："但是，这么久了，并没有发现他与星系中枢智脑连接过。"

姬鸣谦道："别忘了，他还有一个藏着人类标本的密室。"

铭越道："你是说密室里有另一套系统？"

卜之添道："嗯，这不是不可能的。"

风絮雨道："你打算潜入密室？"

姬鸣谦道："不！我要他亲自带我进去。"

风絮雨笑道："这样就不叫冒险了。"

畏兀道："他怎么会带你进去？"

姬鸣谦狡黠地一笑，道："我自有办法！"稍停又道："这样，巴久汶和铭越、卜之添回撷芳号去，将飞船停在同步轨道上等候，理由是检测飞船；畏兀和小絮回飞渡号，在附近飞行，理由是飞行训练。"

风絮雨道："那你和金惜呢？"

姬鸣谦道:"我需要金惜的帮助,所以她和我一起进入密室。"

"然后呢?"巴久汶问。

"很简单,如果得手,自然立即就走;如果事败,那就更是要逃命了。"

畏兀笑道:"哈哈,又要上演太空狂奔的剧情了。"

风絮雨道:"谦谦,这么危险,还是我跟你去吧。"

姬鸣谦道:"你帮不上忙,金惜是智脑专家,只有她才能在最短时间内进入跬垒神的中枢智脑里找到我们想要的东西。"

风絮雨不再坚持,其他神也没有意见。

又过了些日子,姬鸣谦等神一切都准备好了,各神还是像平常一样,没有显露出半点异样。巴久汶以飞船定期例行检测为由,申请升空,在外太空中飞了几圈,然后就停泊在同步轨道上等候;风絮雨则通过蛪袮廷述向飞行控制中心申请了为期数期的低空飞行训练课目,与畏兀一起驾着飞渡号在附近绕圈子。

这日,姬鸣谦像平常一样,带着金惜来到蛪袮廷述的办公室,因为两神已相当的熟稔,因此,没有任何的客套寒暄,蛪袮廷述就道:"册士,今天这么早就来我这里,是不是又有什么新的想法和发现?"

姬鸣谦道:"册士果然聪明之极,一猜就中。"

"哦?快说来听听。"蛪袮廷述立即就来了兴趣。

姬鸣谦向金惜示意,金惜将一个小巧的盒子放到桌上打开,盒子里射出一束光,然后就展开成一个屏幕的样子,屏上浮现出一组组的数据文字。

姬鸣谦道:"册士,我从你们前辈的著作中发现了一段话,请看:基因改造可以使生物活在富敏和纯敏化合物环境中。"

蛪袮廷述道:"哦,这是前辈桦布尤忠的著作。这句话我还是做学生的时候,就听老师说过。可是,生物要进行怎样的改造,才能够适应这样的生存环境?"

姬鸣谦道:"册士,相信您一定对您的标本彻底解剖过了。"

蛪袮廷述道:"是的,准确地说,是我的前数任就已彻底解剖过了。"

"那么您一定会对某些器官的作用很迷惑,对吧。"姬鸣谦自信地说。

"是的,您是怎么知道的?"蛪袮廷述道。

姬鸣谦道:"我已发现其中的奥秘了。"

"真的?您肯定?"蛪袮廷述有点吃惊。

"当然,我怎么能开玩笑?不信可以去看一下,我解释给您听。"姬鸣谦一本正经地道。

蛪袮廷述想都没想,就道:"跟我来!"话才出口,眼睛却看向金惜。

姬鸣谦道:"不要担心,这个发现还是她帮助我整理出来的。她是最可靠的助手。"

蛪袮廷述点点头,打开那道暗门,像前次一样,乘坐轨道滑车,来到那间密室里。蛪袮廷述熟练地开启了墙上的暗门,那个人类的标本就出现在眼前。

姬鸣谦没有多余的废话,直接道:"册士,请您打开标本的腹腔。"

蚩祢蛭述在旁边一个控制板上点了几下，器皿里面突然出现了一双机械手，在标本上不知怎样一拉，标本的腹腔就打开了。蚩祢蛭述道："册士，这个标本我不知看过几万次了，几乎连他的每一条神经我都能记得清楚是怎样的。"

姬鸣谦道："嗯，这个我当然相信了，不过，您可听过一句话？叫做熟视无睹。"

"怎么说？"蚩祢蛭述问。

"就是说，您看惯了这个标本，就像是没看见一样，有些东西被忽略了。"姬鸣谦道。

蚩祢蛭述道："您说得有道理。那么有什么地方是被我忽略了的呢？"

姬鸣谦指着标本的肺器官道："您看这个器官有什么异样？"

蚩祢蛭述道："嗯，这个器官我也研究过很多遍了，从外形看，没有什么异样，但是里面的组织构造似乎与大多数生物不同，我想，这是由于他的生长环境造成的吧。"

姬鸣谦道："不对，这个器官完全被改造过了，它被改造成用于呼吸敏气，向生物体内输送敏的器官。"

"啊！这是真的吗？"蚩祢蛭述将头靠近容器，操纵着机械手，细细地看着标本肺部，道："呃！原来这些组织有这样的功能！真是太神奇了！"看了一阵子，回过头来看着姬鸣谦，道："册士，您是怎样发现这个器官的奥妙的？"

姬鸣谦没有立即回答，而是先将意念都集中起来，然后很平静地道："册士，其实我与这个标本是同一类的生物，我也是人类！"说完，将面具摘下。

"什么？！你、你、你与标本生物是同……类？"蚩祢蛭述第一次看到姬鸣谦的真面目，闻言惊得连说话都不顺畅，整个神都呆在当地，连敬称"您"都忘了，直接就用上了"你"。

姬鸣谦算准了他有这样的反应，趁着他心神迷乱，毫无防备之际，将意念作用到他身上，以意念问道："你其实是知道标本是什么神族的，对吗？"姬鸣谦同样不再客气地称呼"您"了。

蚩祢蛭述答道："是的，他是被须委神囚禁在蓝囚星上的智慧生物。"

"是什么神族？"姬鸣谦追问。

蚩祢蛭述答道："是被改造过的婳顼族神。"

姬鸣谦虽然早已相信，人类的祖先是婳顼族神，此刻由蚩祢蛭述口中得到证实，仍然是心神俱震。姬鸣谦略一失神，意念便有点分散，他立即收摄心神，用意念牢牢地控制住蚩祢蛭述，又问道："你们偷偷截下这个生物做成标本，是什么目的？"

蚩祢蛭述答道："所有的生物改造工程和技术，须委神都对我们保密，因此，我们也想知道，须委神是用什么技术将婳顼神改造成这个样子的。一旦掌握了这项技术，无异于可以创造生命，那么，本族文明将得到突飞猛进的提升，有望在一个不太久的时间里，跻身九级文明之列。"

"嗯，有道理。"姬鸣谦表示赞同，又问："你的智脑呢？"

蚩祢蛭述走到一个小桌子旁，用手一按桌面，一个虚拟图像就浮现在桌子上。金惜不等招呼，立即就走到桌子旁，双手十指飞快地点击滑动，图像上便跳跃着各种数据和字符，只是没有姬鸣谦所需要的资料。

姬鸣谦盯着蛮祢甓述道:"你一定有通往星系中枢智脑的路径,请告诉我。"

蛮祢甓述道:"是的。"随即念出了一长串数字和字母,金惜飞快地输入这些字符,图像上也飞快地闪动着字符,最后停在一个地方,显示出来的是一堵墙。

姬鸣谦又问:"密码!"

蛮祢甓述又念了一串字母和数字,金惜刚一输入完毕,那堵墙就不见了,里面正是一个资料库,金惜搜索了一会儿,道:"册士,是我们要的东西!"

姬鸣谦道:"拣重要的下载!"

金惜用手指飞快地虚点需要的资料,将它转载到手中一个小巧的仪器里;还不到六分之一念时间,图像上的画面闪动起来,紧接着,室内的警铃响了。金惜急道:"可恶!竟然将警铃藏在这些资料里面!册士,我们被发现了。"

姬鸣谦一惊,专注力一松,蛮祢甓述立即清醒了过来,大声道:"原来你是奸细!"睁圆一双青蛙眼,绿色瞳孔像是要喷出碧绿的鬼火,张开双手,十六根手指就像是十六根钢钎,作势向姬鸣谦扑过来。

姬鸣谦不等他有所动作,早已抢前一步,一拳击在他斗大的头上,将他打昏在地;一拉金惜,道:"快走!"

金惜道:"还没下载完呢!"

姬鸣谦道:"别管了,逃命要紧!"

金惜将那个小巧的仪器往怀里一塞,跟着就跑出了密室,跳上轨道滑车,原路返回蛮祢甓述的办公室,刚出了暗门,就从窗户中看到有士兵向这边奔来。

姬鸣谦拉着金惜,从后门安全通道跑下楼梯,回到自己办公室这一层,两神并不停留,直奔平时使用的飞艇,急速升空而去,待到跬垒神弄醒蛮祢甓述,驾着战艇追来时,姬鸣谦和金惜已和在附近盘旋的飞渡号会合了。

姬鸣谦直接将飞艇飞进飞渡号的机库,跳下飞艇,与金惜直奔驾驶室。风絮雨一见他回来,扑进他怀里,嘴里不停地叫着:"谦谦!"

姬鸣谦急促地吻了她一下,拍着她的背道:"小絮,快坐好,咱们快走!"

风絮雨点点头,回座位坐好;畏兀打开加速,向撷芳号所在位置飞去。

只过了数息时间,金惜叫道:"船长,后面有五艘战艇追来了。"

姬鸣谦往探测器上一看,屏上有五个光点,呈上中下左右的态势,向飞渡号包抄扑来。畏兀道:"不要担心,这些飞艇火力有限,速度也有限,追不上我们的。"又将速度一提,果然不到两息时间,那些光点便消失不见了。

风絮雨道:"畏兀,真棒!"

金惜道:"先别开心,麻烦事来了!后面来了十艘战舰!"

风絮雨一看,果然有十个光点飞速接近,这下自然就开心不起来了,道:"怎么办?"

畏兀道:"别急!"呼叫撷芳号道:"下弁,快来接应!"

巴久汶回应道:"来了!"

姬鸣谦道："畏兀，尽快提升到亚光速！"然后一步跨到武器控制系统座位前，一屁股坐在椅子上，顾不得扣上安全栅，立即打开武器系统，调校火力，捕捉目标，准备开火阻敌。还没等他调校好，后面的战舰已经率先开火了；姬鸣谦想也不想，立即开火还击。

畏兀驾着飞渡号蹿高伏低，左闪右避，正手忙脚乱之间，抬头一看，一艘盔甲级重型战舰突然出现在正前方头顶上，畏兀吓了一惊，来不及反应，飞渡号便挨了一记磁力光子炮，将飞渡号打了一个翻滚，好在护盾已开到最高防护效能，因此，飞渡号不致受到严重损伤，待得畏兀将飞渡号稳定下来时，却已陷身在跬垒神十数艘战舰的包围中。

畏兀左冲右突，叫道："下弁！快来！"

巴久汶道："船长，坚持住，我马上就到了。"一边向着飞渡号急冲过去，一边向跬垒神的战舰发炮；眼看着就快接近飞渡号，只见火光一闪，飞渡号被一记重炮击中，巴久汶、铭越、卜之添三神呆了一呆，还没反应过来，又看见飞渡号接连挨了两炮，一团火光耀眼生花，飞渡号凌空爆炸，碎片四散飞溅。

卜之添大叫道："噢！我的天……！"

巴久汶丧气道："完了！医士他们完了！"

叫声才停，却听铭越叫道："快看！"三神一起往外一看，只见一艘小型飞艇急速从飞渡号的爆炸火光中窜出，向撷芳号疾射而来。

卜之添兴奋地道："是他们！"

巴久汶吼道："火力全开！"

铭越打开舰前武器，光子炮、磁力炮、破甲锥、重力锤、紫光波一轮齐射，不管三七二十一，向着跬垒神的战舰倾泻。

卜之添一边打开机库大门，一边叫道："快！宝贝！"

飞艇左摇右摆，跌跌撞撞地撞进了撷芳号的机库里，卜之添立即将机库门关闭；巴久汶则大吼一声，将撷芳号笔直地向上一拉，打开加力，向外层空间飞去，一边问道："医士，还好吗？"

通话器里传来姬鸣谦的声音："还好！只是金惜和畏兀受了点轻伤，我正在处理。快！光速准备！"

铭越道："医士，如果他们没有生命危险，先别处理伤情，还是赶快来驾驶室，不然一开光速，你们在那里很危险！"

畏兀道："你们快准备，我们立即就到！"

巴久汶道："好！关闭重力，你们可以飘过来！光速一级准备！"

卜之添道："重力已关闭，光速一级候备中！"

铭越道："快！医士！"

姬鸣谦和风絮雨，一神一个，扯着畏兀、金惜飘进了驾驶室。

巴久汶一见，道："太好了！坐好了！"

四神迅速坐好，扣上安全栅；巴久汶正要按下加速按钮，铭越叫道："快转向，前面有敌舰！"

巴久汶闻言正要转向，铭越又道："后面也有！"

众神齐向探测屏上看去，只见前后各有十数个光点在飞速靠近；巴久汶一咬牙，伸指点向光速一级的按钮，向着跬垒神战舰直撞过去。

铭越大叫道："教官，你疯了！"

第二十二章　坠机

巴久汶疯也似地驾着飞船向前撞去，一边大叫道："别管！开火！"

铭越双手舞动，前后左右炮一齐开火，只管向跬垒神猛射！

眨眼之间，撷芳号就已冲到跬垒神战舰跟前，眼看就要迎头相撞，跬垒战舰被撷芳号如此不要命地撞来，吓得急急闪避，为了不与紧跟在撷芳号后面的同伴相撞，只得四散开去。

巴久汶一举冲破敌舰的拦截，却甩不掉后面的追兵，十数艘战舰组成火网，一齐向撷芳号开火；撷芳号在火网之中翻滚腾挪，无暇加速。突然，一记重力炮击中了撷芳号，船身激烈地抖动着。

畏兀道："光速一级准备，再连跳至光速四级，快快！"

巴久汶道："疯了吗？这样加速，会把飞船撕成碎片！"

姬鸣谦道："只有一搏了！"

话还未完，飞船又是一阵剧烈的抖动，卜之添大声道："船长，我们被击中了！"

畏兀狂叫道："巴久汶，快！"

巴久汶一咬牙，伸指虚空一点，飞船抖动着向前一冲，巴久汶连点两下，飞船化作一道寒芒，一闪就没入深邃的太空，将身后的追兵甩得无影无踪。巴久汶不放心，又转换了几次飞行方向，依着先前的经验，将通讯系统和导航系统都关闭了。

过了不到两三念的时间，卜之添惊慌地叫道："不好！能源外泄！"

巴久汶往能源显示屏上一看，只见一条表示能源储量的黄色光柱，正在急速下跌。

姬鸣谦道："怎么办？"

卜之添道："我到能源舱去看看。"

风絮雨道："我跟你去。"

卜之添和风絮雨解开安全栅，飘出了驾驶室。姬鸣谦则趁着这点时间，快速地给畏兀和金惜处理伤情，所幸伤势较轻，并无大碍。

却听卜之添的声音传来："船长，完了，燃料泄漏超过百分之八十有多，无法封堵漏洞。"

话还未了，撷芳号主推动器已经停机。畏兀飘到副驾的位置上，打开导航系统，确认自己的坐标，原来刚才慌不择路，却是闯进了一片荒芜的新星地带。

失去动力的撷芳号斜斜地坠向一颗白色的星球，这是一颗被厚厚的干冰包裹着的极度寒冷的固态行星。

一声巨大的响声过后，撷芳号溅起半坽多高的冰柱，在地面犁出一道深深的十涯多长的长长雪沟，飞船零件及被撕碎的船体构件，撒满一路，待得飞船停下来时，差不多就只剩下一个骨架了。

众神被巨大的冲击力震得昏死过去。

一阵寒冷的感觉，把风絮雨弄醒；睁开眼睛一看，映入眼帘的是一座高耸入云的皑皑雪山，她喃喃地道："咦？下雪了？这是哪里？"随即想起飞船坠毁的事来。她转头一看，就看到了姬鸣谦，只见他歪着头，一动不动地瘫在座位上；左手紧抱着那个从不离身的医囊，右手却死死地握着自己的手；风絮雨心中既感动又害怕，用力挣脱了他的手，打开安全栅，站了起来，转到姬鸣谦跟前，先去摸一下他的脉搏，确定他还活着之后，立即就替他打开安全栅，用拇指去掐他的人中，只掐了两下，姬鸣谦就醒了。

看到姬鸣谦醒来，风絮雨紧张的心终于放松下来，对着他微笑道："谦谦，你醒了，可把我吓坏了。"

姬鸣谦眯着眼，转头四顾，道："小絮，怎么下雪了？冷吗？"

姬鸣谦一醒来，首先关心的是她，风絮雨心中感到暖暖的，道："有点冷，不过这好像不是雪吧？现在我们还不知道在哪个星球上呢？"

姬鸣谦这时终于全清醒过来了，道："啊！我记起来了，我们坠机了。"拉起风絮雨的左手，在护甲的仪表板上点击了一阵，帮她调校好护甲的温度，然后又将靴子的重力系数调校好，问道："现在暖和一点了吗？"

风絮雨看着他细心为自己调校护甲温度，一股暖流流遍全身，眼睛有点湿润，点头道："现在暖和多了。"

姬鸣谦望着她，突然像是想起了什么，道："他们呢？"

风絮雨道："都在，只是还不知是死是活。"

"快！帮我把他们弄出来！"姬鸣谦急道。

两人一一将畏兀等神弄到平地上救醒，幸运的是，都只是受了一些碰撞轻伤，并无大碍。

畏兀醒来之后手上拿着一个小巧的仪器，四处查看，然后道："医士，这是一个年轻的星球，大气成分以二敏化合物为主，定气、纯气占小部分，这些白色的物体是干冰。星球地质很不稳定，随时都有地震和火山爆发的可能。"

巴久汶道："尽量待在平地上，这样保险一些。"

铭越道："待在平地上也不是办法，你看这厚厚的干冰，冻也能把我们冻死。"

金惜乐观地道："上卫，我们能活到现在，已经很幸运了。"

卜之添最是实际，道："医士，我们还是看看还有什么可以利用的吧。"

姬鸣谦道："好！不如我们每两神一组，不要相距太远，看看残骸里还有什么可用的。金惜就留在原地观察。"

六神立即就分成三组，姬鸣谦自然与风絮雨一组，巴久汶、铭越一组，畏兀与卜之添一组，分头去了。

过了七、八念时间，三组神全都回到金惜身旁，却又都一无所获，卜之添道："医士，机库虽然已被撞得变了形，但还可以容身，不如我们到里面暂避一下，总比在这里捱冻好。"

畏兀道："最大的收获是，那艘小飞艇勉强还能用。只是机库大闸变了形，无法打开，飞艇也弄不出来。"

风絮雨道："把闸门切割开来可以吗？"

卜之添道："噢，说得容易，没有工具怎么切割？"

风絮雨道："机库里找找，一定能找到切割的工具。"

铭越道："找到也没用，没有动力怎么驱动工具切割？"

姬鸣谦道："刚才不是说那艘飞艇还能用吗？那飞艇上的动力可不可以利用？"

铭越拍拍脑袋，道："你看，这么快就忘了。"

卜之添道："即使没有那艘飞艇，残存的燃料和一些备用的动力，驱动一台切割机还是没有问题的。"

姬鸣谦道："好，那我们这就回到机库去吧。"

金惜望了望天空，道："快走，估计一场雪暴很快就要来了。"话刚说完，天上就飘下大雪，纷纷扬扬，一眨眼的工夫，七神身上竟然已有积雪。

风絮雨道："噢，我还没在外星球上看过雪呢。要不是现在没心情，真想在这雪中散散步。"

姬鸣谦道："等我们回到地球，我陪你去天山上看雪、散步好不好？"

风絮雨开心地道："好！"拉了姬鸣谦的手，跟着畏兀等神的身后，钻进了飞船的残骸里。

机库里一片狼藉，工具杂物散落一地。众神清理了一小片地方，算是暂时的休息区，大伙都席地而坐。畏兀道："医士，现在这种情况，你有什么好建议？"

姬鸣谦看了大伙一圈，充满感情地道："以后大伙请叫我鸣谦吧，不要称什么医士了。"

金惜明白他的用意，点点头，道："好的，鸣谦，你有什么办法吗？"

姬鸣谦道："现在我们被困在这个星球上，有什么办法可以求救？"

巴久汶道："刚才畏兀也说了，这是一个年轻的星球，不会有任何生物；我们又没有食物，就算发出求救信号，等到救援到来时，我们恐怕也成了干尸了。"

卜之添罕有地开玩笑道："教官，这样一来，你肉身不腐，就可永垂不朽了。"

巴久汶苦笑道："不朽有什么用？又不是有什么惊人的壮举，而且，我们还是坠毁在这里的，这样不朽也太羞耻了。"

金惜道："说不定十数亿纪之后，这里有了智慧生命，将你发掘出来，就成了他们的祖先了。"

众神听罢，笑了一阵子，将灰暗的心情冲淡了许多。

畏兀道："苦中作乐，还是要回到现实，得想办法离开这个鬼地方。"

姬鸣谦道："我看不如大家先休息一下，然后就找工具，找到工具再动手切割闸门吧。"

风絮雨问道："我们船上的通讯系统还能用吗？可以发求救信号吗？"

畏兀道："全毁坏了，就算没坏，也不可以用。"

风絮雨道："为什么？"

铭越道："只要一发信号，跬垒神也能收到，万一把他们引来了，我们就完蛋了。"

姬鸣谦道："铭越说得对，还是先休息一会儿吧。"

众神不再说话，各自休息。

姬鸣谦让风絮雨靠在自己肩膀上，拉着她的手道："小絮，睡一会儿吧。"

风絮雨靠在他肩上，道："你呢？"

姬鸣谦道："我要想一想。"

风絮雨道："好。"说完就闭上了眼睛。

约莫过了半格时间，众神都休息好了。卜之添站起身来，默默地走到杂乱的物品堆前，开始翻找。大家纷纷站起来，四散开去，到处寻找有用的东西。

金惜爬进一个窟窿里，半天之后，叫道："快看我找到了什么！"

大伙立即围拢到那个窟窿，向里面望去，却什么也看不到。金惜道："我需要帮助。"

卜之添道："我来！"说完就跳了下去，叫道："哇！太好了，是一个备用发动机。"可跟着又丧气地道："可是太重了，没法抬出来。"

铭越道："多几个神一齐抬，可以吗？"

卜之添道："恐怕合我们七神之力也抬不动它。"

姬鸣谦问："估计有多重？"

卜之添道："我估计它起码超过一铿半重！"

姬鸣谦想了想，道："这样，找根绳索把它拴好，然后在这个窟窿上架上一个架子，将绳索穿到架子上。"

巴久汶明白他想借杠杆的原理来将机器拉上来，道："鸣谦，即使这样也拉不上来。"

姬鸣谦道："试试吧。小絮、金惜、畏兀在上面拉，巴久汶、铭越和卜之添在下面抬。"

畏兀道："这样也不行呀。"

姬鸣谦道："试一试吧。"

风絮雨突然明白他要干什么，道："谦谦，你是想用你的念力试试？"

姬鸣谦点点头。畏兀闻言，领悟过来，道："鸣谦，能行吗？"

铭越赶紧找来一根金属绳索，在窟窿上搭起一个架子，安装了一个类似滑轮一样的构件，将金属索穿在构件上，垂下索子，拴牢了机器；都准备好之后，姬鸣谦道："准备好了吗？"

"好了！"众神齐道。

姬鸣谦凝神虑念，将念力集中，口中叫道："起！"

众神一齐发力，姬鸣谦以念力作用到机器上，那机器果然缓缓地向上升起。众神大喜，托举的托举，拉索的拉索，将那机器扯了上来。

众神围着姬鸣谦一阵欢呼，却见他满头大汗，一脸疲态。

风絮雨上前，用手替他抹去额上汗珠，问道："累吧？"

姬鸣谦道："还好。机器太重了，我的念力差一点就不能托举得动它。如果不是你们齐心合力，不可能把它弄上来。"

巴久汶道："鸣谦，没有你，我们根本搬不动它。"

畏兀道："鸣谦，其实你的念力已经增强了不少，要知道这家伙沉重得很，不是那些雕像、桌椅可比。"

金惜道："不管怎样，这已称得上是神力了。"

卜之添道："鸣谦，你先休息一下。我刚才在下面就已经检查过了，机器完好，加上能源就可以用，现在就差切割工具了。"

铭越道："不如大家都休息一会儿，再找工具吧。刚才大伙恐怕都用尽了力气了。"

风絮雨立即就道："好！谦谦太需要休息了。"

众神围着机器坐下，商讨着从哪里着手切割最省功夫。突然，飞船残骸震动了一下，接着又剧烈地抖动起来。

巴久汶惊道："不好！是地震！"

话还没说完，众神觉得飞船像被什么推了一下，接着往下一沉。

畏兀大叫道："不好！危险！快走！"带头就往出口处跑去，众神跟着他后面就跑。

刚爬出残骸，众神不敢停留，急急往平地上奔去，待停下回头看时，飞船巨大的残骸已经无踪无影，竟然是陷进地下，被掩埋了。

金惜道："好险！"

风絮雨咋舌道："幸亏畏兀反应得快，不然我们真的要成为这个星球上首批死去的生物了。"

巴久汶道："这下可好，就算不被活埋，我们也活不了多久。"

铭越道："只是我们刚才白费了一番苦功，早知如此，倒不如省些力气，不去搬那台机器了。"

姬鸣谦道："大伙不要丧气，我们古老的祖先说，天无绝人之路。我们先找个地方避避风雪，再想其他办法吧。"

畏兀道："对，什么山前必有路！"

风絮雨咯咯笑道："是车到山前必有路。"

畏兀道："对对，就是这个车。"

风絮雨这一笑，驱去了众神心中懊恼，巴久汶道："走！凭我们这六、七级的文明神族，还能被困死？"

金惜赞道："教官，这才像个男子汉！"

巴久汶受到女士的赞扬，心中畅快，道："走！"

巴久汶带头，姬鸣谦、风絮雨在后，众神相跟着，朝着近处的一个山丘走去。

干冰又滑又厚，众神行走极其困难，走了十多念时间，才走出两遥多一点的路程，离山丘还远得很，但已然累得快走不动了。

风絮雨一屁股坐在地上，道："不行，我走不动了。"

金惜道："我也走不动了。鸣谦快想个办法，这样走是不行的。"

姬鸣谦道："我也没有办法呀。"

风絮雨道："如果真有小说里面描写的轻功就好了，我们就可以踏雪飞行了。"

姬鸣谦一听，心中一动，道："巴久汶，我们的靴子不是可以调校重力系数吗？"

巴久汶道："是呀，这你是知道的。"

姬鸣谦道："如果调校到与这个星球的重力相抵的系数，是不是就可以……"

话还没说完，铭越已经大叫道："教官，我们真的是太笨了！"

金惜也领悟到他的意思，道："鸣谦，怎么不早说？害我们白白累了半天。"

姬鸣谦道："我也是因为刚才小絮说的一句话才想起的。"

风絮雨奇怪地道："我刚才说了什么话？"

姬鸣谦道："你说轻功呀！"

卜之添问道："轻功是怎么回事？"

姬鸣谦道："你问小絮吧。"

众神一起望向风絮雨，风絮雨微微一笑，道："这是我们一种文学形式里面描写人类的一种技能。说的是人经过持续不断和长时间的练习，就可以获得一种能力，能够使身体变轻，可以在雪地行走而不须费力。"

畏兀道："原来如此，这不就是反重力吗？"

众神明白过来，立即动手调校靴子的重力系数。姬鸣谦最先调校完毕，想试试效果怎样，还没站直身子，就一跤摔了个四脚朝天，引得众神大笑起来。

笑声中，巴久汶也要站起来，同样还没伸直腰杆子，就摔了个嘴啃雪；众神又是一阵大笑。

铭越道："你们也太没用了，看我的！"话落，一跳跳起来，想以此来迅速站直身子，哪知，却摔了个头下脚上，半个脑袋都埋进雪里了，大伙急忙把他扒拉出来。

这回众神都不笑了，谁也不知道怎么站起来。众神试了又试，每个神都摔了七、八遍，但没有一个能站起来的。

畏兀道："不行，这办法不行，无法保持平衡。"

风絮雨道："一定能行！只要找到平衡的要点，就能站起来。"

金惜道："我看要先把重心降低，才好平衡。"

卜之添一听，道："对对，这话有理。"说着就蹲着身子，叉开双脚，慢慢地摇摇晃晃地站起身来，嘿嘿笑道："你看我不是站起来了吗？"话音才落，身子晃了几晃，身体失去平衡，又摔在雪地上。

众神又笑了好一阵子。姬鸣谦道："大家就别笑了，虽然最终还是摔了，但不可否认，这是我们当中最成功的一次了。"

铭越发狠道："我就不信我站不起来！"学着卜之添的样子，先蹲着，叉开双脚，再慢慢地一点一点地伸直腰身，终于站直了，摇晃了几下，却没有倒下；待得平衡好身体后，便试着向前走了一步，只是一提腿，立即就摔了一大跤。

风絮雨道："铭越，你再试一次，不要抬腿要用挪动的方法，像是滑行一样，可能就会成功。"

铭越依言又试了一次，这次果然挪动了几步，没有摔倒。众神大喜，学着他的样子，站起身来，然后再挪动脚步；众人又摔过几跤之后，都掌握了平衡的要点，渐渐地行走得快了起来。走了十多念时间，大伙越加有了心得，果然如有轻功一样，不会陷进雪里。

众神越走越快，不久抵达山丘之旁。那山丘约有一遥多高，被冰雪覆盖着，间中有些岩石裸露出来。

铭越相了相方向，指着一边道："那边似乎是背风之处，我们就到那边去吧。"说完当先而行。

来到山脚之下，众神运目四顾，除了干冰还是干冰，连洞穴都没有。大伙甚感失望。

风絮雨道："不如我们就用这冰雪叠一个雪窝，这样也可暂挡一下风雪。"

畏兀道："好！这办法好！"

众神立即动手，徒手先向下挖了一个能容七神的大雪坑，然后再用冰雪在四周夯实围成墙；墙夯好后，却是无法用冰雪封顶。

卜之添道："不如再返回飞船坠毁现场，看看能不能捡到一些大点的残片，捡一块回来做顶盖。"

畏兀道："好主意！我和你一起去！"

姬鸣谦道："我们都去！小絮和金惜守家吧。"

于是五神又用"轻功"往回走，去捡残片去了。

金惜和风絮雨留在原地，闲着没事，就用手拍打着雪墙加固它。

金惜问道："玉，你说的轻功，真的在你们人类世界里存在？"

风絮雨笑道："我看是不存在的，不过是文学艺术的加工美化而已。"

金惜道："如果不存在的话，那写书的作者又是如何想象出来的呢？"

"也许是有那么一点所谓的轻功，而作者却把它夸大了。比如经过练习，可以跳上一探多一些的高度，而文学作者就夸大成可以跳上六、七探，甚至十探的高度。"风絮雨解释道。

"嗯嗯，我们的文学家也喜欢用夸张的手法来写，不过，我们有强大的科技，也许能实现这个轻功。"金惜道。

风絮雨并不觉得金惜说的可以实现，敷衍地道："嗯嗯，是吗？"

金惜道："你看，我们现在使用反重力原理，不是可以让身体不陷进雪地里了吗？"

"是的。"风絮雨道。

金惜道："只要把靴子设计得合理，我们就一定可以真的做到在雪地里奔走如飞。"

风絮雨道:"如果能实现就太好了,只不过这有点难度吧。"

金惜道:"等卜之添回来,我们与他商量一下。"

风絮雨道:"为什么跟他商量?"

金惜道:"他可是个高级工程师,没有他造不出来的东西。"

风絮雨道:"我倒是忘了这一点,不过,先不要跟谦谦说,好吗?免得造不出来被他笑话。"

金惜很自信地道:"哈哈,放心,卜之添一定造得出来的。不过,你说得对,要保密。"

两神边说边向下挖,风絮雨似乎挖到泥土,对金惜道:"咦,我可能挖到泥土了。"

金惜道:"是吗?这里的积雪看来不太厚。"

风絮雨又挖了一会儿,道:"是泥土。咦?这是什么?"只见泥土中半露出两块比鸡蛋略小一点的绿白相间的石头,风絮雨紧挖几下,将石头拿在手中,石头光彩夺目,十分好看。

金惜惊道:"火心石!玉!你运气真好,这样稀奇的宝物也让你遇上了。"

风絮雨道:"哦?火心石?很稀奇吗?"

金惜道:"这可是制造开采恒星能源飞船的稀世之宝!生长在极寒之地,能耐极高温,即使恒星这么高的温感,都难以溶化它,而且一亿颗行星上都未必找得到这种矿石!"

"哇!"风絮雨惊呼道:"这么说,它果然是稀世之珍了,那价值岂非难以估量?"

"无价!"金惜道。

风絮雨道:"我要将这件事告诉谦谦,让他也高兴高兴。"

"应该的!"金惜道:"现在,你已是最富有的神了。随便拿出一颗,你都可以买到一个星球了。"

"真的?"风絮雨有点不太相信。

"嗯,真的!"金惜肯定地道。

正说着,却见姬鸣谦等五神,坐在一块约有两探见方的飞船残片上,各神手上拿着一支金属杆棒之类的东西,像划船一样,合力往回划着。

金惜一见,哈哈笑道:"哈哈,真聪明,亏他们能想得出来。"

姬鸣谦等神划到雪坑旁边,合力将残片盖在雪坑之上,再用冰雪把缝隙都捂实了,这下,一个完整的雪窝终于建造成功了。铭越率先钻进雪窝里,道:"这下总算有个家了。"

大伙相跟着钻进雪窝,坐在雪地上;虽说护甲可自动调节温感,但是头部,特别是脸部,还是感觉到很冷。畏兀从护甲后领处不知怎么一拉,就拉出一顶斗篷一样的东西,把头脸裹了,说道:"你们累吗?我真累了,先睡一会儿。"说完靠在雪壁上,把头歪了就睡。

众神纷纷学他的样子,抽出斗篷,裹住头脸,相互依靠着休息起来。

姬鸣谦轻轻地帮风絮雨裹好斗篷,让风絮雨靠在肩膀上休息。风絮雨本想告诉他火心石的事,转念一想:将来要用这两块火心石做一样东西,还是先不要告诉他,到时给他一个惊喜。想罢，便闭上了双眼。

姬鸣谦并无睡意，就盘起了双腿，默默地练习起大衍真人所授的太上心经功法。

不知过了多久，姬鸣谦突然心生警觉，耳中隐隐听得一阵怪声，他把眼一睁，半跪起身，却把风絮雨闪在了地上，连忙把她抱起来。风絮雨被他这一闪，醒了过来，轻声问道："怎么了？"

姬鸣谦道："你听！听到什么声音吗？"

"没有呀！"风絮雨道："这不就是风雪之声吗？"

"不是，是别的声音。"姬鸣谦道。

风絮雨侧耳听了一会儿，道："没有！你听到什么了？"

姬鸣谦道："像是风雪吹打在什么物体上发出的声音。"

风絮雨深知他身体异于常人，对他的听力深信不疑，道："出去看看？"

姬鸣谦道："好！"在仪表板上点了几下，整件护甲和斗篷全变成雪白的颜色，与周围干冰的颜色融为一体。

风絮雨也调节好护甲的颜色，拉着姬鸣谦的手，从雪窝里爬了出去。两人不敢站立起来，因为外面风雪确实大得吓人，漫天飞舞的冰雪将天空遮蔽着，显得很昏沉，能见度很低，两人四周仔细地观察了一遍，只是什么也看不到。姬鸣谦仰头向天空观望，还是没有任何发现。

这时，姬鸣谦耳中又响起那个怪声，这次连风絮雨也听到了，有点紧张地道："谦谦，不会是什么怪物吧？"

姬鸣谦道："你没听畏兀和巴久汶说过？这是一个年轻的星球，没有生命，哪来的怪物？"

风絮雨道："会不会是路过的飞船？"

"对呀！"姬鸣谦一拍脑袋，道："我怎么没想到？我们有救了，快去把他们叫起来。"

风絮雨连忙钻回雪窝里，将畏兀等神叫起来。畏兀一听，快速地来到姬鸣谦的身旁，问道："鸣谦，发现了什么？"

姬鸣谦道："什么也看不到，只是听到了一些声音，现在连声音也听不见了，可能到别处去了。"

畏兀从身后的应急腰囊里一摸，摸出一个精致小巧的仪器来，按了一下，那个仪器便自动打开，变作一副像望远镜一样的东西，原来是一个多功能的观察仪。

畏兀四处察看着，这时巴久汶等也都已出来了，同样趴在雪地上，人手一个观察仪，只是外形与畏兀那个有很大的差别。

金惜道："鸣谦，你的应急腰囊里一定有这种观察仪，可能比我们的要先进很多。"

姬鸣谦伸手去囊中摸了一阵，掏出一个只有一节电池大小的圆柱体的东西，道："估计是这个了。"

巴久汶凑近一看，道："应该是它了，不过不知道怎么打开它。"

卜之添道："我看看。"伸手拿过来，看了一会儿，用手拧了一下，那圆柱体就变成一个眼罩一样的物件，然后递给了姬鸣谦。

姬鸣谦接过来，往头上一戴，说道："嗨！真清晰！什么都能看得一清二楚。"

风絮雨连忙也从腰囊里拿出观察仪，打开戴到头上，道："哇！果然是高科技，看得真清楚！"

姬鸣谦仰头向天，那仪器竟然可以"看透"漫天的冰雪，就如看着晴朗的天空一样。姬鸣谦向天空搜索了一遍，却是一无所获，回头问道："你们有什么发现吗？"

畏兀、巴久汶等一起摇头，表示没有发现。姬鸣谦道："小絮猜测是路过的飞行器，你们觉得有没有道理？"

铭越道："鸣谦，我想不可能是路过的，这么荒凉的星球，又远离航线，怎么会有飞船路过？"

卜之添赞成道："上卫说的对。"

姬鸣谦心中一惊，道："如果不是路过，那就是专门来的了？难道是跬垒神？"

巴久汶道："你是说跬垒神在搜索我们？"

畏兀道："这不是没有可能的。"

巴久汶道："如果是跬垒神，那我们岂非死定了？"

风絮雨道："我们不能夺了他们的飞船吗？"

铭越道："谈何容易！我们只有七个神，又没有重武器，对方一定神多势众。"

金惜道："上卫，也不一定，我看这只是一艘飞船而已，可能它追踪到此，还没有发现什么，所以又走了。"

铭越笑道："哈，他们走了，我们就没救了；他们不走，我们又死定了。"

姬鸣谦道："金惜分析得有道理。它若不走，我们还真的可以想办法夺取飞船脱困，只是它走了……"话还没说完，天空又传来一阵声音。

众神立即停止说话，全都仰头向天空望去。畏兀搜索了一阵子，很快就发现一艘比飞渡号大两倍的飞船，在撷芳号坠毁的附近悬停着，风雪吹打着船身，发出阵阵怪声。畏兀道："看到它了。"

巴久汶也道："我也看到了。果然是跬垒神的飞船。"

卜之添道："鸣谦，它一定是发现了撷芳号的残骸了。"

风絮雨道："也许他们在搜索，看我们是否有神生还。"

姬鸣谦脑子飞快地转着，问道："畏兀、巴久汶，这样一艘飞船上，一般会配置多少舰员？"

巴久汶道："最多也就十个，但不少于五个。"

姬鸣谦道："我们将它夺过来！"

铭越道："鸣谦，能行吗？这样做很危险。"

姬鸣谦道："只有一搏，我们才能逃出生天，不然的话，我们都得死在这里。"

畏兀道："鸣谦说对！"

姬鸣谦望着众神，从大伙的眼神中，他看到了大家求生的坚毅决心。

金惜道："鸣谦，你就告诉我们怎么做吧。"

姬鸣谦道："我和小絮将飞船引到雪窝旁，你们埋伏在四边，畏兀，你专职去抢飞船。"

畏兀道："鸣谦，你这样做太危险了，万一他们开火……"

"不会的。如果他们能把我活着带回去，更是大功一件！"姬鸣谦自信地道。

金惜道："船长，鸣谦说得很有道理，所以不用担心他们会对鸣谦和玉开火。"

巴久汶道："船长，只要我们动作足够快，一定能成功。"

畏兀拍拍姬鸣谦的肩膀，没有再说什么。

姬鸣谦道："检查下我们的防身武器，马上行动！

巴久汶、铭越、金惜、卜之添立即就散开，只留畏兀待在雪窝中。姬鸣谦和风絮雨走到离雪窝约有半遥之地，先将武器埋在身前的雪里，然后从腰囊中摸出一颗拇指大小的金属珠，用力向空中一抛，只听一声轻响，金属珠在头上炸开，无数比药丸还小的金属小珠散落下来，形成方圆两三望的求救信息圈，并自动发出磁波信号。

果然，不一会儿，那艘飞船显然是收到了求救信号，立即就向姬鸣谦和风絮雨所站的位置飞来。姬鸣谦和风絮雨向着飞船挥舞着双手，大声呼叫着。飞船在两人头顶盘旋了两、三圈，确认两人没有武器，这才离两人一望左右的地方徐徐着陆。舱门一开，从船上跳下四个全副武装的跬垒神，一步一步艰难地慢慢地向姬鸣谦和风絮雨走过去。

畏兀趁着飞船上的神注意力全都集中在姬鸣谦和风絮雨的身上，从雪窝中一跃而出，飞快地跑近飞船舱门，与此同时，金惜对卜之添道："他们才下来四个神，教官他们可以应付得来，我们去帮畏兀抢船！"

卜之添道："好！"

四个跬垒神走到姬鸣谦和风絮雨跟前两步之处就停了下来，其中一个用武器指着姬鸣谦道："将武器交出来！"

姬鸣谦大叫一声："开火！"与风絮雨同时向前一扑，从雪里抄出武器；与此同时，巴久汶和铭越已然开火。四个跬垒神措手不及，早被打倒了两个，剩下两个，调转身来向巴久汶和铭越开火，却忘了姬鸣谦和风絮雨两个，被他们从雪中抄起武器打倒在地。

这边才开火，飞船上又跳下两个跬垒神，正与畏兀、卜之添、金惜三神相遇，被三神三枪齐出，迎头打倒在舱门边。船上的跬垒神见势不妙，正要驾船逃跑，畏兀和卜之添双双纵身一跃，就在飞船升空的一刹那间跃入了飞船里。

飞船急速上升，只过了一会儿的工夫，又降落下来。只见卜之添站在舱门口，道："女士们、先生们，欢迎入住新家！"

风絮雨高兴得蹦跳着道："哇哇！谦谦，金惜，我们成功了！"

姬鸣谦问道："畏兀呢？"

卜之添道："他没事，在驾驶室呢。"

铭越道："你们没受伤吧？"

卜之添道："船里只剩一个驾驶员，被我们一枪打倒了，将飞船抢了过来。"

巴久汶指挥着大伙将跬垒神的尸体都拖到雪窝里埋了；把他们的武器装备都收缴起来，拿到船上。众神都到驾驶室里商议下一步的去向，却不见了卜之添的身影。

第二十三章　海盗

金惜问："卜之添呢？怎么不见了？"

巴久汶打开通话器呼叫道："卜之添，听到请回答。"

过了一阵子才听到卜之添答道："我在找食物呢。只可惜找到的都是跬垒神的食物，没有我们需要的。"

金惜道："下卫，你怎么不去看看有没有星际紧急救助箱？"

卜之添道："啊，对呀！我怎么没想到这个。"

不一会儿，卜之添拿着一个饭盒大小的金属盒子回来，道："有吃的了。"打开盒子，里面是满满一盒子拇指大小的白色丸子。

风絮雨好奇地问："这是什么？"

金惜道："这是通用食物，叫做微子基础通用食物，适合所有生物食用。"

风絮雨更加好奇了，问道："微子基础通用食物？还有这么神奇的东西？"

铭越道："玉，我们所有生物的生命基虽然不同，但是，都是由细胞组成的，而细胞又由固子组成，而固子又由始子组成，而始子又由更小的微子组成，而到了微子这一结构，物质就基本没什么不同的了，所以，微子食物可以适合所有生物。"

巴久汶道："这些食物，不够我们吃三期的。"

畏兀道："不管吃多久，先吃一颗再说。"说完伸手拈了一颗，塞到嘴里吃了。

风絮雨也拈了一颗，放到嘴里嚼着，却是什么味道都没有，道："这么难吃。"

姬鸣谦道："哈，这一定不会好吃的了。"说完也吃了一颗。

众神吃完食物，巴久汶问道："鸣谦，现在我们该去哪里？"

姬鸣谦道："先看看我们现在在哪里吧。"

金惜打开导航系统，众神一看，畏兀道："我们还在屠维宇宙，我们所处的位置是角触冯升星团，离跬垒神的陂比星团不远。"

姬鸣谦道："看来我们需要一艘新飞船。"

巴久汶道："我们现在不是有一艘了吗？"

风絮雨道："谦谦的意思是，我们驾着跬垒神的飞船，去哪里都会暴露身份，尤其是在他们的势力范围内。"

铭越道："可是，我们又去哪里再弄一艘新的飞船？"

畏兀道："鸣谦，这里离我们最近的，是祚景纶添星系，有个四级文明的恣几恣卒族，再远一些的喧橖蘮蒔星系，有个刚踏入七级文明不久的樗封棠坳族。"

姬鸣谦道："那我们到最近的恣几恣卒神里去好了。"

巴久汶道:"鸣谦,以这艘飞船的动力来看,估计也就仅仅能飞到恣几恣卒神那里,只是……"

风絮雨问:"只是什么呢?"

巴久汶续道:"只是恣几恣卒族是个四级文明神族,没有能力提供八级文明的飞船所需的能源补给。"

风絮雨一听,急问:"怎么办?"

畏兀道:"不如碰碰运气,试试看能不能去到樗刲棠坳神那里。"

姬鸣谦突然一拍大腿,叫道:"坏了!"

金惜忙问:"什么事?"

姬鸣谦道:"刚才发了一枚电磁信号弹,忘了清除了。如果被跬垒神的其它飞船收到信号,我们就麻烦了。"

巴久汶道:"不用担心,这种信号,最多在方圆半垠的范围内有效,传递不远的。"

姬鸣谦道:"但是,如果他们太久收不到这艘船上的跬垒神的信息,也会来找他们,那时,就会发现我们还活着。"

卜之添道:"这些都是其次的,不要再考虑了,我们还是担心一下怎么样才能飞到樗刲棠坳神那里吧。"

姬鸣谦一想,道:"你说得对,顾不上这许多了。"

畏兀道:"那就说好了,去樗刲棠坳神那里?"

巴久汶道:"试试吧。"

畏兀道:"好!关闭重力,光速准备!"

铭越道:"护盾已开启!"

金惜道:"探测系统运作良好!"

巴久汶道:"导航系统良好!"

卜之添道:"重力已关闭,一级光速候备。"

畏兀虚空一点,飞船化作一道黑影,在黑暗的宇宙中无声穿越万千星光。

"燃料即将耗尽,燃料即将耗尽!"通话器里传来卜之添的声音。话音才落,燃料指示灯就亮了起来。

巴久汶道:"怎么办?"

姬鸣谦道:"我们在什么位置?离樗刲棠坳神还有多远?"

畏兀道:"已进入他们的星团了,不过离他们还很远。"

姬鸣谦道:"拼尽所有燃料,能到达吗?"

铭越道:"鸣谦,这样很危险。"

风絮雨道:"为什么呢?"

铭越道:"拼尽燃料,即使能到达他们的星系,但是我们没了动力减速,飞船就会以惯性飞行,那时就危险了。"

畏兀道："为今之计，先将飞船停下来，保留一点动力，以备不测。"

姬鸣谦道："好！先关闭动力，暂不减速，让它惯性飞行一段时间也好。"

巴久汶道："这主意不错！说真的，我还没有这样驾驶过飞船。"

畏兀道："我也没试过。因为这在我们的飞行驾驶条例上是禁止的。"

金惜道："既然有这个机会，那么我们就当作是一次特殊的飞行训练吧。"

畏兀道："各就各位！无动力惯性飞行训练开始！"

姬鸣谦第一个带头回应道："探测系统已就位！"随即便坐到探测系统的位置上。

巴久汶道："副驾驶已就位。"

其余各神，依次报告就位。畏兀驾着关闭了动力的飞船，作惯性飞行，一切都很顺利。

飞了不知多久，姬鸣谦突然道："侧后发现三艘飞船，正高速向我们靠近。"

"扫描来船。"畏兀道。

"来船没有标识。"姬鸣谦答道。

巴久汶道："我看看。"将探测器切换到副驾位置上，接过了探测系统的控制权。看了一会儿，道："船长，估计我们遇上海盗了。"

铭越一听，道："糟糕！"

畏兀道："看来我们只有束手待缚了。"

风絮雨道："怎么说？我们有武器可以自卫呀！"

巴久汶道："从扫描的数据看，这是六级文明程度的飞船。如果我们有足够的动力，他们根本追不上我们，再说，我们的火力也足可以击退他们。"

风絮雨道："现在呢？"

金惜道："玉，我们现在没有足够的动力开动磁力炮、重力炮这些重武器，就是光波炮这种轻武器，威力也大打折扣。"

畏兀道："鸣谦，你有什么好主意？"

姬鸣谦道："能不能跟他们谈谈？"

巴久汶道："谈什么？"

姬鸣谦道："把我们的飞船给他们，条件是送我们到樗封棠坳神那里。"

巴久汶道："鸣谦，没听说过海盗还会谈条件的。他们杀了我们，飞船不一样是他们的吗？"

姬鸣谦道："不一样！"

卜之添问："怎么不一样？"

姬鸣谦道："先试试再说。畏兀，打开动力，将船停下；金惜，跟他们连接通话。"

金惜依言向对方发出信息，不一会儿就收到对方的回复，只有一个字：死！

风絮雨惊道："他们要杀死我们。"

姬鸣谦道："都不要惊慌。等下看我的眼色行事。"又道："再发一条信息，就说我们燃料耗尽，船上没有任何有价值的东西，甚至连食物都没有；我们要跟他们谈谈。"

金惜很快就将信息发出，对方却没有立即回复。等了快有半念的时间，对方发来信息：打开舱门！

畏兀将飞船制停，打开舱门；姬鸣谦和铭越走到舱门边现身，铭越拿着一个像手电筒一样的东西，向对方打起了星际通用的绿、黄、蓝三色光语，表示没有武器。

不一会儿，一艘小飞船从海盗母舰中飞出，慢慢地靠近姬鸣谦这个舱门，畏兀主动伸出廊桥与对方连接。小飞船上走下五、六个全身都罩着黑袍的生物，手中拿着武器，对着姬鸣谦他们，用襄殷毋赅语命令姬鸣谦等走出飞船，经过廊桥进到他们的飞船里；之后，又有三个黑袍生物进了姬鸣谦他们的飞船。

小飞船带着姬鸣谦等七神飞回到母舰中，黑袍生物押着他们来到一间颇为宽大的舱房里，里面正中坐了一个黑袍生物，同样是全身罩在黑袍中，只留两个眼睛露出来。姬鸣谦心道：这个应该是海盗首领了。

海盗首领用本族语言向押解的黑袍生物问："都是些什么神？"

内中一个押解的答道："一个鬏翊神，四个彝奭渎隶神；还有两个不知是什么族神。"

"嗯？"海盗首领将面朝向姬鸣谦和风絮雨，一双怪眼朝两人不停地打量着。

姬鸣谦开口道："首领阁下，能否用星际语言交谈一下？"

海盗首领用襄殷毋赅语道："废话！本尊者会说五百多种语言，难道连星际通用语都不会？"

姬鸣谦道："啊，失敬！那么我们谈谈好吗？"

海盗首领不屑地道："有什么好谈的？你们现在落在我的手里，按照我们的规矩，你们只有一条路走，那就是死！"

姬鸣谦道："也许有第二条路，阁下是否考虑一下？"

海盗首领大笑起来，道："我想不出你们还有什么路？"

姬鸣谦道："飞船送给你，你把我们送到樗刲棠坳神那里，怎么样？"

海盗首领嘲道："你觉得有这个必要吗？杀了你们，飞船照样是我们的。"

姬鸣谦道："这不一样。"

"有什么不一样？"海盗首领问。

姬鸣谦道："如果我猜得不错，阁下来自一个六级文明的神族，而你们现在所有的飞船，也只不过是六级或以下文明所制造。"

"那又怎样？"海盗首领有点不耐烦地打断道。

姬鸣谦没有理会，继续道："像我们这么先进的飞船估计阁下还是第一次俘获吧？"

海盗首领有点奇怪地问："你怎么知道？"

"如果不是我们的燃料耗尽，失去动力，以阁下的速度和武器，有可能俘获得了八级文明制造的飞船吗？"姬鸣谦道。

海盗首领没有说话，显然他不能反驳姬鸣谦所说的事实。过了一会儿，海盗首领道："你说的虽然是事实，但现在，我已俘获了这样的一艘船了，对吧？"

姬鸣谦道："对！"

"嗯！那你们可以去死了。"一挥手，两边站立的黑袍神就来推搡他们。

巴久汶突然大声道："我知道你们是谁了！"

海盗首领望着巴久汶道："哦？你知道？"

巴久汶道："你们是传说中的横行宇宙，从来不留活口的绝杀盗！"

海盗首领放声大笑，道："哈哈，不错，正是我们！可是，你知道也没用，照样得死！"

巴久汶道："你们是数万纪前，被神秘灭族的笱岩蚕蹜族神！"

海盗首领身子一震，道："你怎么知道的？"

巴久汶道："嘿嘿，不告诉你。"

海盗首领冷冷地道："你不说更好！来呀，先把这个家伙丢到太空里。"

话落，有两个黑袍神就走了出来，要脱巴久汶的护甲；这时，通话器里一个声音响起，却是用笱岩蚕蹜语说的，海盗首领听罢，沉默起来。

姬鸣谦道："阁下，你现在拥有一艘先进的飞船，但是不会驾驶，所以……"

原来刚才通话器里的声音，正是留在俘获的飞船上的海盗手下向他报告，无法驾驶刚俘获的飞船的情况，姬鸣谦适时而言，正好说中了他的心事。海盗首领用笱岩蚕蹜语说了句什么，那两个黑袍神便放了巴久汶，退到一旁去了。

海盗首领向姬鸣谦招招手，道："看来你有好办法？"

姬鸣谦道："阁下，我们可以订个协定。"

"说来听听？"海盗首领口吻平和了许多。

"我们负责帮你训练驾驶飞船，你送我们到最近的樗抁棠坳神那里，我们在这里期间，你要保证我们的安全和食物供应。"姬鸣谦道。

海盗首领道："听起来不错，但放了你们，我们的秘密就被知晓了。"

"阁下，这艘飞船我们也是抢来的，我们现在也是亡命之徒。我们自身自顾不暇，哪里还敢招惹是非？"姬鸣谦道。

海盗首领盯着姬鸣谦看了很久，这才道："看来你不像是说谎。"

"成交吗？"姬鸣谦问。

海盗首领目中闪过一丝狡黠的神色，道："你就不怕我等你们训练完之后，再杀了你们？"

姬鸣谦脸上神色不变，很平静地道："盗亦有道。再说，一个男子汉，自食其言，那么不管你是什么身份，都会被人鄙视，更会被部众不齿。"

海盗首领道："好一个盗亦有道！好！成交！"

姬鸣谦道："认识一下，我叫姬鸣谦，阁下可否见告大名？"

海盗首领犹豫了一下，道："你就叫我首领好了。"

姬鸣谦道："看来首领还是不相信我们。"

海盗首领道："我们在宇宙中流浪了许久，小心一点才能活得更长久。"

姬鸣谦没有再问对方姓名，道："你说得很对！"

海盗首领道："那么，你去把飞船开到机库里吧。"

姬鸣谦道："首领，让我的同伴去吧。"

海盗首领道："可以。"

畏兀道："鸣谦，恐怕开不了。"

姬鸣谦迷惑地问："为什么？"

畏兀道："因为刚才制停飞船时，已经将最后的一点燃料都耗完了。"

海盗首领道："你们就没有后备的燃料吗？"

巴久汶道："如果有，我们现在就不会站在这里了。"

海盗首领点点头，道："那怎么办？"

巴久汶道："办法倒是有一个。"

海盗首领道："说！"

巴久汶道："开动你的飞船，将机库门口对准我们的飞船，将它'吃'进去。"

海盗首领道："办法听起来不错，但谁也做不到。"

巴久汶道："本神正好可以做到。"

海盗首领望着他，有点不相信："当真？"

畏兀道："首领，本神也可以。"

海盗首领道："好！指着一个黑袍神道："带他们两个去驾驶室。"

黑袍神立即就押着畏兀和巴久汶走了。

畏兀和巴久汶来到驾驶室，估计驾驶员早已接到命令，已经将驾驶的位置空了出来。

畏兀坐到副驾的位子上，道："巴久汶，我做你的副手。"

巴久汶并不推让道："好！"一屁股坐到主驾的位子上，熟练地操作起来。

两神自认识以来，一直都互为正副驾驶，合作了这么久，配合十分默契，不大一会儿，就将抢来的跬垒神的飞船"吃"到了机库里。海盗首领看到两神驾驶技术如此精湛，不禁大加赞赏。巴久汶、畏兀露了这一手，使得海盗首领对他们的驾驶技术深信不疑，当即就挑选了几个心腹手下，让他们跟着畏兀、巴久汶到跬垒神的飞船上学习驾驶八级文明的飞船去了。

姬鸣谦和风絮雨插不上手，被"安排"终日陪在首领的身旁，一来是拿他二人作质，二来也方便监视他们。

过了两三期时间，风絮雨突然问道："首领阁下，有个问题可以问问吗？"

海盗首领与他们相处了一段时间，口气已平和了许多，道："那要看你问什么了。"

"我看你一直都只是用一只手，而你的手下都是用两只手；我想知道，您为什么不用另一只手呢？"

海盗首领沉默了一阵，狠狠地道："我另一只手丢失了。"

风絮雨道："对不起，是我冒昧了。"

"没什么，海盗嘛，总有失手的时候，不是我杀神就是神杀我；能捡回一条命来已经很幸运了，丢一只手算什么？"

风絮雨正想再说什么，一个黑袍神匆匆走来，低声向海盗首领说了几句什么，海盗首领立即就丢下二人，急急地走了。

风絮雨很是奇怪，问在场的两个黑袍神："你们首领似乎有很着急的事要办？"

当中一个黑袍神道："老首领病得很重，估计不行了。"

风絮雨又问："什么病？"

回答道："不知道。我们也不敢打听。"

风絮雨看了一眼姬鸣谦，对黑袍神道："你快去告诉首领，就说我们有一位高明的医者，可以替老首领看病。"

黑袍神迟迟疑疑地不肯动身，风絮雨又催道："快去呀！"这才飞奔而去。

过了一会儿，海盗首领急急忙忙地回来了，问道："刚才手下来报，说你们当中有位高明的医者可以治病？"

风絮雨指着姬鸣谦道："他是颅肓神教出来的医术高手，现在是八级医令，有银刀头衔。"

海盗首领望向姬鸣谦，问道："当真？"

姬鸣谦点头道："是的。"

海盗首领道："那就请医令去替家父，哦，就是老首领看看病吧。"

姬鸣谦道："请首领阁下带路。"

海盗首领道："请随我来。"领着姬鸣谦和风絮雨往生活区走去。

生活区所占空间颇大，秩序井然，所有的神都是黑袍罩体，看不出男女老少，但还是看得出，当中有儿童。姬鸣谦和风絮雨都微感诧异，正看之间，海盗首领道："到了。"推开一道门，将二人请进了一间舱房里。

房内站着两个黑袍神，一张床上躺着一个没有穿黑袍的老者，只见他长得像是古书上描述的猿人一般，一头棕红色的毛发很长，满脸皱纹，看样子年纪很大。

老首领看见姬鸣谦和风絮雨走近，惊得仰起了身子，口中喃喃地不知道说些什么。

姬鸣谦快步上前，一边按着他，让他躺好，一边讯问："老首领可以听哪种语言？"

海盗首领道："就现在这种就可以了。"

姬鸣谦点头"嗯"了一声，对老首领道："老首领，我是姬鸣谦，八阶银刀医令，来给您看病，请躺好了，等我好好给您诊视一下。"

老首领点点头，依言静静地躺好。姬鸣谦从医囊中取出一块长一轨、宽半轨，厚不及一渐的金属薄片，打开开关，薄片的一面就出现了一个屏幕，姬鸣谦用它从头到腹，替老首领扫描了两次，屏上就出现了一组一组的数字符号。

姬鸣谦细细地看了扫描的数据，对海盗首领道："令尊的病，是长期严重营养不良，忧思过度所致，加上寿高体衰，因此累积而成沉疴。"

海盗首领道："银刀医令果然名不虚传！情况正如你所说的一样。"

姬鸣谦从医囊里取了一颗药丸出来，交给首领道："这是一颗可以激发生物自身各种细胞再生的药丸，令尊吃下之后，自然可以凭借自身的机能，回复活力；另外，最好让令尊进食一些有营养的食物。"

海盗首领迟疑着不肯将药丸给老首领喂食，老首领低声道："拿来！我相信这位医令。"

海盗首领只得遵命将药丸给父亲吃了，对姬鸣谦道："我们经常食不果腹；抢劫到食物也不敢大吃大喝；有时抢不到适合我们的食物，就要忍饥挨饿，所以，营养不营养的，倒在其次。"

风絮雨听罢，触动了恻隐之心，道："首领，想不到你们的日子过得这么艰辛。"

海盗首领道："太空流浪，天涯亡命，能活着已经很不错了。"

姬鸣谦道："首领，让令尊休息一下，我们暂且告退。"

海盗首领叫来一个手下，让他带姬鸣谦和风絮雨回住处。风絮雨一边走，一边道："谦谦，他们也太可怜了，何况还有儿童。"

姬鸣谦感慨地道："是呀，无根之萍，能不可怜？就如我们一样……"

风絮雨听得他说起自身，不禁悲从中来，眼中流下泪水。

过了一期时间，海盗首领派手下来请姬鸣谦；姬鸣谦和风絮雨来到老首领的舱房。一进门，就看见老首领站在房中，精神好了许多，病态也不见了，看起来似乎也年轻了一些。

老首领请两人坐了，道："医令，恕我昏聩，没有记住你的名字，能否再次示下？"

姬鸣谦道："老首领，我的名字叫姬鸣谦，这位是我的未婚妻风絮雨。"

老首领道："啊！这回记住了。医令，衷心感谢你为我治病，我已好了很多了，浑身都觉得有活力了。"

姬鸣谦道："这是老首领身体素质好，根基极佳，所以药物才能充分发挥它的功用。"

老首领道："请恕我无礼。从医令的外貌，看不出你是什么神族的神，能否见告？"

"老首领，我目前的身份是罕眃穆族神。"姬鸣谦道。

"目前？那之前呢？"老首领觉得有点意外。

"之前？我也不知道自己是什么族的神。"姬鸣谦讪笑着答道。

"医令如果有什么难言之隐，也就不要勉强了。只是，我觉得你们很像一个神族的神。"老首领道。

"你是想说，我们像消失了的婳顼族神吧？"姬鸣谦道。

"你怎么知道我这样想？"老首领奇道。

"因为许多神都这样认为。"姬鸣谦道。

老首领道："这不奇怪，因为你们长得确实非常像婳顼族神。"

风絮雨插话道："老首领，你们为什么在这太空中流浪？据说，你们这个神族已被灭族了，这又是怎么一回事？"

"唉，这话说来就长了。"

风絮雨道："如果您愿意，就给我们说说吧。"

"嗯，那是很久很久以前的事了。"老首领打开话匣子，开始述说起他们的历史："当时太虚中出了一件大事，就是刚才说到的婳顼族神，一夜之间消失得无影无踪；众神族联合起来前往调查，都一无所获。我们的先辈也参与了调查，无意中发现了一条线索，于是暗中追查下去。后来先辈把一些线索，告诉了主持调查的须委族神；须委神以保密为由，全面接管了我们调查得来的证据，并让我们参与调查的队员到他们的星球上协助他们作进一步的探究。谁知，我们的神就此一去不返，再也没有音讯；当我们追问我们的神去了哪里时，他们总是回答说，他们正在一个遥远的宇宙里作秘密的调查工作，而他们调查出什么情况，就没有神知道了。

过了不久，坚鲜神忽然指责我们占了他们的矿场，我们据理力争，怎会让步？双方争执不下，继而引发了冲突，再后来竟然兵戎相见；战争打打停停，持续了数十纪。眼看双方都无法取得胜利，须委族神与跬垒族联合了十数个神族，前来调停，要求我们交出矿场，由他们托管。那矿场自古以来就是我们所拥有，祖辈们自然不肯。谁知他们竟然暗中相助坚鲜神，又派观察员到坚鲜神那里。最后，须委族神以我们违反星际公约，打死了他们的观察员为由，向我们宣战，对我们痛下杀手；我们以整个星系之力独力对抗他们，战争血腥惨烈，我们的祖辈并没有屈服；须委神无法使我们投降屈服，竟然使用了毁灭行星的终极武器'绝世美颜'，将我们的母星撕成了碎片！

我们的祖辈在千钧一发之际，带着七、八艘飞船和数千族神，在全体族神的拼死掩护下，侥幸逃出生天，从此就在宇宙中流浪，无家可归。

由于我们与须委神为敌，太虚中没有神愿意收留我们，我们就这样漂泊不定，无法得到补给。

实在是没有办法了，为了生存下去，祖先们只好做起了强盗；为了不让众神知道我们是谁，祖辈规定，所有族神从此以黑袍罩体，不露出我们任何身体特征；然后，又订下了一个最血腥的律令：今后无论遇到什么族神，一概格杀勿论。"

老首领说到这里，风絮雨道："又是这个坚鲜神！"

姬鸣谦道："老首领，那些有关婳顼神的线索，你们的祖先有留传下来吗？"

"据我的爷爷说，初时是有留下的，为了保密，都是由上一任首领口传给下一任首领，后来因为有一任首领还没来得及告知下一任首领，就死去了，所以就失传了。"

姬鸣谦道："你们漂泊了这么久，就没想过要找一个合适的星球重新定居下来？"

"能够定居，谁愿意在太空中流浪？"老首领慨叹道："我们一直都在寻找合适的行星，只是没有完全合适的；稍为合适一点的，却是需要进行改造，而以我们的文明等级和现时的力量，根本就不可能进行这种行星改造的巨大工程。"

风絮雨心中实在不忍，道："谦谦，想想办法帮帮他们吧。"

姬鸣谦道："如果请别的神族帮忙，再造家园，是最好不过的了。只是你们与须委神、跬垒神、坚鲜神为敌，一旦他们得知你们的踪迹，你们就是灭顶之灾，而且，恐怕会连累这些帮助你们的神族。"

老首领道："医令说到点子上了。就因为这样，没有一个神族敢帮我们，而我们也不敢连累别的神族。"

风絮雨道："那可怎么办才好？"

姬鸣谦沉默了一会儿，很慎重地道："老首领，如果我有地方安排你们居住，你们可否发誓，以后绝不再作强盗？"

老首领双肩抖动地道："医令，你看我们就剩这几百个神，再这样下去，过不了多久，我们筍岩蚕蹅族神就真的灭绝了。正是因为这一点，我是忧思难禁，寝食不安啊！"

姬鸣谦道："老首领，族群需要安定的环境才能繁衍，你们这样流浪了这么多纪，而且食不果腹，要想增加族神数量，是不可能的。"

老首领道："医令说得太对了。但是，太虚之大，哪里有我们容身之处？医令若真有一块能让我们安身立命的地方，那你就是我们筍岩蚕蹅族的再生父母，永为本族的守护之神！"

姬鸣谦道："老首领，我可以试试，安排你们到首龟渠神的星球上居住，你觉得怎样？"

"首龟渠神？五级文明的首龟渠族吗？"老首领问道。

"是的。"姬鸣谦道。

"他们肯收留我们？"老首领道："或者说，他们敢收留我们？"

"收不收留我不敢肯定，但敢不敢收留我就可以肯定。"姬鸣谦道。

"这有什么不同？"老首领被他说得有点糊涂了。

"当然有不同了。肯不肯收留是他们要权衡利弊；敢不敢是说他们的胸襟。"姬鸣谦道。

"你有把握？"老首领父子两神不约而同地问。

"我不知道，但我可以说服他们，让他们收留你们。"姬鸣谦道。

父子两神十分疑惑地看着眼前这个陌生的神，不知道他有什么能耐，可以让一个星球收留他们这个在太虚中流浪了数万纪的神族。

姬鸣谦看出他们的疑虑，道："当然了，这是有一定条件的，必须遵守他们的法律约束，可能还有特别的条件要遵守。"

"你能代表他们吗？"海盗首领问。

"啊，不能！不过我说过，我可以说服他们。"姬鸣谦道。

"万一你说服不了他们呢？"海盗首领道。

风絮雨道："首领，就算万一说服不了，试一试也没有坏处。"

老首领道："嗯，尊敬的女士说得对。"转头对姬鸣谦道："医令，可否容我们与族神商量一下？"

姬鸣谦道："这个当然了。这必须是你们全体同意，才可实行。而且，我也需要时间与首龟渠神沟通。"

老首领口气变得极其尊重地道："那请您稍等一、二期可以吗？"

姬鸣谦道："老首领不须着急，我等你们决定了之后，才可以向首龟渠神提出请求；我还须再强调一点，就是我不保证能百分之百的成功；而且即使能说服他们，我也不能保证他们给出的条件能合乎你们的期望。"

老首领道："医令，我们没有什么更多的奢望，只求有一小块地方能让我们生息就满足了。"

姬鸣谦道："好的。我这就暂时告退，静待贵族的决定。"

老首领用诚恳与尊敬的语气道："医令，无论我们商量的结果怎么样，您的一片心意我们全族都将永远铭记在心。"

姬鸣谦谦谢了几句，和风絮雨退出了老首领的舱房，自回自己的住处。路上，风絮雨道："谦谦，你虽然帮助过首龟渠神，但是要他们接受这么一批强盗，他们会愿意吗？"

姬鸣谦道："小絮，我真的不敢肯定。但是不试一试，又怎么知道行不行？"

"我看你一定有几分把握才这样做的，不然你也不会提出来。"风絮雨对他满怀信心。

姬鸣谦道："把握是有一点。"

"对了，刚认识你时，你简单地说过，你帮首龟渠神打了胜仗，当时没好意思问，你怎么还会打仗呢？"风絮雨道。

姬鸣谦道："小絮，我不是跟你说过吗，我父亲是个军官，母亲是军医，我出生在一个军人家庭里；我父亲的秘书卞叔叔，是一个很棒的职业军人，我从小就跟着他，他教会了我不少的军事知识，讲了许多故事给我听，还教会了我射击、格斗、潜水等等技能。"

"难怪你的身体素质这么好，遇到危难时能够处变不惊，从容应对。"风絮雨道。

姬鸣谦黠笑道："小絮，难得你这么夸我，我觉得浑身舒服。"

风絮雨拧了他一把，道："这么不经夸吗？"

姬鸣谦极其夸张地大叫一声，脸上现出无比痛苦的表情："啊！疼死我了！"

风絮雨一脸爱意地看着他道："就是要疼死你！"

过了两期，海盗首领亲自来请姬鸣谦和风絮雨；海盗首领很恭敬地将二人引到老首领的舱房。只见老首领像一座雕像一般站在房中，神情极其肃穆，头上棕红色的毛发竟然有点灰白，脸上的皱纹就像是刀刻的一样。

老首领一见姬鸣谦两人进来，上前一步迎了上来，道："医令，女士，为表示尊敬，我想，我应该先将名字告诉二位。"

姬鸣谦道："老首领，是我们失礼了，一直都没有请教您的尊姓大名。"

老首领道："这怎能怪你们？小儿曾很无礼地绝了您的询问，所以，是我们失礼在先。"

风絮雨道："老首领，你们处在非常的境地，自然有非常的苦衷，所以不算失礼。"

老首领道："女士，你真是个善解神意的好孩子。"稍停又道："我姓部加坷皈，名字叫尤斯，小儿名字叫奇旺。"

姬鸣谦道："两位部加坷皈首领，请问，贵族是否已有了决定？"

老首领道："是的，医令。我们与全族商量好了，为了祖先，也为了后代，更是为了我们这一族神能生存繁衍下去，我们接受您的建议，愿意接受一切条件。"

姬鸣谦道："老首领，这是明智且伟大的决定，将来贵族后辈必定会将这一历史时刻载入辉煌的史册之中。"

奇旺道："是否载入史册不重要，重要的是能生存下去。"

姬鸣谦道："好，我马上就与首龟渠神联系，请两位邨加圫皈首领静待消息。"

第二十四章　探险号

姬鸣谦和风絮雨告辞出来，回到住处，取出伊申祚仄给他的灵子感应通讯球，按照朱思茫教的方法打开，不一会儿的工夫，伊申祚仄的影像就出现在姬鸣谦的跟前。

伊申祚仄高兴地道："噢！亲爱的医士，您好吗？"

姬鸣谦道："官上，我很好！您现在身体怎么样？"

"医士，我现在身体好极了，前些时候，我还亲自驾驶战舰巡视了星系边境，朱思茫说我年轻了几十纪！"伊申祚仄开心地说。

"这听起来真是太好了。首龟渠族需要您健康的身体，请注意休息，不要过度疲劳，定期请速守乌侧给您检查身体。"姬鸣谦道。

"速守乌侧每次给我检查身体，都要说，这是您吩咐的。哈哈，我快要被他烦死了。"伊申祚仄道："哦，对了，您有什么需要帮忙的吗？"

姬鸣谦道："官上，我正有一事需要您帮忙。"

"请说吧，我一定帮您的忙。"伊申祚仄想也不想就答应下来。

姬鸣谦道："我在太空中遇到了笱岩蚕踌族的残部。"

"什么？笱岩蚕踌族？"伊申祚仄吃了一惊，道："就是数万纪前被灭族的六级文明神族笱岩蚕踌族？"

"是的。他们在太虚中流浪了数万纪，现在已沦为强盗。听说过绝杀盗吗？"姬鸣谦道。

"嗯，我听说过有这么一伙强盗，原来是他们。"伊申祚仄道。

"正是他们。他们现在只余下不到千神，苟活于太虚之中。"姬鸣谦继续道。

"慢着！"伊申祚仄警觉地道："您是不是被他们俘获了？有危险吗？"

"官上，我们不算是俘虏，我们的飞船失去了动力，正好遇上了他们。我们通过谈判，他们愿意送我们去最近的椁封棠坳神那里。"姬鸣谦道。

"这么说，您现在暂时是安全的，需要我做些什么？"伊申祚仄问。

"官上，他们作为一个六级文明神族，实在是太可怜了。我请求您收留他们，让他们秘密居住在贵星系里，以便可以保留一个文明神族的火种。"姬鸣谦请求道。

"医士，这是一件大事，我不能作主自行答应您，需要与首席执行官联合院的全体首席执行官商议才能决定。"伊申祚仄没有拒绝他的请求。

姬鸣谦道："这是理所当然的。无论商议的结果如何，我都会衷心地感谢您。"

伊申祚仄道："医士，请您耐心等待一些时候，我想不会太快有结果的。"

"好的，"姬鸣谦道："我会等您的消息，谢谢！"

"再见！"伊申祚仄说完，身影就在姬鸣谦眼前消失了。

风絮雨道："谦谦，首龟渠神对你果然是恭敬有加。我看这事一定能成。"

姬鸣谦道："何以见得？"

风絮雨道："因为他们很在乎你的安危。"

姬鸣谦道："我也感觉到了。"

风絮雨道："谦谦，你跟我说说，你是怎样帮首龟渠神打胜仗的呢。"

"好！"姬鸣谦答应了一声，就从如何到达卜野式申菲星说起，将在卜野式申菲星上的经历详细地说了一遍。

风絮雨像一个爱听故事的乖巧孩子，静静地听他说完，这才道："谦谦，你是首龟渠神的英雄，说是他们的守护者也不过分，难怪他们这么关心你的安危。"

姬鸣谦道："首龟渠神是个很有情义而又懂感恩的神族，他们把我当他们中的一员。"

"嗯，这一点可以感觉得到，所以你的请求，他们会很认真考虑的。"

姬鸣谦很耐心地等了两期多的时间，通讯球终于发出有规律的嘀嘀声。姬鸣谦大喜，赶紧打开球体，一道光幕从球体中发出，伊申祚仄的影像就出现在眼前。

"亲爱的医士，抱歉，让您等了这么久。"伊申祚仄有点愧疚地说。

"官上，没关系"姬鸣谦道。

"医士，首席执行官联合院讨论了您的提议，认为我们可以接受筍岩蚕蹿族余部到本星居住，但是有些条件……"伊申祚仄道。

姬鸣谦立即就道："啊！谢谢！条件是必须有的。"

伊申祚仄道："那我就直说了，条件一共有八项，一，筍岩蚕蹿族只能在指定的范围内生活，不得逾越界限；二，销毁其所属的所有飞船；三，居留期间，不可进入太空；四，必须接受本族的约束以及遵守本星系的一切法律；五，所居住之地为绝密区域，除指定的本族联络神以外，不得与外界联系；六，筍岩蚕蹿族余部在本星系只是客居，没有本星系的任何公民身份，更没有居住地的主权；七，筍岩蚕蹿余部不得在居住地擅自开发任何资源，不可种植和生产，他们在居留期间，本星系会向筍岩蚕蹿族神提供一切生活资源和充足的食物；八，必须控制族群的繁衍速度和数量。"伊申祚仄说完八项条件，最后道："如果他们能接受这些条件，那么我代表本星系和本族，欢迎他们到本星系客居。"

姬鸣谦仔细听完八项条件，认为都合情合理，没有任何屈辱性的条件，便道："我想这些条件都很合理，他们会很高兴接受的。"

"只有一件事有点困难。"伊申祚仄道。

"什么事？"姬鸣谦问。

伊申祚仄道："如何才能做到神不知鬼不觉地让他们秘密降落本星？这是一个头痛的问题。"

姬鸣谦想了想，道："官上，我倒是有个办法。"

"请说！"伊申祚仄道："那一定是个巧妙的办法。"

姬鸣谦道:"您提出的条件里面的第二项,不是说要销毁全部的笱岩蚕蹯族飞船吗?"

"对呀!"伊申柞仄道。

姬鸣谦道:"当他们抵达星系外空间时,故意向你们的商船开火,然后你们的舰队将他们包围,将他们全部秘密接到你们的船上,之后就将他们的船全部击毁;最后,你们发一条消息:全歼横行太虚数万纪的海盗绝杀盗云云!"

"哈哈!医士,果然好计谋!从此,太虚中最强的绝杀盗就不存在了,好好好!"伊由柞仄连声称赞。

"官上,谢谢!我这就去告诉他们这个好消息。"姬鸣谦道。

"医士,您的事就是我们首龟族的事,我们自家的事何须言谢?您通知他们吧,我这边也先做一些准备。"伊申柞仄道。

伊申柞仄的话令姬鸣谦感动不已,点点头道:"那就再联系,官上。"

关闭了灵子感应通讯球,姬鸣谦立即就去找奇旺,然后一起到老首领的舱房去。

老首领看到他进来,眼中闪着光,道:"医令,有消息了?如何?"

姬鸣谦道:"恭喜老首领,恭喜贵族全体族神!首龟渠神答应了,可以让贵族到他们星系上居住。"

奇旺很激动,道:"父亲,我们终于不用流浪了!"

老首领显然也很激动,但还是很冷静地道:"医令,有什么条件吗?"

姬鸣谦道:"有的,一共八项。"然后就向老首领和奇旺转述了首龟渠神的八项条件。

鄁加坤皈·尤斯、奇旺父子听完,沉默了一会儿,奇旺道:"其它条件都可以接受,只是第二和第八项,是否可以再商量?"

姬鸣谦道:"首领,销毁飞船对贵族和首龟渠族都有极大的好处。"

奇旺问道:"有什么好处?"

姬鸣谦道:"你们一直都在躲避须委神的追杀,如果将你们的舰队毁灭了,他们还会再追踪你们吗?因此,毁灭你们的飞船,才能更好地保护你们。"

奇旺一想,果然有理,道:"医令,你这么一说,果然大有道理!"

姬鸣谦又道:"你们的舰队'覆灭'了,那么,对收留你们的首龟渠神也是最佳的保护。"

奇旺道:"有道理!有道理!这一项我没意见了。"

姬鸣谦道:"至于为什么要控制你们的族群繁衍,请两位首领为首龟渠神设想一下,他们要供给你们一切的食用,而你们与他们又不是同一种生命基生物,他们要花费巨资和极大的资源才能供养你们,如果你们的族群繁衍太过迅速,而且数量庞大,那么,他们就很难保证你们的供给了。再说,你们这么一大群外族生物住在他们星球,他们也会感到不安全。"

奇旺听罢,低头不语;老首领道:"儿呀,首龟渠神甘冒风险收留我们,已是对我们极大的恩赐了,我们还有什么资格与他们讨价还价?而且这些条件基本合理,并没有任何不尊重和侮辱性的成分。能促成这件事，相信医令必定从中起到极大的作用。"

奇旺抬起头，道："好吧，我没意见了。父亲，就请和族中长老们商量一下吧。"

姬鸣谦道："老首领，首领，预祝你们商议顺利完满。我这就先告退了，等待你们的好消息。"

姬鸣谦回到住处，风絮雨立即就问："怎么样？他们全部同意了？"

姬鸣谦答道："有一点小意见，不过我解释了一下，奇旺首领就想通了。现在，他们召集族中长老商议，我们就等他们的消息吧。"

风絮雨有点担心地道："他们会全体通过吗？"

姬鸣谦道："你放心，我想他们一定会全体通过的。"

"为什么？"风絮雨问。

"有什么比生存和延续族群更重要？"姬鸣谦反问。

"嗯，我明白了。你是说，即使首龟渠神提出更苛刻的条件，他们都会接受？"风絮雨道。

"是的。"姬鸣谦道。

这一次，姬鸣谦没有等得太久，奇旺父子就再次请他相见，奇旺很严肃地对姬鸣谦道："医令，我以本族首领的身份，接受首龟渠神有关本族客居一事的八项条件，并承诺绝对遵守首龟渠神的一切法律和接受他们的约束。请医令为本族向首龟渠神致敬并感谢他们对我们伸出援手。"

姬鸣谦道："首领，祝贺你们！你们接受首龟渠神的条件，也就等于这项协议达成了。我暂且代表首龟渠神欢迎你们，并预祝你们与首龟渠神相处融洽愉快。"

老首领老泪纵横，道："医令，没想到我们终于有一块栖身之地了。有生之年能看到族群得以繁衍延续，我可以瞑目了。"说完，拉着奇旺，往地上趴下，四肢伸展，向姬鸣谦行起笱岩蚕蹯族最高的礼仪俯伏礼。

姬鸣谦虽然不知道他们的风俗，但也猜到这是一种极高规格的礼仪，急忙道："你们这是干什么？两位首领请起。"

奇旺父子没有理会姬鸣谦的话，自顾自地行完礼，这才站起身来，老首领道："医令，刚才我们是向您行本族最高礼仪俯伏礼。从现在起，您就是本族的守护者，您的所有指令，本族都将无条件执行。"

姬鸣谦道："老首领，这怎么可以？"

奇旺道："医令，我们说可以就可以。"

姬鸣谦"唉"了一声，道："我只是一个很平凡的神，恐怕真的做不起贵族的守护者。"

奇旺道："我们说做得就做得。"

姬鸣谦苦笑道："那就只好由得你们了。"

老首领道："医令，我们的守护者有个专属的称呼，叫做灵验星君，医令尊姓姬，所以，以后您就是我们的姬星君。"

"哦,这倒把我变成了神仙了。"姬鸣谦道。

"什么是神仙?"奇旺问。

"哦,就是我们对那些超凡入圣,有强大的力量和不可思议的能力的神的称呼。"姬鸣谦道。

"哦!"奇旺明白过来。

姬鸣谦道:"两位首领,请耐心等待,我这就将你们的决定通知首龟渠神。"

"是!星君请!"奇旺父子同时躬身道。

姬鸣谦点头为礼,辞了他父子二神,回到住处,取出通讯球,与伊申柞仄联系,将一切细节都商量好之后,姬鸣谦又再到老首领的舱房里去,向他父子二神通告了安排细节,道:"两位首领,一切都安排好了,就按我刚才说的方法前往。这是首龟渠神给你们的绝密通行识别码,请保管好了。"说完递给奇旺一个白色的芯片。

奇旺接过,很小心地收入怀中,道:"星君,您不跟我们一起去首龟渠神那里吗?"

姬鸣谦道:"请放心,首龟渠神不会亏待你们的。我还有很重要的事要办。"

"嗯!再有半期时间,我们就可抵达噔樘蘑莳星系的外层空间,只是,我们的飞船,不便靠得太近,您看怎么办?"奇旺问。

姬鸣谦道:"这个好办,你给我们一艘小飞船就可以了。"

奇旺道:"星君,请随我来。"带着姬鸣谦到了机库,指着一艘小型飞船道:"这是许多纪前抢来的,其主神是一个六级文明的族神,相信从噔樘蘑莳星系外层空间飞到樗刔棠坳神居住的首才弩星不成问题。"奇旺道。

姬鸣谦道:"谢谢,这算是我向贵族借用的。"

奇旺道:"星君请不要这样说,现在,本族的一切财物,您都有权支配使用。"

姬鸣谦道:"首领,谢谢!"

不久,姬鸣谦叫来畏兀和卜之添,让他们检查了一遍飞船,确认没有任何问题。

看看离噔樘蘑莳星系越来越近,姬鸣谦等神准备与奇旺父子告别,却见老首领郚加坷皈·尤斯领头,带着全族数百男女老幼前来送行。

姬鸣谦正要上前话别,老首领和奇旺带头,在机库里排列成行,齐刷刷地向姬鸣谦行起俯伏礼,姬鸣谦知道这是他们对自己表示感激,也就坦然接受。待到他们行礼毕,上前扶起老首领,道:"老首领,你既已认我为自己族中的一员,就不需要这么多礼了。"

老首领道:"星君,正因为您是本族的守护者,才可以接受我们这样的礼拜。"

姬鸣谦道:"你们遭受的苦难已经太多了,希望到了首龟渠神那里,好好休养生息。我此去如果能遇到适合你们生存的无主星球,一定会留意,到时再请其它神族帮助,改造星球,让你们重建家园,再独立于太虚之中。"

老首领泪流不已。他知道,无论说什么,都不能表达心中的感激之情,唯有点点头,目送姬鸣谦上了飞船。

飞船在老首领和笱岩蚕踌族全族众神的注视下,飞出了机库,在母舰前方盘旋了几圈,眨眼工夫就消失在众神的视野之外。奇旺按着姬鸣谦的吩咐,立即一息不停地飞往作罿宇宙旬归道举星团，在首龟渠神的接应下，秘密着陆在卜野式申菲星上，自此结束了强盗流浪生涯，客居在首龟渠的星球上。

畏兀驾着飞船，离开了筍岩蚕踏神的母舰，照直往首才弩星飞去。

畏兀道："没想到，我们就这样脱离了被海盗杀死的危险，鸣谦还受到一个神族的拥戴，真是比传奇故事还传奇。"

金惜道："船长，这比传奇故事精彩而且传奇得多了。鸣谦，你做了一件大好事，功德无量，必有福报！"

风絮雨道："金惜，其实这不是他一个神完成的，是我们大家一齐做的，我们大家都有福报。"

姬鸣谦道："小絮说得对，是我们大家一齐做了一件好事。"

巴久汶道："这事明明是你做的，跟我们有什么关系？"

风絮雨道："当然有关系了。"

铭越道："哦？请说说这个关系。"

风絮雨道："如果没有你们，谦谦也不敢用训练驾驶员来作谈判的条件。"

卜之添道："这也不过是权宜之计吧。"

风絮雨道："没有这个权宜，我们又怎能活到转机的出现？"

畏兀道："玉说得对，首先要活着，才有可能等到转机的出现。这件事，我们大家都有功劳，但主要功劳还是鸣谦的。"

姬鸣谦道："不要分彼此了，我们在一起的时间不短了，一起经历了很多危险，我们已是生死之交，还能分得清彼此吗？"

卜之添道："鸣谦说得对！我们的生命早已连成一体，分不开了。"

巴久汶道："卜之添说得好！"

正说着，听得金惜道："鸣谦，已到了首才弩星外空间了。对方发来讯息询问。"

姬鸣谦道："就用你们彝奭溇隶族的识别码与他们通信吧。"

金惜道："好！"过了一会儿，又道："对方要求我们停在原处，他们要前来查证。"

姬鸣谦道："那就照办吧。"

巴久汶道："鸣谦，想好了怎么跟对方解释吗？"

姬鸣谦道："就说我们的飞船出了故障，加之燃料耗尽，所以就遗弃在太空中，然后就驾乘这艘打捞到的飞船来到这里，请求救援。"

铭越道："不错，这个解释很合理，不会引起对方怀疑。"

畏兀将飞船停下，道："樗封棠坳是个重利的神族，只要有利可图，他们才不管你什么理由。只是我们却是穷光蛋，没有什么可以让他们获利的，估计少不了要被他们盘问留难。"

卜之添道："怎么没有利？我们不是要购买一艘新船吗？"

铭越道："买船？你有支付额度吗？"

卜之添道："没有。你看我值多少？把我卖了吧。"

铭越嘲道:"你一个粗笨的外星族神,对他们来说根本没用。"

风絮雨笑道:"恐怕卖了也不够我们吃一顿午餐的。"

金惜道:"不用怕,鸣谦一定有办法。"

姬鸣谦道:"我也没有办法,我跟卜之添一样,你们看把我卖了能值多少。"

金惜笑道:"鸣谦,玉可舍不得卖了你。"

大伙笑了一阵子却听通讯器传来樗圭棠坳神的声音:请打开舱门,我们将登船检查。

金惜回了一句:"欢迎登船!"

巴久汶将舱门打开,一架舷梯就伸了过来。从对面飞船上走来五个樗圭棠坳神,一式防护甲,戴着头盔,手持武器。透过头盔,可以看到一张张奇丑无比的脸孔:满是皱纹的脸像是一只螃蟹的壳,头顶上长着稀疏的青色毛发;眼呈三角形,没有眉毛;鼻子的位置却是一个凹下去的坑,有一小块肉片遮着两个鼻孔;嘴巴像个倒 T 字形,分成三瓣;下巴上长着两渐多长的细细的像是须一样的东西;一双手各有三根指头,长得又粗又短。

当中一个樗圭棠坳神,像是为首的头目,走进舱门,问道:"你们谁是主事的?"

因为金惜是以彝奭渎隶神的名义与对方通话的,因此,巴久汶上前道:"我是船长。"

头目扫了巴久汶一眼,道:"这艘船看来不像你们彝奭渎隶族的产品,你怎么什么解释?"

巴久汶道:"噢!这位长官好眼力!这是我们在途中打捞到的一艘船,我们也不清楚这是什么神遗弃的。"

"撒谎!"头目道:"难道这艘船上的文字符号,你都看不出是属于什么神的吗?"

"这不能说明什么吧?何况这艘船像是一件古董,残破得快散架了。"巴久汶辩解道。

"哼哼!" 头目明知他说谎,却懒得反驳他,只哼了一声,便转头去看畏兀、姬鸣谦和风絮雨三神,问道:"这三位又是什么身份?"

巴久汶道:"这三位是我们的乘客,原本是搭乘我们的飞船到我们的母星去的。"

头目道:"你们刚才申报的入境理由是燃料和食物补给,对吧?"

巴久汶道:"是的,当然,如果你们有便宜的飞船,我们倒是很想买一艘。你看这艘破船都快飞不动了。而且又很慢,不知要多少纪才能回到我们的母星上去。"

"你们要买船?有足够的支付额度吗?"头目听说对方要买船,三角眼立即发出光来。

"那要看是什么船了。"巴久汶很技巧地避开支付额度的问题回答道。

头目道:"我们什么船都有。"

"这不可能!"铭越插话道:"八级文明的船你们能造得出来吗?"

头目"嘿嘿"地笑了两声,道:"我们虽然造不出来,但并不说明我们没有。"

"哦?"巴久汶和铭越一齐"哦"了一声。

"如果有哪个神或神族欠了债不还,我们就扣下他们的船作抵押,如此一来,我们不就什么船都有了?"头目得意地道。

卜之添道:"嗯,看来像是真的。"

巴久汶道:"太好了!我们可以买一艘吗?"

头目道:"当然!只要你支付得起。"

巴久汶道:"付不付得起,要先看看船再说。"

头目三角眼一转,道:"好吧,你们可以跟着我们的船着陆了。"说完领着四个手下返回自己的飞船。

巴久汶赶紧开动飞船,紧跟在樗㧾棠坳神的飞船后面,不一会儿,降落在一个极其宏大的船坞里面。头目命令巴久汶等神待在飞船上,又派了几个士兵守着,自己则不知去了哪里。

大约过了三念时间,头目回来了,身后跟着一个像是官员的神。头目把巴久汶等七神叫下飞船,道:"这位是本船坞的指挥官鬼立箷徒上秩。"

还没等巴久汶说话,鬼立箷徒就道:"你们要买船?"连一句客套的话都没有,直接就问买卖的事了。

巴久汶道:"是的。能先看看你们的船吗?"

鬼立箷徒道:"我们的船是不卖的,我们只卖外星神的船。"

巴久汶道:"不管什么神的飞船,只要能够合法使用就行。"

鬼立箷徒道:"这个你就放心好了。这些都是用来抵债的船,我们有权合法出售,而买家自然就可以合法使用。"

巴久汶道:"先看船吧。"

鬼立箷徒很爽快地道:"跟我来!"把手一招,刚才那个头目立即就驾着一台小平板过来,鬼立箷徒让巴久汶等都上了小平板,让头目驾着,在船坞里兜起圈子来。

鬼立箷徒指着停在船坞里的各式各样、大大小小的飞船,介绍道:"这是斛矫瞒屌族的、这是蓍昕封族的、这是掂珊导氏族的……这是拜加族的。"指着一艘十层楼高的飞船道:"这是芄訾族的。"最后来到一艘大型的飞船旁,道:"这是蔺瑟族的。"

姬鸣谦道:"上秩官长,我们能上去看看吗?"

"当然可以,买卖嘛,自然要先看货。"鬼立箷徒显然是个做生意的老手,亲自领着巴久汶等神进了飞船,姬鸣谦和风絮雨走在最后面,畏兀故意落后几步,拉着姬鸣谦悄悄地道:"看到芄訾族旁边那艘造型奇特的飞船吗?"

姬鸣谦点点头,表示看到。畏兀道:"那是七级文明神族埌墭族的飞船,最适合我们使用。"

"明白了。"姬鸣谦低声道。然后找了个空子,趁着畏兀向鬼立箷徒问这问那的时候,悄悄地对巴久汶道:"看到那艘奇特的埌墭族飞船吗?"

巴久汶道:"你是说外形像花瓣的那艘,我早就留意它了。只是,我们真的要买船吗?你有足够的支付额度?"

姬鸣谦神神秘秘地道:"你别管,你只管与他讨价还价就是了。"

巴久汶虽然心中没底,却还是装模作样地开始检测飞船,然后漫不经心地问:"这一艘船,你们准备卖什么价?"

巍立笾徒道:"整数,十亿束。"

"十亿!"巴久汶跳了起来:"这艘破船也值十亿?"

巍立笾徒道:"这是五级文明中最顶级的技术制造,起码有六成新,所有的系统及机件运作正常。"

卜之添道:"上秩官长,众所周知,这种型号的船,即使是全新的,也不超过三亿的造价,售价最多也就五、六亿而已。而且,这艘船怎么看也没有六成新。"

"五、六亿!?" 巍立笾徒不肯让步,道:"那艘四级文明芃誉族的船,可以六亿卖给你们。"

铭越道:"上秩官长,四级文明的船卖六亿?那一艘最多只值两亿,你还真敢出价。"

巴久汶、铭越三神跟巍立笾徒讨价还价,吵得天昏地暗的。看看差不多了,姬鸣谦向巴久汶暗示,巴久汶会意,道:"上秩官长,这一艘太贵了,我们还是买一艘小一点的吧。那边那艘看起来还算新一些。"

"噢!那艘是七级文明埌堨族的飞船,比这艘贵多了,起码要二十亿哩!" 巍立笾徒漫天开价。

巴久汶道:"二十亿!别吓我!这种船,我们彝爽渎隶神只要五亿就可以造出来了。"

"你们五亿可以造出来,我也相信,但我们只卖二十亿,嘿嘿。"巍立笾徒奸笑道。

姬鸣谦道:"船长,算了,我们还是到别的星球去买吧。反正我们这艘船还能用上一段时间。"

金惜道:"对!太贵了,暂时不买也罢。"

巴久汶道:"嗯,也好!那么上秩官长,就请给我们的飞船加满燃料,再补给些食物和零件吧。"

巍立笾徒一听,口气软了很多,道:"船长先生,买卖好商量,五亿可以卖一艘给你,芃誉族那艘,怎样?"

巴久汶道:"四级文明的船太低级了,还不如我们现在这艘,你就是卖两亿我也不要。"

姬鸣谦道:"船长,不如我们把船卖给上秩,然后再搭乘顺风船回去,岂不是合算?回到你们母星,还怕买不到好船?"

巴久汶道:"哈哈,你这个提议真不错!"转眼望着巍立笾徒道:"上秩先生,我们那艘船你要不要买下来?"

巍立笾徒不屑地道:"呵呵,你们那艘船,送给我也不要。"

巴久汶道:"算了,加足燃料,我们走吧!"

巍立笾徒道:"船长先生,你真有心要买船,就减点价给你,埌堨族那艘,十八亿怎样?"

巴久汶正要答话,却见姬鸣谦很专注地看着巍立笾徒,道:"上秩先生,你是说八亿可以卖给我们?"

巍立笾徒突然一愣,答道:"是的,八亿卖给你们,不另收燃料费。"

巴久汶突然觉得心虚，悄悄问畏兀道："你有八亿吗？我们可是穷光蛋。"

畏兀道："你放心，鸣谦一定有！你只管答应就是。"

巴久汶一听，心里踏实了一些，但还是有些底气不足地道："上秩先生，八亿成交！"

鬼立筮徒拿出一个巴掌大的仪器，在上面操作了一阵子，输入了一个数字，道："请支付。"

姬鸣谦拿出一块紫色芯片，插到仪器的一个小孔上，一声轻响之后，仪器上的数字便消失了。鬼立筮徒道："支付成功，这艘船是你们的了。"

巴久汶道："上秩官长，请将合法使用的文件、以及飞船识别码等一应手续办齐。金惜，将我们需要的补给清单发给上秩官长。"

金惜应了一声，就和畏兀、铭越、卜之添钻进飞船，到驾驶室里检测飞船的各个系统。不一会儿，鬼立筮徒道："船长先生，手续办齐了，已经输送到飞船的智脑里，你们打开智脑就可以看到。飞船注册的拥有者为巴久汶·卿添。"

巴久汶道："好的。"同时收到金惜发来的信息：补给清单已发出。便道："上秩官长，补给清单已发给你了。"

鬼立筮徒道："已收到了，正在办理。"

当鬼立筮徒上秩目送姬鸣谦等神驾着飞船升空的时候，还是很迷惑自己怎么会只要八亿就将这艘七级文明的埌墁族飞船给卖了。只是他可能永远都得不到答案了。

飞船性能非常的优异，状态极佳。樗封棠圳神虽然重利，但是很守信用，燃料是满的，飞船各个系统和部件维护得很好。

飞了一段时间，畏兀感觉很好，道："这艘船买得值了。"

风絮雨道："谦谦，你怎么有这么多支付额度？"

巴久汶道："是呀，你说要买船，我还以为你说笑呢。"

畏兀道："这是首龟渠神送给鸣谦的支付芯片，恐怕鸣谦也不知道有多少额度哩。"

姬鸣谦道："我真的不知道有多少额度，伊申柞仄当时说，这是星际支付芯片，可以购买任何我想买的东西。我想，伊申柞仄这样暗示，一定额度很大，所以就斗胆拿来一试。"

金惜道："以鸣谦对首龟渠神的贡献来说，没有任何价值能够表达他们对你的崇敬之心，所以，我猜这个芯片的额度是无限的。"

卜之添道："好呀！以后要购置什么零件和材料，就不用那么抠门了。"

铭越道："鸣谦，有了这艘船，我们到须委神那里就方便多了，起码不会引起他们的怀疑。"

巴久汶道："嗯嗯，对了，我们用什么名义去须委神那里？"

姬鸣谦道："不如我们就说是探险爱好者，途经他们的星系，想观瞻一下太虚顶级文明神族的风采和繁荣景象。"

金惜道："鸣谦这个理由不错；不如就把这艘船命名为'探险号'吧？"

风絮雨第一个赞成道:"探险号,我同意!"

畏兀道:"不错,我也同意!"

姬鸣谦道:"好名字,那就叫探险号吧。"

巴久汶道:"哈哈,好!那我是船长了。"

畏兀道:"当然,你升任船长了,我是你的副驾。"

金惜道:"畏兀,那岂不是委屈你了?"

畏兀道:"我们早就不分彼此了,哪来的委屈?"

姬鸣谦道:"畏兀说的对,我们早已是生死之交,不分彼此。"

风絮雨道:"我也要学驾驶飞船,我也要做船长。"

巴久汶道:"玉,我一定教会你驾驶飞船。鸣谦,我们最好全部都学会驾驶星际飞船说不定将来用得上。"

姬鸣谦道:"我也正有这个想法。"

风絮雨听得姬鸣谦同意,很是兴奋,道:"太好了!什么时候开始训练?"

畏兀道:"玉,先让我们熟悉一下这艘船的各个系统和功能,然后再教你不迟。"

风絮雨道:"好!咦?卜之添去了哪里?"

通话器里传来卜之添的声音:"玉,我在动力舱。"

铭越道:"他整天神神秘秘的,也不知道搞些什么。"

巴久汶道:"金惜,你要的补给清单里,有些东西是做什么用的?"

金惜道:"船长先生,暂时保密,以后你就会知道的。"

第二十五章　七神星

　　探险号以跃速向须委神所在的赤奋若宇宙飞去，宇宙寂静无声，连光也看不到。由于往赤奋若宇宙须跨越两个宇宙，因此，探险号需要飞行很长一段时间。

　　金惜将姬鸣谦所教的纸牌游戏和围棋都编成程序，输入到飞船智脑里，这样，每个神在自己的岗位上就可以随时玩上一局。当然，驾驶和副驾驶是不可以玩的。

　　不知飞行了多久，忽然，卜之添神秘地将大伙召集在一起，道："我做了两件东西，请大家试一下。"

　　铭越道："神秘兮兮的，什么东西？"

　　卜之添拿出七个薄如镜片、大小约二指宽、半指长的物件，有着好看的弧形，黑黑的不甚起眼的物件。

　　畏兀掂摸着薄片，问道："这有什么作用？"

　　卜之添道："这是高保密度通话器，只有我们七神之间可以通话。大家都知道，护甲上的通话器，只要调校好频率，什么神都能通话，保密性极差。所以我就制造了这个东西，只要佩戴上它，我们之间的通话别的神就听不到了，而且，这个通话器的声音只在离一轨范围内可以听到，就是别的神站在对面也听不到。必要时可以使用护甲上的能源；信号传输距离可以达到一垠之远。"

　　卜之添一边说一边细心地将它贴到每个神的左腋下，道："它是可以根据环境而变色的，贴在这里，不容易被别的神发现。"

　　贴完后，卜之添道："好了，现在请关闭护甲通话器，大伙试一下这个新玩意。"

　　大伙一试，果然如卜之添所说，通话器立即就变成了各人护甲的颜色，不仔细看都看不出它的存在，而且站在对面都听不到通话器发出的声音。

　　风絮雨道："卜之添，你真是个天才！"

　　金惜道："卜之添是最好的工程师。"

　　姬鸣谦问："这叫什么名字？"

　　卜之添道："还没有名字呢，大伙看看叫个什么名字好。"

　　金惜道："有个现成的名字。"

　　畏兀道："名字还有现成的？"

　　金惜道："只有我们七个神才可以听到通话，就叫七神通吧。"

　　畏兀道："好好！果然好名字。"

　　铭越道："金惜是起名字的专家！"

　　姬鸣谦道："平时不用，有需要才开吧。"

巴久汶道："嗯，这样最好！"

畏兀一边测试七神通，一边又问："那第二件又是什么？"

卜之添拿出一个略有些长、中间略有些凹下去椭圆形的很薄的银色物件，道："大伙还记得那个干冰星球吗？"

铭越道："怎么能不记得？"

畏兀道："那绝对是这辈子印象最深刻的星球了。"

姬鸣谦道："死里逃生，怎么能够不深刻？"

卜之添道："我们在雪地上行走困难，后来玉说用轻功可以行走得很快，我们就试着改变靴子的重力，虽然摔了无数次跤，但总算是学会了怎样平衡行走了。"

巴久汶道："没错，我觉得这辈子摔的跤全都是在那个星球上摔的。"

众神大笑，一致同意巴久汶的总结。

卜之添又道："后来金惜和玉就有了个想法，要我设计一个可以在雪地里行走的工具，我想了许久，就试着造了这个东西，需要时，把它安装到靴子上，我们就真的可以使用轻功滑行了。"

金惜道："啊！终于研究出来了，快说说怎么用？"

风絮雨道："先试一试！"

铭越道："我来试！"

卜之添道："在飞船上是试不出真正的效果的，要到陆地上试，最好是找雪地或者在湖泊上试才好。"

畏兀道："我们还有很长一段时间飞行，短时间内是没法着陆试验你这个新工具了。"

卜之添道："嗯嗯，不过我现在可以先教大伙怎样使用，至于如何掌握它的性能和使用它的技巧，就要着陆后才能训练了。"说完，就详细地讲解这个新发明的构造，功能，以及如何快速安装到靴子上。

巴久汶道："金惜，我看这东西一定还没有起名字，不如你给它也起个名字吧？"

金惜道："哈哈，卜之添一向都只管制造不管起名的。"停了一下，道："我看这个新发明就叫滑行板吧？"

风絮雨道："我倒是想了一个名字，叫踏雪飞，怎样？"

铭越道："这个名倒是别致。"

金惜道："嗯嗯，踏雪飞好！"

卜之添道："好好！那就叫踏雪飞了。"

姬鸣谦道："卜之添，这么实用的发明，越多越好！我看不如发明一个东西，可以将所有应急的、救伤的、攀爬的、太空行走的等等工具，都集中到一个装置里，既方便使用又不妨碍平时行动，怎样？"

卜之添挠了挠橄榄脑袋，道："鸣谦，你这要求太高了吧？"

风絮雨道："要求不高，岂不浪费了你这个聪明的脑袋？有什么稀奇古怪的东西难得倒你？"

卜之添道:"那我就试试吧,不过不知道什么时候才想得出一个完美的方案。"

巴久汶道:"反正现在又不急着用,你就慢慢想吧。"

畏兀提议减速,让大伙都休息一下,再开个庆祝会,祝贺卜之添发明了七神通和踏雪飞。

众神觉得畏兀的提议非常好,巴久汶不等姬鸣谦说话,把飞船减至亚光速飞行,并设定为自动驾驶。

众神都到休息区去,金惜准备大显身手,做些彝爽渎隶族的传统食物。而风絮雨则想办法做些人类的简单食物。只有畏兀一个是鬃翊神,又不会厨艺,只好吃现成的通用食物。众神一边吃着食物,一边就玩了起来,卜之添和金惜玩围棋,姬鸣谦在旁观战;畏兀、巴久汶、铭越和风絮雨则玩纸牌游戏。

大伙玩得正是高兴的时候,通话器响起了短促的嘟嘟声,接着一个声音传来:前方发现未明星体,前方发现未明星体。

巴久汶立即就跑了出去,众神也跟着他往驾驶室跑。巴久汶一屁股坐到探测器的位置上,往探测器屏幕上一看,一个三角形的光标将未知星体锁定,巴久汶熟练地将光标推前放大,屏幕的右上角不断地跳动着数字,显示探测到的目标的各项数据。

巴久汶看了一会儿,道:"这是一颗恒星,奇怪!怎么会是不明星体?"

畏兀打开星图,搜索了好大一阵子,却没有搜到相应的恒星资料,道:"巴久汶,这会不会是颗新星?"

巴久汶道:"可能性是有的,但哪有这么好的运气让我们遇上?"

畏兀又在星图上认真地比对了一番,依然没有这颗恒星的资料,道:"我敢肯定,这是一颗没被发现的恒星!"

金惜道:"让我再搜索一下看看。"

畏兀把位置让给金惜。金惜将探测器探测到的数据输入飞船主控智脑中,过了一会,智脑显示,找不到与数据相匹配的恒星。

金惜道:"教官,这一定是个未被发现的新星!"

铭越道:"我同意!不然探测器不会将它定义为不明星体。"

巴久汶道:"嗯嗯,因为星图上没有这颗恒星的标注和资料,所以,探测器自动将它列为不明星体。"

畏兀激动地道:"天!我们发现新星了!"

除了姬鸣谦和风絮雨,其他五神都显得无比亢奋。

风絮雨道:"看你们高兴的,这颗恒星也没什么特别之处,用得着这么激动吗?"

金惜道:"玉,你不知道发现新星意味着什么吗?"

姬鸣谦道:"意味着什么?"

畏兀道:"鸣谦,发现新星就意味着你拥有这颗恒星及其星系里的所有天体的所有权和命名权。你说,能不兴奋吗?"

"是吗?"姬鸣谦和风絮雨听罢畏兀的话,也兴奋起来。

姬鸣谦道："那我们就到这颗恒星的星系去看看，好吗？"

巴久汶道："当然好！这正是我们想要做的。"

姬鸣谦道："那好，修正航向。需要多少时间？"

畏兀道："航向已修正，以跃速飞行的话，只需一念就到了。"

巴久汶道："请各自就位，进入一级光速！"

探险号用了三十息时间就进入了跃速，果然一念之后，就抵达了那个星系的范围。姬鸣谦从探测器探测到的资料上得知，这是一颗直径比太阳还大五十倍的恒星，只有不到三十亿纪的年纪，实在称得上是一颗年轻的恒星。

巴久汶以光速驾着飞船绕着恒星转了一圈，修正了一些恒星的数据；然后就开始在星系之内探索，很快就将星系之内的天体数量都弄清楚了：共有七大行星，上百个小行星；其中最大的行星是一个液态行星，拥有七个大小不等的卫星，那些液体竟然是液态的氮；有两个气态行星，各有一个卫星；其余四个是岩石行星，其中两个没有卫星，其余两个中的一个有三个卫星，另一个只有一个卫星。

金惜将星系里的天体数据很仔细地记录进飞船中枢智脑里，并且将星系标注到星图上，道："各位！将这个新发现的星系标注到星图上，需要一个名字，大伙说说看，起个什么名字好？"

畏兀道："金惜，你不是起名专家吗？不要问，你就起一个吧！"

风絮雨笑着道："畏兀就是想偷懒，连想名字都不愿想。"

畏兀道："反正我想不出什么好名字。"

巴久汶道："我也想不出。"

风絮雨道："这个星系是我们发现的，我们自然是星系的拥有者了。所以，就叫七神星怎样？"

铭越道："好！这个名字太好了！"

姬鸣谦道："嗯！这个名字最适合了。"

金惜道："你们说巧不巧？刚好星系里就有七大行星，所以，我们干脆用每个神的名字命名这七大行星，好不好！"

金惜一提议，众神无不交口称赞。金惜便先将一个七神星系图编好，然后将这个星系图再标注到星图上。

巴久汶道："鸣谦，新星发现要取得所有权，就必须向星际星图注册确认受理会申请，得到批准确认，才能获得所有权。"

姬鸣谦道："那需要办些什么手续？"

金惜道："办手续的事就不用你操心了；我们要通过一个星系神族的名义去申请才行；所以，教官的意思是，要通过我们彝奭渎隶族呢还是首龟渠族？"

姬鸣谦想了想道："我们通过顾育族神去申请如何？"

畏兀道："这当然没问题，只要顾育神愿意帮忙。"

姬鸣谦道："嗯，我找纠库纠兰问问。"

姬鸣谦取出灵通球，接通了纠库纠兰，将情况向他说了，纠库纠兰让他将七神星的数据传输给他，然后道："我会尽快帮你申请，你等我消息吧。"

联系完纠库纠兰，姬鸣谦道："我们不如到其中一颗行星上看看，怎样？"

巴久汶道："我也正有这个想法。"于是将飞船开往卜之添星，就是那个拥有三颗卫星的行星，找了个开阔的地方，将飞船降落着陆。

七神整理护甲，戴上头盔，走下飞船，踏在陆地上，只见星球上一片荒凉，没有植被，只有泥土、沙砾和裸露的岩石；远处高山连绵，还有不停喷发的火山。

众神感叹了一回，姬鸣谦道："将来也许可以让奇旺他们移居到这个星球。"

畏兀道："鸣谦，奇旺他们如果要移居这里，恐怕要花费很多功夫才行。"

铭越道："这里这个样子是不可能居住的。"

巴久汶道："要改造它，那可是很大的一项工程。"

姬鸣谦道："只是有这个想法，不知道以后有没有这个机会。"想到自己要去须委神那里冒险，也不知能不能活着离开，心中不禁黯然。

金惜拿着仪器，对星球上的土壤、石砾和岩石以及空气等进行进一步的深入探测，卜之添则忙着将金惜探测的数据整理收入一个小型的数据存储器里。

风絮雨看到姬鸣谦有点神伤的样子，知道他心中想的是什么，走到他身边，道："谦谦，别想太多，将来我们就把这里改造成一片乐土，让奇旺他们迁过来，然后我们就跟他们在这里住在一起，好不好？"

姬鸣谦对她微微一笑道："好是好！不过……"

"你是想说，不过没有咱们地球好，对吗？"风絮雨道。

姬鸣谦道："哈哈，谁不说自己家乡好？"

风絮雨勾起了对家的思念，眼圈有点红红的，低声道："家是最好的！"

漫长的星际飞行，足以锻炼出超凡的耐心。大伙已经许久没有交谈过什么了，风絮雨忽然想起一个问题，问道："金惜，须委神长什么样，你见过他们吗？"

金惜道："真神就没见过，不过影像资料就看过的。"

风絮雨道："金惜，给我说说他们好吗？"

金惜道："好！须委族是一个奇怪的碳基生命种族，他们长有一双强有力的翅膀，能够飞行；更奇怪的是，传说他们在自己的星球上从来都不穿着什么蔽体的物件，男女老幼全都是赤裸着身体而不会有羞耻感。"

风絮雨道："啊！那他们见我们也不穿蔽体的物件吗？"

金惜道："这就不知道了。我们这里有接触过他们的神吗？"

畏兀道："须委神是个如日中天的八级文明中最高阶段的文明神族，据说已经接近了昔日婳顼族的文明程度，快要进入到九级文明了；他们是目前太虚中最高级的文明神族了。他们的势力几乎遍布太虚，许多神族都唯其马首是瞻；只有当年婳顼族的少数盟友，比如本族、顾肓族、巴久汶他们的彝奭渼隶族等神族，对须委族的领袖地位并不认可。"

巴久汶道："除了你知道的坚鲜、跬垒族是他们的盟友之外，敤片族、殷独族、缥挈族、琉硑族、芎慙族等也是他们的铁杆盟友。"

风絮雨问："他们是碳基生命，需要呼吸吗？"

铭越道："噢玉，他们也是不需要呼吸的。"

畏兀道："他们的星球没有季节变化，一直都保持在一百五十四到一百五十六炑之间，温感极其适宜。"

风絮雨道："那可真是很适宜的温感。"

正说着，通话器里传来卜之添的声音："谁能来帮我一把？"

金惜道："卜之添，我来帮你。"

风絮雨问："卜之添在搞什么呢？"

铭越道："呵呵，他呀，在改进一下武器系统。"

风絮雨很好奇，问："为什么要改进呢？"

铭越道："玉，是这样的，这艘飞船是一艘民用飞船，船载武器只用于防御，比如击毁接近的碎石什么的，是轻型的武器。"

风絮雨道："哦，明白了，一旦遇上海盗之类的袭击，就不够用了，是吧。"

金惜道："我们的玉就是聪明！"

风絮雨道："看你说的，我笨得很。走！我跟你一块去。"

金惜道："好！"拉了风絮雨，就往后舱去了。

畏兀看见姬鸣谦沉默不语，便道："鸣谦，在想什么呢？"

姬鸣谦道："我是在想，这次去须委神那里，可以说是羊入虎口。"

铭越问道："羊是什么？虎口是什么？"

姬鸣谦道："哦，羊是我们母星上最温驯的动物之一，虎则是我们母星上的一种极其凶恶的猛兽，我是想说我们这次去是自投罗网。"

畏兀道："怎么说？"

姬鸣谦道："以须委神的科技，我一入境就必然能被他们扫描出我的身体构造是什么生物，所以，要想个什么办法才行。"

巴久汶笑道："鸣谦，原来你在担心这个。你放心好了，须委神早已不设入境审查和扫描这些入境手续，所有神都是自由出入的，只要向交通管制部门报备飞船识别码就可以了。"

"啊！"姬鸣谦道："不需要入境手续？"

"是的，"巴久汶道："这是他们的自信。也是体现太虚领袖地位的一种表现。"

姬鸣谦点点头，道："八级高级阶段文明，太虚领袖，应该有这样的自信。"

畏兀道："鸣谦，想好了怎么行动了吗？"

姬鸣谦道："还没有，我有点心怯，毕竟他们太先进了，智慧必定超群。我想我的这点智慧不能与他们相比。"

畏兀道："知道自己不足之处是好事，这样你做事会更小心。"

巴久汶道:"鸣谦,也不必太过自卑,每一个族神都有弱点,须委神也不例外,只要找到他们的弱点,就好办了。"

铭越道:"我觉得做什么事都是需要运气的,我们的运气一向不错;你看,我们在跬垒神那里,运气不是很好吗?"

姬鸣谦道:"是的,不过运气这东西,不是你我说了算。"

巴久汶道:"有时只要一个机会,一点点运气就足够了。"

姬鸣谦道:"我想,如果我们人类的禁锢密码真的是须委神所设,那么,这个密码必定是他们星系里的最高级别的秘密,所知道的神也必定没有几个,所以,就算我们进入他们的中枢智脑,也未必能找得到。"

畏兀道:"鸣谦所担心的确实很有道理;像这一类密级的东西,也许只有他们的首脑独自一个神掌握也未可知。"

巴久汶道:"你是说要怎样才能接触到他们的首脑?"

卜之添道:"要见他们首脑,这可就难上登天了。"

铭越道:"可惜我们没有什么大礼,不然倒是可以有机会见上一见。"

"大礼?"姬鸣谦双眼放光,道:"你说大礼?要怎样的大礼才能见到他?"

铭越道:"这个我也不知道,我只是随口乱说的。"

巴久汶道:"能引起八级文明的须委神兴趣的,无非是能源、矿产以及未知的科技设想。"

铭越大笑道:"我们是穷光蛋。"

畏兀道:"别忘了,我们可是拥有七神星的神。"

姬鸣谦大喜道:"对!我们有七神星!"

巴久汶道:"鸣谦,你不是想把七神星送给他们吧?"

畏兀望着他道:"鸣谦……"

姬鸣谦道:"这怎么可以?七神星是我们的,但是,七神星上的资源,我们可以让他们开采呀。这样一来,我们不就有机会与须委神首脑打交道了吗?"

"噢!鸣谦,你是个做贸易的奇才!"铭越道。

姬鸣谦道:"我有主意了。"

畏兀道:"说说。"

姬鸣谦道:"我们就去找须委神谈谈七神星的开发如何?"

巴久汶道:"好主意!"

"确实是个好主意!"这时金惜和风絮雨回来了,金惜禁不住赞了一句。

姬鸣谦问:"好在哪里?"

金惜道:"鸣谦的意思主要是要接触到须委神的首脑,以便找机会寻找那个密码,至于开发不开发七神星,谈不谈得成都在其次,对吧。"

姬鸣谦道:"还是金惜聪明,把我的心思都摸透了。"

巴久汶道:"哦!原来你没打算让他们去开发?"

姬鸣谦道："也不是没打算让他们开发。如果我们开出的条件他们都能接受，那就让他们去开发好了。"

铭越一派恍然大悟的样子道："嗯嗯，我们开一个他们难以接受的条件，哈哈，这样我们既可达到接触须委神首脑的目的，又可以不让他们开发七神星，确实高明！"

畏兀道："什么条件他们才会接受不了呢？"

姬鸣谦道："所以，大伙都想一想，什么条件是难度最大的呢？"

风絮雨笑道："别的神谈合作开发，都是想对方能接受条件，合作成功，你们可好，专门想让对方不能接受的条件，这在宇宙中也算是独一无二的了。"

众神大笑，姬鸣谦道："我们这个合作有所不同，我们是醉翁之意不在酒。"

风絮雨道："那要先选定由谁去主谈，再说其他。"

畏兀道："这当然是由鸣谦主谈了。"

姬鸣谦道："我不合适。"

金惜道："嗯，我想鸣谦和玉不要太过被须委神留意，所以不能由他们主谈。"

"那由巴久汶去吧？"畏兀道。

巴久汶连忙摇头道："不行，我不会谈这些。"

姬鸣谦道："我看可以，再让金惜协助，当然还有我们。"

通话器里传来卜之添的声音："我看让铭越做主谈最好了，平时他就能说会道的。"

金惜道："卜之添说得没错，铭越最合适。"

铭越兴奋地道："真让我主谈？"

姬鸣谦道："卜之添一定不会推荐错的。"

铭越笑道："哈哈，那好！我一定不会让这事谈成。"

风絮雨忙问："你有什么办法？"

铭越道："首先，我要他们先付一笔巨额的定金，数目大到令他们望而却步。"

风絮雨道："嗯，这个办法好！"

铭越又道："然后，我只让他们开发以巴久汶命名的那颗最偏远的行星，而且开发期只有九十九纪，期限一到，行星上的一切建筑、设施、工具都要留下，归我们所有。"

畏兀道："其它的条件都不错，九十九纪这个期限他们真的难以接受，要知道，行星开发没有两三百纪都难有收益。"

姬鸣谦道："铭越，不管你怎么谈，我只要认识他们首脑就行。"

铭越道："鸣谦你就放一百个心好了，我保证谈不成就是了。"

风絮雨突然道："你们说得这么起劲，可是七神星还没有被承认是我们的呢。"

姬鸣谦道："啊！你不说我都记不起了，是时候联系纠库纠兰了。"

姬鸣谦取出灵通球，接通了纠库纠兰。纠库纠兰的影像才一出现，就听到他的笑声："哈哈，亲爱的巨绵全，我刚要联系你，你就自动出现了。"

"是吗？"姬鸣谦道："这说明我们心灵相通，用我们人类的话说就是心有灵犀一点通。"

纠库纠兰道："嗯嗯，虽然我不知道灵犀是什么，但我完全赞同你说的心灵相通。"停顿了一下，纠库纠兰转入正题，道："巨绵全，告诉你好消息，你们的申请已经成功了！"

"啊！谢谢！"姬鸣谦激动得连连道谢。

纠库纠兰接着道："我是用本族天文科学院的名义，以本族作担保向星际星图注册确认受理会申请的，所以，你的七神星将受到本族的保护，除非将来你们宣布不需要我们的保护为止。"

"啊！纠库纠兰，你真是太好了。"姬鸣谦由衷地道。

"巨绵全，恭喜你们，现在你们是星主了。这是星际星图注册确认受理会发出的确认文件，请接收！"纠库纠兰影像前出现了一个卷轴样式的图案。金惜一见，立即就打开飞船主控中枢智脑的虚拟界面，示意姬鸣谦将那卷轴"拿"到飞船虚拟界面里。

姬鸣谦伸手虚空一抓，往界面上一放，果然，那卷轴就已在界面上显示，金惜点点头，表示成功了。

姬鸣谦道："谢谢，已接收了。"

"很好！"纠库纠兰道："那么祝你们好运！"说完他的影像便消失了。

七神待姬鸣谦通话完毕，都兴奋得叫了起来。金惜道："各位，我现在将这份文件做七个备份，制作成芯片，分发给大家。请保管好，这芯片就是将来拥有七神星主权的重要文件。"

铭越道："玉，现在我们可是真正拥有七神星的星主了。"

风絮雨笑道："那么铭越星主,就请你规划一下怎样与须委神谈巴久汶星的开发吧。"

"是！一定不负众望，绝对不让他们谈成！"铭越一本正经地道。

赤奋若宇宙，伴赠殷维星团，迷添达晃星系，絜遏星，当今太虚中最高文明程度的神族须委族神就居住在这里。

迷添达晃星系是一个四恒星星系，四个恒星分成两组，每一组的两个恒星互相环绕，然后又成双成对地互相围绕着，运行的轨迹十分的复杂。星系直径高达三十六列星际单位，系内有上百颗大大小小的行星；须委神的母星絜遏星在系内只是一个中等大小的行星，但也比地球大上八倍有多。

絜遏星的大气中氮气占了百分之七十的比例，氢气占百分之二十，余下的是二氧化碳以及极少量的氧气；碳基植物覆盖着百分之八十以上的陆地，海洋、湖泊、河流里流淌着须委神称之为沉的液态物质；整个星球有两块分离的陆地，占星球总面积的六成，中间隔着沉海洋。

巴久汶在飞船进入迷添达晃星系时就向须委神发出了着陆絜遏星的申请，然后就在絜遏星的同步轨道上等待着陆通知。

不久，地面传来可以着陆的通知，巴久汶与畏兀操控着飞船，在地面控制中心的引导下，缓缓地飞向陆地。

探险号着陆的地方是一个巨大无比的船坞，四周分布着五个巨大的金字塔形导航塔。船坞里停着各式各样，不同文明等级，不同种族的飞船，实在是蔚为壮观。

探险号刚停稳,一艘像橡皮艇一样的智能自动驾驶交通艇就已停在探险号的旁边。巴久汶当先走下飞船,登上了交通艇,其余各神依次上了交通艇,刚坐好,它就贴着地面自动飞行起来,不一会儿,飞进一座金字塔旁边一栋约有三十层高的大楼里,巴久汶等七神下了交通艇,按着指引路标,登上一辆像气泡一样的轨道交通车,眨眼工夫,穿越了一条长长的隧道,进入一个极其宽广的大厅里;巴九汶走到一个自助登记柜台前,将入境通行识别码输入到智脑里,一会儿的工夫,柜台的一个小方盒子里"吐"出了一块六角形的蜡黄色芯片;巴久汶取了芯片,道:"好了,我们走吧。"

风絮雨问:"去哪?"

金惜道:"当然是先去找个住的地方呀。"

巴久汶带着大伙,按着图示,转到另一个大厅;这个大厅却是空荡荡的,只在一边靠墙的地方竖立着一排屏幕。巴久汶来到屏幕前,先用六角形芯片在屏上轻触了一下,然后伸指一点,屏上出现了许多神族的图样,一格一格缓慢地跳动着;巴久汶输入自己本族的名字,屏上便出现了彝奭渎隶族神的图样,巴久汶轻点图样,屏幕上转换成一个彝奭渎隶神模样的机器神;巴久汶再用六角形芯片在机器神上轻触了一下,身后不远处的地面忽然就裂开了一个口,一个和屏上图样显示一模一样的机器神就从地下缓缓地冒了出来。

那个彝奭渎隶神模样的机器神足有两层楼高,一身铠甲,闪着金属光芒;它一步一步走到七神面前,道:"尊贵的宾客,我是智能自动驾驶变形交通飞艇第七代产品,代号溶岩七-零六一八。很高兴能为你们服务。请将芯片交给我。"

巴久汶把芯片递给它,溶岩七-零六一八伸出巨大的手掌,用粗大的手指轻轻地拈着芯片,塞进胸前一个六角形的口子里。突然,溶岩七-零六一八一阵扭动,巴久汶等神定睛看时,溶岩七-零六一八已然变成了一艘中间宽两头尖的交通艇,道:"请上来吧,尊贵的宾客。"

姬鸣谦和风絮雨哪曾看过这等场面,自然是看得目瞪口呆;就连六、七级文明的畏兀、巴久汶等神也是看得舌拆难下。

众神登艇坐下,溶岩七-零六一八又道:"请坐好,扣上安全护栅。"

众神依言扣好安全护栅,溶岩七-零六一八又问:"请问贵客要去什么地方?"

巴久汶道:"我们这里有碘基、硒基和碳基生命,请带我们去适合的旅馆。"

溶岩七-零六一八又道:"尊贵的宾客,这样的旅馆有很多,请问你们需要清静的还是热闹的环境?"

姬鸣谦道:"去清静一点的,但要离市中心近一些的。"

溶岩七-零六一八道:"我向你们推荐这家船夫星座旅馆吧,里面有很多美食,必定适合你们这几种生命基生物的习惯。"

风絮雨和金惜听说有美食,同声道:"好!就去船夫星座旅馆吧。"

"好的!"溶岩七-零六一八回答着,已经离地悬空,平平地飞出了大厅,向目的地飞去。

船夫星座旅馆是一座只有三百层的低矮大楼,从房间的窗户望出去,可以看到城市最高的建筑，一栋数千层的大楼，耸立在城市的中心地带。

七神在旅馆的餐厅里愉快地享用了一顿丰盛的晚餐，然后乘坐溶岩七-零六一八变形交通艇在城市上空盘旋观光，整座城市灯火通明，各种交通工具往来穿梭。

风絮雨赞道："高级阶段的八级文明果然不同凡响！"

畏兀道："顼肓神虽然也是八级文明，却也达不到这个程度。"

姬鸣谦赞叹道："顼肓神已经是中级阶段的八级文明了，但与须委神比起来，差距还真的很大。"

金惜道："嗯嗯，奇怪，怎么一个须委神也没见到？"

溶岩七-零六一八答道："本星系的低空飞行器，全部都采用了特殊材料制造舷窗，从里往看，可以看得到外面的景物，而从外向里看，却是看不到任何物件的。"

卜之添仔细观察了一会儿，道："嗯，果然是这样。难怪我们看不到须委神。"

转了数圈，姬鸣谦心中有事，提议返回旅馆；巴久汶等也无心观光了，指令溶岩七-零六一八将他们送回旅馆。

回到房中，巴久汶问："鸣谦，怎么才能与须委神联系上？"

姬鸣谦道："我想金惜一定会有办法的，就交给她吧。"

金惜道："这个很简单，找相关的部门就保准没错。"

铭越道："这种头疼的事，就不用我们操心了。"

一连数日，姬鸣谦等神半日观光半日在旅馆里，由金惜通过旅馆的智脑，向有关部门发出信息；只是信息发出多日，如石沉大海，竟然毫无回音；金惜有点心急，干脆直接发信息给元首府。

信息发出数日，同样是毫无音讯，金惜道："看来我们这一招不灵光了，要另想办法才行。"

畏兀道："再等等吧，也许他们正在分析我们的信息，又或偷偷地查证七神星的资料。"

巴久汶道："如此高等级的文明，每一条信息必定能收到并过滤，所以，再等等吧。"

三神有一搭没一搭地说着话；铭越无聊地看着新闻；风絮雨和卜之添躲在一个房间里不知鼓捣些什么；只有姬鸣谦一人独自站在透明金属窗前，不知在想些什么。

这时，房间智脑管家发出声音：金惜女士，请到旅馆接待处，有客到访。

铭越一下子就站了起来，道："我猜一定是某个信息被他们接收到了，现在派神前来联系。"

金惜道："我也这么想，只是不知道是哪个部门的。"

风絮雨道："金惜，我和你去看一看就知道了。"

姬鸣谦道："你们先去接洽一下，小絮，别忘了戴上猙吥穆神的面具。"

风絮雨应了一声，戴好面具，与金惜来到接待处，一个奇形怪状的机器神把她们领进一个会客室里。

第二十六章　不想谈成功的合作

　　一走进会客厅里，风絮雨便愣住了，只见两个须委神站在那里，明显是一男一女；除了背上长着一双翅膀之外，长得跟人类一模一样。两神都穿紧身的衣物，显示出绝美匀称的身材：男的俊美英气，脸部轮廓分明；女的如花似玉，曲线玲珑。风絮雨何曾见过如此俊美的人儿？用天上神仙来形容，恐怕还差了一些。

　　那男的约一探又三轨高，背后一双没有羽毛的翅膀收拢着，皮肤雪白，剑眉星目，鼻如悬胆，唇若涂朱，洁白的牙齿；一头银白色的头发披散下来，大有神仙飘然之姿；女的比男的略矮一轨左右，肤如凝脂，柳眉凤眼，明眸贝齿，顾盼生辉，琼鼻樱唇，玉峰高耸，明媚不可方物，一头略带金色的头发也是披散着，就如神话传说中的仙女一样。

　　金惜因种族不同，无法欣赏须委神的美貌，而风絮雨则不同，因为对方太像人类，所以，对须委神的美貌，暗中大加赞赏。

　　风絮雨惊叹于对方的美貌，瞬间就被吸引住了，对须委神立生好感，一股亲切的感情油然而生。

　　两神同时迎前一步，双掌向上——却是有五根手指——平腰半伸，背后双翅亦半展，抖动了数下，然后向着金惜和风絮雨弯腰行礼。

　　金惜、风絮雨也学着对方的样子行礼，只是背上没有双翅可资抖动。

　　男性须委神用裹殷毋赅语自我介绍道："尊敬的女士，我叫珲髯卜支，这位是我的同僚，伊汶珊布姿女士。我们是本星系元首府的助理事务官，受元首府的委派，前来拜会七神星主金惜女士。请问哪位是金惜女士？"

　　珲髯卜支彬彬有礼，脸上始终挂着迷神的笑容，说话不紧不慢，声音更像是有磁性一样，风絮雨不知不觉间看得迷糊了，呆呆地站在当地。

　　金惜道："两位事务官官长，我就是金惜·氏荷莲；这位是我的同伴，也是七神星主之一的童歆·颉丽。"说着拉了拉风絮雨的手，她才回过神来。

　　伊汶珊布姿轻柔一笑，就如鲜花绽放一般，露出整齐的贝齿，说道："这位童歆·颉丽女士一定是粺眲穆族的，只可惜你们有族规，不然真想看看粺眲穆族的女士有多么的美丽。"

　　风絮雨道："助理事务官官长，您才是真的美丽哩，我们粺眲穆族的女性都长得很丑的，在你们的面前，根本就不能称为美。"

　　风絮雨这是真心话，她本来也很为自己拥有的美貌而自矜，但看到伊汶珊布姿之后，觉着自己的容貌根本就不值一提，甚至生出了自惭形秽的感觉来。

　　伊汶珊布姿道："童歆星主，本族美貌的女士多得很，我只能算是不丑而已。"

"啊！您还不算美丽？"风絮雨道："您也太谦虚了。"

伊汶珊布姿道："是的，本族大多数女性都是如我一般的容貌，实在是平常得很。"

珲髶卜支道："是的，星主，伊汶珊布姿并非谦虚。哦，我们还是言归正传吧。本府接获你们的信息，说道有些合作开发资源的项目，须与本府商谈，本府十分重视，立即就查阅了有关七神星的相关资料，因此回复得慢了一些，请两位星主见谅。"

金惜道："查阅核对是应该的，这很正常。"

"据我们了解，七神星是不久前才标注到星图上，申请所有权是通过顾育族神完成的，已拥有星际合法地位，而星系所有权中，有七位星主，不知另外五位星主是否也同意与本族合作？"珲髶卜支道。

"是的，"金惜道："我是受众星主委托与贵府联系的。至于洽谈合作的事宜，则由另一位星主主理。"

"哦，如此，我们可以请另外五位星主一起见见面吗？"伊汶珊布姿道。

"当然可以，不过我们可否直接就与贵族主事的官员见面？"金惜道。

"我想这完全是合理的要求。我们这次来，只是先见一见七位星主，然后回去作一个初步的情况汇报，至于下一步如何，还要等待指示。"珲髶卜支道。

金惜道："嗯嗯，请稍等，我请另外五位星主前来与两位相见。"说完，就在会客厅里用旅馆的通话设备，通知巴久汶等前来相见。

等候的时间里，金惜与两位须委神交谈甚欢，而风絮雨则在一旁默默地打量着两神：伊汶珊布姿美颜如玉，一举一动自带仙气；而珲髶卜支则温文尔雅，谦恭有礼，俊美的脸上一直挂着迷神的笑容。

不大一会儿，铭越领先走了进来，金惜、风絮雨、珲髶卜支、伊汶珊布姿同时站了起来。珲髶卜支、伊汶珊布姿向五神行了一个礼，金惜向双方作了介绍；双方依例寒暄了一阵子。珲髶卜支道："铭越星主，我这次来只是礼节性拜访，至于洽谈的事宜，将会有专门的官员与你们接洽，我们现在要等待下一步的指示，一有通知，我会亲自前来向各位星主转达。"

铭越道："有劳官长往返奔波，我们期望很快就能再次相见。"

伊汶珊布姿道："我们同样期望不久就能与各位星主展开愉快的合作。"

珲髶卜支道："如此，我们就先告辞了。"说完，又向七神施了一礼。众神连忙还礼。

两神走出客厅，来到露台上，展翅凌空飞起，那一双翅膀展开，差不多有三十轨长，只拍打了几下，就飞进了悬在空中不远处的一艘飞艇里，临走还不忘礼貌地向众神挥了挥手。此时，风絮雨才发现，两神竟然赤着一双玉足。

送走两神，众神回到房间，风絮雨对姬鸣谦道："谦谦，他们真是太漂亮了，而且很像我们人类。"

姬鸣谦道："是，我从来没见过比他们更漂亮的人。"

风絮雨道："嗯，我也这样认为。恐怕人类就没有一个长得比他们漂亮的了。"

姬鸣谦道："小絮，你不觉得他们像某些神话里描述的神？或者说天使？"

风絮雨道:"啊!对呀!我还真没想到这一点哩!"

姬鸣谦道:"如此看来,那些神话竟然是真的。"

风絮雨道:"简直难以置信,古人又是怎么知道有这么一个种族的神存在呢?"

姬鸣谦道:"所以……所以……"

"所以什么?"风絮雨道。

姬鸣谦道:"我也说不好,总觉得其中必有缘故。"

畏兀走过来,问道:"你们在说什么呢?"

姬鸣谦道:"啊,对不起,我们在用人类的语言谈论须委神,说他们很像人类某些宗教里描述的主宰的使者。"

畏兀奇道:"宗教?"

正好巴久汶走了过来,接口道:"畏兀,宗教你都忘了?就是初级文明对一切不明事物都归结为一个万能的主宰所创造和控制。最终形成了对这个自己创造出来的主宰的信仰,从而对这个主宰顶礼膜拜,并达到痴迷的程度。"

畏兀道:"啊啊,想起来了,本族上古时代也曾有过宗教。"

姬鸣谦道:"你们现在没有宗教?"

铭越道:"鸣谦、玉,宗教是初级文明的产物,一般而言,智慧生物进入三级文明之后,开始接触到宇宙其他文明和生物,对很多不明白的事物开始有所了解,宗教就失去了作用,最终湮灭。到了四级文明阶段,智慧生物的认知早已极大地扩展,自然就没有宗教存在的必要了。"

风絮雨道:"原来这样。不过也很好理解,到了四级文明,许多初级文明阶段无法理解和知晓的事物,基本上都已明白,所以再也不会无知到相信主宰的存在。"

金惜道:"就以我们七级文明的认知来说,主宰是否存在已不重要,重要的是,在某种意义上,我们本身就是主宰,若主宰真的存在,那么,请问,主宰诞生之前,又是谁创造了主宰呢?所以这是一个没有起始的没有原点的问题。"

畏兀道:"我想,可能嬿顼神早就弄清了这个问题了。"

姬鸣谦道:"对了,都说我们像嬿顼神,但是我觉得须委神与我们人类更为相像,你们怎么不说我们像须委神呢?"

巴久汶道:"这很简单,虽然嬿顼神和须委神都是碳基生命,而且都与你们相像,但是,嬿顼神与你们都没有翅膀,所以说你们更像嬿顼神一些。"

风絮雨道:"我看他们非常友善,而且温文尔雅,很有君子风度。"

姬鸣谦道:"是的,他们确实是完美的生物。"

卜之添走过来插话道:"他们美吗?再美也没有我们金惜小姐长得漂亮。"

铭越道:"对!反正我一点也不觉得他们有多美。"

风絮雨道:"你们真的一点也不觉得他们很漂亮吗?"

畏兀道:"玉,你这就不明白了,不同智慧生物对美的认识和标准不一样,也许须委神与你们相像,在你们眼里,他们很美,但在我和巴久汶他们的眼里,真的一点也看不出美在哪里。"

　　风絮雨恍然大悟，心想：果然如此！在自己眼里，金惜一点也不漂亮，但在巴久汶三位男性彝裲渎隶神眼里，绝对是超级美女，于是道："嗯，畏兀，我明白了。"

　　金惜走过来坐在风絮雨的身旁，咯咯笑道："不管怎样，反正我们的玉最美！"

　　姬鸣谦道："完美的比例、匀称的身材、平滑的皮肤、顺畅的曲线，这些基本的美感要素，估计所有神族都会是相同的吧？"

　　卜之添道："是的，比如完美的弧度，就是普遍的美观要素，金惜，你不反对吧？"

　　金惜道："我们的工程师在设计作品时，一定是这样想的，我当然不反对。"

　　三个不同种族的智慧生物，在房中讨论了一整个下午的美学，最后又回到了将要进行的与须委神洽谈的话题上。

　　畏兀道："铭越，接下来轮到你出场做主角了，你不会怯场吧？"

　　铭越吹嘘道："畏兀，你可小看了我，我在学生时代可是有名的演说家。"

　　卜之添道："铭越，怎么看你也不像个演说家。充其量你只是喜欢说话而已。"

　　巴久汶道："平时虽然听你话多，但是离演说家滔滔不绝的水平，还差得远哩。而我才是真正的演说家，在学生时代，我是本校最著名的演说家之一。"

　　铭越道："教官，平时听你说话也不多，说起来也只是简短的几句，哪有半点演说家的影子？"

　　姬鸣谦故意戳穿巴久汶，道："你们都错怪他了，平时他少言寡语，是为了在你们面前保持长官的威严和形象，对吧，巴久汶？"

　　巴久汶心思被姬鸣谦揭穿，急道："鸣谦，这……这……"

　　风絮雨和金惜大笑起来，金惜道："不过近来教官还是多了很多话，已经从教官变回了巴久汶，说明我们的关系越来越融洽了，对吧？"

　　巴久汶道："以前是上下级的关系，自然要保持一定的距离；现在，我们是生死之交，过命的朋友，早就不存在什么上下级了。"

　　畏兀道："巴久汶，说得好！"

　　卜之添突然道："鸣谦，我们可以在这里采购一些材料吗？"

　　姬鸣谦道："当然可以，你是工程师，材料方面你做主。"

　　卜之添道："我看了他们的变形飞艇，受到启发，我也想制造一些可以变形的东西。"

　　风絮雨立即来了兴趣，道："什么东西？可以说一下吗？"

　　卜之添道："等我造好了，你就知道了。"

　　金惜道："玉，别追问了。我们的工程师造出来的，一定是最好的东西。"

　　絜遏星的一天是一期又四十念，相等于地球上的四十小时那么长。日照充足，植被茂密，大多数的植物的叶子都是黄色的，虽然都是碳基植物，绿色的植物却是稀少。

　　姬鸣谦等神按旅馆提供的观光指南，每天乘坐溶岩七-零六一八智能自动驾驶变形飞艇，游览了絜遏星上许多名胜风景，那些大山大川，雄伟壮丽，更胜地球上的山川风光，最高的山峰是名叫咽莠添载尚的山，高达十一垠，站在峰顶，放眼远望，只见一片云海，更无别的山峰与之比肩。

游玩了八、九日，众神已开始有点厌倦了。风絮雨提议到星系内的其它星球上去看看，畏兀无精打采地道："我看其它星球上的风光也差不多吧？我好像得了观光疲劳症了。"

姬鸣谦道："我也有点倦了。"

卜之添道："不如回飞船上看看吧，我订了一些物资，恐怕已送到船坞去了，我也该回去收一收了。"

巴久汶道："嗯，我也想回船上去看看，毕竟那才是我们的家。"

姬鸣谦道："好！那就一齐回去吧。"

七神商议好后，就开始收拾行李，放到变形飞艇上，正在这时，珲髯卜支和伊汶珊布姿从天而降，一边收拢翅膀，一边高声地同七神打招呼；珲髯卜支道："七位星主这是要离开本星吗？"

巴久汶道："啊，我们这是……"

姬鸣谦灵机一动，赶紧打断巴久汶的话，插口道："哦，是的，我们这是准备回飞船上去，然后到别的星系去探险。"

珲髯卜支急道："噢！十分抱歉，一定是七位星主等得太久了，以为本府无意与你们合作，对吧？"

铭越一听姬鸣谦这样说，立即心领神会，接口道："助理事务官官长，这很正常，毕竟我们那是新星系，也许资源还没完全形成，贵族或者并不需要我们的资源。不过合作不成没有关系，我们可以再找有兴趣的合作者。"

伊汶珊布姿道："铭越星主，看来我们总算没有来得太迟。七位星主，我们受本族元首府大星君的指派，前来向七位星主通传，我们大星君有意与七位洽谈有关的合作事宜。由于七位这些日子都在游览，所以，大星君让我们征询一下七位的意见，看看什么时候方便，邀请星主们前往元首府一谈。"

铭越望了一下众神，故作迟疑地道："这个……这样吧，我们商量一下，稍后给您回复，可以吗？"

珲髯卜支很礼貌地道："当然可以，这是应该的。"

伊汶珊布姿道："铭越星主，这是我们的通话频道和密码，有任何信息，可使用这个频道与我们联系，我们静待佳音。"说完，在手中一块金属显示板上显示了刚才说的频道和密码数字，让金惜扫描收藏。

铭越道："谢谢！那我们就暂且告辞了。"说完向两神行了一礼。

珲髯卜支和伊汶珊布姿双双回礼，脸上始终挂着甜美的微笑，目送着七神登上飞艇，腾空而去。

回到探险号里，风絮雨帮着卜之添，忙着将收到的物资安放到仓库里；姬鸣谦则与畏兀等五神在驾驶舱里商量着如何去元首府与大星君相见。

巴久汶道："鸣谦，他们既然误以为我们要走，正好给我们下一步的洽谈创造了有利条件。"

姬鸣谦道："是的，这样一来，就给了对方一个心理暗示，就是我们并非一定要跟他们合作。"

畏兀道："鸣谦，你是怎么突然想到这一招的？"

姬鸣谦道："其实不是我想到的，而是他们提醒我的。"

畏兀奇怪地问："他们提醒的？我怎么不知道？"

姬鸣谦道："他们一来就说'七位星主这是要离开本星吗？'对不对？然后又说'一定是七位星主等得太久了，以为本族无意与你们合作，对吧？'对不对？"

畏兀道："是呀，他们是这样说的……哦！我明白了，原来他们先入为主，以为我们不想跟他们合作了。"

姬鸣谦道："正是！"

畏兀道："鸣谦，真佩服你，脑子转得比光还快！"

姬鸣谦道："这也太夸张了，我也是灵机一动才试一下的。"

铭越道："这一招可谓是神来之笔，绝对会在洽谈中起到很大的作用。"

姬鸣谦道："我想，我们在洽谈中绝对不要明说我们可以另找合作伙伴，只须稍稍暗示一下就可以了。"

金惜道："你的意思是说，我们越是不明说，对方就越是怀疑？"

铭越道："好办法！我会掌握好分寸的。"

姬鸣谦道："那就再过两天才给他们发信息。金惜，回信息时就说我们考虑过了，还是先与他们洽谈一下，至于怎样遣词造句，就看你的了。"

金惜愉快地道："没有问题。"

七神趁着这个空当，又将探险号检测维护了一遍，那样子就像是准备远行一样。

卜之添一有空就把自己关在仓库里，去设计他那个可变形的东西，至于洽谈的事，一概不理。

到了第三天，金惜给伊汶珊布姿发去信息，表示愿意与元首府接洽，商谈一下七神星的事宜。伊汶珊布姿很快就回了信息，将会见日期定在了两日后的上午，并说她将到船坞来接七神前往元首府。

两日后，探险号旁一早就停靠了一艘豪华的飞艇，飞艇全身是紫金色的，显得很高贵的样子，形状就像一只剖开了的兽角，架在一双须委神的翅膀上，造型非常的独特。

珲髯卜支和伊汶珊布姿笑容可掬地请七神上了飞艇，艇上自有专职的驾驶员驾驶飞艇。珲髯卜支和伊汶珊布姿则陪着七神，介绍着飞艇经过的地方及沿途的建筑物，以及一些须委族的风俗和掌故。不久飞艇飞进了一栋浅蓝色六角形像花坛一样的建筑里，那建筑不太高，目测不过两遥多一些的高度，不过占地却是十分庞大。

飞艇在高层机库里停下，珲髯卜支和伊汶珊布姿很貌地引领着七神，乘搭专用的升降机来到顶楼，走进一间极其宽大的会客厅里，厅里已安排好七个座位，隔着一张长桌子的对面，只有一个座位，显然是为那个大星君准备的。珲髯卜支和伊汶珊布姿请七神在座位上坐了，道："七位星主稍候，大星君马上就到。"

七神刚坐下不久，一个长得比珲髯卜支略高一些的须委神走了进来，只见他身材匀称，比起珲髯卜支显得更加英俊不凡；身上披了一块像是布一样的白色衣物，很随便地搭在肩上，头发是金色的，也像珲髯卜支一样披散着，双眼炯炯有神，气宇轩昂。

他走到对面那个座位前，先是向七神施礼，然后道："抱歉让七位星主久等了。"稍停，自我介绍道："我是本星系元首府大星君，即是本族最高领袖，我叫因臆·芤宓赋鉴。"

七神纷纷站起身来，向他行礼；因臆举手示意道："不必多礼，请坐、请坐。"脸上泛着慈祥的笑容。

七神重新坐好后，坐在中间的铭越道："尊敬的大星君官上，很荣幸能得到您的召见，这实在是我们一生不可多得的荣耀。我是铭越·济石莠，受其余六位星主的推举，接下来的洽谈事宜，就由我代表他们，全权与贵方交谈。"

因臆道："啊，很好！这样我们的谈话就简便多了。"

铭越道："那我们是否可以开始了？不如先让金惜小姐介绍一下七神星的情况吧。"

因臆摆摆手道："我看就不必了，对于七神星，我们已作了一番调查，估计我们对七神星的了解不会少于七位星主。不如我们就直接谈合作的事，怎么样？"因臆说话的语气十分温和，却是不容置辩。

铭越心中一惊，表面却装作镇定地道："大星君果然不同凡响！不过这样也好，省去了许多不必要的说话。"

因臆微笑着，很礼貌地道："请问七位星主打算怎样合作？有什么条件请先提出来吧。"

铭越道："大星君果然直爽，既然这样，那我也就开门见山，直说了。"顿了一下，接着道："大星君官上，我们打算就七神星的一颗行星，即以巴久汶星主的名字命名的巴久汶星上的矿产、资源开发寻求合作伙伴，巴久汶星上稀有矿产储量非常丰富，我想大星君一定会感兴趣的。"

因臆道："啊，是的，我们对所有的资源都感兴趣。不过就我们掌握的资料来看，相对于巴久汶星，我们对卜之添星更感兴趣。当然，如果七位星主愿意的话，我们对整个七神星系都感兴趣。"

铭越道："大星君官上，十分抱歉，我们目前除巴久汶星外，没有其他的开发计划。"

因臆脸上泛着灿烂的笑容，畏兀、巴久汶等神没有什么反应，但看在姬鸣谦和风絮雨两人眼里，心神却为之一荡，这种笑容，是任何人类都无法抗拒的。

因臆道："啊啊，七位星主的考虑我完全可以理解；那么不妨将你们的条件说一说，我非常愿意听听。"

铭越左右两边看了其余六神一眼，道："大星君既然直入主题，我们也就不绕什么圈子，就直说了吧。"

因牍道:"很好!请开始吧。"

铭越道:"大星君官上,首先我们计划将巴久汶星球上的矿产、资源的开采权招标,有效期为九十九纪。"说完,停了下来,望着因牍,想看看他有什么反应。

因牍神色毫无变化,连眼都没有眨一下,脸上始终挂着那优雅的迷神微笑。

铭越没有看到对方的反应,便继续说道:"其次,开发所得收益,我们占六成,贵方占四成。"停了一下,看到对方仍无反应,接着又道:"其三,贵方在开发期内,在巴久汶星上的一切建筑、工具、机械等等,在九十九纪开发期满之后,将无偿留在行星上,归我方所有。"

因牍仍然保持着优雅的坐姿,静静地听铭越说着条件。

铭越又道:"其四,未经我方同意,贵方不得以任何形式将开采权售让或转让予第三方。"说完,望着因牍。

因牍问道:"还有吗?"

铭越道:"第五,也就是最后一项,一旦洽谈成功,合约签订的同时,贵方须一次性支付一笔定金,数额是预计收益的一半。"稍停,又补充道:"这是我方的五大主要条件,至于其他细则,则可进一步洽谈。"

因牍动了一下身子,很礼貌地问道:"铭越星主,还有什么条件吗?比如,除巴久汶星之外,巴久汶的卫星在不在开采之列等等。"

铭越道:"哦,大星君阁下,这些问题可在细则中列明,或可另外单列协商。"

因牍道:"很好!"

七神听他说"很好"之后,便猜度他会拒绝这些条件,或提出他的条件。

只听因牍不紧不慢地道:"七位星主也知道,像我们这样等级的文明神族,对资源的需求是极其庞大的,所以,你们的这些条件,我们完全没有异议。"

因牍此话一出,完全出乎七神意料之外,彻底打乱了原来的设想,令到铭越一时之间不知如何应对才好。

铭越有点不敢相信,问道:"大星君官上,您完全同意我们的条件?没有任何异议?"

因牍道:"没有,你们的条件很合理,我找不出反对的理由。"

铭越与姬鸣谦等对望着,想看他们有什么意见,但六神俱都面面相觑,竟然没有谁能想出有什么话要说。

因牍看着七神的表情,一副料事如神的表情,很优雅地偏了偏脑袋,满脸笑容地道:"除了完全接受你们刚才所提的条件之外,我还想请七位星主考虑一下我的建议。"

铭越道:"请说。"

因牍道:"我想请你们考虑一下,以同样的条件,出让其余六星的开采权,当然,如果是主星七神星的开采权也能出让的话,条件从优。"

铭越吃了一惊,道:"什么?您想要开采整个星系吗?"

因牍道:"是的,新生的恒星及其星系非常符合我们的需求。"

开采恒星能源,对七级文明的巴久汶等神来说,根本不算是什么稀奇的事;六级文明虽然无法开采恒星能源，但也在研究之中，所以畏兀也不感到惊奇；但听在姬鸣谦和风絮雨二人耳中，却是像听到了天方夜谭的神话一般，震撼无比！

姬鸣谦突然想起在第六研究所资料档案中，看过一则报告，说太空站曾拍摄到，一个巨大的飞行物从太阳里飞出，报告认为这是不可能的事情；现在听因牒这样说，方始知道，从恒星里摄取能源，对八级文明来说，就像人类钻井开采石油一般的平常。

铭越断然拒绝道："大星君官上，目前我们只考虑巴久汶星的开发，其余的不在考虑之列。"

因牒一点也不感到意外，还是很有耐心道："铭越星主，您看，你们提出的条件，我已全部接纳，而且，我还可以给予你们更优厚的条件。如果这样的条件你们都拒绝的话，那么，整个太虚都找不到第二个像我这样的合作者了。"

铭越道："抱歉得很，大星君官上，我们确实没有开采其余星球的计划。"

因牒非常优雅地笑了笑道："铭越星主，计划计划，只要计划一下就有计划了。所以，你们现在计划一下不就有了计划了吗？"

巴久汶插话道："大星君官上，之所以出让以我的名字命名的星球的开采权，是因为本神有意开发这个星球；而其他星主并无意开采他们名下的星球。"

因牒摆摆手，微笑着道："这样吧，我提出的建议，也许你们真的并没有考虑过，所以我也不急着要你们马上答复。你们先商量商量，我们下次再谈吧。"

铭越道："大星君官上，下次再谈也只是谈巴久汶星的事；我们不准备谈其它星球的议题。"

因牒道："世事没有绝对。"停了一下，又道："从现在起，你们就是我最尊贵的宾客，我已安排好你们的住处了，你们就不必回旅馆了。"

铭越道："大星君太客气了，合作都还没谈拢，怎么好接受贵方的招待？"

因牒一脸真诚地道："正因为要继续谈，就更应以贵宾之礼招待七位星主，这样才显示出我们的诚意，同时也略尽地主之谊。"

巴久汶道："大星君心意我们心领了。我们还是回旅馆住比较心安理得。"

因牒道："巴久汶星主就不必推辞了。珲髯卜支、伊汶珊布姿，还是辛苦你们两位，陪七位星主到贵宾馆去吧。"说完，站了起来，显然是不容七神反对了。

姬鸣谦悄悄向畏兀使了个眼色，畏兀会意，便道："大星君美意，令我们难以抗拒，我们只好厚颜接受了。只是，请大星君容许我们回旅馆收拾一下行李，然后再请两位事务官带我们到贵宾馆不迟。"

"啊，是我疏忽了。那么就请两位事务官陪同七位星主回去收拾行李吧。"因牒道："我期望很快能与七位再次见面，共商合作事宜。我相信我们的合作将会是非常愉快的。"说完，抖动了一下翅膀，行了一个礼，径自走出了会客厅。风絮雨这时才发现，因牒竟然是光着双足，行走之时，步履优雅之极。

珲髯卜支和伊汶珊布姿恭敬地站立着，待因牒一走，珲髯卜支就道："七位星主，请允许我们送你们回旅馆收拾行李物品，请！"

珲犀卜支和伊汶珊布姿礼貌又客气地请七神上了飞艇，然后到了旅馆又一直送到房间里，珲犀卜支道："七位星主，我们就在门外等候，相信你们收拾行李不需要太长的时间。另外，你们使用的变形飞艇，我已遣走了，此后七位在本星行走所需的交通全部由我和伊汶珊布姿负责。"

铭越道："谢谢！只是太过辛苦两位了。"

伊汶珊布姿露出甜美的笑容，道："能为七位星主效劳，是我们的荣幸！"

铭越行了一礼，转身进了房间，并把房门关上，道："须委神也太客气了，令我觉得有点无所适从。"

姬鸣谦嘘了一声，压低声音道："各位，如果我猜得没错的话，我们此去他们安排的贵宾馆，将会被软禁起来。"

巴久汶一惊，道："鸣谦，不会吧？你看大星君如此谦恭有礼，善解神意，怎么看也不像有什么恶念的样子。"

风絮雨道："谦谦，以大星君这样的身份，又怎么会搞这些小动作？"

姬鸣谦道："我只是感觉，我也吃不准。不过我们还是有所准备好一些。"

畏兀道："我相信鸣谦！几乎每次危难他都能预感得到。"

金惜道："如果我们真的被软禁了，那怎么办？"

铭越道："他们无非是想要七神星的全部开采权而已；实在没有办法，就出让给他们，我们也没什么损失。"

姬鸣谦道："我看大星君的意图，似乎并非只是七神星的开采权这么简单。"

巴久汶一惊，问道："鸣谦，你想到了什么？"

姬鸣谦道："没有，我总是感觉有什么不对的地方。"

风絮雨道："不会把我们抓起来吧？"

畏兀道："就目前的情况来看，应该不会，要知道，须委神如果随便抓我们，是违反星际法律的。"

风絮雨道："嗯嗯！既然谦谦这样说，那么不管怎样，我们都要预先做好准备。"

姬鸣谦道："卜之添，如果我们要逃，有什么办法可以用最快的速度逃回探险号上？"

卜之添道："鸣谦，这怎么可能呢？我们现在连一艘可以支配的飞艇都没有。"

畏兀笑道："要逃跑的时候就会有的。"

金惜也笑道："卜之添，你忘了，抢飞船畏兀是最拿手的。"

卜之添道："那等你抢到飞船时再说吧。"

姬鸣谦道："嗯，大家快收拾一下，我们先跟他们去贵宾馆，再看情况而定。"

七神收拾了行李，随珲犀卜支和伊汶珊布姿来到一座豪华的宾馆。那宾馆是一栋设计极其科幻的大楼，外形有点像动画片里神仙住的仙山，有三百层高，占地不甚大，楼顶是宽阔的停机坪，可以停降大型的飞船。七神就被安排住在顶层。

安排好房间后，珲犀卜支礼貌地说了句："有任何需要请随时联系我们。"然后就走了。

第二十七章　不甘胁迫

姬鸣谦在房间里环视了一圈，拉了风絮雨，到房外的楼层里四处走动。楼层很大，布局奇巧。姬鸣谦一边赞叹着须委神的奇思妙想，一边心里默记着各条通道以及出口。奇怪的是，整个楼层除了他们自己七个神之外，再没有别的住客，就连智能机器神也没有一个。

看了大半个楼层，姬鸣谦心中有点担心起来，一回到房间，就把畏兀等五神都叫到自己房间里，问道："你们有留意到什么吗？"

金惜道："鸣谦，这里除了我们，就没有别的住客了。"

姬鸣谦道："对！"

畏兀道："通往下一层的出口，似乎全被封禁了。"

卜之添道："通往上面停机坪的出口也一样被封禁了。"

巴久汶苦笑道："鸣谦，你又说对了，我们被软禁了。"

铭越道："这下可好，连逃都没法子逃了。"

姬鸣谦道："既来之则安之，我们且看对方要耍什么花招，静观其变就是了。"

一连两天，除了一辆智能送餐车每天准时送来食物之外，再没有任何动静；珲髯卜支和伊汶珊布姿也没有出现过，就连应有的问候信息都没有一个。

众神又耐着性子等了一天，情况依然没有任何的变化。巴久汶不禁慌了神，道："鸣谦，他们这是想干什么呢？就算是软禁也应有个神来问候一声吧？"

铭越道："不如发个信息给珲髯卜支和伊汶珊布姿？"

风絮雨道："不好！我认为最好等他们先来找我们才好。"

姬鸣谦道："小絮说得对，这是对方想磨掉我们的耐心，然后好在接下来的洽谈中处于主动地位。"

畏兀道："所以目前我们最好不要理会他们？"

姬鸣谦道："是的。我看这样吧，发个信息给他们，就说我们想外出观光，看看他们有什么反应，再决定一步。"

铭越道："这有什么用？如果他们直接拒绝了呢？"

姬鸣谦道："这就说明他们对我们的态度是什么。"

卜之添道："如果答应我们外出呢？"

姬鸣谦道："这说明他们还不想用强制手段。"

金惜问："这有什么区别吗？"

畏兀道："鸣谦的意思是说，如果拒绝外出，说明他们是想强制我们同意他们的建议；如果不拒绝，就是想用稍为温和一点的办法逼迫我们就范。"

姬鸣谦向畏兀笑了笑，道："是的，就是这个意思。"

金惜道："明白了。我这就给他们发信息。"说完，就用房间的通讯设备，给珲髯卜支发了一条信息，说要外出观光，请他安排交通。

过了很久，珲髯卜支才回信息道："请稍安勿躁，等到合作事宜谈妥之后，我将很荣幸地陪同七位星主畅游本星系最著名的风景名胜。"

巴久汶看罢回信，道："鸣谦，你是对的，他们想用强制手段逼迫我们。"

畏兀道："鸣谦，你有什么好主意？"

姬鸣谦道："我看我们先沉住气，不要急，等他们先来找我们，这样我们才能掌握主动。"

风絮雨道："如果他们一直不来呢？"

姬鸣谦道："不会的，反正我们当初也并不想开发什么星球，只是想找个理由认识大星君而已。"

巴久汶道："对对！倒是忘了这事了。"

畏兀道："但是被软禁在这里，什么事也干不了，更别说要去查你心中那件事了。"

姬鸣谦道："那么，我们不妨搞点小破坏？算不算犯法？"

巴久汶道："这要看你破坏的程度了。一般打烂点家具或用品什么的，不算犯法。"

卜之添道："哈哈，鸣谦这个主意太好了！我正想拆点他们的东西研究研究。"

风絮雨道："谦谦，这样做好吗？"

巴久汶道："玉，没关系，这样或许可以引得他们来找我们了。"

金惜道："你们各自找自己感兴趣的东西研究，我进他们宾馆的智脑中枢玩玩。"

众神说干就干，各自找自己的目标"研究"去了。风絮雨实在找不到什么可以"研究"的，只好跟在卜之添的身后，看他在"研究"一把椅子，金惜把她拉到身边，教她如何进入智脑里搞点小破坏。

姬鸣谦什么也没做，静静地站在窗前想着心事。

很快就到了就餐时间，那辆智能送餐车出现在房门口；卜之添一见，眼睛发亮，把车上的食物都取下，然后不知怎样摆弄了一下，那辆送餐车就乖乖地跟着他进了里面的房间。

折腾了两天，终于出现了一个机器神，却是来收拾被七神"研究"得面目全非的物件的。可怜这个机器神也同样没逃出被"研究"的命运，卜之添不知道是怎么弄的，把机器神的程序更改了一下，再将它与控制中心的链接关闭了，然后一顿操作之后，那个机器神就变成了只听命于他的机器。

又过了数日，整个宾馆顶层都快要变成垃圾场了。珲髯卜支和伊汶珊布姿突现出现在众神面前。看到七神的"杰作"之后，神色居然没有半分惊诧，脸上依然保持着甜美的笑容。

珲髯卜支道："七位星主，这些天过得还好吧？对于我们大星君的提议，考虑得怎么样？"却绝口不提七神的这些"杰作"。

铭越道："官长，大星君的建议不在我们考虑之列，除了巴久汶星之外，其余的都一概不予谈论。所以，请回去告知大星君，如果不愿意合作的话，我们就要告辞了。"

伊汶珊布姿道："铭越星主，您这样说未免有点不懂通变吧？"

铭越道："这是我们的底线，是不可以通变的。"

珲髯卜支道："铭越星主，您的意思我们一定会向大星君转述的，至于大星君如何考虑，就只有再等他的示下了。"

铭越道："这个自然了，两位官长并非是可以作主的角色。"

珲髯卜支并不生气，微笑道："您说的对，我们只是跑跑腿而已。"

双方话不投机，没说几句，就没话好说了。珲髯卜支和伊汶珊布姿只好告辞，言谈举止依然是礼貌又优雅。

两神刚走，畏兀就道："鸣谦，如果，我是说如果，他们改变主意，答应只开发巴久汶星呢？"

姬鸣谦道："不可能的。依我看，大星君不是个轻易改变主意的神，我看他不达目的是不会罢休的。"

铭越道："那怎么办？总不能坐困愁城吧？"

巴久汶道："鸣谦，到现在为止，我们还一事无成，我们来这里的目的，还一点头绪都没有。"

姬鸣谦道："其实来的时候，我就打定了一事无成的准备了。"

巴久汶道："那岂不是白来了？"

姬鸣谦道："也没有白来，起码现在我们认识了大星君，而且，通过直接和间接的接触，基本了解到他的性格、脾气、做事方法及思维方式。"

金惜道："直接接触倒是好理解，间接接触又怎么解释？"

姬鸣谦道："就从珲髯卜支和伊汶珊布姿的说话、行事上，间接了解到大星君的处事方法。"

金惜恍然大悟，道："高明！"

畏兀道："就算知道了他的处事方式，又有什么用？"

姬鸣谦道："当然有用。"

风絮雨道："说来听听。"

姬鸣谦道："可以根据他的思维方式，制定下一步的行动方案。"

金惜道："鸣谦，你有办法了？"

姬鸣谦一摊手，道："还没有，先看看他下一步打算怎样对付我们再说。"

风絮雨一脸愁容地道："说了半天，等于没说。"

姬鸣谦问："金惜，通过宾馆的智脑，你可以去到什么地方？"

金惜道："这里的智脑只是很普通的商业用途，尽头就是全星系的旅馆业管理机构，再也没有别的入口了。"

畏兀道："看来要找别的途径才能查到一些消息。"

姬鸣谦只嗯了一声，便不再说话，不知又想什么去了。

又过了数日，须委神方面一点消息也没有，七神决定告辞。金惜向珲髯卜支和伊汶珊布姿发了一则信息，说要离境，请他们安排。

信息发出不久，这次很快就有了反应。这日午后，珲髯卜支和伊汶珊布姿双双来到了宾馆，还没等铭越说话，珲髯卜支就道："七位星主，大星君请你们相见，请跟我们走吧。"

众神互相看了一眼，姬鸣谦点点头，铭越道："那么请带我们去吧。"

七神上了飞艇，再次来到上次与因赎相见的地方，因赎却早已在那里坐着了。

因赎很热情而礼貌地起身相迎，一边道："啊，七位星主，这段时间过得怎么样？宾馆的安排还满意吗？"

铭越嘲道："谢谢大星君的关心，我们被安排得很好，天天享受着最尊贵的招待。"

"啊！这就好，这就好！"因赎一派纯真地道。

铭越接着道："大星君官上，我们还有别的探险计划，因此，请允许我们离境。"

因赎道："噢，在本星系，出入境是自由的，并不需要我批准。只是七位星主就不打算完成有关合作的洽谈了？"

巴久汶插话道："抱歉，贵方似乎不像有兴趣洽谈的样子，我们也不急着要开发星球，因此，对我们而言，谈不谈都无关要紧。"

因赎打了个哈哈，道："哈哈，七位星主似乎有所误会，本星君对七神星系非常感兴趣，这些日子，我们已对七神星系作了初步的勘探，上面的资源正是我们所需要的，因此，我再次诚意提请七位星主考虑我的建议，如何？"

铭越道："大星君，我们此前已经申明了我们的原则，现在我愿再次重申：我们只计划开发巴久汶星，其余不作考虑。"

因赎道："啊，这就令我感到非常失望了。铭越星主，开发一个星球与开发一个星系没有多大的区别。"

铭越道："大星君官上，或者对你来说区别不大，但对我们来说，区别却是极大；我们不想过度开发。"

因赎道："这样一来，让我感到非常的难堪了。"

铭越道："大星君官上，这有何难堪？合作谈不拢，这不是常有的事吗？"

因赎道："虽然您说的很对，但是……还请再考虑一下吧。"

铭越道："大星君官上，一次谈不拢可以下次谈。我们不想再耽搁时间，以免妨碍我们下一步的探险计划。"

因赎道："七位星主，其实一点也不妨碍你们的计划；"他拿起桌上的一个像是文件夹一样的东西，在手中掂了掂，接着道："只要七位星主在这份文件上签了字，你们马上就可以得到一笔庞大的资金，足可以支持你们在任何宇宙的探险活动的费用，而签字所需时间不过数息而已。"

铭越道："谢谢，目前我们还不需要这么庞大的资金。"

因赎脸上挂着和善又纯真可爱的笑容，道："这样吧，请七位星主再留多数日，我另外再安排一个更加舒适的住处给你们，这样七位就可以安心冷静地考虑我的建议了。"

铭越道："大星君官上，我们不需要考虑了，现在我们只要求离境。"

因赎笑容不变，挥手道："珲髯卜支、伊汶珊布姿，安排七位星主到最豪华的宾馆，要小心周到地侍候，不可怠慢。"说完，很优雅地向七神行了一礼，就径自走了。

巴久汶大声道："我抗议你们用这种方式禁锢我们的自由。"

伊汶珊布姿道："七位星主，请保持君子风度，大星君是为你们好，是真诚地想与你们合作。"

姬鸣谦知道再说下去也无益处，于是道："既然是请我们去更高级的宾馆，我们倒是希望能吃上一顿像样的晚餐。"

伊汶珊布姿道："这个请放心，一定会安排你们享用满意的食物。"

姬鸣谦道："有劳两位官长了。"

七神跟着珲髯卜支，伊汶珊布姿走在最后，步往停机处；姬鸣谦心中雪亮，因赎口中所谓的最豪华的宾馆，必定是更严密的监禁场所，一旦进入，要想出来就更难了。姬鸣谦暗暗集中意念，试着用念力向众神传递信息，让大伙都打开七神通。果然，风絮雨最先有了反应，其他五神也纷纷望向他，姬鸣谦微微点头，众神会意。

七神跟着珲髯卜支和伊汶珊布姿上了飞艇，飞艇随即起飞，飞了不到一念时间，姬鸣谦向畏兀、巴久汶一使眼色，低头对着七神通低声叫道："动手！"两神便扑向驾驶室；与此同时铭越、卜之添扑向珲髯卜支；金惜和风絮雨按倒了伊汶珊布姿。

七神干净利落地控制了飞艇，畏兀立即驾着飞艇，往探险号停泊的船坞疾飞。

珲髯卜支和伊汶珊布姿也不抗议，闭着嘴，只是脸上的笑容没有了，冷冷地看着七神在忙碌着。

姬鸣谦站在珲髯卜支和伊汶珊布姿跟前，道："我们无意冒犯两位，但是，我们也不想被你们软禁了，所以，只好委屈两位了。"

珲髯卜支这时居然笑了笑，笑容一如平日一般的甜美迷神，道："噢，没关系！不过，你们以为能够逃得出本星系吗？"

姬鸣谦道："哦，这就不劳官长操心了。

金惜插话道："不试试怎么知道我们逃不出？"

伊汶珊布姿道："我劝七位星主还是按大星君的建议，与我们合作吧。大星君要做的事，是没有谁能阻拦得了的。"

姬鸣谦道："是吗？我们不想做的事，也是没有谁能强逼得了的。"

珲髯卜支道："其实你们签不签协议都没什么关系，以本族的能力，开采七神星的资源又有谁能拦得了？"

铭越道："对你们的能力，我们倒是深信不疑。虽然如此，但你们就敢无视星际法则，就不怕全太虚文明的谴责？"

珲髯卜支道："铭越星主可能有所误会，本族是太虚文明的领袖，又怎么会违反星际法则？"

铭越有点愕然，只听珲髯卜支接着说："只要七位不离开本星系，又有谁知道这件事？"

风絮雨道："你就这么自信？敢断定我们不能离开？"

伊汶珊布姿道："当然！没有谁可以离开，如果我们不同意。"

姬鸣谦这时居然也笑了笑道："那我们只好试试你说的是不是真的。"

说话之间，飞艇已飞到探险号上空，巴久汶用遥控器打开探险号的机库大门，畏兀直接将飞艇开了进去。刚一停稳，畏兀、巴久汶就跳下飞艇，直奔驾驶室，迅速将探险号发动起来，巴久汶用七神通叫道："鸣谦，可以了。"

姬鸣谦、铭越、金惜、风絮雨将珲髯卜支、伊汶珊布姿及两名驾驶员从舱门推出探险号，姬鸣谦道："抱歉，委屈了。"将舱门一关，道："畏兀，快走！"

畏兀伸指虚空一点，探险号腾空而起，直刺苍穹。

卜之添自往后舱去了；姬鸣谦、铭越、金惜、风絮雨四神回到驾驶室，各就各位坐好，畏兀立即加速，向大气层外冲去。

探险号刚冲出外层空间，探测器便传出了警报，金惜道："七艘战舰正向我们高速接近。"

畏兀道："不要慌！看我的！"将飞船一沉！突然向左一弯，道："关闭重力！"

卜之添马上就回答道："重力已关闭！"

畏兀大声道："都坐好了！准备进入光速！"

却听金惜惊叫道："进方有舰群！"

只见前方有十数战舰迎面扑来，如果进入光速及不改变方向，势必与对方舰群迎头相撞。畏兀无奈之下放弃进入光速，把飞船急速上升，突然反方向一折，然后飞了一个蛇形路线，抓住这个机会，将飞船推进至光速一级。

驾驶室内一片欢呼。巴久汶赞道："畏兀，好样的！"

畏兀道："谢谢！光速二级准备！"

卜之添道："二级光速候备！"

畏兀嘴里叫道："再见了，须委神！"伸指虚空一点，飞船竟然没有任何反应。而推进系统却亮起了警号：推进系统十息后关闭！

"怎么回事？"巴久汶急叫道。

卜之添道："不知道，正在查！"

金惜道："不好！飞船被植入不明程序！"

畏兀道："立即排除！"

金惜双手十指飞舞，道："正在排除！"

说话间，飞船竟然自动停了下来，就连起码的惯性飞行的过程都没有，就像是被什么东西拦阻住一样。

巴久汶大急，吼道："卜之添，推进系统是否故障？"

卜之添道:"没有,推进系统一切良好!"

金惜道:"飞船没有问题,是这该死的不明程序捣的鬼!"

姬鸣谦道:"我明白了,难怪刚才珲髯卜支那么自信地说我们逃不出去!"

风絮雨不服气地道:"难道他们能掐会算,算准了我们的飞船会出现这种状况?"

姬鸣谦道:"小絮,不是他们会算,而是他们一早就在我们的船上做了手脚!"

铭越道:"你是说,他们竟然这么不要脸,做出这种卑鄙的事情?"

畏兀道:"你说对了!对于八级文明来说,植入程序,锁定和控制飞船是轻而易举的事。"

风絮雨望向姬鸣谦,问道:"谦谦,我们怎么办?"

姬鸣谦一脸冷峻,只说了一个字:"抢!"

巴久汶道:"你是说抢他们的船?"

姬鸣谦道:"难道还有别的船可抢?"

畏兀道:"鸣谦,这很危险,一不小心,我们都得死在这里。"

姬鸣谦道:"畏兀,放心,须委神现在还不想我们死。"

金惜道:"别想那么多了。鸣谦,快说!怎么抢?"

姬鸣谦道:"等一下我们被押到他们的船上,我控制住指挥官,畏兀、巴久汶就去控制驾驶室,其余的神就对付其他的须委神。非不得已不要杀死他们的神。"

正说着,探险号竟然发动了起来,缓缓地自动朝须委神的一艘大型母舰飞去,不一会儿,就飞进了母舰的机库,然后就稳稳地降落在甲板上。

飞船刚一停稳,一个声音就响了起来:"探险号里面的神听好了,一个接一个走下来,不要意图抵抗,我们将保证你们的安全。"

畏兀道:"走吧,不要带任何武器。"

姬鸣谦道:"大伙把七神通都打开吧。"

巴久汶率先走出探险号,只见数十名士兵包围着探险号,每个士兵都身着防护甲,手持长方形盒子一样的形式奇特的武器。待七神全部下了飞船,一个军官上前,示意七神跟他走。七神跟在军官的身后,后面十数个士兵持武器押着,走了很长一段路,来到指挥舱,珲髯卜支和伊汶珊布姿站在里面,看到七神进来,珲髯卜支满脸笑容地道:"噢!七位星主,这么快我们又见面了,我感到非常的高兴!"

伊汶珊布姿道:"欢迎光临!七位星主不必担心,你们现在很安全!我已安排好了舒适的舱房,稍后七位星主就可以前去休息了。"

铭越揶揄道:"两位助理事务官亲自出马,辛苦了。"

畏兀道:"两位官长,你们就是这样对待与你们洽谈合作的外星伙伴的吗?"

"啊,畏兀星主,我们的诚意是有目共睹的。大星君派我们前来,就是要请你们回去进一步洽谈合作的事宜,这有什么不妥吗?"伊汶珊布姿道。

巴久汶道:"你们这是强神所难。"

珲髯卜支道:"巴久汶星主,合作就是互利,怎么是强神所难?"

巴久汶道:"助理官长,我们现在不想与你们合作,请让我们自由离开。"

伊汶珊布姿道:"巴久汶星主,这就不太友好了吧?既然你们先提出的合作建议,怎么可以中途而废呢?大星君对合作的前景充满了期待。我们相信,最终一定可以愉快地达成合作共识的。"

铭越道:"我们不同意呢?你们是否就要永远囚禁我们?"

珲髯卜支道:"铭越星主这是说哪里话?本族是太虚最高等级的文明神族,星际的领袖,怎么会对星系之主实施囚禁?只不过,七位在本星系做了一些不应做的事,以后又以不正当的手段胁迫本族官员,非法离境,我善意地提醒七位星主,按照本星系法律,七位的行为已足可被判冷冻囚禁三百纪的刑罚。"

"三百纪!"风絮雨失声地道。

"是的,"伊汶珊布姿看了她一眼,道:"试想想,三百纪之后,七神星会是什么情景?"

金惜道:"明白了!无论我们同不同意你们开采,你们都会强行开采七神星,对吧?"

珲髯卜支道:"金惜星主非常聪明,明白了合作的重要性,所以,签署合作文件,是你们现在唯一的选择。"

畏兀道:"助理官上的意思是,只要我们同意你们的提议,就可免了我们的刑罚?"

伊汶珊布姿道:"畏兀星主,法律是公正的,刑罚是不能免除的,不过形式可以再商讨,比如改为流放一百纪之类的。"

铭越道:"不能免除刑罚,那还合作什么?"

珲髯卜支道:"要免除刑罚也不是不可能的,但是条件就有变化了。"

"什么条件?"风絮雨问。

珲髯卜支脸上的笑容更加灿烂,语调益发和善地道:"转让七神星的所有权。"

姬鸣谦道:"两位官长是否知道,我们是通过什么神族注册的七神星所有权?"

伊汶珊布姿道:"当然知道。"

姬鸣谦道:"那么,官长自然也知道,按星际惯例,七神星也将受到这个神族的保护。"

伊汶珊布姿道:"当然知道。"

姬鸣谦道:"我们不愿意与你们合作,你们敢用强迫手段吗?就不怕引起与顾育族神星际纠纷?"

珲髯卜支哈哈一笑道:"若非如此,你觉得我们还会这么大费周折地要你们签什么合作文件吗?"言下之意,已是十分露骨了。

众神一听,俱都心神一震。姬鸣谦知道,事情到此,已无退路,对方不取得七神星,是不会善罢罢休的。看着珲髯卜支和伊汶珊布姿伪善的笑容,心中涌起一阵厌恶的感觉,那张完美的漂亮的脸,此时也变得丑陋之极。

姬鸣谦努力压制住心中厌恶的感觉,将意念集中起来,突然道:"两位助理官长,可知道蓝囚星?"

珲髾卜支和伊汶珊布姿浑身震了一下，一脸惊愕，同时问道："你说什么蓝囚星？"

姬鸣谦算准了对方有这样的反应，趁着两神惊愕之际，将意念发出，作用到两神的身上，平静地道："此事是贵族的最高秘密，请先让你的士兵退出去。"

伊汶珊布姿挥手命令众士兵退出舱外，神情木然地望着姬鸣谦。

姬鸣谦一打手势，畏兀、巴久汶立即就扑向指挥舱前面的驾驶室；卜之添和铭越则将珲髾卜支和伊汶珊布姿的武器缴下；金惜迅速走到指挥台前，在风絮雨的帮助下，打开飞船的指挥控制系统，将母舰上的各个舱室、通道的门都封禁锁死了，使得士兵们无法行动。

这时，七神通里传来畏兀的声音："驾驶室已全面控制！"

姬鸣谦道："金惜，想办法将植入探险号的程序消除；小絮，找两副镣铐将他们俩铐上。"

风絮雨很快就找到两副手铐，将珲髾卜支和伊汶珊布姿铐上，而珲髾卜支和伊汶珊布姿则茫然地看着七神在忙碌着，似乎完全不知道发生了什么事情。

过了一会儿，金惜道："鸣谦，探险号被植入程序已清除。"

姬鸣谦道："好！看看能不能进入他们的中枢智脑，搜索一下有没有蓝囚星的资料。"

金惜道："好！"

巴久汶这时问道："鸣谦，我们现在去哪里？"

姬鸣谦道："暂时不要动，等我问完话再说。"

巴久汶道："你要快点，时间一长，别的飞船就会发现他们的母舰不对劲的。"

"我明白。"姬鸣谦回答，双眼始终注视着珲髾卜支和伊汶珊布姿，这时缓缓地问道："蓝囚星，你们知道吗？"

珲髾卜支道："知道，那是囚禁囚犯的星球。"

姬鸣谦问道："囚禁的是什么神族？"

伊汶珊布姿道："不知道，这是本族最高机密。"

珲髾卜支道："是的，这种级别的机密，只有大星君和几位星君府的参赞才知道。"

姬鸣谦又问："你们用什么办法囚禁他们？"

珲髾卜支和伊汶珊布姿一起摇头表示不知道。

姬鸣谦提示道："比如基因改造？"

珲髾卜支和伊汶珊布姿仍然摇头。

姬鸣谦又提示道："比如智力禁制？"

珲髾卜支道："没听说过。"

姬鸣谦一连数问，珲髾卜支和伊汶珊布姿皆茫然不知。姬鸣谦心道：看来这两个神的级别不够，是真的不知道。于是又问："星君府绝密智脑的密钥，应该知道吧？"

伊汶珊布姿立即就说了一串字符出来，金惜飞快地在指挥台上输入密钥，不一会儿，金惜道："进去了。"

金惜飞快地搜索着，又过了两念时间，金惜道："没有蓝囚星的任何资料。"

姬鸣谦道："恐怕还要再高一级的路径才能看到须委神的核心机密。"

金惜道:"我再试试。"

姬鸣谦知道再问珲髯卜支和伊汶珊布姿两神也没什么有价值的东西了,便对风絮雨道:"小絮,找一找,看看有没有适合这两位的舱室,最好分开关起来。"

风絮雨到处察看了一圈,回来道:"只有一间舱室,看来就是他们指挥官的起居舱。"

姬鸣谦道:"铭越,你和小絮去将舱室里的所有通讯和逃生通道都封锁掉。"

铭越和风絮雨去了一阵子,回来道:"好了。"

姬鸣谦道:"带他们去吧。"

铭越、风絮雨押着珲髯卜支和伊汶珊布姿,将他们关进了舱室。

姬鸣谦将意念收回,这才感觉到有点疲倦,估计是刚才全力控制对方心智,精力耗损太巨所致。却听得金惜道:"鸣谦,须委神的绝密智脑的密码太高级了,没法破解。"

姬鸣谦凑过去一看,屏幕上显示一双须委神,身着远古时代的甲胄,手中拿着像剑一样的冷兵器,站在一扇门前,笑容可掬,样子圣洁安详,就如传说中的天使一般。

姬鸣谦正在想这两个古代士兵有什么含义,指挥台上的一盏小黄灯亮了起来,他伸手一按,因牍的影像就出现在跟前,只见他笑意盈盈,一副和蔼可亲的样子,道:"七位星主不辞而别,令我感到非常难过;所以派两位助理事务官前往礼请七位回来,再重新协商一下合作的事宜。"

姬鸣谦道:"大星君多礼了,我们真是受宠若惊。"

因牍接着道:"金惜星主有什么疑难的问题,直接问我就好了,不需要在智脑上苦苦找寻。"

金惜撒谎道:"大星君,没什么疑难,只是想找个你们防守的空隙,看看能不能离开贵星系。"

"这有何难?"因牍道:"只要我一个命令,你们自然就可以自由离去。"

姬鸣谦道:"那么大星君是愿意下这个命令了?"

"当然了,我很乐意,"因牍道:"不过,珲髯卜支和伊汶珊布姿应该向你们转达过你们离开的条件。"

姬鸣谦道:"啊,对!他们已忠实地转达了你的建议,不过,我们不想接受这个条件。"

"这让我很为难。"因牍道。

姬鸣谦道:"大星君,现在珲髯卜支和伊汶珊布姿两位助理事务官已经将战舰指挥权转交给我们了,还有,母舰上所有的士兵都由我们安置在适当的舱室里,所以,我们是否可以另谈条件?"

"哦,星主可能不太了解本族,我们的士兵随时都准备着为本族牺牲生命,当然也包括我。所以你的条件恐怕还不够分量。"

"即便如此,此时我们要走,大星君未必能拦得住吧?"姬鸣谦道。

"噢,星主,拦截这么费时费力的事,不是我的选项,星主一定很清楚,每一艘飞船都有一个自毁程序,而我却可以轻易地启动这个程序。"因牍轻描淡写地道。

姬鸣谦望向金惜，金惜点点头，表示因腴所言不虚，也就是说，七神还没有完全脱离危险。如果要驾驶探险号离开，恐怕还没到机库，就被沿途的士兵手中的武器击成灰烬了。

姬鸣谦道："这样的话，我们岂不是话不投机？"

因腴道："哈哈，星主所言差矣！我们共同的话题很多，怎么会话不投机？"

姬鸣谦暗忖，大星君心智深沉，喜怒不形于色，是个难缠的对手；要想全身而退，得想个出奇制胜的办法才行。

姬鸣谦飞快地思索着，毅然下定了决心，道："大星君，可曾听说过生命基因改造工程和智力禁制技术？"

因腴一听，脸上一直挂着的笑容消失了，随之而起的是一脸的震惊和不相信，有点失态地道："你说什么？你怎么知道这些？"

姬鸣谦没有正面回答，却道："大星君可感兴趣？"

因腴沉默着，显然是震惊于姬鸣谦怎么知道这样的机密，同时脑中飞快地分析着机密泄漏的可能性和渠道。

姬鸣谦看到自己的话产生了效果，便将黄色按钮一按，中断了与因腴的联系。然后，使用七神通与众神商议道："畏兀、巴久汶，刚才大星君说道，他随时都可以启动飞船的自毁程序，所以，我们无论飞去哪里，都身处危险当中。"

铭越惊呼道："天！他要牺牲这艘船上的所有须委神吗？"

金惜道："我看大星君心狠手辣，绝对不会爱惜这些士兵的生命的。"

巴久汶道："我们用自己的探险号不行吗？"

畏兀道："别忘了，外面有一船士兵在等我们现身呢。"

卜之忝道："鸣谦，你有什么办法吗？"

风絮雨刚才听到姬鸣谦对因腴提到智力禁制的话，便道："谦谦想必已有办法了。"

"什么办法？"众神异口同声地问。

姬鸣谦道："我有大星君想要的东西，所以我想冒险与他一谈。"

畏兀道："不行！这样岂非自投罗网？"

巴久汶道："鸣谦，你这个是笨办法，不行不行。"

铭越道："不妨先听听鸣谦说一说他的办法，怎样？"

众神俱不作声，姬鸣谦便道："我以我所知的东西，作为换取我们自由离去的条件，想必他定会答应。"

铭越道："是什么东西这么重要？你有把握他一定会答应？"

姬鸣谦道："一定会的，因为这是他的软肋。"

卜之忝道："即便他答应了，那你怎么脱身？"

姬鸣谦道："只要你们安全离开了，我要脱身就容易了。而且，有你们在外面，他也必定会有所顾忌，不敢对我太过过分的。"

畏兀道："然后呢？"

姬鸣谦道："你们一旦离去，立即一刻不停地前往顾育神那里，告诉纠库纠兰，我在须委神这里，然后让他在太虚中暗中散布一个消息：有神秘学者正在与须委神谈论生命基因工程及智力禁制技术……"

还没等姬鸣谦说完，金惜道："聪明！然后让顾肓神以学术交流为理由，前去要求与你相见，再然后……"

姬鸣谦打断她道："这只是一个备用的方案，有备无患而已。"

畏兀道："鸣谦，你说得轻松！这事凶险异常，还是我留下陪你吧。"

巴久汶道："我留下才是最合适的。"

风絮雨道："你们都不用争了，我留下。"

姬鸣谦道："不行！你们谁也不能留下。"

风絮雨道："他们不行，我行！"

姬鸣廉道："小絮，你更加不能留下。"

风絮雨道："谦谦，你说过，以后有你在就有我在，所以你去哪我就跟你到哪。"

姬鸣谦道："小絮，这次去是要跟须委神斗智力，你在的话，会令我分神。"

金惜道："玉，鸣谦说得对，你不能留下。"

卜之添道："还是我留下最好！"

姬鸣谦道："不行！"

风絮雨道："谦谦，你说过，要生一起生，要死一起死。如果你死了，在这茫茫太虚之中，活着也没有什么意义了。"

姬鸣谦道："小絮，我只是去跟他谈一谈，又怎么会死呢？"

风絮雨眼中流泪，突然用汉语道："你就不用骗我了，你这是要用你自己的命，换取大家的性命！我又怎能让你独自赴死？"

姬鸣谦知道她心意坚定，心中感动，道："好！我们就一起去与他斗上一斗！"

风絮雨破涕一笑，就如梨花带雨，娇美异常，道："这才是我的未婚夫！"

姬鸣谦将她拉到身边，深情地看了她一眼，道："畏兀，巴久汶，就这样定了。等一下金惜再检查一下，看看对方还有没有在探险号上做什么手脚。"

众神都沉默不言，过了一会儿，畏兀道："鸣谦，等去了顾肓神那里，纠库纠兰一定有办法前来营救你的。"

姬鸣谦道："放心，我应付得了。"

卜之添默然走上前来，将两个硬币大小的金属圆片给姬鸣谦和风絮雨别在腰带上，道："带上这个，这是我最新研制出来的声控镣铐解密器，可以自动解密磁力、重力等手铐的密码。你只要大声叫'吐兹'，它在一息之内就能解开手铐。"

姬鸣谦和风絮雨齐声道谢。

第二十八章　初次交锋

众神沉默着，神情有些哀伤，默默地在等待，等待着离别的那一刻。

这一刻似乎特别的漫长，比起穿越整个宇宙还长。

指挥台上的那盏小黄灯终于又亮了起来。姬鸣谦伸指一按，因腴的影像就出现在跟前，就如他本人的真身站在面前一样。

因腴优雅地笑着，很有礼貌地打了个招呼，道："韧仲星主，我看我们应该好好地谈谈，我已备好了上等的饮品和美食，就等你们来品尝了。"

姬鸣谦道："大星君美意，却之不恭。不过，不是我们全体，而是只有我们夫妇俩前来拜受。"

"哦？其他星主不愿赏光吗？"因腴语气有点生硬。

"其他星主与此事无关，而且，他们各自有自己要做的事，因此，就不奉陪了。"姬鸣谦道。

"噢！怎么可以错失与各位星主相聚言欢的机会呢？"因腴道。

姬鸣谦莫测高深地道："大星君可曾听说过法不传六耳这句话呢？"

"啊、啊！受教了。既然其他星主还有要事要办，那就不好强神所难了。"因腴道。

"大星君不介意给我们的探险号补给一些燃料和食物吧？"姬鸣谦适时提出条件。

"啊！当然不介意了。"因腴很大方地道："韧仲星主可否请我的两位助理前来，让我当面吩咐一下他们，好好礼送其他星主离境？"

"当然可以了。"姬鸣谦打了个手势，卜之添就将珲髯卜支和伊汶珊布姿带了出来。两神脸色苍白，却更显俊美。

因腴道："珲髯卜支、伊汶珊布姿，你们与七位星主相处得愉快吗？"

珲髯卜支和伊汶珊布姿齐声回答道："大星君，我们很好！"

因腴道："嗯，很好！我与韧仲星主有些共同感兴趣的话题要面谈，所以，请你们用最高的礼仪将他夫妇接回星君府，中途不要有任何耽搁和停留。"

珲髯卜支和伊汶珊布姿道："是！大星君。"

因腴又道："另外，其余五位星主还有要事待办，所以请你们给予他们应有的补给并代我礼送他们离境。"

珲髯卜支和伊汶珊布姿道："是！我们照办！"

因腴道："韧仲星主，我将在星君府恭候你的大驾。"

姬鸣谦道："有劳大星君，我们很快就可见面畅谈了。"

因腴行了一礼，影像就消失了。

姬鸣谦从指挥台前挪开道："两位助理官长，请吧。"

珲髯卜支和伊汶珊布姿走到指挥台前，四手齐舞，飞快地将金惜锁定了的各个系统、舱门打开；伊汶珊布姿下达命令：各守岗位，不得擅自离开，取消所有作战任务，所有战舰返回母舰。

珲髯卜支对姬鸣谦道："韧仲星主，大星君吩咐，礼送五位星主离境，请五位跟随伊汶珊布姿，回到你们的飞船上吧。"

伊汶珊布姿向五神微微一笑，道："请吧！"说完当先走出了指挥室。

畏兀、巴久汶、铭越、金惜、卜之添依依不舍地望着姬鸣谦和风絮雨，一扭头，畏兀率先跟在伊汶珊布姿的后面走了出去；姬鸣谦和风絮雨目送着五神走出指挥室。

不久，七神通里传来畏兀的声音："鸣谦，我们已安全回到探险号。"

巴久汶道："现在正在检查飞船系统。"

卜之添道："现在补给动力燃料，推进系统正常。"

铭越道："武器系统正常，护盾正常。"

金惜道："飞船主控智脑正常，没有发现不明程序。"

畏兀道："飞行控制系统正常，探测系统正常。"

巴久汶道："导航系统正常。"

姬鸣谦听着五神报来的飞船状况，却故意问："助理官长，补给怎么样了？"

珲髯卜支道："伊汶珊布姿，补给情况怎样？"

伊汶珊布姿道："补给已完成，探险号可以起飞。"

珲髯卜支道："打开机库，通行密码已发送。"

畏兀道："谢谢助理官长，通行密码已接收。"

姬鸣谦和风絮雨从指挥台上的屏幕看着探险号穿出机库大门，向太空飞去，耳中听得七神通里最后传来畏兀的声音："保重！"然后就看到探险号化作一个光点，飞速远去，显然是进入了光速飞行。姬鸣谦和风絮雨如释重负，相视一笑。

姬鸣谦将医囊背在身上，拉了风絮雨的手，对伊汶珊布姿和珲髯卜支道："我们可以走了，大星君恐怕等得焦急了。"

珲髯卜支恭敬地道："韧仲星主，我们很快就会见到大星君的。"

珲髯卜支指挥母舰，不到一念的时间就回到了絜遏星的外层空间，伊汶珊布姿请姬鸣谦和风絮雨转乘一艘小型飞船，径直降落在一个偏僻的停机坪上，一艘豪华的飞艇已在等候着。伊汶珊布姿领着姬鸣谦和风絮雨登上飞艇，飞艇立即腾空而起，不大一会儿，就飞到了星君府的机库里。

珲髯卜支和伊汶珊布姿一前一后地夹着姬鸣谦和风絮雨，往第一次与大星君相见的那个会客厅走去。姬鸣谦盘算着对方会问些什么，自己如何应答，又如何套出自己想要的东西。

很快，那个会客厅就在前面了，但是，珲髯卜支和伊汶珊布姿并没有停留，仍然向前走去，来到走廊的尽头，却不见有门，伊汶珊布姿对着一面墙用须委语叫了一声，那面墙上就现出了一道门，四神走进去，里面极其宽大。地上是乳白色的不知用什么材料制造的地板，没有多余的装饰，只有一张长达两探余、宽约一探多的及腰高的办公桌，桌前摆着两张象是一个被切成两半的球，一半是座椅另一半是靠背的椅子。

大星君就坐在桌子的后面，一张椅子有上下两对扶手，大星君把自己的翅膀搁在上面的扶手上，看样子非常的舒适。

看到姬鸣谦和风絮雨走进来，因牍并没有要站起来的意思，只把手略略地挥了挥，珲髯卜支和伊汶珊布姿就躬身退了出去，门就自动地关上了。

因牍笑容可掬地望着姬鸣谦和风絮雨，这次没有任何客套，直截了当地问道："你是谁？"

姬鸣谦也微笑着道："我是谁不重要，重要的是我知道的东西。"

因牍没有纠缠姬鸣谦的身份问题，道："很好！那么你能告诉我，你是怎么知道这些东西的？又或者说，你是从哪里获得这些技术的？"

"大星君，你也知道，我是一个探险家，"姬鸣谦开始编造故事，道："我去过很多星系，在一个荒凉的星球上，我遇到过一个神秘的神，与他相处了一段时间，当时他已经处于生命的最后时刻，临终前，他教给我一些知识，当然，也包括我跟你说过的那些东西。"

因牍道："那个星球在什么地方？那个神叫什么名字？而你又怎么知道我对这些感兴趣？"

姬鸣谦道："逝者已已，为了不打扰逝者，就没有必要说那个星球和神的名字了。至于最后一个问题，我想，只要是等级足够高的文明，都会对这样的技术感兴趣的。"

因牍突然大笑起来，笑得背上的翅膀也抖动起来。姬鸣谦和风絮雨不知道他为何发笑，呆呆地望着他。因牍自顾自地笑了一阵子，道："韧仲星主，我佩服你编造故事的能力，只可惜，这个故事一点也不精彩。"

姬鸣谦道："哦？大星君认为怎样才算精彩？"

因牍道："因为你故事里面的这个星球和这个神是不存在的。"

"你这么肯定？"风絮雨插话道。

"两位星主，你们并非什么骍眄穆族神，也不是什么探险家。"因牍很平静地道。

"那我们是谁？"姬鸣谦和风絮雨心中一震，但依然保持镇静。

"你们是蓝囚星上的逃犯！"因牍突然厉声说道。

姬鸣谦和风絮雨没有反驳，因牍又道："现在，你们可以摘下面具，以真面目见我了吗？"

姬鸣谦和风絮雨这时自知身份败露，索性不装了，两人相视一眼，缓缓地抬手摘下面具，露出俊美的脸庞。

因牍看着两人，哈哈大笑，道："好好！一双逃犯，终于还是落网了。"

姬鸣谦听他一口一个逃犯，压着愤怒，冷冷地道："大星君，你口口声声说我们是逃犯，我们何罪之有？"

因牍一副高高在上的样子道："哦，你们的罪是固有的，也就是说，你们一出生就是有罪之身，你们的罪是世世代代相传的。"

姬鸣谦听着这句话有点耳熟，好像以前也曾听过，此时却没有时间去细想，道："既然如此，你能说说我们的罪是什么吗？"

"你无须知道你有什么罪，你只要牢记自己有罪，是个罪犯就行了。"因牍道。

风絮雨愤怒地道："即便是罪犯，也有知道自己罪名的权力吧！"

"当你们到了末日之时，就会知道的。"因牍阴沉地道。

风絮雨气极而笑，道："这么说来，是莫须有的罪名了。"

"莫须有？哈哈，也许！"因牍稍停了一下，忽然问道："知道你们为什么叫人类吗？"

姬鸣谦和风絮雨摇摇头，没有答话，一起望着因牍，等着他的下文。

因牍道："我们将你们命名为人类，或者说人族，是因为在我们须委语中，人就是囚徒的意思。"

姬鸣谦满腔怒火，快要爆发出来了，看着因牍那得意的笑脸，真想冲上前去给他一记重拳；突然想起自己冒如此大的危险，赌上自己和风絮雨的两条性命来见因牍，并不是来泄愤的，自己还有更重要的事要办，一想到这里，捏紧的拳头松了开来，头脑也迅速冷静下来，冷冷地道："这么说，我们人类以前不叫人类，那么人类之前是什么神族？"

因牍没想到对方有此一问，不觉愣了一愣，支吾道："这已不重要了，囚徒是不需要过去的身份的。"

"所以，你们为了怕我们找回过去的身份，就对我们进行基因改造和智力禁制，对吧？"姬鸣谦突然主动发起了进攻。

因牍又一愣，暗忖：看来这个人知道的很多，而且思维缜密，言词锋锐，不可小觑了。转而一想，今日之后，这两个人就在世上消失了，就算告诉他们点什么，也没有什么大碍。想罢，索性大方地道："是的，你们能够得到全太虚最先进的生物技术改造，实在是你们的造化！"

"哈哈，原来我们被施以残酷的生物改造，禁锢智力，长达十数万纪，还得感谢你们？"姬鸣谦不怒反笑。

"是的，起码你们还活着，否则你们早就被毁灭了。"因牍一副恩赐于人的样子。

风絮雨道："屈辱地活着，毋宁死！"

"哈哈！这十数万纪当中，你们何曾感到过屈辱？"因牍揶揄道。

姬鸣谦和风絮雨默然，心想，人类果然从来没有觉得在这个宇宙里活得屈辱，反而自以为自己是宇宙的宠儿，得天独厚地受到上天的眷顾，是宇宙唯一的智慧生物。

因牍见对方沉默着，知道刚才那句话起了作用，接着道："所以，这些技术用在你们身上，是对你们最大的恩赐！"

风絮雨愤然道："这简直是强盗逻辑！"

因牍道："但这很实用。"

姬鸣谦看着他得意的样子,便想诈他一诈,道:"你们的恩赐我们领教了,不过,你们的恩赐很快就要失效了。"脸上浮现出一副自信的样子。

"哦?你有办法?"因牍很惊奇地问。

"当然,基因改造是可以还原的,我已掌握了这种技术,解除智力禁锢并不是太难,我也已找到相应的办法了。"姬鸣谦道。

"啊!恭喜!只是我怎么也看不出你已解除了智力禁锢。"因牍眼中闪着狡黠的光。

"我总不能自己给自己动手做手术吧?"姬鸣谦道。

"有道理!不过,基因改造和智力禁锢工程是不可逆转的,我不知道你有什么自信能做到?"因牍道。

姬鸣谦和风絮雨听得"不可逆转"四字,心头大震,却都努力镇定着,姬鸣谦道:"你怎么知道我做不到?"

因牍突然放声大笑起来,笑了一阵子,道:"我开始有点佩服你撒谎的能力了。我们研究了数十万纪的时间,都没有找到逆转的途径,以本族的力量、资源、和文明程度尚且不能做到,你一个智力被禁锢的囚徒,又如何能做得到?"

姬鸣谦听得因牍亲口说出,智力禁锢是无法解除的真相,心中难过之极。自己千辛万苦追寻的结果,竟然是如此的残酷。

风絮雨已经忍不住流下了眼泪,因牍得意地道:"怎么样?这个答案很令你们失望吧?"稍停,又道:"其实,本族比你们更想找到解开这个禁锢的办法!一旦得到解除智力禁锢的办法,本族的文明程度又将向前迈进一大步!"

姬鸣谦忽然就笑了,道:"大星君,你们解不开,就肯定别的神族也解不开?难道你没看出,我们是不需要呼吸的吗?"

因牍闻言,笑容在一瞬之间就僵住了,他望着姬鸣谦和风絮雨,良久,神态才渐渐回复正常,俊美的脸上又浮起了可爱的笑容,道:"嗯,这么说,你们还有些研究价值。我决定给你们安排一个合适的地方,在那里,你们将会受到非常周到的照顾。"

"你不是想将我们杀死,然后再解剖吧?"姬鸣谦嘲道。

"一具尸体是没有多大价值的,活着的生物才是研究生物工程的最好载体。你们身上的秘密太多了,所以,我怎么舍得杀死你们?"因牍忽然叫道:"珲髯卜支、伊汶珊布姿。"话音才落,两神不知从什么地方走了进来,一下子就出现在因牍的跟前,因牍道:"送这两个人到生命探索院,交给祝酎鬼略典士,告诉他,两天之内,我要看到一个满意的报告。"

珲髯卜支、伊汶珊布姿应了一声,从身上不知什么地方各自"变"出一副手铐,正要给两人戴上。因牍道:"这两人是个宝贝,我不希望他们有任何损伤。"

两神又应了一声,将手铐收了,很礼貌地道:"两位星主,请吧!"

姬鸣谦站起来,拉了风絮雨的手,用汉语温柔地道:"小絮不用怕,我们走。"

风絮雨展颜一笑,道:"有你在,我一点都不怕。"

两人夹在珲髯卜支、伊汶珊布姿中间并肩而行,姬鸣谦道:"小絮,这次要能逃得出去，你就嫁给我好吗？"

风絮雨满脸娇羞，心中欢喜，道："好！我等你这句话等了很久了。"

两人心中充满着爱意，相携着向前走着，似乎要去的不是什么危险的地方，而是前往婚礼的殿堂一样。

上了飞艇，自有两个驾驶员驾驶飞艇，而珲髼卜支、伊汶珊布姿则寸步不离姬鸣谦和风絮雨身旁。姬鸣谦盘算着脱身之法：如果现在动手，对方有四个而自己才两个人，要打倒对方而不杀死他们，却是力有不逮。

姬鸣谦假装闭目养神，心中盘算着，却听珲髼卜支道："星主不要想着逃跑，这次你无论如何是跑不掉的。"

姬鸣谦笑道："助理官长，我对你们的生命探索院很感兴趣，所以，不会放过参观的机会的。"

伊汶珊布姿道："你一定不会失望，那是全太虚最伟大的实验室！"

风絮雨道："是吗？如果里面能看到恐龙，那才叫伟大。"

伊汶珊布姿道："恐龙？"

姬鸣谦道："那是我们母星上的史前动物，有多很多种类，早就已经灭绝了。"顺带将几种恐龙的形状描述了一番。

听罢姬鸣谦的描述，珲髼卜支道："喔，也许你说的恐龙就是我们称为嚣獬的猛兽吧。这是我们探索院的试验物种之一。"

风絮雨惊奇地道："恐龙，哦，是嚣獬也是你们的试验品？"

伊汶珊布姿笑道："呵呵，这有何稀奇？蓝囚星上所有生物都是我们的试验品！"

风絮雨更加震惊："所有生物？"

伊汶珊布姿并无骄傲之色，淡淡地道："是的。"

风絮雨正要再问，飞艇已飞进一栋雄伟的建筑里面，一个同样俊美的男性须委神已站在机库里等候，只是看上去，年纪有点大。他身后站着两男两女，全都裸着上身，下身只用一块像是布的东西围着，赤着双足，看起来纯洁又美丽，跟传说中的天使一般无二。

风絮雨叹道："若非亲见，真不相信宇宙中有这般美丽的生物。"

珲髼卜支、伊汶珊布姿跳下飞艇，向年长的须委神打了个招呼："祝酎鬼略典士，想必已接到大星君的指示了，这两个人就交给你了。"

祝酎鬼略优雅地笑道："是的，大星君吩咐，要好好地照顾他们。"珲髼卜支向飞艇上两个驾驶员打了个手势，那两个驾驶员离开驾驶室，准备来押姬鸣谦和风絮雨下飞艇。

姬鸣谦一看机会难得，用汉语叫道："动手！"转身一拳打在一名须委神的胸前，这一拳力量奇大，但听得骨头碎裂的声音，那须委神哼都没来得及哼一声，便倒在飞艇上；与此同时，风絮雨已扭住另一名须委神的手臂，将他摁倒在飞艇上；看来这些日子姬鸣谦对她进行的训练没有白费。

姬鸣谦扑过去，一掌拍在须委神的头上，将他击晕，叫道："快去开船！"一边取下两神身上的武器，一边就将两神推下飞艇。

风絮雨腾出身来，一下子就窜到驾驶室，十指连挥，飞艇腾空而起，如乳燕穿梭，嗖的一声就穿出了大楼。

这几下兔起鹘落，变生肘下，待得珲髯卜支和伊汶珊布姿等神反应过来，飞艇已然窜上了半空，珲髯卜支、伊汶珊布姿情急之下，竟然一展双翅，飞在空中，向姬鸣谦和风絮雨追来，一边掏出武器，向飞艇乱射。然而，两神的飞行速度岂可与飞艇相比？不到数息时间，飞艇就将两神甩得远远的，不久就消失在他们视野之外。

风絮雨将飞艇提至极速，只管朝着一个方向急飞，问道："去哪？"

姬鸣谦跨进驾驶室，坐到副驾的位置上，道："这是一艘陆上飞艇，且是民用的，没有武器，要想逃离这个鬼地方，必须抢到一艘星际飞船才行。"一边说一边打开导航系统搜索。

说话间，四周已出现须委神的战舰，四面包抄，向姬鸣谦和风絮雨扑来。风絮雨大急，道："怎么办？"

姬鸣谦道："低空贴地飞行！"说着将飞艇上的定位仪关闭。

风絮雨将飞艇向下一降，贴着下方的建筑物急速地飞行，不时借助建筑物作掩护，兜着圈子。那些战舰性能虽然比飞艇高出许多，但却不能在这样的低空中飞行，因此，一时半会却是奈何不了姬鸣谦两人。

风絮雨道："这样也不是办法，总不能老是在这里转圈子吧？"

姬鸣谦想了想，道："飞去野外吧。"

风絮雨道声好，借着建筑物的掩护，飞向郊外。出了城市，野外的地形更加复杂，风絮雨几乎是贴着地面飞行，一些林木树梢被飞艇掠过时的强大气流折断，险象环生；须委神的战舰在高处压制住飞艇，似乎并没有开火的意愿。

姬鸣谦道："小絮，我来开！"

二人迅速互换了位置，姬鸣谦接过驾驶，突然向上拉升，一个大翻身，向着反方向倒飞而去。这一动作令包围他们的战舰大感意外，措手不及之间，被他斜斜地冲出了包围，向着一片森林飞去。那片森林树木茂密，姬鸣谦将飞艇侧着身子飞行，在巨大的树木间隙中急速飞行着。

飞了一会儿，林木越来越茂密，再飞下去，必然撞到树木上。姬鸣谦将飞艇降至离地面不足两探的高度，叫道："小絮，跳！"一把抱住风絮雨，舍命往下一跳；飞艇忽然失去控制，向前一冲，撞断了好些树木，轰然一声大响，爆炸起火。

姬鸣谦抱着风絮雨在地上打了不知多少个滚，直到后背撞上一棵树，这才停了下来。姬鸣谦顾不上疼痛，立即让风絮雨脱去外面穿着的劈昹穆族的护甲，露出纠库纠兰送的顽肓族护甲，姬鸣谦在她护甲上的仪表板上飞快地点击着，风絮雨的身体突然就不见了，只剩一颗脑袋悬在空中；姬鸣谦又帮她拉出护甲里的斗篷，连头连脸都包裹了，两只眼睛的位置是两块圆形的特殊材料制成的透镜，外面看是隐形的，从里向外看却是透明的。

姬鸣谦帮风絮雨设定好隐身功能之后，又迅速将自己隐身起来，他不敢随意丢弃劈昹穆的护甲，只得把它收好，塞进怀里，道："小絮，不是万不得已不要使用七神通；要紧紧拉着手，不要松，不然我们互相之间也看不见对方。"

风絮雨道："知道了。"

姬鸣谦道："趁着他们还没到达这里之前，快点离开这里远点，然后走出森林，最好能抢到一艘他们的战舰。"

风絮雨低声道："嗯，快走！"

两人才走出两、三望远近，就已看到十数个须委士兵手持武器，拍打着翅膀，飞进树林里，将起火燃烧的飞艇包围起来。一个须委神在空中对着起火的飞艇发射了数枚乒乓球大小的红色弹丸，数声轻响之后，红色弹丸爆出一大片红色的雾状气体，将着火的飞艇完全罩在雾气之中，不一会儿的工夫，红色气雾散去，大火也已被扑灭。四、五个须委神立即就冲进飞艇残骸里搜寻，过了一阵子，那四、五个须委神从残骸中返身出来，当中一神大声地用须委语说道："没有发现尸体，可能还活着，快分散搜索！"

一众须委神立即就以飞艇残骸为中心，呈放射状散开向四周搜索起来。

姬鸣谦紧紧拉着风絮雨的手，生怕她丢了似的；两人倚在一块不太大的岩石旁，一动都不敢动，生怕稍一动弹就被对方发现。

搜索了半天，须委神一无所获；天色渐渐地暗了下来，须委神的搜索也松懈了不少。姬鸣谦趁此良机，拉着风絮雨小心翼翼地摸索着向森林外走去。不久，天色完全黑了下来，姬鸣谦和风絮雨摸至林外，抬头一看，一艘战舰就停在林外不远的空地上。

姬鸣谦大喜，悄悄道："天助我也！我们就抢这一艘！"

风絮雨用力握了他的手两下，表示同意。

两人悄无声息地摸至战舰旁，看见舱门大开，便蹑手蹑脚地摸了上去。这是一艘载员只有五、六名乘员的小型战舰，此时仅一名须委神留在驾驶位置上，其余的都出去搜寻姬鸣谦两人去了。那个须委神似乎感觉到身后有什么动静，回过头来看时，却什么也没有看到，突然眼前一黑，头上似被什么重击了一下，把头一歪，便晕死过去，原来是挨了姬鸣谦重重的一拳。

姬鸣谦一把将须委神从驾驶位置上扯开，拉到舱门口，将他推了出去，返身回到驾驶室，坐在主驾的位置上，风絮雨早就在副驾的位置上做好了起飞前的诸多准备。

两人关闭了护甲的隐身功能，四手齐动，将战舰发动起来，须委神的战舰果然先进，一点声响都没有便已腾空而起，扶摇直上。却听得通话器里传来询问：轻羽二一三，轻羽二一三，你去哪里？你去哪里？请回答。

姬鸣谦用须委语答道："接到指令，前往集合。"

通话器又传来声音道：并无指令，并无指令，请立即核实！

姬鸣谦不答，加速向天上急升，通话器里传来惊呼：他们是那两个逃犯！快截住他们！

风絮雨干脆将通话器关了，笑道："现在才明白过来，迟了！"

姬鸣谦道："我们还没有脱离危险，这种小战舰是飞不远的，还得想办法弄一艘星际飞船才能逃得了。"一边说一边把两件嬖眊穆护甲从怀里掏出来，甩在一旁。

风絮雨道:"逃到哪里算哪里吧!"

姬鸣谦道:"说的也是!"将战舰提至亚光速,这时已进入了外层空间,探测器上出现了二十多个光点,朝姬鸣谦二人扑来。

风絮雨道:"他们来了。"

姬鸣谦苦笑道:"不来才是怪事!"正要实施机动,哪知飞船却不受控制,再一看,飞船已自动切换成自动驾驶模式,而且已被锁定,无法切换回手动模式。

姬鸣谦十分懊恼,叫道:"我真是个大笨蛋!"

风絮雨问道:"怎么了?"

姬鸣谦道:"飞船被他们控制了。我怎么就没有想起来,他们所有的战舰都受母舰的控制,我一早就应该切断与他们的连线。"

战舰越飞越慢,最后竟然飞到一群须委神的战舰当中,然后在一群须委神的战舰"护卫"之中,飞回到絜遏星的上空,又徐徐地降落在一个巨大的船坞里。

飞船还没停稳,一大群士兵便已将姬鸣谦这艘飞船里三层外三层地包围了起来。

风絮雨道:"这回可是逃不掉了。"

姬鸣谦道:"小絮,别气馁,机会总会有的。我们出去吧,再去会一会大星君。"

风絮雨站起来,挽了姬鸣谦的手臂,走下了飞船。只见珲髯卜支和伊汶珊布姿就站在舱门前,一见姬鸣谦和风絮雨,呵呵笑道:"两位星主,我们这么快又见面了,这真是值得高兴的事情。"

姬鸣谦一点也不气恼,笑眯眯地道:"啊,是的,很高兴又见到了二位,现在我们要去哪?不请我吃一顿大餐吗?"

珲髯卜支道:"这个大星君自有安排。"

伊汶珊布姿一挥手,立即有两名士兵上前,给两人戴上手铐,珲髯卜支很礼貌地道:"你们比我想象之中危险得多了,所以不得不稍稍禁制你们的自由,还请星主见谅。"

风絮雨道:"当然,这是你们的权利。"

伊汶珊布姿道:"把这位女士押上我的飞船。"

有两个士兵闻令便来推风絮雨,姬鸣谦冷冷地道:"你们若敢动她一根毫毛,我就杀了你们!"语气中透着一股浓重的杀气,珲髯卜支和伊汶珊布姿不禁打了个冷战。

珲髯卜支道:"噢,请别恼怒,我们只是先将她送去祝酎鬼略典士那里,稍后,你见过大星君,便会与她会合的。"停了一下,又道:"放心,你们现在的生命很珍贵,因为你们是我们最稀有的试验对象,所以,你们不但不会死去,还将享有本族最优厚的待遇,甚至还可以交配生子。"

珲髯卜支说得真诚而又和善,说到繁衍后代,竟然使用"交配"这个词语,简直就是将两人视为牲畜禽兽。

姬鸣谦并未在意对方使用的侮辱性词语,脑子飞快地转了千百转,很快就明白,珲髯卜支说的不假,因为自己两人身上有大星君很想知道的答案,因此,一时半会,须委神是不会伤害到风絮雨的。

想明白之后，对风絮雨用汉语道："小絮，别怕，暂时他们不会伤害我们，因为他们还要从我们身上找到他们需要的东西。"

风絮雨道："谦谦，我明白，我们现在是受'保护'的动物，其珍贵程度比大熊猫还珍贵！"

姬鸣谦道："没错！你在我回来之前，千万不要有什么行动，明白吗？"

风絮雨道："嗯，我等你回来，要走一起走！"

姬鸣谦道："好！小心、警惕！"

两人说完话，伊汶珊布姿带着风絮雨登上一艘飞艇走了。珲髯卜支对姬鸣谦道："我们也走吧！"命令手下士兵，押着姬鸣谦上了一艘很大的星际飞船。

姬鸣谦心中疑惑，问道："怎么？要送我回蓝囚星吗？"

珲髯卜支笑道："这是你梦想的事吧？不过，你这辈子恐怕都回不去了，你的余生将会在我们的星球上渡过。"

姬鸣谦笑道："你这么肯定？"

"当然！"珲髯卜支口气很坚定，稍停又道："大星君正在系内的其他星球上巡视，所以要我将你带去那里见他，你别多想了。"语气非常体贴，就像是对待贵宾一样，算是解答了姬鸣谦的问题。

"哦，原来大星君不在母星上。"姬鸣谦随口应道，心中却在想：其他星球上是否更有机会逃脱？

姬鸣谦被带到飞船指挥室，两名士兵全神戒备，站在他的身后；珲髯卜支命令起飞，向着迷添达晃星系内的另一个行星吉度星飞去。待飞船进入光速后，飞行平稳，珲髯卜支道："不要打什么主意，更不要故伎重施，我对你已有足够的防范措施。"

姬鸣谦道："亲爱的助理官长，怎么会呢？我现在饿得连站着都没有力气，你最好能给我找点食物。"

珲髯卜支看了他一会儿，似乎不像说谎，招了一个士兵过来，耳语了几句。士兵转身走了，只一会儿工夫就回来了，手上拿着一个小盒子，里面装着两颗拇指大小的白色丸子。珲髯卜支下巴一扬，道："给他吃吧。"

姬鸣谦一看，却是两颗微子基础通用食物丸，正是星际航行中备用的食物，把嘴一扁，一脸嫌弃的样子，道："助理官长也太小气了吧？就用这种食物招待我这个珍宝级的试验品？"

珲髯卜支脸上竟然现出了一丝歉意，道："啊，很抱歉！飞船上就只有这种简单的食物，你就将就一下吧。待见到大星君，他一定乐意请你吃一顿丰盛的美食。"

姬鸣谦无奈地摇摇头，张开口，让士兵将两颗丸子塞进嘴里，一边吃一边道："嗯嗯，这还差不多。"寻思道：想来飞船在这星系内空间飞行也不需要太多时间，必须在见到大星君之前动手，才有逃生的可能。姬鸣谦此时再无路可退，决心放手一搏，为此不惜大开杀戒。他冷眼观察着指挥室内的情况：除了珲髯卜支外，自己身后有两个士兵，另有四个分站在指挥台周围；指挥台正对着的门外就是驾驶室；只要动作够快，痛下杀手，还是可以解决的。

  姬鸣谦默默地想好了每一个动作、每一个步骤，然后将意念凝聚起来，突然大叫道："哎呀！你这丸子有毒！"双手捂着腹部，弯下腰来；身后两个士兵便来扶他。

  姬鸣谦等的就是这个时候，大叫一声"吐兹"！话音才落，手上镣铐自动弹了开来——卜之添的发明果然神效！说时迟那时快，一道紫光从他手中飞出，自左至右转了一圈，在四个士兵的脖子上闪过，最后抹向珲髯卜支的脖子上；与此同时，姬鸣谦左右双肘齐出，击在身后两名士兵的胸膛上，只听得骨头碎裂的声音响起，两名士兵向后就倒；这时，珲髯卜支和那四名士兵全都双手紧捂着脖子，瞪大着双眼。

  姬鸣谦看都没再看他们一眼，纵身一掠，一闪身闯进驾驶室，紫光再闪，强大的意念引导着紫光在驾驶室的六个乘员的颈项处划过；姬鸣谦略无停顿，直扑主驾位置，将还在捂着脖子的驾驶员一把扯开，双手在主控光幕上虚空乱舞，先将飞船各个舱门完全封死隔断，随即将飞船与星系控制系统掐断，以免再重蹈覆辙；然后立即将飞船向上一升，再一个大翻身，朝星系外层空间飞去！

第二十九章　大难不死

姬鸣谦独自操控着飞船，先将定位系统关闭了，然后一连变换了好几个方向，使得须委神无法追踪到自己的去向。

做完一系列动作后，姬鸣谦心想：必须先回去救小絮！正准备有所动作，一眼瞥见监控屏上，各个舱室里的须委神乱作一团：有找工具撬门的；有疯狂拍击开门按键的；有在寻找维修通道的。乱了好一阵子，有几个须委神开始用武器射击舱门，试图打开通往驾驶室的通道。

姬鸣谦没有理会须委神的行动，将速度提到极限，只想尽快逃离佯赠殷维星团，然后好好想一下怎样去救风絮雨。

须委神扰乱了五念有多的时间，眼看无法可施，竟然都安静了下来。这时飞船早已飞出了佯赠殷维星团，不久，导航仪显示，将要飞出赤奋若宇宙，进入柔兆宇宙。

突然，推进系统发出警示：正在受到不明攻击，正在受到不明攻击！

姬鸣谦一惊，赶紧将监视仪切换到推进舱，立即就看见三、四个须委神正在往推进系统里安装一些东西；姬鸣谦再将画面拉近一看，竟然是一些爆炸物品。姬鸣谦暗忖：难道他们要与自己同归于尽？

姬鸣谦打开推进舱的通话器，向须委神喊话道："你们的行为极端危险，立即终止行动！"

一个佩着上卫军衔的须委神答道："我们须委族神不会接受被劫持的耻辱，我们会用死来洗刷这种耻辱！"

姬鸣谦心道：完了，这回真的要灰飞烟灭了！眼看上卫把手一挥，一个士兵点点头，伸指往手中一个遥控装置点去……

姬鸣谦看到须委神启动爆炸装置，求生的本能立即使他作出反应。他伸指一点，连人带椅向下一沉，接着，一个逃生舱就从飞船的底部急速弹射出来；姬鸣谦刚刚戴上防护头盔，飞船就已发生剧烈的爆炸，一个巨大的火球迅速将逃生舱吞没，强大的冲击波将逃生舱里的姬鸣谦撞击得昏了过去。

风絮雨被伊汶珊布姿带到上次那座建筑物里，那个叫祝酐鬼略的须委神已在机库里迎接，伊汶珊布姿将她交给他，没有再说什么话，径直就走了。

祝酐鬼略很和蔼地说："啊！宝贝，请跟我来，你不必担心，这里很安全。看来你饿坏了，我先安排你吃点东西，稍事休息一下；你的住处已经安排好了，现在正在清洁打扫，等你吃完东西，就送你过去。"

风絮雨没有搭理他的话，只冷冷地看着他。祝酎鬼略并不介意，转身领着风絮雨，身后跟着七、八个手持武器的士兵，从机库的一道门进去，走过一段长廊，长廊尽头是一台升降机，里面颇为宽大，祝酎鬼略领着风絮雨和一众士兵进了升降机，一直向下，也不知道有多层，待升降机停下时，风絮雨看到显示的是地下一百八十层。风絮雨忖道：这回真的到了十八层地狱了。

　　走出升降机，外面是一个极其广阔的空间；上百个须委神以及许多机器神在里面有条不紊地忙碌着。一块平板悄无声息地飘到跟前，上面除了几个座位，什么也没有。祝酎鬼略道："这叫浮板，是这里的职员往来代步的工具。"

　　浮板离地约两轨多一点飘浮着，所以风絮雨稍一抬腿便登了上去，祝酎鬼略随后和士兵都坐了上来，浮板就自动向着一个方向飘去。

　　一路上果然看到好些浮板，上面载着三三两两的须委神在穿梭往来。飘了很长一段路，浮板在一道门前停了下来。一个士兵抢先一步下了浮板，在门上按了一下，门就开了。祝酎鬼略让风絮雨进了门，而士兵则全部留在了门外。

　　门里是一间布置得很精巧的房间，正中摆放了一张桌子，两把椅子，四周装饰着不知名的植物。祝酎鬼略道："这是我平时用餐的地方，现在用来招待你，希望不要介意。"说完用手向一面墙上一指，墙上现出一个约八轨左右见方的窗口，从里面缓缓地飘出一块六轨左右四方形薄薄的金属板，板上放着两个用盖子盖着的东西，一个像杯子一样的器皿。

　　那块板飘到桌子上方，自动缓缓地落到桌面上。祝酎鬼略打开盖子，原来是一盘绿色的蔬菜；一碟像是肉类的食物。那个杯子里面装的是清水。

　　祝酎鬼略道："没有什么像样的食物招待你，请随便吃点吧。"

　　看着风絮雨无动于衷，祝酎鬼略又道："这种蔬菜是模拟蓝囚星的环境培养出来的，应该适合你的饮食习惯；而这是智能合成的肉类；在本星系，杀死有生命的生物是犯法的，因此，所有食用肉类都是由工厂合成的。至于那些液体，不用我解释了，那是水，是你很需要的东西。"

　　风絮雨望向旁边一个盘子，里面摆放着各种用餐的餐具，刀、叉、匙一应俱全，甚至连筷子都有。风絮雨道："你怎么知道我需要这些？"

　　祝酎鬼略道："啊，人，你们的生活习性我们无所不知。"

　　风絮雨将双手抬起，祝酎鬼略一看，立即就道："喔，抱歉，我忘了这事了。"伸手替风絮雨摘下手铐，道："现在你可以自由进食了。"

　　风絮雨拿起筷子，却是不知什么材质做的，挟了一根蔬菜，放进嘴里嚼着，却是寡淡无味，估计什么调味品也没有放；风絮雨没有将它吐出来，依然将它很仔细地嚼碎，咽了下去；接着用餐刀切了一小块"肉"，放进嘴里，那肉同样没有味道，她很艰难才把它吃下去，然后就不吃了。

　　祝酎鬼略奇怪地问道："怎么，你不饿吗？"

　　风絮雨道："谢谢！我吃饱了。"

　　祝酎鬼略疑惑地点点头，道："那……喝些液体……水吧。"

风絮雨自从"还原"之后，再也没有喝过水了，一来身体机能不需要水，二来纠库纠兰说过，水对身体有害。风絮雨又说了声谢谢，就不再说说话了。祝酎鬼略将手一抬，金属板飘了起来，自动地飘进墙上的窗口，那墙又回复原样，就像那里根本就没有窗口一样。

　　祝酎鬼略道："估计你的住处已打扫得差不多了，现在就送你过去吧。"

　　风絮雨默默地站起来，跟着祝酎鬼略出了门，依旧坐上浮板，又住更远的地方飘去，浮板飘了约莫两念时间，来到一个门口，门前有士兵把守着。祝酎鬼略下了浮板，领着风絮雨进了门，门后是一条窄窄的甬道，走了约莫一望远近，又有一道门，那门看起来十分厚实，就像是银行金库的门一样。

　　进去之后，却是别有一番天地，放眼望去，方圆恐怕有数平方垠之大，高达一遥多的空间，顶上模拟着地球上的天空、白云，甚至还有风吹动；地上种植着地球上的植物，有花、有草、有树木、竹丛，远处看起来似乎还有一个小树林，树林之后有连绵起伏的山脉；树林、竹丛中竟然还有鸟鸣声响起；正中有一个占地约数亩的小湖泊，湖上架了座小木桥；湖的一侧有一栋两层楼的别墅，很是精巧别致。

　　风絮雨看得呆了，想不到在这外星世界，竟然也有地球上的山水花木，飞鸟和云彩。

　　祝酎鬼略道："这是模拟蓝囚星的环境建造的，天上是根据蓝囚星的时间模拟日、月、星辰，昼夜变化，而且还有四季更替；植物和动物都是从蓝囚星上运过来的；就连湖泊中的水，都是从蓝囚星上运来的。所以，你会觉得很舒适，就像在蓝囚星上生活一样。你看，这空气也是按照蓝囚星空气中的成分比例制造出来的；希望你喜欢这里。"

　　说实在，看到这样美丽的景致，大有世外桃源的感觉，风絮雨如何不喜欢？转念一想，或许自己永远都要被囚禁于此，老死异星，这里只不过是一个美丽的囚笼而已。一想到这里，不禁悲从中来，心中倍感思念起姬鸣谦来。风絮雨很想哭泣，但一看到站在旁边的祝酎鬼略脸上伪善的笑容，就咬牙忍住，不让泪水流出来，她不能让这该死的须委神看到自己的软弱。

　　过了一会儿，风絮雨平静下来，很冷淡地道："很好！我很喜欢。如果再有一些小动物就更好了。"

　　"小动物？"祝酎鬼略问。

　　"比如兔子呀、小羊呀、小鹿呀，又或者是小猫、小狗什么的。"风絮雨一口气说了一串动物的名字。

　　祝酎鬼略道："啊啊，这是你们人类对这些动物的称呼，我们不是这样叫的。嗯，这个好办，我让我的同事从试验场里给你捉几个来就行。"

　　风絮雨有点奇怪地问："试验场？"

　　祝酎鬼略点点头，道："是的。"

　　风絮雨道："我能参观一下你们的试验场吗？"

　　"噢，这个不行，这必须大星君同意才行。"祝酎鬼略道。

　　风絮雨没有再提这个要求，跟着祝酎鬼略来到别墅前的草坪，祝酎鬼略道："这就是你的住所了。里面的设施一应俱全，卧室里有用十数种你们人类的语言书写的所有设施的使用说明,所以,我就不领你进去了。你的饮食及生活所需,另外有专门的神负责,你不用担心。"说完略略施礼,迈着优雅的步子走了,留下风絮雨一个人孤零零地站在青绿的草坪上。

直待祝酎鬼略走远了,风絮雨这才抽泣起来。

一个巨大的船坞里,因腆身披一块金色的衣物,自右肩斜斜地向左搭着,一直垂到地面,双脚竟然穿上了一双白色的闪着金属光芒的靴子,头上戴了一顶黄色的,不知什么材质制作的象征大星君身份的星冠,一头长发很精心地梳理过。他的身后是整齐的仪仗队,穿着五颜六色的古代服饰,举着上古时期的旗帜,拿着冷兵器时代的各式奇奇怪怪的兵器。因腆很优雅地站着。看这阵仗,显然是在迎接一位身份非同一般的神。

不久,一艘扁平的,约有半个足球场一般大小的飞船进入众神的视野,飞船上镌刻着顾肓族古老的族徽:一个像篮子的物品,里面放着一把枝蔓缠绕的药镰。

飞船徐徐降落,舱门打开,纠库纠兰一身白色礼服,走了出来,他身后紧跟着沃德密舒,也是一身白色礼服。

因腆上前迎接,互相以各自的族礼致敬,然后礼节性地寒暄了几句,两神携了手,登上一艘豪华的敞篷飞艇,向星君府缓缓驶去。

到了星君府,因腆亲自引领着纠库纠兰进了一间豪华的会客室,双方分宾主坐好,因腆以主神的身份,首先致词,对纠库纠兰的来访表示欢迎;并大肆赞扬顾肓族神在医学上的成就以及在太虚中的巨大贡献。

纠库纠兰同样发表了礼节性的致词,称赞双方的友谊。然后双方就开始了交谈。

因腆道:"亲爱的元老阁下,您以星系元老院首席元老的身份来敝星系访问,这是首次吧?"

"是的,"纠库纠兰道:"也是我个人的首次到访。我对贵族的辉煌成就仰慕已久,早就想亲身前来拜访了。"

"啊,您现在不是来了吗?"因腆非常得体地道:"我们同为八级文明星系,相信会有很多共同的语言。"

纠库纠兰道:"大星君谦虚了,虽然名义上我们都是八级文明,但是我们充其量也只是初级阶段;而贵星系已是最高级阶段了,甚至已初窥九级文明堂奥,进入九级文明,已是指日可待了。"

因腆道:"元老阁下太谦虚了。我们不过先走一步而已,离九级文明还差得远哩。"稍停,又道:"这次来访,元老在之前的照会里未有明示要与本星系商谈些什么,不知元老想在哪些方面对本族有所指教?"

纠库纠兰道:"大星君此言令我汗颜不已!本族哪有资格指教贵族?"

因腆道:"那么就是有什么新颖的课题,想邀本族一起探讨?"

纠库纠兰道:"大星君既然这样说,那我就厚颜直言了。"

因腆道:"元老阁下,请不要客气。"

纠库纠兰道："听说有两个神秘的孼眈穆神正在与贵族合作进行生命基因工程？"

因牍道："噢！元老阁下，我也有留意到近来太虚中流传的关于本族的这则消息；不过这则消息的内容却是不折不扣的谣言！"

纠库纠兰故作惊讶地道："哦？愿闻其详。"

因牍道："两个自称是孼眈穆族的神与本族有过接触不假，但所谓的生命基因工程，却是个笑话，实际上不过是想骗点财物而已。"

纠库纠兰追问："怎么说？"

因牍道："孼眈穆神声称自己已掌握了生命基因工程的秘密技术，开口就提出需要数量巨大的支付额度作为交换条件，后来本星系生命探索院的典士与之交谈，谁知这两个孼眈穆神连基本的基因序列都没弄清楚，更遑论高深的生命基因工程了。"

纠库纠兰道："原来如此！这两个孼眈穆神倒是胆大得很，竟然行骗到贵族的头上。不过我倒是很好奇，能否让我见一见这两个孼眈穆神？"

因牍道："这……"

纠库纠兰道："大星君，本族以医学立世，有关医学方面的课题，本族都是很感兴趣的。"

因牍道："元老阁下，我明白您的关切，只是……"

纠库纠兰道："我只是想见一见，大星君和贵族的院士皆可在场，这样没有什么不方便吧？"

因牍道："元老阁下，此事令我难以启齿。"

纠库纠兰道："怎么？大星君有什么为难之处吗？"

因牍道："元老阁下，不是我不让您见他们，实不相瞒，他们已经死了。"

纠库纠兰惊得有点失态，霍地站了起来，道："死了？！怎么死的？"

因牍道："元老阁下请勿生疑，事到如今，也顾不得羞耻了。"

纠库纠兰恢复平静，坐下道："请说。"

因牍道："孼眈穆神谎言被揭穿之后，我们就按星际惯例，把他们礼送出境，要知道，这种神在本星系是不受欢迎的。哪知道他们竟然起了歹心，劫持了飞船，威胁我们，要支付给他们一笔巨额的资金，否则就毁掉飞船，与船上的本族船员同归于尽。我为本族神生命的安全起见，考虑答应他们的要求。船上本族船员不甘接受被劫持勒索的屈辱，奋起反抗，在打通通往驾驶室的通道之后，攻入了驾驶室，孼眈穆神拒不投降，丧心病狂地启动了飞船自毁装置，结果本族一百多名船员与他们一起，葬身在宇宙深空，灰飞烟灭。"

纠库纠兰听罢，垂头丧气地问："两个都死了？"

因牍道："是的，飞船上无一神生还。"

纠库纠兰喃喃地道："可惜了，可惜了。"

风絮雨站在小木桥上，低着头望着清澈湖水里的游鱼。她这样一动不动地站着，已经很久了。自从被囚禁在这里，她就喜欢这样站在桥上，痴痴地望着湖水，痴痴地想念着姬鸣谦。她曾向祝酊鬼略追问过姬鸣谦的下落，得到的却是含糊其词的回答，又或是干脆连回答都没有。她明白，只要对方不愿意让她见到姬鸣谦，就不会让她知道他在哪里。所以，到后来，她干脆就懒得问了。

祝酊鬼略果然把她当作了"宝贝"，将她的生活起居照顾得无微不至，除了每十日带她去作一次全身的"检查"扫描之外，并没有对她进行过任何的"改动"——至少，到目前为止，她都没有觉得身体有什么变化。而她似乎也慢慢地习惯了这种生活，祝酊鬼略看到她如此配合，心里十分高兴。

姬鸣谦醒来时，发现自己躺在一堆碎石沙砾之上，刺目的光线让他难以张开双眼；稍一动身子，一阵剧烈的锥心的疼痛让他立即清醒过来，瞬间恢复了意识。他首先记起的便是自己在逃生舱弹出的那一刹那，戴上了防护头盔，然后就再也记不起之后发生了什么。

又一阵锥心剧痛传到大脑神经中枢，姬鸣谦痛得头上冒汗，他咬着牙艰难地稍稍掀起身子，转头一看，这才发现，左手齐肘断了；左脚小腿也断了；右腿膝盖以下也不见了；右手还算完整，只断了无名指和小指两根指头，剩下的三指头还紧紧地抓着那个医囊。前胸的护甲已碎成碎片，幸好有这个护甲，才没让身体重要的部位受伤，但是身体各处还是隐隐作痛。

姬鸣谦明白自己现时的处境，心道：必须尽快处理好自己的伤势才行。

想罢，立即就付诸行动。他用三根指头，颤抖着打开医囊，从一个瓶子里倒了一颗很小的药丸进嘴里，艰难地咽了下去。这是一颗痛感抑制丸，服用之后，二十念之内，全身不会有痛感。接着把那瓶活性肌体构造再生膏取出，用嘴巴咬住，抽出紫光手术刀，先将左手断处，一刀切齐了，又取出一支很精巧的仪器，启动按键，发出一片白光，对着伤口照射了一会儿，那光是用来止血消毒杀菌的；随即用那片专用的抹片，将再生膏均匀地涂抹在伤口上。

处理完左手伤势，姬鸣谦已经累得眼冒金星，但是他心中明白，双腿的伤势必须尽快处理。他躺在地上略为休息了一会儿，又咬牙坐了起来，如法炮制地处理完双腿的创伤，做完了这些之后，他已全身脱力，倒在地上又昏睡过去。

不知过了多久，姬鸣谦悠悠醒转，看到左手和双腿已然长出一小截新肢，沃德密舒曾说，视断折部位的长短，最少要九分之一期的时间，才可重新生长出一只手出来，一期时间之后，新的手才能完全稳定定形。他估摸着自己的手臂和腿断折的部位较长，完全长出新肢还需要一段较长的时间，而右手的两根断指，又需要等左手新肢长出才能处理。

姬鸣谦重新躺下，以节省体力，这时肚子咕咕响了起来，感觉到饿。他摸摸后腰，那个应急腰囊竟然还在，心中一喜，三根手指在腰囊里一挟，挟出一个小盒子，用下巴和左肩夹着固定了，伸三根手指打开，拈了一颗微子基础通用食物丸子出来，放到口里吃了。

有了食物下肚，姬鸣谦精神大振，力气也恢复了不少，这时他才感觉到，阳光实在有点猛烈，无奈此时他身不能动，只好忍着阳光的灼烫，用医囊遮了双眼，躺在地上不敢动弹。

又不知过了多久，姬鸣谦感觉到身上没有那么燥热了，觉得有点奇怪，移开医囊一看，原来却是恒星斜斜地往地平线落下，将近黄昏了。

姬鸣谦又查看了一下伤情，手、足都已长出很长一截新肢了，尤其是左脚，都快长出新的脚掌了。

姬鸣谦心下甚喜，忖道："只要再有一格时间，新肢就能完全长出来，那时再想办法找个安身的地方。

痛感抑制丸的药效早已过了，断手断足已经不再疼痛，但是身体因受到撞击，还是时不时地作疼；姬鸣谦知道，只要新肢长出来，其他伤势都好办了。因此倒是放下一半心来。他刚才一直担心的是自己的伤情，此时看到新肢生长平稳，心下大定，思绪便转移到别的地方去了，这时才想起自己不是在逃生舱里吗？怎么现在在陆地上呢？这一想，把他自己吓了一跳。姬鸣谦忍了疼痛，以残缺的右手撑地，坐了起来，抬眼四望，看见自己乘坐的逃生舱碎成无数碎片，散落在一遥之外，想来是逃生舱撞击陆地时解体，而舱里的坐椅在撞击的一瞬间又将他弹了出来，这才保住了他的一条性命。

这时，姬鸣谦已渐渐记起昏迷前的一切，只是昏迷中的一段时间里，发生了什么，却是浑然不知。

原来姬鸣谦乘坐逃生舱紧急弹出飞船的一刹那，飞船就发生了剧烈的爆炸；威力巨大的冲击波，将逃生舱猛烈地一推，把它推得像断线的风筝，歪歪斜斜地向着宇宙深空飞去，姬鸣谦因为及时戴上了头盔，又有顾育神的护甲护体，这才不至于被冲击波巨大的冲击力碾碎。

逃生舱在深空中翻翻滚滚地高速飞行，正巧闯入了一个星系的引力范围，逃生舱被引力牵引，最后撞落在这个行星上。

姬鸣谦整理了一下自己的思绪，开始评估目前自己身处的环境：没有风，说明没有空气；阳光虽然炽烈，但不至于无法忍受，说明这里应该可以生存一段时间，如果有食物的话。姬鸣谦运足目力四下观察了一会儿，视野所及，除了沙砾岩石和泥土，连一片草叶也看不到，更不要说看到有活动的东西了。姬鸣谦心道：看来这是一个没有生命的星球。

望着天上那颗巨大的橘红色恒星慢慢地向地平线沉下，想起畏兀曾经说过，看到这种恒星，说明这个星系是一个老去的星系，并且正在走向死亡，而这种星系是不会有生命存在的。

天色渐渐暗了下来，姬鸣谦感觉凉快起来，心道：这该死的阳光几乎把我烤熟了，现在倒是凉快的很。还没开心多久，突然醒起，畏兀说过，这种星系上的行星，绝大部分昼夜温差很大。一想到这里，心中叫苦不迭：护甲已经碎成这样，自然不可能再保护自己了，这里夜间不知有多冷。得想办法找个洞穴之类的地方藏身才行。游目四顾，发现最靠近自己的稍大一点的岩石，也有半埒之遥，又看了看一手双脚，心道，这么远的路途，身体动作太大，一定会影响新肢再长的，还是再等等，看看到底有多冷再说。

主意既定，姬鸣谦重新躺倒在地上，运起大衍师父所教的太上心经心法，用以抵御越来冷的寒冷。荒凉的星球上没有风，自然也没有空气，连声音也不会有，只有彻骨的寒冷和黑暗。

姬鸣谦就这样一动不动地躺在地上，星球上的温感已经降至一百一十七炽以下了，也就是地球上的零下五十多度了。而姬鸣谦仍然躺在那里，没有任何动静。难道他已被冻死了？

黑暗终究过去了，炽热的阳光又一次洒满这个荒凉的星球上。躺在地上的姬鸣谦动了一下，过了一会儿，只见他仰起了头，眯着眼，向天空望去。

姬鸣谦没有被冻死，他以难以想象的忍耐力熬过了寒冷的黑夜，迎来了新的一天。温暖的阳光驱去了身上的寒冷，姬鸣谦坐了起来，惊喜地发现，左手已完全长出来了，只是还没有完全成形；而左脚则完全长成了原来的样子；再看右腿，也已长到脚踝部位了，再过些时间应该也会完全长出来。

姬鸣谦心中大为安慰，转念一想，白天的太阳确实炙烤得十分难受，还是得找个地方遮挡阳光才好。脑中想着，目光已望向离自己半垠之遥的那块岩石，心中估算着爬过去需要多少时间，是否会影响新肢的生长。

盘算多时，姬鸣谦为怕影响新肢生长，决定还是忍耐。想起昨晚以意念催动潜能，与寒冷成功相抗，不知用同样的办法是不是也能与炎热相抗？想罢，又躺了下来，用医囊覆盖在双眼上，用以遮挡刺眼的光线，然后又练起太上心经来。

这一练，心境宁静，燥热之感消退很多，姬鸣谦心中暗喜，静静地躺着，任由炽烈的阳光曝晒着。

也许由于光和热的作用，新肢长得快了许多，未到中午时分，左手左脚已完全复原，形态也已固定，姬鸣谦伸了伸左手，又甩动了几下，左手敏捷如故，就像从来没有断过一样，再试左足，同样令他满意。姬鸣谦立即就取出紫光刀，用左手拿着，也不食用痛感抑制丸，咬着牙将右手断指处削平整了，迅速抹上再生膏。

处理完毕，肚子却又来捣蛋，咕咕地叫了起来。姬鸣谦取出一颗微子基础通用食物丸子，正要将它丢进口里，想了一想，只咬了一半吃了，将另一半又放回腰囊里，心道：必须节省食物，也不知道这里能不能找到可吃的东西。

吃了食物，姬鸣谦又试了试左手左脚，确定完好如初之后，决定离开原地，找一处背阴的地方。他以右手肘为主力，辅以左手，慢慢地向那块岩石一点一点地挪过去。只这一挪动，身体浑身上下，一阵酸痛。姬鸣谦明白，这些都是身上被撞击的瘀伤，虽然并不碍事，但也是疼痛异常。

半垠之地，姬鸣谦足足用了三十多念的时间才爬到那块岩石旁，待他在背阳的一面坐起来时，已然累得浑身大汗，疲惫不堪。姬鸣谦背靠岩石，炽热之感略减，不久就迷迷糊糊地睡着了。

不知睡了多久，姬鸣谦醒过来，抬头看了看天上的太阳，已斜斜地挂在地平线上，又是黄昏时分了。姬鸣谦活动了一下手脚，这才惊喜地发现，四肢已完全复原，新肢完全长齐了。姬鸣谦心中大喜，不禁对纠库纠兰感激无名：如果不是他赠予这瓶再生膏，现在自己就算还没死，也离死不远了。

姬鸣谦心底深处暗暗地感谢纠库纠兰不知多少遍。看着那巨大的红色恒星就快要落到地平线之下，姬鸣谦心里又泛起一片愁来，夜间的寒冷如何抵挡？总不能再硬扛一晚吧？

姬鸣谦望着远处高耸的山脉，心道：那里应该有些可以容身的岩穴，运气好的话，说不定还有些被废弃的飞行器哩。他乐观地想着，趁着天色还没完全入黑，迈开两只重新长出来的脚，赤足朝着山脉走去。

由于是新长出来的肢体，又没有鞋子，姬鸣谦不敢太过劳累，走走停停，走到半夜时分，也没走出多远，而温度却是越来越低，双腿有点麻木，脚步也开始迟缓，每走一步都十分艰难。姬鸣谦无奈，只得就途中遇到的一个小石窝子里容身，把周边的石头稍稍垒高一点，用以抵挡寒冷。姬鸣谦运起太上心经心法，抵抗着蚀骨的冰寒，静静地等待着天明。

漫长而又寒冷的黑夜终于过去，炎热的白天又再降临，姬鸣谦吃了半颗微子基础通用食物，舒展一下四肢，又再朝着山脉走去。

那颗红巨星升起不久，大地很快就变得炎热起来，姬鸣谦加快了脚步，忍着身上瘀伤的疼痛，顶着炽热的阳光，踩着滚烫的土地、砂砾，不停地走着。终于在红巨星落下之前来到了山脚之下。姬鸣谦四下观察，发现山腰之中似乎有个洞穴，心中一阵窃喜，也顾不得怪石嶙峋，在那岩石之间寻路而上。幸好那山势不太陡峭，只花了二十多念的时间，终于爬到山腰，仔细看时，果然是一个可容十数人的山洞，姬鸣谦大喜过望，从腰囊中取出一支小巧的照明棒，将它拧亮，将山洞照得如同白昼一般。

姬鸣谦打量了一下山洞，里面甚为宽阔，地面也很平坦，最奇怪的是没有乱石横卧，就像有人打扫修整过的一样。姬鸣谦心中奇怪：天然山洞里，这么整齐的景象，倒是不曾见过。

姬鸣谦挑了一处最平整的地方，倚着石壁坐了下来，闭上双眼，稍事休息。坐了一会儿，忽然跳了起来，伸手一摸石壁，那石壁不但不是冰冷的，还有点微温；姬鸣谦大感惊奇，忖道：难道这山洞之下，通向地底岩浆？不对！畏兀说过，这种行星，早已没有了活力，火山活动恐怕几百万纪前就停止了。

姬鸣谦想不明白，心中叹道：宇宙之大，无奇不有！

靠着微温的石壁，感觉到洞中比外面温暖多了。姬鸣谦孤独地坐着，一静下来，立即就想起了风絮雨，不知道她现在怎样了，会不会被须委神折磨？又或拿她去做各种实验？一想到这些，心神便乱了起来，恐慌的感觉传遍了全身。姬鸣谦很后悔，不应答应她跟自己一起留在絮遏星上，更不应让她跟着自己冒险。

忽然想起纠库纠兰给自己的那个灵通球，伸手往怀里摸去，这才省起，护甲已破碎，球也不知丢失在什么地方；不然还可以用来联系纠库纠兰，请他来救援一下自己，现在可好，被困在这个荒无人烟的星球，与世隔绝，恐怕只有等死的份了。

一会儿又想到，死倒是不怕，人生谁无一死？再说，因胅曾亲口承认，大脑禁制没有逆向解密的方法；那么，连制造大脑禁制的须委神自己都无法解开这种禁制，人类的大脑也就只有这样一直被禁制下去了。既然解不开禁制，晚死不如早死！姬鸣谦自嘲了一回，忽然又觉有点遗憾：只可惜没能和小絮死在一起！

姬鸣谦胡思乱想着，迷迷糊糊中睡着了。睡梦之中，他和风絮雨驾着一艘很漂亮的飞船，回到了地球……

待得他醒来时，洞口已是一片光亮；姬鸣谦走到洞口，呆呆望着天空，只盼有个飞行器经过，就是须委神的也好。

姬鸣谦看了半天，别说飞行器，连尘埃也没有，百无聊赖之下，捡起洞中的小石块，抛起在空中，然后运起念力，将它悬在空中，初时一块石头，及至后来，竟然增加到十多块，有大有小，以念力催动，在空中翻滚旋转着。

玩了一阵子，觉得很是无趣，猛然发力将石块尽数砸向三面石壁上。这一砸不要紧，正对着洞口的那面石壁，被石块砸得裂了开来，虽然没有声响，但石块碎裂掉落之势还是有点吓人。

碎石刚掉完，一个白眉白须白发的与人类相貌一般无异的人像就出现在他的眼前。姬鸣谦惊得呆了，揉揉双眼，怀疑自己是在梦中。

那个人像虽然与人类无异，却是在前额正中多了一只眼睛，须发飘飘，就如传说中的仙人一般。姬鸣谦还在发呆，人像竟然说起话来，用的是襄殷毋赅语，只是不知什么原理，在没有空气的山洞里，姬鸣谦竟然能听到他的声音。

老者和蔼地道："孩子，你来了。"

姬鸣谦结结巴巴地道："你……你……认……识我？"

老者道："嗯，我等你等了超过百万纪了。"

姬鸣谦更加奇怪了，不相信地道："等我？"

"是的，"老者很肯定地道："你就是我要等的那个应劫的神！"

第三十章　密码

姬鸣谦道："应劫？应什么劫？"

老者温和地道："孩子，说来话长。请进来吧。"话落，人像消失了，那面石壁竟然现出了一道门。

姬鸣谦又揉了一下眼睛，掐了一下大腿，很痛！他确定自己是清醒的，不是在做梦。犹疑了数息，姬鸣谦还是迈开了双腿，小心翼翼地走进那道门，他刚一走进去，门立即就在身后关闭了。

门内约有十探见方，里面空空如也，就连一根柱子也没有；墙壁平整光滑，不知是用什么材质建造的。姬鸣谦忍不住伸手去摸了摸，触手微凉，感觉是一种金属材料，只是看上去，却是与他所知道的任何金属材质都不一样。

姬鸣谦正在四处打量着，老者突然就在室内现身，就如他本来就在那里站着的一样。只见他身穿形式古怪的白色长袍，像斗篷又像是罩衣，长须飘然，就像是神仙下凡一般。

姬鸣谦吓了一跳，对着老者仔细打量了一番，这才看清楚，原来是一个虚拟幻影图像。

老者道："孩子，不要害怕，你现在很安全。"

姬鸣谦大着胆子问道："前辈，我可以知道您是谁吗？"

老者道："啊，很抱歉，忘了自我介绍了。孩子，我姓煌燮，名字叫问道。"

姬鸣谦道："煌燮前辈，您独自生活在这里吗？您又是什么族神呢？"

煌燮问道道："听说过婳顼族吗？"

姬鸣谦听他这样问，立即就明白，这位老者必定就是婳顼族神，不禁心中一阵激动，终于见着真正的婳顼族神了，也许很多事情都会有答案了。道："前辈就是婳顼族神？！"转念又有些怀疑，问道："不过婳顼族不是在数十万纪前就突然消失得无影无踪了吗？"

煌燮问道像是对姬鸣谦又像是自言自语地道："嗯，看来预言不假，本族果然已遭大劫。"

姬鸣谦很奇怪，问道："前辈言下之意，并不知道贵族早已遭逢大劫吗？"

煌燮问道道："孩子，严格说来，我是个已死去的神。"

姬鸣谦闻言，吓了一跳，本能地退了两步，道："什么？您是个死了的神？"

煌燮问道道："孩子，别害怕。我本是婳顼族星尊府的天尊，死的时候，让继任者用洪荒之力，将我的意识封存起来，然后送到这里。"

姬鸣谦惊得呆了：这怎么可能？意识可以封存？这样的事，怎么也无法理解！

煌燮问道继续说道："所以，你实际上是在与我的意识对话。"

姬鸣谦讷讷地道："好吧，虽然我不能理解这种意识封存的原理，但我确实是在跟您对话。那么，您刚才说，您是在等我？您又怎么知道我会到这里来？"

煌燮问道问道："嗯，问得好。说来话长，我尽量简单点说说。本族从远古一直流传着一个预言，说本族在未来的某一个时候，将遭逢灭顶之灾。"

姬鸣谦插话道："前辈，有些预言未必可信，我们人类不知被预言过多少次世界末日已到来，结果都是虚惊一场。"

煌燮问道道："嗯嗯，我们的族神也是这样想的。本族历经亿万纪，虽然也经历了无数天灾横祸，但是都能逢凶化吉，安然度过，并且在经历了这些劫难之后，我们傲然进入了九级文明，而非太虚中所认为的，我们只是八级文明的高级阶段。这时的我们，已经是可以改天换地，无所不能，可以说，没有什么力量能够灭绝我们了。因此，本族族众，再也没人相信这个预言了。"

姬鸣谦道："只是前辈仍然坚信这个预言？"

煌燮问道道："其实我也已开始怀疑这个预言的真实性。直到有一日，灵虚研究院的渊湛知微长老对我重提这个预言，并警告称，这个预言可能会在此后的十万纪之内发生，我才又重视起来。可是，星尊府里的四位星尊都不以为然。无奈之下，我在临终之时，动用天尊的特权，要求他们将我的意识封存起来，送到这里，以等待将来本族遭逢大劫，最后救本族于危难的那位应劫之神的出现。"

姬鸣谦道："前辈，这个预言能预见贵族大难不死，东山再起吗？"

煌燮问道道："是的。预言前半部分说的是本族被神秘力量于一夜之间摧毁覆灭，后半部分则说的是覆灭之后，本族出现了一个应劫的神，能够将本族带出万劫不复之地。"

姬鸣谦道："所以前辈就在这里等了上百万纪？"

煌燮问道道："是的，初时他们还有神来这里拜祭我，并维护更新这里的设施，后来就再也没有神来过了，我想，本族应该已遭大劫了。"

姬鸣谦道："原来如此！然而前辈又怎么能断定我就是您要等的神？"

煌燮问道道："孩子，应劫之神自然会受到命运的指引，来到这里。再说，你一进入山洞，我就已经扫描过你的全身，确定你是本族的后裔无疑。"

姬鸣谦自从进入太空以来，不知多少次听到别的神说自己像姮顼神，然而说归说，都没有确凿的证据证明。现在从煌燮问道的口中说出，他虽然仍感震惊，但却是不得不信，口中却道："我真的是姮顼神？"

"是的，你的身体虽然被改造过，但本族的特征仍然保留着。"煌燮问道很肯定地道。

姬鸣谦此时心中最后的一点疑惑完全消除，终于相信自己是姮顼神的后裔，道："前辈，既然我是姮顼族神的后裔，那我能为您做些什么？"

"孩子，请随我来！"煌燮问道说完，用手一指，一面墙上就幻起一片光晕，他照着光晕走去，消失在光晕之后。姬鸣谦心中忐忑：没有门怎么进得了去？硬着头皮往光晕里一钻，谁知竟然毫无阻碍就钻了过去，就像传说中的崂山道士的穿墙术一样。

姬鸣谦穿过墙壁，定睛看时，却是一个比刚才的房间更大一倍的房间，里面十分整洁，有两个平台和一些像是仪器的东西，煌燮问道的"身"旁站着一个年青的姮顼神，一头乌黑的短发，穿着一身紧身的服饰，神情却是十分的木讷。

煌夒问道"伸"手在年青的婳顼神肩上拍了一下，年青的婳顼神立即就像是睡醒了一样，道："主神，您怎么现身了？"扫了姬鸣谦一眼，又道："恭喜主神，终于等到您要等的神来了。"

煌夒问道点点头道："孩子，这是全智能仿真智慧生物，通俗的说法是机器神。"

姬鸣谦望向机器神，只见他全身上下就跟一个智慧生物无异，根本就看不出是一具机器。

机器神上前，用双手五指触额，然后将头一低，双手手心向上，曲肘平举在腰间胸前，行了一礼，说道："欢迎！我是全智。"

姬鸣谦学着他的样子也行了一礼，道："你好！全智。"

煌夒问道道："嗯，很好！孩子，现在你可以告诉我你的名字和来历了。"

姬鸣谦道："前辈，我叫姬鸣谦，是从蓝囚星上被坚鲜神掳上太空的。坚鲜神的飞船遭遇了海盗，被全部杀死，不知因为什么缘故，坚鲜神将我放到逃生舱里弹射了出去，幸好遇到了顾肓神，他们将我救了。顾肓神发现我的身体器官和基因不同程度被改造过，就说服我，给我的身体作了一些还原，使我能够适应太空生活；然而，却发现我的大脑被神秘的方式禁制着，而顾肓神却无法帮助我解除这个禁制。"

煌夒问道道："无耻的家伙！"

姬鸣谦道："前辈你是说顾肓神吗？"

煌夒问道道："啊，不是。孩子你继续说。"

姬鸣谦道："顾肓神告诉我，要打开禁制，必须找到禁制的密码。我想，既然我是被坚鲜神掳上太空的，那么，他们应该就是制造禁制的神；所以我就前往徼乍星，却发现坚鲜神根本就没有密码，他们只是受跬垒神的指使监视蓝囚星而已。我决定去找跬垒神，看看能否得到解开禁制的密码。可是我在跬垒神那里又意外发现，跬垒神也没有智力禁制的技术，他们也是暗中受须委神的指使的。"

煌夒问道道："嗯，看来一定是须委族这个卑鄙无耻虚伪无比的族群，才能干这种下贱的事。"

姬鸣谦道："我一不做二不休，又假装成礜眒穆神去了絜遏星，不料被须委神识破我的真面目，最后，我抢了他们的飞船逃跑，船上的须委神竟然不惜与我同归于尽，将飞船引爆，我在飞船爆炸的一瞬间，乘坐逃生舱逃离了飞船，却被巨大的爆炸震昏了过去，醒来时就在这个星球了。"

煌夒问道听完姬鸣谦一番话，脸上波澜不惊，道："孩子，你九死一生，难为你了。"

姬鸣谦道："所以，我的大脑目前仍被禁制着，但是须委神已明确告诉我，他们也没有密码，因为这个禁制工程是不可逆的。"

煌夒问道呵呵大笑道："须委神又怎配有密码？"

姬鸣谦没有意会到煌夒问道这句话的意思，接着道："连制造这个禁制的须委神都没有密码，那么我们的大脑就永远被禁制着了。"

煌夒问道道:"孩子,你可知道这个生命工程是谁发明的?"

姬鸣谦正想说不知道,突然脑中灵光一闪,惊道:"前辈,难道这是婳顼神发明的?"

煌夒问道道:"呵呵呵,孩子,你聪明绝顶,我很喜欢。没错,这是本族最伟大的发明!须委神盗窃了我们的成果,竟然拿我们的子民来做实验,简直是可恶之极!"

姬鸣谦恍然大悟,道:"啊!原来这不是他们的发明!"

煌夒问道道:"是的,只是这项发明太过匪夷所思,所以,智力禁制的密码,只有三个神掌握而已。"

姬鸣谦喜道:"这么说,这是可以逆向解禁的了?"

煌夒问道道:"当然可以。孩子,时间不多,我们先给你检查一下身体,然后将你彻底还原成我们婳顼族的神,你可愿意?"

姬鸣谦此时得知自己可以解除智力禁制,万分激动,如何不愿意?道:"晚辈千辛万苦,为的就是寻找这个密码,我怎么会不愿意?"

煌夒问道道:"孩子,等下我需要借助全智,才能完成一些工作,请你完全信赖他。"

姬鸣谦恭声道:"是!"

煌夒问道道:"嗯,很好。现在,请跟全智到另一个舱室去吧。"

全智道:"请跟我来!"说完,朝着一面泛起光晕的墙穿了过去。姬鸣谦有了上一次的经验,毫不犹豫地跟着穿了过去,煌夒问道的影像就在身后消失了。

穿过了墙,走进一间更加宽大的房间,里面有十数个间隔,每个间隔都有一张手术台一样的平台,平台四周有一些仪器、屏幕之类的东西。

全智引他到一个平台旁,道:"这是医疗舱,每一个平台就是一个医院,可以做任何医疗手术。"

姬鸣谦点点头,依着全智的吩咐,全身赤裸地躺在平台上。

全智一按旁边一个按钮,平台的一边升起了一个透明的罩子,将平台全部罩住;脚下伸出两块脚掌大小的金属板,抵住姬鸣谦的双足;两侧有两块手掌大小的金属板与姬鸣谦双掌相抵着;头顶又有一个四分之一圆的透明头罩罩住了他的头顶,当中有一个拇指大的小圆片紧紧地抵住头顶百会穴。

全智再按动按钮,整个平台就亮了起来,照得姬鸣谦全身就像透明的一般。盖在平台上的罩子现出纵横交织的线条,那些线条变换着各种颜色,煞是好看。平台边浮现出一个虚拟图像,飞快地闪动着各种数据。

约莫过了数念时间,所有的光都熄灭了,平台上的盖子打开,全智示意他坐起来,姬鸣谦取过那件破碎的护甲遮住私处,站在一旁。煌夒问道的影像突然出现在平台的另一边,问道:"怎么样?"

全智道:"所有被改造的基因和器官运作得很好,植入的基因和本体的融合也很满意。而顾育神的还原操作也基本没问题,没有对本体产生任何不良反应。一部分被删除的基因链未造成整体生命的运作障碍。扫描结果,共有七十多个基因链被删除,被植入的外来基因共有一千零四十九个,被修改的地方共计一十四万七千二百八十多处……"

全智报着一串串的数据，姬鸣谦听得惊心动魄，但看煌燮问道的神情，却是平淡之极。过了一会儿，煌燮问道又问："大脑部分呢？"

全智道："大脑部分保存完整无损，禁制方式完全是按照我们编制的方法进行的，没有任何变化。"

煌燮问道哼了一声道："须委神还没有能力编制出这样高级的生物编程。"看着姬鸣谦满腹狐疑的样子，又道："这些事情以后让全智慢慢地告诉你吧。现在最重要的是恢复你的本体。"

姬鸣谦点点头，没有说话；煌燮问道道："孩子，这些天你有进食过吗？"

姬鸣谦道："有，进食过微子基础通用食物丸子。"

"现在饿吗？"煌燮问道问。

姬鸣谦道："还不算太饿。"

煌燮问道道："接下来，你将接受全面的还原工程，这需要很长一段时间，中途是不能停下来进食的，你能支撑得住吗？"

"多长时间？"姬鸣谦问。

"起码需要五至六期时间。"全智代答道。

姬鸣谦心中暗忖：五至六期时间就是人类的七至九天，自己已经饿了两天，估计难以承受。便道："前辈，应该难以承受这么长的饥饿状态。"

煌燮问道道："嗯，全智，给他一些食物，再让他休息十念时间。"

全智答应了一声，转身穿过墙壁出去了，过没多久，就端着一个四方形的器皿回来了，他将器皿递给姬鸣谦，道："快吃吧，这是按碳基生命的需要，刚刚制作出来的重组食物。"

姬鸣谦第一次听到这种食物的名称，甚是好奇，问道："什么是重组食物？"

全智道："就是将一种物质分解成它的初始状态，然后再按需要，重新排序组合成想要的物质。"看到姬鸣谦一片茫然的表情，又道："比如，我将一块岩石分解之后，再重新组织，变成你现在的食物。"

姬鸣谦摇头道："这怎么可能？石头和食物是天差地别的两样东西。"

煌燮问道道："孩子，太虚之中的所有物质其初始状态都是一样的，都是由无子随机生成始子，无子处于两种状态，一是无，一是有，当它处于有的状态时，就是始子；而始子也处于两种状态，就是阴子和阳子，当处于阴态时生成阴子，处于阳态时生成阳子，而阴子和阳子交合，生成象子，最后生成物质固有属性的固子，然后就形成我们所见的物质。"

姬鸣谦道："您是说，可以将一块岩石分解成象子或者更进一步的阴阳子或始子？然后……"姬鸣谦惊讶得双睛突出，接着道："按照这样的理论，那么世间岂不是任何东西都可以随意改变属性和制造？"

煌燮问道呵呵大笑道："孩子，正是这样！"

姬鸣谦震惊得忘了进食，在全智的催促下，三口两口将食物吃了，却根本没在意食物的味道和口感。

待姬鸣谦进食完毕，煌燮问道道："全智，让他休息一下，不要打扰他。孩子，你现在什么也不要想，清心宁神滤智，十念之后，准备接受还原工程。"说完便消失了。

全智向他点点头，也径自穿墙走了。只留下姬鸣谦待在原地。

姬鸣谦心潮如大海波浪，哪里能平静得下来？这半日所见所闻，就是做梦也不敢想象。过了好一会儿，才想起煌燮问道的话，要自己清心滤念，准备接受"还原"。于是打起精神，席地盘膝而坐，练起大衍师父所教太上心经功法来。

十念时间很快就过去了，全智和煌燮问道又出现在房间里。煌燮问道说道："孩子，都准备好了吗？"

姬鸣谦平静地道："前辈，我准备好了。"

全智引着姬鸣谦到了另一个平台边，这个平台似乎比之前那个要大一些，两边的仪器也多了一些。全智示意他依前裸了身子躺到平台上，然后按动按钮，就像之前一样，有仪器抵住四肢和头顶，一块芯片一样的东西贴在了眉心之处。姬鸣谦感到背下的平台有物体微微升起，抵住了背后命门大穴和下身的会阴穴；姬鸣谦向上望了一下，平台上那个罩子似乎厚了一些，而且密密麻麻地排列着一些突出的小刺一样的东西。

煌燮问道道："孩子，不要害怕，整个过程不会有任何痛感。为防你情绪波动，影响工程进行，你会被催眠，明白了吗？"

姬鸣谦道："明白！"

全智道："开始了。"话落，姬鸣谦就感到百会穴上一股温和的暖流缓缓注入体内，不久，周游全身，浑身上下说不出的舒适和放松，渐渐地，姬鸣谦合上了双眼，沉沉地睡去。

姬鸣谦醒来时，已经过去了整整七期时间，当他睁开眼时，发现自己身处一间不大的舱室，舱室简洁异常，简洁得似乎只有他身下躺着的"床"。

姬鸣谦转眼看着四周，发现有些不对劲：整个舱室似乎是立体的。姬鸣谦以为自己睡得太久了，眼睛蒙眬所致，用手揉了揉双眼，再看，还是一样的影像。他下意识地用手捂住双眼，这一捂不要紧，却把自己吓得跳了起来：因为双眼虽然捂住了，竟然还能清楚地看见舱室里的一切。姬鸣谦一跃下了"床"，发现自己仍然赤裸着，而且还看到了自己的骨骼和血管！

姬鸣谦大叫了一声，一时手足无措。这时舱门开了，全智走了进来，手上拿着一件物品；接着，煌燮问道的影像也出现在舱室里。

煌燮问道道："孩子，你怎么了？"

姬鸣谦道："前辈，为什么我看的东西与以前不一样？而且捂住眼睛仍能看得见，最可怕的是，还能看到自己的骨骼……"

煌燮问道和全智不约而同地哈哈大笑起来，煌燮问道道："孩子，我们婳顼族神是有三只眼睛的呀。"

姬鸣谦望着煌燮问道和全智，这才想起，自己被还原回婳顼族神的本体，自然也会有第三只眼睛，只是自己还不知道怎样使用它。姬鸣谦明白过来之后，傻傻地笑着道："啊，我还不知自己也有第三只眼睛哩。"

全智额上的眼突然射出一束光来，姬鸣谦身前就出现了一个全裸的男子影像，全智道："这是你现在的样子。"

姬鸣谦往自己的影像一看，自己的额上果然如煌夔问道一样，竖着长了一只眼睛，脸容没有改变，样子似乎更为精神和英俊；身上的肌腱似乎更加发达，身材的比例也更匀称，而且好像长高了一些。

姬鸣谦道："我好像长高了？"

煌夔问道道："是的，你的骨骼非常脆弱，还原之后，它略微生长了一些，所以你就长高了。"

全智上前，抖开手上的物件，是一幅极之轻薄的像是布一样的东西。全智道："先穿上这件全能护体衣吧。"

姬鸣谦道了谢，接过来一看，这哪里是什么衣服？简直就是一块材料而已。一边疑惑着，一边往身上披。衣物才着体，立即就自动将他的身体从脖子起，全身包裹起来，不过一会儿的工夫，就像穿上了一件衣服。

全智道："请提足。"

姬鸣谦依言抬起右脚，衣物立即在右脚形成一只靴子的模样；姬鸣谦再抬起左脚，很快，又形成另一只靴子。姬鸣谦看得惊奇不已。

姬鸣谦一边想问有关这件护体衣的功用问题，一边努力适应着第三只眼睛，不停地开合着；煌夔问道道："孩子，本族这第三只眼睛，称为天眼，平时是可以不用的，你闭上就可以了。"

姬鸣谦听得煌夔问道这样说，只好暂时先将护体衣的问题放下，道："是！只是它既没有什么用，为什么我们会多出一只眼睛？"

煌夔问道道："这只眼睛能看到另两只眼睛看不到的东西，而且，当你的念力足够强大时，它还有其它更特殊的功能，这些以后让全智告诉你吧。"

姬鸣谦见煌夔问道没有讲解这只天眼的功能的意思，不便再追问，答道："是。"

煌夔问道又道："孩子，本族的语言，你不得不学习，所以，在还原你本体的时候，我让全智顺便给你输入了。"

姬鸣谦这回一点也不觉得惊讶，因为顾育神都能"输入"知识，那么，作为比他们的文明程度更高级的婳顼神就更不在话下了。道："是，谢谢全智。"

煌夔问道道："全智是最高级的智能机器，我一向待他如真神一般，他的脑容量超过十万个本族神的脑容量的总和，他的战力足可抵挡一支最强阵容的星际舰队。今后，他就跟着你，唯你的命令是从，别的神是指挥不动他的。"

姬鸣谦道："前辈，您更需要他，请收回成命。"

煌夔问道没有理会他的话，叫道："全智！"

全智答应了一声，走到姬鸣谦的跟前，张开了嘴，从嘴里吐出一个小型的幻影控制图像。

煌燮问道道："孩子，现在你输入一个只有你自己知道的密码，之后，全智就是你的忠实侍从，完全听命于你了。"

姬鸣谦道："前辈，您还是把全智留在身边吧。"

煌燮问道用不可争辩的口气道："输入密码！"

姬鸣谦知道煌燮问道心意已决，绝无更改之理，只好道："要怎样的编码才行？数字还是符号？"

煌燮问道道："什么都可以，就是一句话也行。"

姬鸣谦想了一下，忽然想起了风絮雨，伸指虚画，用汉字写道：一川烟草，满城风絮，梅子黄时雨。

输入完毕，全智收回图像合上了嘴，向他行了一礼，道："主神，全智听候您的吩咐。"

姬鸣谦笑道："全智，你年纪比我大多了，前辈尚且平等待你，我又怎敢以主神自居？我以后就称你为智兄，你就叫我鸣谦吧。"

全智立即就答道："是，鸣谦！"

煌燮问道呵呵笑道："好好！还原数据显示，你身上有本族文德氏的遗传基因，所以，你就是本族文德氏的后裔。"

姬鸣谦道："前辈，我在地球上的姓是姬姓，是远古时代，人类始祖之一黄帝的姓，所以，我是他的后裔。"

煌燮问道道："嗯，很好！这个黄帝一定就是本族文德氏的子孙。"停了一会儿，只见他脸容一肃，道："孩子，你跪下！"

姬鸣谦听得他语气严肃，知道他必有大事吩咐，自然单膝跪下，道："请前辈训示。"

煌燮问道伸出"手"虚抚姬鸣谦的头顶，改用婳顼语道："孩子，本族最神圣的五个姓氏是：文德、玉莹、煌燮、渊湛、青灵；从现在起，你就恢复文德的姓。"

姬鸣谦道："是！晚辈今后就叫文德鸣谦！"

煌燮问道点点头，又道："今后你要负起拯救本族于劫难的大任，因此，我以本族伟大的祖先青灵肇始的名义，任命你为本族天尊，你要慎始慎终，不要辜负了我的一片期望。"

文德鸣谦本能地想说几句才能有限，不能胜任之类的话语，转念一想，自己现在的身份，是婳顼族神，而且是唯一一个恢复了本体的婳顼神，蓝囚星上还有数以亿计的本族同胞等待自己去拯救，自己又怎么可以推诿？想罢，朗声道："是，文德鸣谦领命！！"

煌燮问道看到他欣然领命，心中甚为安慰，道："孩子，今后本族的一切皆由你裁决。而有关本族的起源、历史、法律、科技等等一切知识，则由全智慢慢地传授或'输入'给你。"

"是！有劳智兄。"文德鸣谦道。

全智则点点头，以示回应。

煌燮问道道："孩子，你去把全智暂时关闭了。"

文德鸣谦有点疑惑，但依然按煌燮问道的意思，走近全智，道："智兄，抱歉了。"伸手在他左胁下一按，全智便闭了三只眼睛，神情木讷地站在原地不动了。

煌燮问道道："好！现在我将这个脑力禁制的密码传授给你，你要仔细记好了。"

文德鸣谦心道：原来这个密码果然是绝密，连全智都不让知道，因而要将他关闭了。又想道：自己千辛万苦追寻的密码，即将揭晓，不知道这是怎样的一个密码，嗯，一定是一套极其繁复的符号。脑中飞快地想着，口中答道："是！"

煌燮问道道："看好了！"将手一指，身前便现出了四幅图像。

文德鸣谦张眼一看，不禁惊呼出声："河图！洛书！太极！八卦！"

只见那四幅图像，第一幅是河图，第二幅是洛书，第三幅是太极，最后一幅是八卦符号。四幅图像不停地变化着，乍一看似是杂乱无章，细心揣摩之下，却是循环有序，变化无方。

煌燮问道奇道："怎么？你看过这四幅图？"

文德鸣谦道："是的，这是在蓝囚星上，祖先自古流传下来的东西，称为河图、洛书、太极、八卦；传说有龙马从黄河驮着这图出现，称为河图；又有神龟负着这个图从洛水出现，称为洛书。至于太极和八卦，则传说是远古祖先伏羲氏仰观天文，俯察地理，因成太极，画成八卦，以测万事万物。"

煌燮问道自言自语道："怎么会这样？怎么会这样？"思索良久，忽然道："我明白了！"

"前辈明白了什么？"文德鸣谦问。

煌燮问道缓缓地道："我想，一定是须委神对这个智力禁制工程掌握不纯熟，所以，在第一批被试验的婳顼神当中，有些神的智力还残存一些记忆，而你所说的这个伏羲氏，必定就是掌握密码的三个神之一；他以残存的记忆记录下这四幅图，希望后来的神有机会凭此解开禁制。"

"那么龙马驮图，神龟负书又怎么解释？"文德鸣谦还是怀疑。

煌燮问道道："我想，也许这是为了迷惑须委神而作的假托。"

文德鸣谦想了想，道："有道理，不然以须委神的聪明，又怎么一直都没有发现？"

煌燮问道忽然哈哈大笑道："想不到须委神苦苦研究而不得的密码，就在蓝囚星上！"

文德鸣谦也哈哈大笑道："原来我苦苦追寻的密码，就是这个在地球上几乎人尽皆知的河图洛书、太极八卦！"

煌燮问道道："看来你对此所知甚详，那就省去了我诸多的解释。现在，我就告诉你密码的使用方法。"

文德鸣谦道："请前辈示下。"

煌燮问道道："你称之为河图的叫做固基图，洛书叫搜踪仪，太极叫周游图，八卦则叫做阴阳数。固基图将大脑的各个区域投射对应在图上，然后以搜踪仪将需要进行工程的区域搜寻出来，加以放大；周游图则是大脑神经、血脉运行、分布的周期变化图，当血脉运行吻合阴阳数的排列时，这个阴阳数的数列就是密码，这时你只要立即将密码以生物电流的形式，导入固基图和搜踪仪所示的区域，便可打开禁制。"

文德鸣谦自从被还原后，脑容量何止百倍增长？智力和记忆力已达到超凡的程度，听完煌夔问道所说的使用方法，答道："我都记住了。"稍停又道："也就是说，这个密码不是固定的，要根据每个神每时每刻的血脉运行而定，是这样吗？"

煌夔问道道："正是这样。"

文德鸣谦道："难怪须委神穷十数万纪的时间，倾全星系之力，也没法破解这个密码。原来这个密码是无法破解的。"

煌夔问道道："孩子，你把这套密码运行图收好。"话落，一个像是一本打开的书的形状，只有一指长、两指宽的微型飞行器出现在眼前；文德鸣谦伸出左掌，微型飞行器就落在他的手掌上；他很小心地收好，放入护体衣的暗袋里。

煌夔问道严肃的表情缓和下来，满意地道："孩子，我对你非常满意。今后，拯救本族的重担就交给你了。"顿了一下，忽然单膝跪下，道："天尊，请受我一拜！"

文德鸣谦慌忙也单膝跪下道："前辈，这怎么使得？"

煌夔问道道："使得！你可知我这一拜却是为何？"

文德鸣谦摇摇头道："请前辈明示。"

煌夔问道道："这一拜除了是本族民众向新任天尊应行的礼仪之外，还是我代表本族列祖列宗所拜，也是代本族全体族众所拜。这一拜是将本族生死存亡都交托给你了。所以，你不可以推托。"

文德鸣谦听了，郑重地站起身来，端正地站好了，受了煌夔问道一拜，礼毕，道："前辈请起！"

煌夔问道站起身来道："天尊，请你将全智唤醒，我有事要交代。"

文德鸣谦去全智左胁下一按，将他唤醒。煌夔问道道："天尊，此间事了，我也是时候回归虚无了。"

文德鸣谦一惊，问道："前辈，这是什么意思？"

煌夔问道道："我在这里已经超过百万纪了，为的是等你的到来，现在你来了，我的任务也完成了，自然也就没有遗憾了，可以真正地死去了。"

文德鸣谦惊慌起来，道："前辈，您不与我一道去拯救本族的劫难吗？"

煌夔问道道："这件事，有你就足够了；回归寂灭才是我的归宿。"

文德鸣谦急道："前辈既然可以将意识封存百万纪之长，可以说是虽死犹生，为何还要归于寂灭？"

煌夔问道道："天尊，我将意识封存已是有违天道；只是事出无奈，不得已而为之。现在事情已了，我的心愿也已达成，自然就该走了。"

文德鸣谦心中实难舍割，追问道："那么寂灭之后，前辈又会在哪里呢？"

煌夔问道淡然地道："寂灭之后，就什么也不存在了，或许化为物质的最初始状态，游离于太虚之中，等待造化机缘，与别的始子、阴子、阳子相遇，化为岩石、金属甚至是尘埃等等物事。"

文德鸣谦默然良久，忽然问道："那么太虚是怎样开始的？它也会有终结的一天吗？"

煌燮问道道："太虚始于无始，终于无终。"

文德鸣谦又问："那么宇宙呢？"

煌燮问道道："宇宙不过是太虚的一部分，它可以是一个宇宙裂变分裂而成，也可以是太虚中不可见物质生成足够多，于某个时刻，产生一个物质流，在太虚旋转定律的作用下，渐渐产生旋流，众多的始子、阴子、阳子不断碰撞而生成各类天体，然后一个新的宇宙就诞生了，所以它是会死亡的。"

文德鸣谦听罢，心中一片明朗，顿悟生死，道："前辈，我明白了！生是机缘，死便回归机缘。"

煌燮问道赞道："好好好！说得好！天尊，请你记住，天道无情，无偏无倚。合天道则万事可成，若与天道不合，则无论你如何机智百变，勤勉努力，也不能成事。"

文德鸣谦道："前辈，我要怎么做才合天道？"

煌燮问道道："这只可意会，不可言传。只要你细心体察，必能感知天道所在。"

文德鸣谦道："嗯，我记住了。"

煌燮问道道："全智，带天尊到我的灵寝去吧。"言罢，消失不见。

全智带着文德鸣谦一连穿过好多道墙，来到一个布满仪器的密室。那密室仅可容纳两神，正中一个平台上放着一个流光溢彩的约有三轨见方，六轨高的厚实金属盒子。

煌燮问道影像又出现在文德鸣谦的跟前，道："天尊，现在你可以将室内所有仪器都关闭了，切断封禁我的意识的能量，然后打开盒子，将里面的锥形能量塔取出，拿到山洞外，然后打开塔顶，我的意识自然就会自动溢出，归于太虚。"

文德鸣谦恭敬地道："谨遵前辈遗命！"让全智将室内的仪器全部都关闭了。

煌燮问道脸上一片安详，文德鸣谦跪下礼拜。不一会儿，煌燮问道的影像渐渐消失。文德鸣谦上前，在平台上的一个按钮按了一下，盒子上的光彩立即就消失不见了；随后那个盒子缓缓地下沉，露出一个小巧精致的金字塔，却是由整块纯天然的青玉制成。

文德鸣谦恭敬地捧起那个金字塔，入手甚为沉重，好在此时他体力大增，却不感到吃力。

全智在前面引路，带着他来到洞外，告诉他如何开启金字塔的方法。文德鸣谦将塔置于地上，又拜了一拜，然后按全智所教的方法，在塔尖用双手顺时针一搓，塔顶应手裂开成四瓣，文德鸣谦睁大三只眼睛，盯着塔顶，只见一股似有似无、透明的非烟非雾的物体，从塔顶袅袅升起溢出，然后就四散开来，瞬间就无影无踪。文德鸣谦若非拥有第三只眼睛，是看不到有物体从塔顶溢出的。

文德鸣谦再次跪下默默地祝祷一番，然后站起来，将金字塔捧了，仍放回煌燮问道原来的灵寝密室。行罢礼，躬身退了出去。

文德鸣谦道："智兄，刚才的事，都记录下来了吗？"

全智答道："鸣谦，全都记下了。"

文德鸣谦道："好！总有一天，我要让本族所有人都记住这段历史。"

第三十一章 再闯絜遏星

送走了煌夔问道，文德鸣谦对全智道："智兄，前辈已归寂灭，留下的嘱托怎样才能办得到？"

全智道："鸣谦，您现在是本族天尊，这要你自己想办法，我随时候命。"

文德鸣谦道："我是说，这里如此荒凉，连个路过的飞行器也没有，我们怎么才能走出这个星系？"

全智道："这有何难？我们现在身处的地方，就是一艘超级星际飞船。"

"什么？！"文德鸣谦惊道："这分明是一个山洞，怎么可能是飞船？"

全智道："这千真万确是一艘超级隐形飞船。当时，新任天尊将老天尊的意识封存好之后，就秘密用这艘飞船送到这里，然后用岩石砂砾将飞船掩埋伪装起来，将其中一个舱门伪装成洞口，就是您现在看到的这个。"

"如此说来，这艘飞船一定很大了？"文德鸣谦道。

"当然，这是一艘中型母舰，长度超过七涯，有三涯宽，差不多有一涯高；您现在看到的只不过是地表部分。"全智道。

文德鸣谦听得舌拤不下，道："但是，被这么重的岩石掩埋，飞船还能起飞吗？"

"不用担心，这些岩石只是很浅的一层表层而已，重量不值一提；我们的飞船有强悍的动力，历经百万纪而不竭。"

文德鸣谦心中赞叹不已，道："嗯，那么，我们是否马上就能起飞？"

"去哪里？"全智问。

"絜遏星！"文德鸣谦很坚定地答道。

"噢！那是须委神的母星，单凭我们一艘飞船，是不能战胜强大的须委神的。"全智道。

"我知道。"文德鸣谦道："但我必须马上去那里营救我的未婚妻，迟了恐怕她就遭遇不测了。"

"您的未婚妻？"全智问。

"是的，她也是从蓝囚星上被掳至太空的。"文德鸣谦道。

全智"思考"了一会儿，道："鸣谦，我建议您不要急于一时，有些事情您要先办。"

文德鸣谦道："这些事情可不可以在途中办？这里到絜遏星还有一段路途哩。"

全智道："这点路途对我们来说不算什么，不过瞬间就能到达。"

"瞬间？"文德鸣谦以为自己听错了。

"是的。"全智道："我们的飞船以灵速飞行，自然可以瞬间到达。"

"灵速！"文德鸣谦只在畏兀和巴久汶等神的嘴里听说过，现在由全智说出来，还是震惊不已。道："好吧，你有什么建议？"

"首先您必须激发身体的潜能，使念力达到最强；其次，您要给些时间让我将历史、科技等等有关本族的知识给你'输入'；再次，您要熟悉飞船的性能、结构和原理，武器的使用；此外，还要熟悉本族的其它方方面面的事情，就是您身上的这件护体衣，也要了解透了，才能发挥最大的功用。"

全智说一样，文德鸣谦点一下头。全智又道："这些都基本掌握之后，还要学会驾驶飞船。"

文德鸣谦道："智兄，驾驶飞船我会，我可是一个不错的驾驶员呢。"

全智摇摇头道："鸣谦，我们的飞船驾驶方法与别的文明不大一样。"

"有什么不一样？"文德鸣谦有点奇怪。

"我们的飞船不是用手驾驶的。"全智道。

"哦，那自动飞行就更没有问题了。"文德鸣谦道。

"我说的不是自动飞行。"全智道。

"那是什么？"文德鸣谦被他说得迷糊了。

"我们的飞船是要用念力驾驶的。"全智道。

"什么？用念力驾驶？"文德鸣谦吃了一惊，原来畏兀、巴久汶等神说的是真的。

"是的，所以，没有强大的念力，您是驾驶不了我们的飞船的。"全智道。

文德鸣谦呆了半晌，道："那么你先说说我身上的这件护体衣吧。"

全智道："嗯，它叫可塑隐身越障万能护体衣，是用多种稀有金属和始态物质制造，可根据身体形状调节大小，可变任何颜色伪装，可以隐身，拉上头套后，开启越障功能，可以穿越大多数的障碍物，就连厚度不超过两轨的金属墙，也可以轻松穿过；它能有效抵挡已知的一切宇宙有害辐射，并能抵抗强度为六以下的一切武器的打击……"

文德鸣谦听得张大了嘴巴说不出话来，就这么一块薄薄的衣物，竟然有如此强大的功能，在地球上，这种科技，连想都不敢想。

全智说完，在他的左右两小臂上轻轻一扫，小臂上立即就显现出一个框框，上面密密地排列着许多按键。全智便开始教他如何使用护体衣的各项功能。此时的文德鸣谦大脑禁制已解除，大脑就如一块海绵，什么知识都能完全吸收，用过目不忘、超凡等等字眼，都不能形容其巨大的记忆力。不过一会儿的工夫，已全部学会了护体衣的使用方法。待全智讲授完毕，文德鸣谦左右手分别在臂上一扫，那些按键就隐入护体衣内，一点也看不出有何异样。

接着，文德鸣谦在全智的训导下，不眠不休地开始了全面的学习和训练。过了约三十期的时间，文德鸣谦已学会了全智所教的一切。至于念力，更是突飞猛进，甚至可以凭着自己的念力，将自己悬浮在半空之中。

这日，全智对他说道："鸣谦，您真是个奇才！这么快就学全了这么多知识。现在，我们可以离开这里了。"

文德鸣谦略略显得激动，道："太好了。"站在洞口，望着星球荒凉的景色，忽然问道："智兄，前辈当初为什么会选择这样一个星球作为他停灵之所？"

全智道："这个星系原来是本族的一个殖民星系，也就是本族的领土；全盛时期生活着上百万的本族子民。预言中说道：荧星将息，君子而南，孑孓一身，择穴而宿。暗示应劫者将在一个只剩一个恒星、一个行星的废弃星系出现。老天尊在位之时，经过数十纪的研究，确认这里就是应劫者出现的地方。"

文德鸣谦道："本族有很多殖民星系吗？"

全智道："也不算多，前前后后也就七、八个而已。"

文德鸣谦问："这个星系叫什么名字？"

"息南星系。"全智答道："主星就叫息南星，原来有八个行星，靠近主星的行星都被它吞噬了，只剩下这个行星，叫做孤宿星，是星系最小也是离主星最远的行星，现在也已经被主星的引力牵引得越来越靠近它了，用不了多久，亦将被主星吞噬掉。"

"那么其它殖民星系呢？"文德鸣谦问。

"也都废弃了。"全智停了一下，又道："以后我将本族的完整历史'输入'给你，你就都了解了。"

"智兄，谢谢！我们走吧！"文德鸣谦道。

两神关闭了洞口，来到驾驶室，文德鸣谦忽然问道："智兄，这艘飞船有名字吗？"

全智道："有的，叫做归元号。"

"我想将它改为'渡劫号'，可以吗？"文德鸣谦道。

"您是天尊，有权决定一切。"全智道。

"好！就改为'渡劫号'了。"

"好！"全智一边应道，一边坐到副驾驶位置上，道："鸣谦，您来驾驶。"

文德鸣谦道："好！"也不推辞，一屁股坐到主驾的位置上，拿起一个薄薄的像是面具一样的眼罩戴上，略略定神，念力顿生。

文德鸣谦以念力通过眼罩控制着飞船，一一开启飞船的各个系统。全智在旁边道："可以升空了。"

文德鸣谦意念稍动，一阵地动山摇就如地震一样，一艘巨大的漆黑的飞船破山裂石，腾空而起，眨眼之间便飞上了太空。

离开了息南星系，渡劫号以光速慢慢地飞行着。文德鸣谦首次用意念操纵飞船，感觉十分新鲜刺激。飞了一段时间，摘下眼罩，道："智兄，你来驾驶吧。"

"鸣谦，我可不能用意念驾驶。"全智道。

"啊！？你不是说我们的飞船要用意念来驾驶吗？"文德鸣谦道。

"鸣谦，您别忘了，我只是一个智能机器，不具备你们的意识和念力。"全智道。

文德鸣谦道："对不起，我真的忘了这一点了。那么你又是怎样驾驶飞船的呢？"

"那当然是用智脑了。"全智说完，掀开控制台上一块长条形的板盖，露出十个手指大小的小孔。只见他伸出十指，忽然之间，十指暴长，插进那十个小孔之中，道："坐好了！"

风絮雨躺在一台仪器的平台上，双眼空洞地望着上方，任由祝酎鬼略在她的身体上"检测"着各种数据。

自从被带到这个地方之后，这种"检测"已不知多少次了。刚开始时，风絮雨还有过抵抗，及至后来，她知道自己无论怎样反抗，都是改变不了被"检测"的命运，只好听之任之了。

"检测"完毕，祝酎鬼略一如既往优雅地微笑着，用最温柔和蔼的声调对她说，她的身体非常健康，没有问题。

但是，风絮雨慢慢地感觉到，自己的身体有些微小的变化，但变化在哪里，却又说不出来。

风絮雨被送回那个专为她而设的园子里，她将这个园子称为"鸟笼"。

"鸟笼"里，按着地球的时间运行着白天和黑夜。风絮雨记得，来到这里已经一百多"天"了。刚开始时，还不停地向祝酎鬼略追问姬鸣谦的下落，及至后来，她明白，姬鸣谦也许像自己一样，被关在另一个"鸟笼"里，接受无休无止的"检测"，或许这生再也不能相见。

风絮雨没有回到那栋别墅里，而是缓缓地走到湖上的桥中央，低着头，看着湖水，水里有鱼，不时冒出水面，打个水花。风絮雨很喜欢待在这里，有时一待就是一整天，看着水中自己的倒影，她心里已经没有了悲哀，生和死对她来说早已不重要了，重要的是，她有一个热爱着的，心心念念的人。

风絮雨身上的护体甲早就被祝酎鬼略以"有碍检测"为由收去了，只给了她一块须委神身上披着的那种像布一样的东西，让她遮羞蔽体。

湖水倒映着她美丽却是憔悴的脸庞，她站在那里一动也不动，就像欧洲文艺复兴时期的雕像。

渡劫号像一个巨大的幽灵，无声无息地停在迷添达晃星系的边缘。全智指着遥远的，闪烁着光芒的一颗星星道："那就是迷添达晃星系的主星了。"又指着一个几乎看不到的小光点道："那就是絜遏星。我们现在就进去吗？"

文德鸣谦道："不急。智兄，你能不能找个什么东西，用来遮挡住额上的眼睛？"

全智问道："您想干什么？"

"我不想让须委神知道我已恢复本体，这样可以迷惑他们。"文德鸣谦解释道。

全智道："我想一想。"站起来道："您等一等，我去去就来。"转身走了。

过了好长一段时间，全智回来了，手中拿着两件物品，交给文德鸣谦。文德鸣谦接过来一看，原来是两块精美的像玉石一样的饰物，一件淡紫色，用红色的带子系着；一件嫩绿色，用黄色的带子系着。

文德鸣谦选了紫色那件，系在头上，正好遮盖了额上的眼睛，看上去就像古代富家公子戴的额饰一样。

"嗯！很好看！"全智道："您睁开天眼试试看？"

文德鸣谦依言睁开额上的天眼，惊喜地发现，那块紫玉竟然是可以透视的。高兴地道："智兄，真是太好了！你是从哪里找来的？"

全智道："噢，鸣谦，这不是找来的，是我刚才造出来的。"

"造的？"文德鸣谦有点不明白地望着他。

"是的。"全智道："食物可以造，那么这块宝石也是可以造的。"

文德鸣谦这下明白了全智是怎样造出这两块宝石的了。

全智将那块绿色的宝石也学着文德鸣谦的样子，戴在自己额上，道："我也不能暴露了身份。"

文德鸣谦道："智兄，等会儿你就待在船上，怎么会暴露身份？"

全智道："鸣谦，我是您的仆从，当然也是你的侍卫。您去哪里我都必须跟着。"

"那飞船谁来控制？"文德鸣谦问。

全智道："这个不用担心。我可以超远距遥控飞船，而您也可以用念力控制它。"

文德鸣谦道："我没有试过，以我现在的念力，恐怕还达不到远距离控制飞船的程度。"

全智道："嗯，您很快就可以做到的。"

文德鸣谦道："嗯！另外，我们总不能驾着这艘巨大的渡劫号降落到絜遏星上吧？"

全智道："当然不可以！您是想告诉须委神，您来了吗？"

文德鸣谦道："你有什么办法？"

全智道："我们将渡劫号停在絜遏星的外层空间边缘，找个碎石小行星带启动隐身系统隐藏起来，这样须委神是探测不到的。"

文德鸣谦道："然后呢？"

全智道："然后？您忘了机库里还有很多不同型号的飞船吗。"

文德鸣谦担心地问："但是这些飞船都有隐身功能吗？"

全智道："大部分是隐身的，只是程度不同而已。但是，有几艘小飞船的隐身性能是极佳的，足可以让我们降落絜遏星而不被发现。"

"好！"文德鸣谦满意地道："智兄，等下一找到我要救的神，你就立即带她返回渡劫号，然后再来接我。"

全智道："您要干什么？"

文德鸣谦道："我要好好地与大星君聊聊天。"

全智立即反对，道："这不行，您现在是天尊的身份，不能涉险。"

"不会有什么危险，"文德鸣谦道："他不知道我已恢复本体，所以一定不会防范。而且，以我现在的能力，要避开危险，是轻而易举的事。"

全智道："那也不行！"

文德鸣谦坚持道:"而且,不是还有你吗?"

全智道:"鸣谦……"

文德鸣谦道:"就这样决定了。"

文德鸣谦说这句话,等于是下了命令,全智只得听命,道:"是!"

文德鸣谦道:"好!我们去吧!"

全智将渡劫号的隐身护盾开至最强级别,为了保证不被发现,又模拟太空中的碎石、小行星的运行方式,将飞船往絜遏星驶去。不久,渡劫号飘浮在絜遏星外层空间边缘的一小片碎石带中。

全智与文德鸣谦来到机库,全智指着一艘长不到两望,宽约八探,高约三探,外观像一片荷花花瓣一样的漂亮飞船,道:"这是我们最先进的近战攻击格斗飞船,名字叫'青刺',拥有超强的机动性能和强悍的火力。"

文德鸣谦点点头,主仆两神登上飞船,全智打开飞控系统,一阵操作之后,道:"好了,我现在已将它连接到渡劫号的主控智脑里,它就可以受到母舰的保护并取得母舰提供的所有数据。"

文德鸣谦道:"这样的话,这艘'青刺'岂不是有着强大的战场生存能力?"

"没错!"全智答道:"鸣谦,现在您试着用意念驾驶吧。"

"好!"文德鸣谦拿起飞行控制眼罩戴上,心中想着打开机库闸门,渡劫号那扇沉重的机库大闸门便缓缓地打开了。文德鸣谦心念又起,"青刺"如一缕轻烟,从刚刚打开的闸门的一条缝隙中飘出了渡劫号。

"青刺"的性能果然优越,一路穿越了无数次絜遏星的严密探测,来到了生命探索院那栋巨大的建筑物的上空,打开探测仪,扫描了整栋建筑的结构,在选定了几处可能囚禁风絮雨的地方之后,文德鸣谦将"青刺"降落在离生命探索院不远的一处小树林中。

两神拉上护体衣的斗篷,调较好隐身状态,下了飞船,来到建筑物前,按刚才扫描的结构图,找了一处较偏僻的地方,穿墙而进。

风絮雨站在小桥上,低着头望着湖水,水面平静如镜,映着她绝世的姿容。按照地球上的时间,"鸟笼"中现在是下午的时候了。她已经在桥上站了很久,不过今天倒是很奇怪,祝酊鬼略没有带她去"检测"。

风絮雨呆呆地望着水中的影子,望着望着,忽然觉得有点与往常不一样,她揉揉双眼,再一看,果然是有点不对,因为水中竟然有两个影子!这是怎么回事?风絮雨不相信自己的眼睛,又再一次揉了揉眼睛,然后闭目数息,这才张开双眼往湖中看去,这一次看清楚了,确实是两个影子。

风絮雨大为吃惊,回头一看,映入眼帘的是那张英俊而又熟悉的脸庞——她日思夜想的那张脸就在她面前,近在咫尺!风絮雨嘤咛一声,扑了过去,随即双腿一软,便要倒在地上。

影子的主人正是文德鸣谦,看到她要倒下,俯身双手一抄,已牢牢地将她揽入怀里,火热的双唇就吻在了她的樱唇上。风絮雨此时如梦似幻,紧闭着双眼不敢睁开,她害怕自己一睁开眼睛,心爱的人就消失了。

风絮雨热烈地回应着文德鸣谦的亲吻,紧闭的双眼中却流下晶莹的泪水。

良久,风絮雨软弱无力地喃喃问道:"谦谦,果真是你么?"

文德鸣谦温柔地道:"小絮,是我!千真万确是我。"

"我不是在做梦吧?"风絮雨不敢相信。

"做梦哪有这么真切?"文德鸣谦道:"小絮,张开眼睛看着我。"

"不!"风絮雨轻声道:"一睁开眼睛,你就不见了。"

"嗯嗯,那好,你就闭着眼跟我说一会儿话儿。"文德鸣谦无限柔情地顺着她道。

风絮雨道:"谦谦,你再吻我,我就相信是真的。"话音才落,樱唇又被文德鸣谦吻上了。

风絮雨缓缓地张开双眼,英俊的脸庞就在眼前;她终于相信,这不是梦。她猛地用双手搂着文德鸣谦的脖子,问道:"谦谦,他们把你关在什么地方?受了很多折磨吧?"

文德鸣谦道:"小絮,我们先不说这些好吗?我们现在马上就得离开这个地方。"

"离开?去哪?"风絮雨问。

"跟我来!"文德鸣谦拉着她的手,走进那栋白色的别墅里。一进门,风絮雨就惊奇地发现,有一个神站在客厅里,伸手递给文德鸣谦一件东西。文德鸣谦接了,拉着风絮雨直接上了二楼卧室。

文德鸣谦把门关上,一把扯掉风絮雨身上披着的"布",露出美丽的胴体。风絮雨满脸羞红,芳心扑扑乱跳,心中是一半欢喜一半害怕,声如蚊蚋地道:"你要干什么?"

文德鸣谦将手上的东西一抖,披在她身上,只一瞬间就将她的全身包裹起来,玲珑的身段尽显无遗。文德鸣谦道:"小絮,先抬右腿,再抬左腿。"

风絮雨依言轮流抬起了左右腿,那物件立即在脚部形成一双靴子。风絮雨惊奇地问:"这是什么东西?"

文德鸣谦道:"我料到他们一定会把你的护甲拿走,所以就带了这件护体衣给你。现在来不及教你怎样使用它,等下全智会帮你的。"

"嗯。"风絮雨也不问这件护体衣从哪里得来的,却问:"全智是谁?"

文德鸣谦道:"就是你刚才在客厅里见到的那一位。"

风絮雨问:"他是你朋友吗?"

"可以这么认为。"文德鸣谦一边答一边就拉着她出了卧室,下楼来到客厅,对全智道:"智兄,这是风絮雨,我的未婚妻。你以后就称呼她为絮雨吧。"

全智对着风絮雨行了一礼,道:"是!全智拜见絮雨。"

风絮雨赶紧还礼。文德鸣谦又道:"小絮,你以后跟着我一样称呼他为智兄吧。"

风絮雨道:"好!智兄,你是兄长,怎么先给我行礼了?"

全智正想解释,却听文德鸣谦道:"现在不是说这些的时候。我们快走!小絮,等下你拉着我的手,紧跟着我,无论发生什么事,你都不要出声,以免被对方发现。"

风絮雨点点头道："知道了，你放心吧。"

"好！走吧。"文德鸣谦帮风絮雨调节好隐身状态，拉着她的手就走。

风絮雨突然想起什么，道："等等，这里是全封闭的囚笼，除了大门之外，没有其它出口可以出去。"

文德鸣谦笑笑道："那好，我们就走大门吧。"

风絮雨正想说大门有守卫，转念一想，他们既然能够进得来，也就一定有办法出得去，一想到这里，也就不再作声了。

文德鸣谦拉着风絮雨的手当先而行，全智紧随其后，眼看着到了大门，而文德鸣谦却没有停下的意思，就这样径直走了过去，穿门而出；风絮雨惊奇得几乎脱口而呼；想起文德鸣谦交代过的话，只得用手捂了嘴，硬生生地把要到嘴边的惊呼咽了回去。

就这样一连穿过数道门，公然在守卫的士兵跟前走过。走出风絮雨来时的那个巨大地下空间，文德鸣谦熟练地带着风絮雨来到一座升降机前，进去之后，全智操控着升降机直达地面，出了升降机，转到一处较为偏僻的地方，穿过墙壁，来到一个房间，里面却是空空的，没有一个神。

全智指了指一个方向，三神又再悄无声息地穿墙而行，来到文德鸣谦和全智进入生命探索院时的那个位置。

文德鸣谦低声对风絮雨道："好了。小絮，你跟着智兄先走。"

风絮雨道："那你呢？"

"我还有一些事要办，稍后就来。"文德鸣谦道。

"不，我要跟着你，我不要离开你。"风絮雨撒着娇道。

"小絮，我们现在很安全，我办的事也很安全，不过一两念时间就回来了。"文德鸣谦轻描淡写地道。

"既然安全，我跟着你也没有危险。"风絮雨道。

"那不一样，一个人行动比两个人安全得多，再说，你在我身边我会分神的。"文德鸣谦道。

风絮雨因为初识全智，还不能完全信任他，所以不愿意跟着他；但转念一想，能跟着文德鸣谦前来冒险的，绝对是像畏兀、巴久汶他们一样可靠的朋友。于是道："嗯，你快去快回！"

文德鸣谦感知到她的思想，道："小絮，你拉着全智的手，别走丢了。另外，你可以完全信任智兄，就像信任我一样。明白吗？"

风絮雨听他这样说，道："我知道了。智兄一定也是像畏兀他们一样，是我们的生死之交。"

文德鸣谦没有过多解释，叫全智显露出一只手来，让风絮雨握了，然后又重新隐形起来。

全智道："我们走了！记得开启你的定位器。"

文德鸣谦嗯了一声，算是回应了。待感知到他们走远之后，返身穿墙而入，又去寻找他要找的目标去了。

一间宽大的实验室里，祝酎鬼略正在向十数个须委学生讲授着什么；一张宽阔的大平台上，趴着一个动物，那动物显然是一个幼仔，但是身躯已然十分庞大。定睛看时，那只动物幼仔竟然是地球上早已灭绝的动物恐龙，而且是恐龙中最凶残的品种霸王龙！

文德鸣谦无声无息地出现在一众须委神的身后，没有任何神发觉身后多了一个神。文德鸣谦低着头，身上披着须委神一样的"布"，却将护体衣调校到跟自己的肤色一模一样的颜色，不仔细看，根本看不出来。

文德鸣谦听着祝酎鬼略讲解如何进行基因改造，如何合成生命系统，果然都是闻所未闻的高深知识。讲了半晌，祝酎鬼略终于停了下来，道："各位，现在可以提问了。"

众神一片肃静，没有一个学生敢先提问题；沉默了好一阵子，忽然一个声音道："抱歉，这动物叫什么名字？"

祝酎鬼略脸上现出一片不悦之色，嘲道："怎么？生命探索院的高级研究生竟然不知道这个动物的名字？"

一众学生立即哄堂大笑起来。

祝酎鬼略又道："有哪位好心的同学可以回答这个问题吗？"

学生之中立即就有个声音道："这是巨噬兽，学名叫做直尾短肢嚣獳。记好了，免得考试时又忘记了。"语调充满了嘲讽。

众神又是一阵哄笑！

祝酎鬼略冷眼扫视着身前的一众学生，终于发现站在最后面的一个学生有点不一样，仔细一看，他背上竟然没有翅膀，心中一惊，喝道："你是什么神？快！抓住他！"

文德鸣谦抬起头来，也不反抗，任由几个须委神将自己抓住，推到祝酎鬼略跟前。祝酎鬼略一见，又惊又喜，道："怎么是你？你还没死？"惊的是这个人竟然没死；喜的是这样一个活宝贝竟然自己送上门来！

文德鸣谦哈哈一笑，道："这么美好的世界，我怎么舍得死？"

祝酎鬼略道："你怎么逃出来的？"

文德鸣谦不答他的问题，反问道："我的同伴在哪？"他故意这样问，是为了迷惑对方，让对方认为手中还有"王牌"可以用来威胁自己，而且还可以令对方认为手中的"王牌"很安全，不会马上去查看风絮雨还在不在。

祝酎鬼略道："你先回答我的问题。"

"你先回答我的问题。"文德鸣谦将他说过的话一字不改地重复了一遍。

祝酎鬼略心中愤怒，口中却道："她很好，就在这里。"忽然回复了平日的笑容，很和善地道："我们对她照顾得无微不至。"

文德鸣谦道："带我去见她！"

祝酎鬼略终于平复了恼怒的情绪，道："噢，亲爱的，在未回答完我的问题之前，你是不能见到她的。"

文德鸣谦故作愤怒地道:"见不到我的同伴,我是不会回答你的问题的。"

祝酉鬼略道:"你如果不合作的话,你是不可能见到她的。如果我是你,就不会做出这么愚蠢的事。"

文德鸣谦又故意沉吟了一会儿,道:"好吧!我大难不死,乘逃生舱逃了出来,被过往的商船救了。"

"是什么神的商船?"祝酉鬼略问。

"什么神不重要,重要的是我还活着;而且,你最想见到的就是我还活着,对吧?"文德鸣谦道。

"啊!那是当然了!那么你又是怎样来到本星的呢?"祝酉鬼略又问。

文德鸣谦嘲道:"如果我是你,就不会问这么愚蠢的问题了。随便搭乘一艘到你们星球的船都可以到达吧?你何必多此一问?"

祝酉鬼略并不恼怒,道:"对对!那你又怎么进到这个实验室里来的?要知道,这个实验室并非随便可以进入,更非一般神可以进入。"

文德鸣谦道:"这倒是很容易,我一路问着进来的,然后就有神指示,你就在这里,再然后我就进来了。"

祝酉鬼略虽然不相信他的话,却没法问出真相,道:"看来大星君一定很有兴趣召见你。"

文德鸣谦大声道:"我不见什么大星君,我要见我的同伴!"

祝酉鬼略道:"这就不是你可以决定的了。"

祝酉鬼略一边招来士兵给文德鸣谦戴上手铐,一边就向因牍报告。

文德鸣谦被全副武装的士兵押着,跟在祝酉鬼略的身后,走进了因牍的办公室。两个侍从模样的须委神站在门边;因牍早已在他那张巨大的办公桌后坐着,看见文德鸣谦进来,显得有点兴奋,笑容满脸,优雅地踱到文德鸣谦的身前,道:"啊,人!我们又见面了,真高兴你还活着!"

文德鸣谦回以灿烂的笑容,道:"大星君,见到你我也很高兴,我们又可以谈一谈我们没谈完的话题了。"

"哦,是吗?请坐。"因牍示意一名侍从搬了一张椅子,让文德鸣谦坐到自己办公桌的正对面,然后才施施然地回到自己的座位上坐好,摆了一个优雅的姿势,道:"我们还有什么好谈的吗?"

"当然有了。"文德鸣谦道。

"对我来说,跟你这般低等智慧的囚犯已没什么好谈的了。"因牍一副高高在上的姿态。

文德鸣谦道:"既然没什么好谈,那你这么兴奋地急着召见我是为了什么?"

因牍道:"我只不过想知道,你是怎么逃出生天又返回本星的。"

文德鸣谦道:"哦,这我已向祝酉鬼略说过了,需要再说一遍吗?"

"你那是谎言！"因牍略略提高了一些声调。

文德鸣谦促狭地道："那你认为我是怎样逃出来的呢？"

因牍没想到他会这样反问自己，一时语塞；过了一会儿才道："你是个危险的生物，所以，你活着对我来说并不是好事。"

文德鸣谦大笑起来，道："原来大星君百忙之中抽空召见我，只是为了告诉我要杀了我？"

因牍愉快地道："也不是简单地杀死你。"因牍挪了一下身子，换了一个姿势，道："我想知道，在一个满是凶猛野兽的野外，你能活多久。"

文德鸣谦道："这是你最后的实验？"

因牍道："我认为这个实验很有趣。"

"这个实验与你们长期研究的生命工程似乎毫无关系。"文德鸣谦道。

"当然有关联！"因牍道："我想知道，你们被改造后的自然生存能力还剩多少。你既然能从爆炸的飞船中逃出来，说明你的生存能力很强，所以，拿你来做这个实验是最适合不过的了。"

文德鸣谦道："这么说我必须要死？"

因牍道："是的，你必须死！"

"既然要死了，我可以问几个问题吗？"文德鸣谦似乎一点也不紧张。

因牍望着文德鸣谦，犹豫了一下，终于点点头道："好吧，看在你就快要死了的份上，就满足一下你的愿望吧。"

文德鸣谦道："蓝囚星上如此宏伟的工程，单凭贵族是不足以完成的吧，坚鲜神和跬垒神是否也有参与其中？"

因牍一副不屑的神情道："坚鲜、跬垒两族文明等级太低了，没有资格参与。"

"那么，如果我没有猜错的话，就只有婳顼族神有这个资格了？"文德鸣谦突然就将婳顼神说了出来。

因牍凝视着文德鸣谦双眼，道："说实在，我很是迷惑，只有百分之十智力的你，怎么会想得到这些东西？"

文德鸣谦轻松地道："那是因为我一向喜欢思考，越是想不明白的事情，越是要去追究。"

因牍道："嗯，有道理！"

文德鸣谦进一步道："现在婳顼神已经消失在历史的尘埃之中，只有贵族还屹立在太虚中，傲视众星，领袖群伦；如此宏伟的工程，你就不想公诸于世，让万星景仰，流芳亿纪吗？"

因牍被文德鸣谦几句马屁一拍，正正说中心事。一个神或一个族群如果做了一件惊天动地，举世无双，足以令自己骄傲万万纪的事，而且是最得意之作，一直埋藏在心里而无法说出来，实在是一件极不愉快的事。

因牍突然感到，眼前这个阶下囚，竟然是最能了解自己心思的人，一时大生知己之感，心中之事，大有不吐不快的冲动，便道："你说得确实不错，好吧。我就满足你的好奇！"把手一举，命令房中所有的神都退出去。

祝酢鬼略上前道："大星君，这个人太危险……"

因脥举起手，制止他说下去，道："不要紧，别忘了，我拥有本族最高武士级别的飞羽头衔，对付他，我自信还是绰绰有余的。"

祝酢鬼略行了个礼，领着其余的须委神，躬身退了出去。

第三十二章 真相

文德鸣谦换了个舒服的坐姿，一副小朋友准备听故事的神情，微笑着看着因胰；因胰优雅地坐着，笑容可掬地与姬鸣谦对望了一阵子。

两个敌对的对手，这时竟然如老朋友相聚，隔桌相视而笑，彼此都不知道对方这时在想什么。

还是因胰首先开腔道："啊，一直都没有问过你在蓝囚星上的名字叫什么。"

文德鸣谦道："姬鸣谦。"

"嗯，这名字不错！"因胰忽然用英语说了一句。

文德鸣谦惊奇地道："你会说我们人类的语言？"

因胰很平淡地道："当然，我会说你们人类的七、八种语言。你想我用什么语言和你交谈？英语？法语？德语、俄语还是汉语？"

文德鸣谦道："我在地球上属于汉族人，那就用汉语吧。"

"非常好！"因胰立即转用汉语道。

"谢谢！"文德鸣谦不失礼貌地道了谢。

因胰没有回应，开始在办公桌上点点画画，过了一会儿，桌上浮现出一个星系图。因胰道："这是卜茅支迪星系。哦，我还是用你们习惯的称谓来说吧。这是太阳系！"

用手一拨，一个星球映入眼帘，因胰道："这是蓝囚星，就是你们说的地球。"

文德鸣谦望向地球的影像，只见整个地球被浓厚的烟尘笼罩着，到处都是喷发的火山，流淌成河的岩浆，没有海洋，没有江河湖泊，当然也就没有水，更没有植物和动物。

因胰又道："地球被发现时就是这个样子。啊对了，发现它的是当时太虚中最高级的文明神族婳顼神。"

文德鸣谦装作吃惊的样子，道："怎么？地球不是你们发现的？"

因胰道："啊，这真的不是我们发现的。然后婳顼神做了一个计划，叫做蓝星计划。按照这个计划的设想，首先要将地球冷却，然后改造成一个适宜生存的星球；再然后，作为一个试验基地，准备在上面进行他们最新研究出来的生命工程。

那时的婳顼族已是顶级的八级文明，即将进入九级文明了。但是他们似乎不喜欢做这些改造工程，于是秘密邀请本族参与对地球的改造，本族欣然接受了邀请。

我们组成了联合工程舰队，整个工程对外秘而不宣，一致同意将它列为最高等级的秘密。

其实，最开始时婳顼神的计划称为红星计划，他们计划改造的星球是你们称为火星的星球，只是由于火星的磁场和引力都不符合计划中的要求，难以留住空气和水。婳顼神曾试验过，最终还是放弃了火星，转而将目光投向了地球。

自从本族加入之后，改造工程进度得到了空前的提高。首先，我们利用太阳的引力，将地球的旋转倾角改变，使得它不被太阳的热力全面曝晒，以降低地球的受热程度。"

说到这里，影像中的地球果然变得倾斜了。

文德鸣谦由衷地赞叹道："这是什么样的神力才能做得到的伟绩！"

因牍道："只要达到七级文明，都可以勉力做到。"停了一下，因牍将影像一变，接着道："这是联合舰队在太空中追赶和捕捉彗星的场景。"

"捕捉彗星？！"文德鸣谦瞪大了双眼看着影像。

"是的，这是计划的第二步：给地球浇水降温。"因牍道。

文德鸣谦立即就从影像里看到铺天盖地的雨水倾注在地球上，大地上洪水滔天，天空中水汽蒸腾。

因牍旁述道："如此过了许多纪，地表终于冷却下来，但地表之下，仍然炽热非常。"

"那怎么办？"文德鸣谦不自觉地问。

因牍道："我们制造了一种冷却剂，注入地壳岩层之中，用以隔断地幔发出的热力。"

影像出现了数十艘长达数百公里的巨型运输飞船，正在向地表之下注入冷却剂。

"对了，这些冷却剂，你们称为石油，可笑的是，你们竟然用它作为燃料！"因牍一副无奈的样子。

文德鸣谦脸上讪讪的，心道：原来石油并非所谓的动物尸体所化。嘴上却说："原来这么多年来，我们所使用的燃料，是真正的外星产品。"

因牍接着道："这个时期地球的大气污浊不甚，充斥着浓烈的有毒物质。"

文德鸣谦问："气体又怎么改造？"

因牍道："这倒是不算太复杂，只是费时费力而已。我们日夜不停地在大气中喷洒中和剂，让大气中的有毒物质变重下沉，降到地表，再由地表吸收；此外又按照计划要求的比例，大量生产氮、氢、氧气，释放到空中。这样的工作又是持续了许多纪，空气成分终于稳定下来，地球的表体温度已达到了婳顼神计划中的要求。"

影像出现了地球初步改造完成的样子。

因牍道："直到这时，我们才发现情况有点不太对劲。"

文德鸣谦问："有什么不对？"

因牍道："众所周知，在富氧和水的环境下，是不可能孕育生命的。所以，几乎没有生命可以在这样的环境下存活下去。"

文德鸣谦心中苦笑，自从进入太空以来，关于生命的起源环境，已经不是第一次听到这样说了，可笑的是，恰恰相反，人类却自以为，没有水和氧气，是不可能孕育生命的。

因牍望了他一眼，似乎知道他在想什么，道："当然，在你们的认知当中，正好相反。"

文德鸣谦道："是的，我正想这样说。"

因牍又道："在我们的追问下，婳顼神才透露道，这个生物工程，就是要试验在富氧和水的环境下，能否存活生命。我们的先辈听了，觉得这个工程确实很先进，就以参与者的身份，要求分享核心的技术，可是，嬎顼神以文明等级差别为借口，拒绝了我们的要求；我们的先辈感到前所未有的屈辱！"

文德鸣谦道："难道不同文明等级的技术不能降级传授，这不是宇宙中的定律吗？"

"哼！但那时我们也已进入了准八级文明阶段了！"因牍忽然一改优雅的笑容，愤愤地道，可见须委族神认为被拒绝是对他们的极大侮辱。

文德鸣谦却哈哈笑道："我看嬎顼神很有远见，就怕你们掌握了这项技术之后，到处为非作歹！"

因牍闻言不怒反笑，脸色也已回复平常，道："何为为非？何为作歹？小人之见！"略停一停，又道："先辈为了获得核心的技术，忍辱负重，一边绝口不再提分享技术的要求，一边秘密制订了一个拇指计划。"

"拇指？你看，开始心生歹念了。"文德鸣谦嘲道。

因牍暗道：此人果然聪明。脸上神色却是毫无变化，继续道："之所以叫拇指计划，是为了不让任何神从名称上猜测到计划的含义和内容。"

文德鸣谦道："我可以想象得到，你们投入了更多的神力物力和资金，更努力勤勉地与嬎顼神合作，甚至对嬎顼神无条件地服从，对吧。"

"你很聪明，正是这样！我们开始将一批又一批的嬎顼神改造好的植物移植到地球上，不久，地球上开始变得绿意盎然。"

因牍随手拨弄着影像，显示着地球这一时期的面貌。

因牍接着往下说："然后嬎顼神开始将改造过的微生物投放到地球上，可惜，经过一段时间之后，大部分的微生物都死亡了，只有很小的一部分生存了下来。又经过许多纪的试验，改良过的微生物终于适应了地球的环境，开始自行繁殖了；嬎顼神又开始投放一些低等的生物，比如无脊椎生物、单细胞生物，不到数万纪，地球上生机勃勃，嬎顼神很是兴奋，而我们则很是震惊，更坚定了获取核心技术的决心。"

"这么说，地球上的所有生物，都不是原生的，而是彻头彻尾的外星移民？"文德鸣谦插话道。

"啊，准确地说，是外星改造生物。"因牍纠正道。

"那么，我们考古发现，地球上数十亿年前就生长着三叶虫了，你怎么解释？"文德鸣谦质问道。

"你们的年代测验方法不对，至少是不准确的。"因牍道。

文德鸣谦问："怎么说？"

"如果一个哺乳动物被五十亿年前的岩浆包裹着，形成化石，那么你们是否认为地球五十亿年前就有高等级的动物存在？"因牍反问。

文德鸣谦想了想，觉得他说得有道理，但又觉得不妥，至于哪里不妥，一时又找不到答案。只是自己多年所学的考古学，似乎被他这句话颠覆了。

不等文德鸣谦继续想下去，因牍又道："又过了许多纪，嬎顼神开始投放小型高等级的动物。"

影像出现了许多史前小型动物。

"然后又投放大型动物。"因牍接着道。

影像出现了许多史前大型动物。

"而海洋里的生物比起陆地上的更是丰富多彩!"因牍道:"经过数十万纪的试验,嬺顼神发现,这些体型巨大的生物,以地球当时的食物链,实在难以支持其生存的可能,而且,处于食物链顶端的生物,有可能将其他动物吃得灭绝了,从而进一步破坏食物链的环节,为此,嬺顼神与我们进行了长久的讨论。

初时嬺顼神并不同意取消巨型动物的试验,后来,不知道为什么,他们突然同意了,并将当时在地球上生活的百分之九十以上的试验物种都回收销毁了;当然还有少量的生物留在地球上,又存活了许久。直至很多纪之后,我们才在嬺顼神的资料中了解到,原来这些动物的改造都不同程度地有一些漏洞和缺陷,以嬺顼族神追求完美的个性,自然就把它们列为失败的产品而回收了。"

"啊!恐龙呢?不是因为小行星撞击才灭绝的吗?"文德鸣谦提问道。

"当然不是!关于小行星撞击的问题,稍后再说。嬺顼神此后陆陆续续地投放了一些体型相对小一些的哺乳动物和飞翔类的动物。你看,这是剑齿虎改进型;这是猛犸象改进型……至此,嬺顼神的生物工程变得成熟起来。然后,他们开始投放灵长类的动物,也就是你们自认为的祖先。"

文德鸣谦现在早已知道,人类的祖先是谁了,不过仍然为人类强认的这个祖先而感到滑稽不已,说道:"那是因为人类有一部学术著作叫做进化论所推导出的结果。"

因牍笑道:"推导出这个结果不足为奇,因为这是我们有意暗示和疏导的结果。"

"你们暗示的?"文德鸣谦像吞了一只苍蝇一样。

因牍沾沾自喜地道:"当然!在不同的时期,你们的许多学术思想,我们都作过暗示;远古时代的就不说了,比较近代的,如:太阳中心说;光速理论、宇宙奇点大爆炸理论、虫洞理论、维度空间理论、石油生成论等等。"

"明白了!你们暗示的这些似是而非的理论,目的是想误导我们的科学理论,限制我们的文明发展。"

因牍并不否认,得意地呵呵笑了数声,这笑声听在文德鸣谦耳内,觉得奸诈无比。

文德鸣谦道:"难怪我们的文明停滞不前,原来都是你们在暗中捣的鬼。"

"略施小技而已。"因牍笑道:"就在小行星撞击地球之后,当然,那颗小行星虽然被我们大部分击毁,但还是有小部分撞到了地球上,造成了极大的危害。为此,嬺顼神与我们的先辈决定在地球外建立一个永久基地,用以保护地球免受外来天体的伤害。

联合舰队在银河系内寻找,终于找到一个大小适中,失去了主星控制的荒凉的废弃行星,我们利用恒星引力和改变它的运行轨迹等手段,将它推入到地球的引力范围,并且将它的内部挖空,打造成一个仿天体基地式超巨型星际母舰,放置在地球的旁边,让它成为永久性的基地。"

文德鸣谦道："嗯，这就是月球吧？"

因牍道："是的！月球除了是个基地之外，它自然就充当了地球的卫星了，而且它还有一个功能，就是可以锁定地球上的水，以免它大量逃逸。"

文德鸣谦道："难怪我们在月球上发现，月球的土壤有些竟然比地球的年纪还大，而且不同区域的土壤的年份也不尽相同。"

因牍道："嗯，那是我们修建基地时，从太虚中采集的岩石、土壤的年份不同。"

文德鸣谦又道："还有，我们一直都奇怪，月球自转和公转周期怎么能够如此精确地同步，原来是被精心设计好的。"

因牍不无自豪地道："正是如此！这要归功于本族。在基地的建设中，本族是主要的建造者。"

"啊！贵族先辈果然不同凡响！"文德鸣谦由衷地赞美，没有半点揶揄的意思。

"这只是一个不算太复杂的工程而已。"因牍并不觉得有什么值得骄傲的，接着道："灵长类动物的改造工程很成功。这是猩猩、长臂猿、猿猴、猴子……"

影像上逐一出现了因牍所说的动物。

文德鸣谦道："我们人类要登场了吗？"

因牍笑了笑，没有回答姬鸣谦的问题，却将话题一转，道："经过本族先辈不知多少代的努力，拇指计划最终完成了研究和部署。哦，现在你能猜到这个计划的内容了吗？"

文德鸣谦道："无非是一个针对媔顼族，夺取生命工程核心技术的计划吧。"

因牍道："我们研制出一种秘密武器，叫做涟漪。"

"涟漪？"文德鸣谦问。

因牍嗯了一声，道："经过千万纪的长期合作，以及先辈们的忍辱负重，我们取得了媔顼神的信任，同时我们收集到了大量媔顼神的基因数据，经过不懈的努力，先辈们制造出了一种只针对媔顼神的病毒。"

文德鸣谦听他说到病毒，惊出了一身冷汗，道："这个病毒就是涟漪吧？看来媔顼族大难临头了。"

因牍没有理会他的评论，道："这时的媔顼族神，整个族群沉醉于清谈哲学、灵幻奇诡之术，追求他们认为的更高层次的文明境界，地球上的计划，几乎全部交由我们来执行，而且，他们在自己的本星上，也完全没有任何防范，任由外星访客自由出入，简直是个不设防的星系。"

"看来你们为非作歹的机会来了。"文德鸣谦讥道。

因牍道："涟漪只对媔顼神有作用，而对我们的族群是无害的。因此，携带了涟漪病毒的本族神在所有有媔顼神的地方散播病毒，汹涌的病毒一夜之间摧毁了媔顼神的族群。我们以协助防疫为借口，一举接管了他们的一切，包括他们的星系，然后严密封锁了消息，将所有在煜钦轉得星系的外星族神一并监禁起来。"

"媔顼族就这样被涟漪全部杀死了吗？"文德鸣谦虽然知道媔顼族并没有全部被杀死，但听到这里，还是不免紧张地问了一句。

"啊！非常不幸！"因牍的表情像极了一只哭老鼠的猫，道："由于病毒凶猛，我们有点始料不及，等到我们决定大规模救治时，婳顼神已死亡大半了。"

文德鸣谦放在桌下的双手握得紧紧的，努力控制着自己的愤怒。

"当然，我们能研制出涟漪，就有对付涟漪的办法。"因牍望了望文德鸣谦的表情，一副轻松的样子，道："当时星君府里的先辈们建议，不予救治，而时任大星君，须委族伟大的神之一，雪星·癸季咄端突发奇想，下令救治，婳顼族这才免于族灭，这完全是本族大星君雪星·癸季咄端的仁慈恩赐！"因牍的语气中透着无比的慈悲。

文德鸣谦讥道："果然是仁慈！"略略平静一下心境，又道："我猜他的这个奇想，就是要用婳顼神的基因改造工程技术，用婳顼神本身来作试验吧！"

"你果然十分聪明！"因牍赞道："当时星君府的神全都没有明白大星君的用意。"

文德鸣谦道："这真是讽刺之极！婳顼神做梦也没有想到，自己竟然是这个工程的第一个智能生物试验品！"

因牍放声大笑："哈哈哈，你说得对！这就应了你们人类的一句话，以其人之道还治其身！"

文德鸣谦道："嗯，这句话倒是用得恰当。"

因牍接着道："我们花费了好多纪之后，才破解了他们的密码，终于得到了工程的全部技术数据，最后先辈们惊喜地发现，这个工程的最精华部分，就是大脑智力禁制的方法。

先辈们惊喜若狂，立即就投入到试验之中。我们首先将在煜钦帱得星系上俘获的其他外星族神作小规模的实验，然后投放到地球上；啊，对了，这时我们已将地球改名，称作蓝囚星了。"

文德鸣谦惊问："你们连别的族神也不放过？"

因牍道："反正他们是绝不可以回到他们的星球上去的了，与其老死在监狱之中，还不如为科学贡献他们最后的一点余热更为光荣。"

文德鸣谦骂道："卑鄙！"

因牍不为所动，继续道："由于刚刚得到这些技术，先辈们掌握和运用还不纯熟，所以一连四、五批智慧生物试验都失败了，不是不能适应蓝囚星上的富氧环境，就是智力禁制不稳定。

先辈们决定暂停智慧生物实验，转而用已适应在蓝囚星上生活的猿来做试验；我们先把婳顼神的一些基因移植到猿的身上，就这样，一个全新的物种猿人就出现在蓝囚星上。经过数十万纪的试验，猿人的实验取得了非常完满的成功。受到这个成功的鼓舞，先辈们又开始了智慧生物的实验。"

文德鸣谦插话道："我想这次你们成功了。"

因牍道："你猜对了！我们将猿人的基因以及在蓝囚星上存活得较好的动物的一些基因移植到他们体内，不久，第一批成功改造的婳顼神迁居到了蓝囚星上。"

文德鸣谦道："难怪我们会认猿人为祖先！"

因牍笑了笑接着道："我们将他们放逐到荒野之中，任由他们自由发展，我们很想知道,失去了百分之九十智力的婳顼神,能否再建立一个像样的文明,又需要多久才能建立文明?我们在各个放逐地建立起观察站,随时观察他们的活动。"

文德鸣谦故作震惊地道:"这么说,我就是婳顼神在地球上的后裔了?"

因牍道:"自然是的!只是没想到,经过十数万纪的遗传,你的智力竟然超出了其他人,这令我十分迷惑。"

文德鸣谦道:"难道智力禁制的工程就不会有漏洞?总有那么几个人会保留比别人多一些的智力吧?"

因牍道:"啊!当然,每个人的身体和智力不一样,所以也会有一些差异的。"伸手往影像中一拨,影像上就出现了一个人,只见他身着麻衣,头戴荆冠,丰神俊逸。因牍指着那个人道:"这是婳顼族文德氏的后代,他就比别的人不同,而且极之长寿;我们观察了许久,发现在他身上一定出现了一些问题,就将他带了回来。"

影像中出现了一艘飞船,隐在耀眼的强光之中,伸出一条黄色的像软管一样的东西,将一个人卷向天空,地面上一大群人在跪拜着。

文德鸣谦想起《史记》中有关黄帝的记载,忽然明白所谓黄帝乘龙升天,原来是这样的。问道:"后来呢?他被你们杀死了吗?"

"没有。"因牍道:"我们对他作了全面的研究,发现他的身体条件异于常人,植入的衰老基因对他的作用比较弱,所以他得以长寿;此外他的智力本来就比其他人高,加上一些智力禁制的漏洞,所以他比别的人聪明。弄明白原因之后,我们又重新把他改造了一次,投放到另一处放逐点,之后他便自然老死了。"

文德鸣谦心中有点哀伤,嘴上却说:"你可知道他是谁吗?"

"当然知道。"因牍道:"蓝囚星上的一切,我们无所不知。"

文德鸣谦嘴角含讥,道:"那么,我就是这个人的后代,你知道吗?"

"有何证据?"因牍望着他。

文德鸣谦道:"因为这个人在地球上的姓氏是姬姓,而我就姓姬!"

"啊、啊!难怪、难怪!"因牍一边说一边关闭了影像,似乎准备结束这次谈话。

文德鸣谦没有理会他的意图,依然继续问道:"那么遍布地球的金字塔和史前遗迹,都是你们的杰作了?"

因牍道:"嗯嗯。当然,也不全是我们建造的,你们还没到蓝囚星之前,婳顼神建造了一些。之后,跬垒神和坚鲜神在不同时期不同地点也建造了一些。"

"那么,跬垒神和坚鲜神在这里面又充当什么角色?"文德鸣谦还在追问。

"噢!他们只不过是我们雇来的打手和监工而已。"因牍轻蔑地道。

"哦,原来是这样。"文德鸣谦一副恍然大悟的样子。

因牍注视着文德鸣谦好一阵子,忽然道:"姬鸣谦,我很欣赏你。"

文德鸣谦道:"哈哈,能得到大星君的赏识,那是我的荣光。"

因牍犹豫再三,道:"其实,我可以赦免你的死罪。"

文德鸣谦道:"哦?有这么好的事?那一定是有条件的了。"

因牍道:"这是当然的了。不过条件很简单,就是你要归顺于我。"

"然后呢?"文德鸣谦问道:"就这样把我供养起来?"

"你若归顺于我,我就让你做蓝囚星上的神,而且是唯一的神。"因牍道。

文德鸣谦道:"我只是一介凡人,并不想做什么人类的神!"

因牍没有再说什么,因为他知道,文德鸣谦不是那种容易驾驭的人。于是道:"你想知道的,我都告诉你了,你可满意?"

文德鸣谦道:"我很满意。"站起来,鞠了一躬,道:"谢谢你让我了解了这段史诗级的历史。"

因牍道:"不用客气!朝闻道,夕死可矣!你现在应该死而无憾了。"说罢,脸上杀气浮现。

文德鸣谦道:"不!死的应该是你!"话落,意念所至,手铐便脱落下来,用手一团,手铐就如面团一样,被团作一团。

因牍大吃一惊,一伸手,向文德鸣谦隔桌抓来。文德鸣谦立即感觉到一股强大的吸力吸得自己几乎站立不稳。

文德鸣谦意念又起,一点紫光从护体衣中飞出,在因牍的脖子上一抹,因牍立即就像被施了定身法一般,僵立在当地。

文德鸣谦伸手一招,紫光消失,而他手中却多了一柄只有一指长短的极薄的物件;这是他让全智专门打造的手术刀。

文德鸣谦收了刀,拉上斗篷,隐了身形,朝一扇窗户走去;这时因牍的身体才砰然倒下,身首分离,乳白色的血液从断了的脖子处喷涌而出。

文德鸣谦不再理会他,穿窗而出,运起念力,将自己悬在空中;斗篷里的微音通话器适时传来全智的声音:"鸣谦,我就在你头顶上方。"

文德鸣谦身体缓缓上升,现出身形;这时,青刺也现出机身,缓缓地向他接近。待青刺来到身边,文德鸣谦用手一搭机身,跃进青刺里,青刺立即又回复隐身状态,悄没声息地直刺苍穹。

全智一边驾驶着青刺,一边问:"你把大星君怎样了?"

文德鸣谦很平静地道:"死了!我砍下了他的头。"

"噢!可惜!他死不了,你没有带走他的头。"全智惋惜地道。

"为什么要带走他的头?"文德鸣谦不明所以。

全智道:"因为断头再续手术对于他们来说是个小手术。"

文德鸣谦闻言,立即就明白过来,有点懊悔地道:"当时急于脱身,未及细想。嗯,真的可惜了。"顿了一下,又问道:"小絮呢?"

全智道:"她很好!只是她独自在渡劫号上,可能有点害怕。"

"嗯,不要紧,我们一回去她就好了。"文德鸣谦道。

说话间,青刺已经稳稳地停在了渡劫号的机库里。文德鸣谦跳下青刺,也不等全智,就急匆匆地往驾驶室奔去,未进舱门,便高声叫道:"小絮!小絮!"

风絮雨正在里面焦急地等着文德鸣谦回来，一听到他的声音，便往舱外跑，两人正好在驾驶室的门口相遇，风絮雨一下子就扑进文德鸣谦的怀里，紧紧地搂着他，却不说话。

文德鸣谦轻声道："小絮，我回来了，不用害怕。"

风絮雨仍然没有说话，泪水却从眼中流了出来——这是劫后重逢的喜悦的眼泪。两人就这样紧紧地搂抱着，都没有说话，彼此的心意，就在这静默中无声地传送着。直到全智出现在舱门口，风絮雨才放开文德鸣谦，抹了抹双眼，道："谦谦，我们赶快离开这个鬼地方吧！"

全智望了望文德鸣谦，道："我们现在去哪？"

文德鸣谦没有回答，风絮雨却道："不如回我们的七神星吧？"

全智道："不如回孤宿星去吧，那里比较安全，须委神不会想到我们会在那里。"

"不！我们回帱伐孜冉星去看看，可以吗？"文德鸣谦目光望向全智，似是征询他的意见。

全智道："好！"

风絮雨奇道："帱伐孜冉是什么星？"

文德鸣谦道："那是我们自己的星球，到时你就什么都明白了。"

风絮雨点点头，没有再问。她知道，他一有空就会把一切都告诉自己的。

全智十分通情地道："我来驾驶飞船，你们好好说说话。"

风絮雨道："谢谢智兄！"

煜钦帱得星系是一个庞大的五恒星星系，主星煜钦帱得星是一个发着明黄色光芒，比太阳大十万倍的恒星，它的周围有四个比太阳大数万倍的恒星围绕着，各自发着青、红、蓝、白的光，而围绕五个恒星的运转的行星，大大小小竟然有六十四个之多；其中帱伐孜冉星距星系中心超过数十亿涯，比地球大了两百多倍，有四个卫星环绕着。

青刺很轻易就躲过了须委神的战舰探测，悬停在一处山脉的最高峰上。文德鸣谦拉着已经恢复了本体的风絮雨的手，望着壮丽的山川，久久不语。

风絮雨此时已经知道了文德鸣谦知道的一切，她身上有婳顼族五大姓氏之一的玉莹氏的遗传基因，因此她是玉莹氏的后裔；所以她现在叫玉莹絮雨。文德鸣谦，告诉她，伏羲一定就是那三个掌握智力禁制密码的神之一，因为他在地球上的姓是风姓。

玉莹絮雨戴着一块红色宝石，遮着额上的天眼，显得更加妩媚动神；她紧靠在文德鸣谦的手臂上，道："这就是我们的星球？真美！"

文德鸣谦道："是的，这就是我们祖先的家园。"突然把玉莹絮雨搂在怀里，吻了一下，道："智兄，我要娶小絮为妻，本族有什么仪式和礼制吗？"

身后的全智道："鸣谦，娶妻大事，当然有很多仪式和礼制，最重要的是你要娶的神，是否愿意嫁给你。"

玉莹絮雨一甩文德鸣谦的手，眼中满是喜悦，却故作娇嗔地道："谁说要嫁给你？"

全智又道："絮雨，你可要想好，做天尊之妻可不是好做的。"

文德鸣谦和玉莹絮雨同声问道："为什么？"

全智道："天尊之妻有个专属的称谓叫星母，手握实权，掌管着本族生殖繁育大事，此外还主掌本族的教育、医疗两大体系，在星母掌管的事务中，天尊也不可插手过问。"

文德鸣谦道："噢！这个星母可不简单！"

玉莹絮雨问："那上任天尊退位呢？"

全智道："那自然星母也同时退位，由下任天尊之妻继任。"

文德鸣谦道："小絮，你看，有这么多有意义的事等着你去干，你不嫁给我嫁给谁？"

玉莹絮雨瞟了他一眼，道："傻瓜！我们生死与共，早就分不开了，还要嫁吗？"

文德鸣谦看着她笑靥如花，却没有半点羞赧，道："对对！不是嫁，是两颗心永远揉在一起！"

玉莹絮雨幸福地点点头。

文德鸣谦又道："我们还要生很多孩子！"

玉莹絮雨满脸飞红，道："嗯！让他们永远守卫我们的家园。"

文德鸣谦望着天上五个太阳，又望着两个月亮，突然道："我明白五行相生相克的理论出自哪里了。"

"哪里？"玉莹絮雨问。

文德鸣谦指指天上的太阳，道："你看！"

玉莹絮雨顺着他的手指往天上看了看，道："我明白了。"

文德鸣谦道："我们走吧！"

玉莹絮雨道："谦谦，我们一定会回来的！"

青刺像幽灵一般，只一闪，就消失在帱伐孜冉星的天空中。

全书完

www.ingramcontent.com/pod-product-compliance
Lightning Source LLC
LaVergne TN
LVHW081523060526
838200LV00044B/1983